U0472857

破局者

改变世界的五位女作家

[英] 林德尔·戈登 ———— 著

胡笑然 / 肖一之 / 许小凡 —— 译

上海文艺出版社

献给葆拉·迪茨（Paula Dietz）

她守护着书里这些作家为我们的未来所构想的文明

“心灵总是活在绵延不断的回声中。”

——乔治·艾略特，《米德尔马契》

目录
Contents

前言 *

Foreword

像许多人一样，我还是个孩子的时候，也与书中的人物交朋 *1*
友。这是读者和作者之间一种奇异的关系。对一位声名长盛不衰的诗人或小说家，我们的了解会逐渐比对我们同时代、同地域的人更为详尽；某种意义上，我们与他们的关系也比爱和友谊来得更加亲近。在一个外省小镇长大的我为那些局外人所吸引，尤其是和《弗洛斯河上的磨坊》（*The Mill on the Floss*）中的玛吉·塔利弗（Maggie Tulliver）一样的女孩——像她的创造者乔治·艾略特 (George Eliot) 本人一样，她是个无法为自己向上求索的天性找到安放之处的、躁动而聪颖的女孩。后来，我爱上弗吉尼亚·伍尔夫（Virginia Woolf）在暗夜中的所见，暗夜中她看透局外人的心灵和思想，他们阴翳中的自我在白日的强光下褪色、消散。艾米莉·勃朗特（Emily Brontë）呐喊出的对“外在世界”的轻视和对“内在世界”的拥抱也让我深深信服。她们在世时都是局外人，尽管痛苦，但与社会的

* 本书由三位译者合译，翻译章节如下：第一章、第四章，胡笑然译；第三章，肖一之译；前言、第二章、第五章、破局者协会，许小凡译。——编者注

疏离也的确使她们开口吐露了那些不得不言说的东西。

童年时，我一直陪着生病的母亲，深知对局外者的同情之感；但与此同时，我很早就为他们身上拥有的可能性所震动：比如我的母亲，她的疏离能让她对世界拥有别样的理解。那些对我意义非凡的局外人告诉我们的并非我们是谁，而是我们可能成为什么样的人。

我选择了五位卓越的局外人——她们的声音都在十九世纪的进程中变得益发响亮。她们分别是天才、灵视者、法外之徒、演说家和探索者。在我心目中，她们来了，她们看见，她们离开并永久地改变了我们。玛丽·雪莱（Mary Shelley），艾米莉·勃朗特，乔治·艾略特，奥利芙·施赖纳（Olive Schreiner）和弗吉尼亚·伍尔夫——她们来自不同的地方，各自拥有不同的处境，但她们的共通
2 之处在于她们相互间的启发，以及她们跨越世代对我们的影响。她们五位在成为作家前都曾是读者，也就是说，每个人都在创造之链中听到了前人的声音。我希望关注的是这条创造之链上的环节，即这些女性相继催生新的种属（genus）的过程。1846 年 1 月 2 日，在艾米莉·勃朗特写作《呼啸山庄》（*Wuthering Heights*）之时，她不受束缚的声音驱动着它超越了自身的时代。她宣称，“我的灵魂绝不怯懦”。在 1881 年注意到这一声音的美国诗人艾米莉·狄金森（Emily Dickinson），和在 1925 年听到它的弗吉尼亚·伍尔夫都想到了同一个词：这位作家是庞然（gigantic）的。

我所好奇的是，这五位作家中的每一位都是如何能够发出庞然巨响的。她们如何克服女性道路上的阻碍而成为作家？她们的生命历程似乎是常常变化的，以至于近乎经历了完全的蜕变。十六岁的玛丽·戈德温（Mary Godwin）竟然找到了热心鼓励她创作的诗人

雪莱，这多么不可思议。同样不可思议的还有艾米莉·勃朗特，她竟有两个天赋异禀而与她惺惺相惜的姐妹，几乎逆着她的意愿，想方设法出版她的作品。医生和护士都没想到弗吉尼亚·伍尔夫能从1915年的精神疾病中康复过来，更别提在二十年代一举成为一流小说家。乔治·艾略特本可能是个福音派的宣道者。奥利芙·施赖纳也可能终其一生都是个女教师。

在她们每个人的人生开端，我都看到一个模糊的形影，它隐约察觉到自己尚受检验的潜力，或是在书信中浮现，或是寄身日记里的喃喃自语，但在即将偏离习俗的既定路线时，它又总是临时做出抉择、摇摆不定。热情在她们的成名中都占有一席之地，同样重要的还有性：乔治·艾略特爱上了一位男性，但对方无法以她想要的方式回馈她的爱；玛丽·戈德温（也就是后来的玛丽·雪莱）义无反顾地爱上了一个诗人，她感到能在他面前"袒露"她的一切；奥利芙·施赖纳在未来的性心理学家霭理士（Havelock Ellis）面前，对于性冲动的表达毫不遮掩——后者记下了她的话——这对于一个十九世纪八十年代的单身女性是非比寻常的。

好女人都是安静的，这是十九世纪公认的真理。她们不纵容自己在公共场合说话：这样做是不谦逊的，不合女性身份的；坚持自我或表现自我都被认为是不自然的。恰恰就在这时，三位女性不屈的心灵出现了，她们的小说也即刻回应着当下：玛丽·雪莱的《弗兰肯斯坦》（*Frankenstein*, 1818），乔治·艾略特的《亚当·比德》 3
（*Adam Bede*, 1859），和奥利芙·施赖纳《一个非洲农场的故事》（*The Story of an African Farm*, 1883）。艾米莉·勃朗特和弗吉尼亚·伍尔夫更为坦率大胆的话语则在她们身后很久才为广大的读者所知。

她们穿越时空而互为神交，她们的人生与著作的共通之处在于对这个残暴世界的恨意。艾米莉·勃朗特充分展现了家庭暴力的可怖，也展现了希刺克厉夫的厌女和他对所有来客的恶语相加。玛丽·雪莱和奥利芙·施赖纳见证了战争对平民造成的残暴的冲击。弗吉尼亚·伍尔夫从精神疾病中康复过来，却又面临着战争的疯狂——那些在战壕中发生着的、无意义的杀戮。

这五位作家中，有四位的人生都是在没什么希望中开始的。第一位玛丽·雪莱是唯一的例外，她在二十岁之前就写出了《弗兰肯斯坦》。她虽然和其他人一样变成了局外人——具体来说，她是个社会的弃儿——但她的起点有着不可比拟的优势：她是女权先驱玛丽·沃斯通克拉夫特（Mary Wollstonecraft）的女儿。她的父亲威廉·戈德温（William Godwin）几乎同她的母亲齐名，这位政治哲学家受到当时最好的作家推崇——柯勒律治（Coleridge）、兰姆（Lamb）、拜伦（Byron），尤其是雪莱。

我选的五位作家都没有母亲。在身边没有女性楷模的时候，她们从书中学习；幸运的话，也从一位开明的男性处学习。她们五人都面临着一直待在家里、过未经活过的人生的危险。但如果说待在家里是种风险，那么离开家则往往意味着更大的危险：失去庇护、与家人隔阂、受到剥削；流离失所，从一处辗转到另一处；最恐怖的则是遭遇那类捕猎者：他假装为十七岁去当家庭女教师的奥利芙·施赖纳主动提供名为婚姻的人生保障。

在一个女性的名誉意味着她所珍视的稳定和保障的年代，她们五个中的每一位都失去了它。每个人都曾捱过遭到社会排斥的黑暗时刻，这在多大程度上是她们想要的——比如说，在何种程度上，艾米莉·勃朗特在布鲁塞尔学校中的不受欢迎是她自己想要的，或者她其实并不情愿？玛丽·安·埃文斯（Mary Ann Evans）逃离了位于外省的家，在那里人们把聪明的女孩当作怪人。在伦敦，早在她没有缔结合法婚姻就与伴侣同居之前，她就已经自称“法外之徒”。然而，正是在十九世纪五十年代后期她在社交场之外度过的日子 4
里，她才成为乔治·艾略特。

弗吉尼亚·斯蒂芬（Virginia Stephen，后来的弗吉尼亚·伍尔夫）和一群人定居在布卢姆斯伯里。她的兄弟和姐姐，还有他们那些大多喜欢同性的朋友们——E. M. 福斯特（E. M. Forster）、利顿·斯特雷奇（Lytton Strachey）和梅纳德·凯恩斯（Maynard Keynes）——为她提供了一处容身之地。在这些与她们相互激发的同伴中间，弗吉尼亚和姐姐把自己变成了两个没有监护人的年轻女性，与男性和女性同伴们彻夜长谈，向外抛着“精液”和“交媾”之类的词。这容易让人说闲话，但并不危险。对于伍尔夫来说，危险的是疯癫的威胁——这与亨利·詹姆斯（Henry James）笔下的“艺术的癫狂”紧密相连。

当然，没有人能够解释天才。想要在过去为女性划出的那个场域——那单薄的家中天使的角色——之外辨认出女性的身影尤其困难。相反，弗吉尼亚·伍尔夫探索着那秘密之物：女性在阴影中跋涉的、持久的创造力；在她那一代以及此前，它都不曾宣告过自己的存在。

我们知道的是，在这些作家身后，家人们营造的神话形象削弱了她们激进的本质。乔治·艾略特的鳏夫呈现出的是一个无瑕的天使形象；另一个极端，则是与施赖纳不和的鳏夫出于愤怒扣给她的污名。对玛丽·雪莱，忠心耿耿的儿子与儿媳按照维多利亚时期怯弱少女和未亡人的形象塑造了她。但她们的声音还是透过后世声名这方墓碑响亮地传出。这五位作家改变了我们的世界，也无疑改变了文学的面貌。我们不仅仅阅读她们；我们聆听她们，与她们一同生活。

实际上不能说我选择了这些作家，是她们选择了自己。她们每个人都怀抱着简·爱所表达过的那种冲动："我必须**说话**"。

第一章

天才：玛丽·雪莱

Prodigy

“一切就绪，我叫了一辆四点的马车，”诗人雪莱记录道，“我 7
等着闪电与星辰变白。终于到了四点钟，”他继续写道，“我走了出去。我看到她。她走向我。”

十七岁未满的玛丽·戈德温与珀西·比希·雪莱（Percy Bysshe Shelley）的这次出走并不是一次普通的私奔。这个女孩肤色如牛奶般白皙，有着充满穿透力的睨视目光，是一个天才。她八岁时就发表了一首叙事诗。她的父亲威廉·戈德温，说她有“某种飞扬跋扈和生机盎然的心智”。在 1814 年的 7 月 28 日，当她和她的继姐克拉拉·玛丽·简（Clara Mary Jane，在家里被叫作简，她现在更为人知的是克莱尔·克莱蒙 [Claire Clairmont] 这个名字）悄然逃离她们父亲在伦敦的居所时，这两个女孩也带上了她们的作品。玛丽把她的身份文件（和她父母的情书一起）装进了一个盒子带走。她向雪莱保证他会读到“她心灵的作品”。不仅仅是阅读：他会去“研究”她的写作。在这个作为同居导师的诗人的鼓励下，两三年后玛丽将会创作出《弗兰肯斯坦》——对十九岁的年纪来说，这是非凡的成就。

玛丽穿着雅致的花格呢裙，在雪莱拜访她父亲时遇到了他。他高挑，双腿修长，在周围人都领结齐颏的年代穿着开领衫。他炽烈凝视时，肩膀会微微耸起。玛丽，这个一直被保护着的无邪少女，对这个陌生人产生了无法抗拒的激情，并被这阵激情唤醒。如同那
8 个比她更加年幼的朱丽叶在父亲家中与罗密欧面对面相遇的时刻一样，玛丽也立刻陷入了绝对的爱情。“我是你的，只是你的，”她在自己抄写的雪莱的诗歌《麦布女王》（*Queen Mab*）中偷偷地写道，“我将我自己交予你，作为我神圣的礼物”。

她的存在仿佛被这次彻底的委身所定义，正如她几个月后对雪莱的朋友托马斯·杰佛森·霍格（Thomas Jefferson Hogg）倾诉：“我如此温柔而彻底地爱着他，我的生命悬于他的眼波，我整个灵魂都全部缠绕在他身上”。

他殷勤又细腻，对证明自己的男子气概毫不在意。他有足够的安全感去承认自己阳刚外表下的阴柔元素。正如玛丽所说，他“柔软如女人，坚定如夜晚的星辰”。*

但这并不是盲目的爱情；欲望之中存在着认可。她感到自己被他的奇特所“贯通渗透”。雪莱击中了她，如同他会击中每一个人：他不同于任何其他男性。他有着想要改造世界的远见卓识。他想要为被剥夺了正义的人寻求正义，想要消除政治和家庭的残暴专制。不过，双亲都是革命者，对她来说，这些都不是什么新鲜事。但雪

---

* 她用诗化的语言表达了遗传学家后来会发现的事实：在 XY 染色体中，X 决定了男性（和决定女性的 XX 不同）。在性别差异的最开始（也就是说从怀孕开始），男性就是女性的一个变种，这和由男性传播的《圣经》中的说辞是相反的。（若无特别说明，本书注释均为原注）

莱的与众不同之处，是他心存的仁爱，他也想要将这仁爱洒向一切生命。这个男人不会为了一次伤害而实施报复；他的宽容反而会改变施害者，所以当玛丽称他为“我神圣的雪莱”时，她也并非完全在编造神话。

阻挡激情的障碍只会加剧她的激情，就像朱丽叶对被禁忌的罗密欧所怀有的热切一样。比玛丽年长六岁的雪莱已婚——在玛丽的父亲看来这婚姻是幸福的。但让威廉·戈德温没有想到的是，五个孩子中他最疼惜的一个，也是在理性的自制力方面最像他的一个，会如此寡廉鲜耻，堕入通奸。

但普通的词语——通奸、私奔、性，甚至激情——都不足以描述眼下发生的一切。关于玛丽·戈德温最重要的一个事实是：她
是一个天才，她的智性是在一个对儿童发展有着开明思想的家庭 9
里滋长起来的——这个家曾经是专门出版儿童书籍的先锋出版社，玛丽自己也是它迄今最年轻的作者。这个前景驱动着玛丽所做的一切。当她和简飞奔离开冲入那个黎明时——她们新生活的黎明——她们也带上了一些书。这些书多数是玛丽的母亲玛丽·沃斯通克拉夫特所著，她是《女权辩护》(*A Vindication of the Rights of Woman*) 的作者，这本书出版于 1792 年，同年雪莱出生。雪莱是她的信徒，这个男人将女性视为智慧的生物，他认为她们一旦摆脱了社会的局限，特别是婚姻的禁锢，便会崛起。戈德温家的女儿们因为雪莱对她们思想的关注而为之倾倒，而雪莱也被玛丽·沃斯通克拉夫特的一个女儿身上蕴藏的可能性所吸引。

“你是谁?”他在《致玛丽》这首诗中问道，“我知道但我不敢讲。”

唯有和雪莱一起，玛丽才能够“揭开”自我认知的面纱。在这

两人之间上演的欲望戏码，是关于知晓与谜团，讲述与缄默。想要革新世界的雪莱也意图将革新带给女人，这对于玛丽来说诱惑十足。表面上，她显得沉默而认真，她的思想是“一个封存的宝藏”。而雪莱打破了这层隐私的壁垒。他的声音为她喝彩，并为她打开了新的思想渠道。曾经对她来说，奇异和多变的思想受到约束是一种“精致的痛楚”，而现今，这潮涌却在按它应有的样子前行，加速。和雪莱在一起让她发出了声音，像她说的，这声音获得了一种“天然的调制”，并“带着无限的自由去交流”。

和玛丽“封存的宝藏”遥相呼应的，是少年雪莱在一个敌对情绪堪比战火纷飞的公立学校中，为了生存下来而营建并保卫的“秘密仓库”。这种内心的力量生长，带有一种“孤独的意味”。作为乡绅的儿子和继承人，在伊顿公学受教育的雪莱是一个选择了做局外人的圈内人。他珍视自己的“古怪之处”并让它们“隐秘地呈现”。他知道自己会被误解，“像一个栖居在遥远而荒蛮土地上的人”。他孤独且敏感的存在与循规蹈矩的父亲相左。他渴求一个志同道合的
10 人，并在玛丽身上发现了同类，尽管她是那样年轻。他们都拥有被雪莱称作“最隐秘的灵魂”的东西。雪莱发现，她的神志仿佛是被拨动的和弦，为“一个令人愉悦的嗓音”伴奏，与他自己的声音一同震颤。

玛丽与雪莱传递的爱融为一体；这活力格外赋予她力量，因为它不是来自天堂而是通过共鸣传来。他的举止是毫不造作的，轻松到她可以随意倚在他胸口或膝上，当这对出逃者抵达海岸出海时，她就是这样做的。

他们一开始的想法是从巴黎开始步行至瑞士。这是一个风暴横行的海峡，浪潮冲击着小船。但当他们停泊在加来的沙滩上时，雪

莱却看到了一片宽阔的红色光亮。

“玛丽，看，”他说，“太阳照亮了法国。”好像他在宣告一个新的人生。

对他来说，她看上去“对所有未来的邪恶毫无察觉”。那为什么仅仅在两年之后，她却构思出了一部有关彻头彻尾的骇人邪恶的小说呢？

众所周知，《弗兰肯斯坦》是有关一个科学家造出了一个超凡人物的故事。那么这个人物的本性是什么？他会做什么？无父无母，人人避之不及的他转向了暴力，身形带来的能力使他造成的破坏耸人听闻。“弗兰肯斯坦”作为一个词语进入了我们的语言，他代表了危险的试验会导致失控。这部小说将惊悚元素和普世问题相结合，它一直受到固定小群体的喜爱追捧。暴力是天生的？还是由于情感匮乏而被诱导而生？是父母缺失和社会歧视的结果吗？这是一个年轻女人提出的问题，作为局外人的境况使她足以进入一个怪物的心境。与雪莱的私奔将她置于社会之外，在他们旅行的过程中，她也目睹了人类的残暴。

这本书的核心是一个从怪物被疏离的视角讲述的故事。像麦克白一样，作者敢于将一个有人类情感的声音赋予一个凶手，在这里他是人的构造，但却又是一个异类，其骇人之处显而易见。

小说发表后的两个世纪以来，曾被无数次改编成戏剧和电影，
但是《弗兰肯斯坦》诞生的神话却延续至今。在由雪莱和拜伦对哥 11
特小说的讨论而引发的一个梦里，玛丽·戈德温毫无征兆地突然构思出了《弗兰肯斯坦》。雪莱在为小说写的序言记录下了这个回忆，十五年后，当两个诗人都已去世，玛丽将它扩充，这段轶事也把《弗兰肯斯坦》和他们不朽的名字联系了起来。就这样，玛丽被锁

定在了这两个男人和他们所读之书的阴影中。但想要开启这个久远的哥特惊悚小说的战栗背后的隐密故事，我们必须要回到玛丽的家庭，回到那个受人尊重但多少带有污点的父亲的形象，回到她的继姐简在经历“惊悚症发作”时被压抑的东西，回到在通往《弗兰肯斯坦》的路上，玛丽自己的观察和情感——正是这一切，引领她造就了这部伟大的作品。

§

1797年8月30日，玛丽·沃斯通克拉夫特在分娩后第十天去世。这个失去了母亲的孩子对她的父亲产生了强烈的依赖。这不是一个寻常的父亲或鳏夫。在那时，政治哲学家威廉·戈德温是一个名人。两代的思想家都读过他革命性的论著《政治正义》（*Political Justice*）。两个天才将名垂史册的伦敦人——柯勒律治和查尔斯·兰姆——会来到城里的斯基纳街41号，这是戈德温书籍遍布的住所。他们的谈话是他女儿教养的一部分，而玛丽也意识到，一个被这样的父亲养育长大的女孩会独立思考，并能超越女性教育的局限。

玛丽的父亲鼓励她写了第一本书，那时的她是一个被一首流行歌曲迷住的小孩。《不记道先森》（*Mounseer Nongtongpaw*）是一首谐谑诗，讲述了土里土气并蠢笨至极的约翰·布尔去法国旅行时（在1802—1803的短暂和平时期*）犯了许多愚蠢错误的故事。他用英语和法国人讲话，并把法语中的“不知道”听成了一个叫作“不记道”的显赫人物。戈德温在1805年发表了这部作品，就在这一年，

---

* 在法国、英国、西班牙和巴达维亚共和国（荷兰）之间的《亚眠和约》给拿破仑的战争带来了短暂的停歇。

他在斯基纳街的转角处开办了一座青少年图书馆。

戈德温认为玛丽长得像她的母亲，他的人生挚爱。从一幅小画 12
像也确实可以看出，她们的嘴角有相似的弧线，她们还同样有深深凹陷的上唇。但是玛丽更像她的父亲，高高的前额，苍白的面容和修长优雅的鼻子。她有着她父亲的勤奋和阅读品味。

她花了很久去努力接受那个1801年末降临的打击——她挚爱的父亲再婚了。从那时起，她和父亲的亲近就开始受到一个脾性让她无法信任的继母的挑战。玛丽对她的厌恶是本能的："她是一个我想到就会发怵的女人"。

玛丽·简·维尔（Mary Jane Vial）将自己佯装成一个要为两个没有父亲的孩子——查尔斯和简——负责的寡妇。（她使用的名字"克莱蒙夫人"，可能是从1798年的一部哥特小说《克勒蒙》[*Clemont*]得来，简·奥斯丁1799年完成的小说《诺桑觉寺》[*Northanger Abbey*]中的女主人公就为这个体裁中过分的恐怖所惊吓。）克莱蒙夫人可疑的名字和晦暗的过去让戈德温同一天在伦敦不同的教堂分别和她结了两次婚。可以想见，作为天主教徒，她会想要一个天主教的仪式，但同样可能的是，戈德温想要为她的多重身份取得法律庇护。因此，戈德温夫人一怀上他的孩子，他就做出了负责任的举动（正如他和正怀着玛丽的玛丽·沃斯通克拉夫特结婚时一样）。

"第二个妈妈"（戈德温如是介绍她）是一个能干的女人，她戴绿色的眼镜，曾做过编辑和翻译。尽管她在图书行业的经验让她可以是戈德温的贤内助，但她喜怒无常——"坏孩子"是查尔斯·兰姆对她的称呼。她会因为离家出走而让家人们惊恐，然后她又会回来。

当戈德温仍是一个靠写作为生的单身汉时，他很穷，这是他到四十多岁才结婚的原因之一。在沃斯通克拉夫特健在时，尽管他们也被金钱问题困扰，但还能勉强糊口并快乐地在一起，尽管两人是迫于舆论不情不愿地结婚的，但他们都迅速全情投入了婚姻生活。但这位“第二个妈妈”却不同：戈德温所有的朋友都认为她不如他的第一任妻子。新妻子的影响吞没了这个智慧超凡且忠诚的男人，她改变了他与他人之间的关系。他变成了一个积习难改的借贷者。

13 接下来，玛丽·简扭曲事实的恶习发泄到了戈德温的女儿们身上，特别是最大的女儿——戈德温的养女芳妮。芳妮是沃斯通克拉夫特之前一段关系中所生的孩子，男方是一个叫吉尔伯特·伊姆雷（Gilbert Imlay）的美国人，他出身于费城一个富裕的航运家庭。他们都并不知道芳妮的存在，而且伊姆雷的浪荡人生也让他不可能抚养孩子。

芳妮母亲的死亡，第二个妈妈的到来，以及不久后一个儿子小威廉的出生，都让她处在弱势的位置，因为她是在戈德温家的五个孩子之中，唯一跟父母双方都没有血缘关系的一个。在戈德温做单身父亲的那些年，他身体力行着沃斯通克拉夫特的信条，她认为家庭成员间的感情应该是教育的基础。一天，他恰好要外出，就让“第二个妈妈”去亲吻她的继女们，但仅当她自己愿意这么做。这个补充条件暗示出，其实她对这两个要她负责的小女孩儿并不是自然地心怀关爱。

为了父亲的缘故，芳妮曾尝试去看“第二个妈妈”的优点，但随着成长，她越发受伤。戈德温夫人着意对芳妮摆明她就是一个多余的累赘。于是那个活蹦乱跳的“芳妮儿”，那个沃斯通克拉夫特钟爱的孩子，那个曾陪伴母亲去斯堪的纳维亚旅行的孩子，那个曾经是她母亲的安慰并睡在她怀里的孩子，就这样长成了一个消沉的人。

戈德温由于被生意上的事务烦扰，于是将控制权交给了他的妻子。芳妮尽力顺她的意，而玛丽却不愿屈从。芳妮任由“第二个妈妈”的摆布，变成了一个永远不会有人来拯救的灰姑娘，但是玛丽却反抗她们的继母。

在玛丽成长过程中，摩擦一直在升级。在她十四岁时，戈德温把她遣送到住在邓迪的巴克斯特（Baxter）先生家里，他是戈德温的朋友，有两个女儿。关于送玛丽离开这件事，戈德温给出的理由是健康，但这听起来并不令人信服。更可能的是，玛丽不得不离开。“健康”有可能是精神健康的一个委婉说法，沃斯通克拉夫特的两个女儿都从她们的母亲那里遗传了抑郁症的倾向。

正是玛丽在苏格兰期间，雪莱在斯基纳街拜访了戈德温夫妇。尽管雪莱反叛一切形式的权威，但他却敬仰戈德温的政治观点。1810 年在牛津大学时，雪莱和他的朋友霍格发表过一篇叫作《无神论的必要性》（‘The Necessity of Atheism’）的文章。当被校方盘
问时，他们拒绝认错。于是大学必须要开除他们。雪莱的父亲提摩 14
西·雪莱（Timothy Shelley）爵士将他逐出家门——尽管由于法律原因，他不能剥夺他的继承权。

这个诗人决心要顺着戈德温的路线去革新：去重现那些十八世纪的哲学家们所说的我们天性中存在的仁慈之心。戈德温和雪莱都相信，人需要从压制他们的法律和社会制度中解放自我。这正是雪莱在他反对宗教的宣传册上所写的。

雪莱相信戈德温仍然坚守他 1793 年的书《政治正义》里的思
想——但后来却发现戈德温自己变了。法国大革命的流血牺牲让他 15

转而相信，不能正面对抗强权，而是要通过写作和指导那些寻求他教诲的人们来改变下一代人。当雪莱在 1812 年来到他门前时，戈德温对他的鲁莽印象不佳。他斥责雪莱对他自己父亲的敌意，以及他对爱尔兰叛乱的支持，斥责他如此着急地去发表更多有煽动性的小册子而不考虑后果。戈德温以他一向的坦率态度，说雪莱是在炫耀。

雪莱很开心。他完全没有恼怒，因为他一心只想领会戈德温的道德立场。当雪莱因发现戈德温如此让人精神焕发而感到振奋时，戈德温也欣喜地发现，他的这位追随者是个语言大师，并且还是二十万英镑的继承人，这在当时是一笔可观的财产。

尽管雪莱是作为戈德温的追随者而来到斯基纳街的，他也同样热切期待能认识芳妮，这个早年被玛丽·沃斯通克拉夫特塑造的女儿。甚至在他和芳妮见面之前，他就邀请她去北德文郡海岸的林茅斯，与他和他年轻的妻子哈丽雅特（Harriet）过夏天。出乎雪莱意料的是，戈德温并没有允许——他说，他没当面见过一个人之前都不能算认识他。

当雪莱来赴宴时，芳妮十八岁，她是一个有着棕色长发的年轻女子，脸上有儿时得天花留下的斑点。她的另外两个妹妹都没有出现。十四岁的简当时在寄宿学校，刚刚十五岁的玛丽在家但并没有参加。就此一次，芳妮没有被她的姐妹比下去，尽管戈德温仍在力荐玛丽。玛丽“非常像她妈妈”，他不断地对雪莱说，但那个时候，他机敏鲜明的蓝色双眼正聚焦在芳妮身上。那天晚上，她已不是那个原先闷闷不乐、急于讨好人的年轻女子了。雪莱想要了解她的意愿也唤起了她身上属于她母亲的那份热切的口才与诚恳，这份活力也正是玛丽·沃斯通克拉夫特曾在那个无忧无虑的小女孩芳妮身上赞许过的品质。

雪莱着迷于芳妮仁慈的敏感，以及她的想法——他后来将这个想法据为己有——她认为诗人是这个世界上未被承认的立法者。与他耸起的肩膀相平衡的，是他扬起的浅粉色长颈，他的那些词句就从这里源源涌出。他有着一种公然的乖张，这来自一个毫不畏惧自 16
己观点的人，但与之相应的，是他警觉的举止。他激越而消瘦，窄胸窄肩，以偶尔心不在焉地从兜里取出的面包和坚果为食。他浸在凉水里清洗过的卷发蓬乱着。他的后脑勺扁平得古怪。

雪莱和芳妮彼此倾慕，以至于当雪莱再次造访斯基纳街时，“妈妈”认为应当将芳妮送到她毫不亲近的姨妈们（沃斯通克拉夫特的姐妹）家里。如果芳妮一直在这里占据着雪莱注意力的中心，那么他可能不会将他的感情转向沃斯通克拉夫特的第二个女儿身上。

第二次邓迪之行之后，玛丽在1814年3月回家了，她和“妈妈”之间的摩擦再次爆发。玛丽经常躲到她母亲在圣潘克拉斯教堂的墓地那里。这个地方让她能够阅读，并和这个世界已经失去的那位女性楷模进行交流。

5月5日，雪莱出现在斯基纳街，玛丽也在那里。那个月他来了七次，并在附近的哈顿花园住了下来。接下来，6月8日，他将他在牛津的朋友、正在准备律师考试的霍格带来见戈德温。当这两个年轻人在戈德温的书房等他时，雪莱不安地来回走动，问霍格戈德温这时会在哪里。接着门轻轻地打开了，一个穿着格子裙的苍白女孩用“兴奋”的声音说，“雪莱”，雪莱用“兴奋”的声音呼喊，“玛丽”。他立刻奔出书房去同她讲话。

他们之间的火花已然在眼神和举止间显而易见，依雪莱看，是玛丽主动出击。1814 年 6 月 26 日，在简毫无警惕的监护下，他和玛丽来到了她母亲的墓前，并在那里向她倾诉了自己的过往。

事后，雪莱告诉霍格说，当玛丽 · 戈德温宣告自己属于他时，没有言语可以比拟这个时刻的“崇高”。如果他对这个场景的叙述是准确的，那么他并没有提及他的婚姻。但是玛丽也察觉了关于他婚姻不幸的蛛丝马迹：他暗示说，哈丽雅特已不爱他，而且她怀着的孩子都有可能不是他的。即便如此，对于玛丽来说，宣告自己的感情也仍然是离经叛道的。

所有雪莱的顾虑都被玛丽的直率与心甘情愿所抵消，她相信他
17 们在一起是命中注定的，这信念和朱丽叶一样坚定。她的独特在语调和音色中就已十分明显，那是一种混合着温柔和出于信念而渴求同等承诺的声音。她柔顺的秀发散落双肩，随着脑袋的转动而飞扬，他对这样一个女孩的回应也同样火热。后来他告诉她：

你在你年轻的智慧中
是多么美丽、平静与自由，
当你挣开并撕裂这凡俗的锁链……

玛丽 · 沃斯通克拉夫特是这种狂喜中的一部分。“我将要与你 / 受人爱戴的名字结合”，这是雪莱在回忆玛丽父母的惊人胆识时写下的诗句。这位十六岁的女孩是那个“胸怀抱负的孩子”，她母亲的盛名

闪耀在你身上，穿过那撼动今日，黑暗狂野的暴风雨；
而你能够从你母亲那里，

> 获得那不朽姓名的庇护。

玛丽表白后的那一天，对雪莱来说好像是他真正的“生日”——这或许也是指他们大胆逾越禁忌的那一天，他们把简打发走，第一次做爱。

简的在场并不是偶然的。她不只是社会习俗所要求的监护人；雪莱对她也有意，他曾经去她的寄宿学校拜访过她，而且他们也一同散过步。用独立的头脑思考和行动是戈德温的家教中最核心的部分，那么在这点上，简和玛丽被塑造的方式是相同的。简同样也想写作。事实上，她先于玛丽构思出了一个局外人的故事。她想塑造的是一个由于激怒了世俗而被人们称作傻瓜的女人。

玛丽和简两人都为雪莱的思想着迷。他对于她们的魅力远远超出一时的痴迷，尽管痴迷是其中一部分；这些女孩都是沃斯通克拉夫特的主要信徒，她在戈德温书房里的肖像一直注视着她们的成长，她的墓地对她们来说也是一块神圣的地方。雪莱在许多地方和沃斯通克拉夫特想法一致，他热切提倡女性读书与学习，并且愿意分享他的优势，这在当时那个书中都警告女性不要接受高等教育的 18
年代是很罕见的。这个诗人的热切与他好奇的思维冲击着玛丽和简，她们把这视作走向家庭以外世界的机会。

雪莱立即向戈德温表明了他要和玛丽在一起的计划，他的嗓音过高了一些，紧张得几乎说不出话。由于戈德温在《政治正义》中反对婚姻制度，雪莱因此期待玛丽的父亲会准许。

“他疯了。”戈德温在他的一个朋友面前勃然大怒。

戈德温发现自己处在一个很复杂的位置上。和他的愤怒相冲突的，是雪莱正在代表他协商一笔一千多镑的贷款。后来戈德温说，雪莱是在7月6日协商敲定之后才表达他的意愿的，但戈德温实际上的反应却是拖延，并在接下来运用了他不容小觑的论理能力去阻止他认为是雪莱的主动行为。和许多有热情女儿的家长一样，他认出了我们现在称之为“色诱”的行为。对于他来说，这无疑是邪恶的。

哈丽雅特·雪莱对她丈夫的音讯全无感到忧虑，于是她从巴斯来到伦敦。在她和雪莱关系紧张的时期，她、她的姐姐和孩子就独自待在巴斯。过去的三个月，他们没有住在一起，但性关系也并没有完全停止，因为哈丽雅特在三月底怀上了他们的第二个孩子。她在七月宣布了她怀孕的消息，也恰好是这个月，雪莱对她透露说，他现在的责任已经只是作为朋友而不是丈夫了。

这次面谈很有压力，于是他做出了“抚慰”的姿态，尽管他告诉哈丽雅特，“你从未以足够的激情充斥过我的心，这不能怪我”。他承诺自己还会对她有持续的感情，并保证她一定会找到下家，这促使他的妻子接受了现在的状况。她会将玛丽看作是受到“专制压迫”的人而同情她吗？而玛丽会给哈丽雅特寄去一些手绢以及他们拥有的玛丽·沃斯通克拉夫特的遗著吗？哈丽雅特确实想过，玛丽是在用她的母亲诱惑雪莱。

受到来自两方恳求的压力，一边是哈丽雅特（那时已经有五个月身孕），另一边是戈德温的要求，玛丽似乎退缩了。雪莱夫人被告知，玛丽会尽己所能拒绝雪莱的追求。

19 而雪莱的回应是服下过量的鸦片酊——剂量不足以致命。午夜时，戈德温的房门被雪莱的房东敲响；戈德温冲到哈顿花园，发现雪莱已被当地医生接手。戈德温夫人接下来照顾了他一整天。

尽管肉体分开了，玛丽和雪莱却在通信。起初，信件被热心的简偷运出屋，接着，当戈德温禁止她这样做之后，信件又被书店送货员送出。每天玛丽和简在查特豪斯附近散步时，他们还会秘密会面。7 月 25 日，戈德温给雪莱写信提出请求。他评判这个诗人的感情是“善变和一时的冲动，这压倒了任何一种对于诚实的心灵十分珍贵的冲动”。他认为哈丽雅特是“一个纯良并值得称赞的妻子”，并且要求雪莱放过“他年幼的孩子纯洁无瑕的名声”。

戈德温通常不会表露出他的感情，但他在为玛丽提出这个恳求时，他的感情却很激动。“我不敢相信你以一个捐助人的名义进入我的家门，却留下了一团无尽的毒药来蚕食我的灵魂。”

考虑到这封信的力度和雪莱对戈德温的尊敬，那个夏天本来可能什么都不会发生——如果没有晨吐的出现。玛丽怀孕了。于是，这对情侣在热心但蒙在鼓里的简的陪伴下，启程去了法国。

将自己置于一个已婚男人的庇护之下显然是一个灾难性的举动。在这个阶段，玛丽不可能知道雪莱有多容易被其他女性吸引，以及他是否会被某个可爱的落难少女吸引过去。玛丽也不太可能知道雪莱的祖父，比希爵士，曾为他的情妇和四个孩子置过外室。雪莱家族保持了他们作为可敬得体贵族的地位，因为他们遵循了“遮掩”这一行为准则。雪莱与玛丽的婚外结合实际上在他的家族历史中并不是什么新鲜事；但雪莱的不寻常之处在于他缺乏谨慎，至少最开始是这样的。

损害一个涉世未深的女孩的名声，这并没有困扰到他，就好像当他和哈丽雅特·韦斯特布鲁克（Harriet Westbrook）私奔时，也没有受到什么困扰一样，哈丽雅特那时也是一个在家庭保护下长大的女学生。当时的情形下，他可以结婚。但是这第二次，当他和玛
丽·戈德温私奔时，他却有一个妻子和孩子要考虑。同样的冲动又 20
在作怪了。他抛弃了他一岁的女儿艾安茜（Ianthe）和一个未出生

的孩子，而且他不会没有意识到，一个公开的无神论者如果又公然犯了通奸罪，那么除非他回到妻子身边，否则他想要获得孩子的监护权几乎是不可能的。但他并不认为这是抛弃；他幻想哈丽雅特也会像简一样，作为一个依恋着他的朋友继续留在他身边。在他所处的上层阶级，人们不会因为不忠而大惊小怪。但牵扯上像哈丽雅特和玛丽这样单纯的中产阶级，注定要带来麻烦。

当他们正要离开家时，玛丽停下了马车，要去做“一些事”。在这最后时刻，她是对这样偷偷摸摸离开家感到有些不情愿吗？或者怀有一些她并没有告诉雪莱的愧疚？她并不是像莉迪亚·班纳特（Lydia Bennet）那样粗心大意的无脑之人，和一个无赖跑到不知道什么地方去。在《傲慢与偏见》中，莉迪亚留下了一个欢脱的、毫无信息的便条。但玛丽回去却是给她父亲留了一张我们确定是有明确信息的便条，大约一个小时后他在他的梳妆台上看到了这张便条。

戈德温惯常的行为是冷静而理性的。但现在，他是一个被欺骗了的父亲，这让他恼羞成怒。雪莱是“放荡的”，是一个“诱奸者”，并且“背叛”了他的款待。戈德温欣然接待了这个年轻的革命者（难以想象还是一个准男爵的儿子），是带着足够的期待，希望他能投资一些有价值的计划，比如戈德温资金短缺的出版社。这个青少年图书的出版商有一个绝佳的书单，包括兰姆的《莎士比亚故事集》，但一直负债累累，难以为继。可现在看上去好像是戈德温为了拯救自己的事业而交易了他的女儿。他不能原谅玛丽。

§

玛丽给她父亲的便条应该透露了他们的去向，因为在去往多佛的路上她害怕被追上。他们用了四匹马，为的是甩开升温的速度，那时的炎热异乎寻常。第一天的出逃是一场比赛。

但玛丽错了。她的父亲并没有追她，他还警告他的妻子（她确实去追简了）不要跟雪莱接触，他可能有“暴力倾向”。事实上，21
雪莱对女性很温柔，戈德温的想法反而暗示了他自己正处在不常见的暴烈情绪中。

戈德温夫人在加来追上了那些离家出走者。显然，她的行动并非是为戈德温，而是为她的女儿。她唯一的目的是要说服她自己的女儿回家。当简拒绝后，戈德温夫人没再吭声。雪莱和玛丽在她回港口的路上撞见了她；没有人破除沉默的鸿沟。这其中的信息很明显：必须要避开玛丽·戈德温。

为什么戈德温没有去追玛丽？实质上他是对如此年轻的一个女孩关上了家门，将她弃之不顾，为什么？这是让人困惑的行为，玛丽自己也觉得这难以解释，尤其考虑到她和她父亲之间特别的纽带。在戈德温对玛丽的抛弃背后一定深藏着某些他们之间相互的情感，尽管他个人的想法很难揣测。但事实无可辩驳：他要抹去她的存在。

§

这对爱侣搬去了巴黎。他们觉得杜乐丽花园太正式了而且没有青草，不过这没关系。“我们回家后开心到睡不着觉”，8 月 2 日星期二，雪莱在他们一起写的《日记》（*Journal*）中记录道。第二天，在玛丽大声朗读拜伦的作品时，他们激烈的感情好像让他们将这些诗占为己有。就是在巴黎，玛丽打开了她私人的宝箱让雪莱看，那里有她的作品和她父亲的信。“她躺在我的怀里”，他记录道，那个上午在“愉快的谈话”中过去。

除了爱情和令人迷醉的肢体亲密，书籍是他们的结合中核心的部分。玛丽和简立志要开始接受高等教育，就好像今天有抱负的人要上大学一样。即便这是一所资金短缺的“流动大学”，它却在智力的高度上野心勃勃。这两个年仅十几岁的女孩，早于那些有志向却无法接受高等教育的年轻女性几代人，穿越国界，带着书籍，脑子里装着还没讲出来的故事。尽管她们的行为代价巨大，但她们又异常幸运地有两位卓越的人物去指导她们的阅读：开始是戈德温，现在是雪莱。玛丽的父亲敦促她成为出色的人；雪莱也同样。除了
22 他们作为爱人之间的亲密，雪莱对她的学业也是绝对支持的。

在他们徒步旅行的初始，玛丽和简穿着黑色的丝绸裙子离开巴黎。当他们缓慢前往瑞士的途中，雪莱大声朗读沃斯通克拉夫特的自传体小说《玛丽：一部小说》(*Mary: A Fiction*)。这部小说发表于1788年，恰好是玛丽的母亲在伦敦不再做家庭教师而转做作家的时间。这时的她决心要做“新物种中的第一个”。这部小说宣扬要创造的角色不同于理查德森（Richardson）笔下的克拉丽莎或者卢梭笔下的苏菲，因为她们的完美都“偏离了天性”。相反，沃斯通克拉夫特想要证明“一个有思考能力的女性的心智”：这样一个生灵，“可以被允许作为一种**可能性**存在”。

这个家庭教师已经发表过她关于女孩教育的先进观点，对她来说，这种可能性通过玛丽这个角色已渐渐进入实践。她从挫折中幸存，并想要奔向未来。这个虚构的小说形象和沃斯通克拉夫特的信条是一致的，她相信女性在个性上的改变必须先于她在更加公共领域内的进步：“我喘息的灵魂仍然向前推进，并栖居在未来之中，

在这黑暗笼罩的深深阴影里”。

这部小说慨叹，女性都依赖于一套陈旧的叙事生存，不能重塑她们的人生。它期许有一条敞开的路，“让她们能够去追寻更长远的独立”。

在一个又一个简陋的旅馆，玛丽、简和雪莱组成了一个阅读小组。他们专心致志地领会《女权辩护》和《女人受罪》（*The Wrongs of Woman*，沃斯通克拉夫特的第二部小说，于1798年她去世以后出版），以及《玛丽》和戈德温的《政治正义》。这三个旅者将他们的思想准则付诸行动，包括他们对婚姻作为一种财产形式的反对，这让三人在革命的纯粹性上超越了他们的前辈。

他们为玛丽·沃斯通克拉夫特的文字以及她对理性的信仰而鼓舞：“那些有足够胆量领先于他们所生活时代的人们，会通过自己思想的力量去摆脱偏见，而这个世界更加成熟的理智也迟早会否决这些偏见，这些人必须要学会勇敢面对指责。”

他们的旅途要穿过一片遍布饥饿和穷困的地区，这是当年二月
拿破仑的失利造成的。玛丽后来回忆起塞纳河畔的诺让镇成了一片 23
白色的废墟，白色的尘土覆盖花园。战败的一方形容惨烈，不梳不洗，旅馆也非常肮脏，有时旅客无法睡觉。一张床无非就是一张铺在草上的床单。在奥塞莱斯-特鲁瓦迈松，简说，当老鼠把冰凉的爪子放在她脸上时，她必须去躺在玛丽和雪莱的床上。

在曾经美丽的圣奥宾村，哥萨克人连一头牛都没给他们留下，没有人有牛奶喝。在路上他们遇到了一个男人，他的孩子们都被哥萨克人杀死了。

“暴力从此统治这个世界，”玛丽的母亲曾在《女权辩护》中断言，“人习惯了在野蛮的状态下向权力俯首帖耳，那么他将无法把

自己从这种粗野的偏见中解脱出来。”她的女儿也用了“野蛮”这个词：“这些野蛮人在进攻时散布的破坏是无可比拟的，”玛丽观察到，“或许他们没有忘记莫斯科与俄国村庄的毁灭（在拿破仑 1812 年攻击俄国时）；但我们现在在法国，这些房子被烧了的居民的困苦…… 激起了我对战争的痛恨，这种痛恨只有在亲身游历过这个被劫掠、被糟蹋的国家之后才能感受到，人类傲慢地对他的同胞手足施以迫害。”

尽管玛丽起初坚信爱可以战胜邪恶，但她被迫要去重新看待眼前的场景。她观察到，对平民施行的罪恶是如何被一些人扭曲的自怜所鼓动，他们还把对无辜者的杀害辩护为复仇。

他们在法国的一路上，洗澡水都是短缺的。也没有洗脸盆，所以他们经常只能在村庄水泵那里洗洗脸和手。当他们接近边境小镇蓬塔利耶时，雪莱向玛丽提议在路旁的浅溪中洗浴。玛丽的借口是，她没有浴巾，于是雪莱提出可以拿一些叶子来擦干。这个提议被她默默地拒绝了。是机敏的简在她的日记里记下了这个场景。

玛丽在她与雪莱合写的日记里没有提到戈德温一个字，但这不意味着她完全没有想着她的父亲。她对雪莱的依赖让她不可能表达
24 对父亲的悔意，以免让雪莱不快。8 月 30 日，临近十七岁生日时，玛丽是一个有孕在身但毫无经济来源的私奔者。雪莱并没有意愿去讨生计。他纵然有着人人平等的道德思想，但却仍保有一种特权阶级的心态。他对于收入的概念就是从他父亲那里设法要到一份补贴，以及凭借他未来会继承的遗产去借贷（利率惊人）。

在蓬塔利耶的一天晚上，玛丽在试图和雪莱一起嘲笑他们不太可靠的车夫时说，男人是一千种困难的源头。

雪莱问她为什么突然看上去很悲伤。

“我想到了我爸爸，不知道他现在感觉怎么样了。”

“你这么说是在指责我吗？”

“哦！不！”她把这件事搪塞过去。“我们别再想它了。”

简意识到玛丽是多么爱她的父亲。而简也又一次写下了玛丽没有记录的内容。一个保护壳包裹住了她的反叛、温暖、欲望和忠诚（这点上她和她的父亲很像，这让她一直和他气味相投，哪怕在他们关系疏离时）。她骄傲且敏感，除非被珍视或被支持，不然她不会贸然上前。让这种含蓄节制更趋深沉的是，她在人生中这两个不谨慎的男人面前一意地谨慎。她父亲关于她母亲的回忆录（其中叙述了她母亲对吉尔伯特·伊姆雷的感情）给了外人诋毁中伤的机会——玛丽对这种“不友好的报刊杂志粗俗的中伤”很反感。但是她现在以母亲为榜样，和这个“身着俗世衣装的精灵”走到了一起。这个超人（她是这样看待他的）将她选作了伴侣，这种命运也将她与那些掌控凡夫俗子的律法分割开来，而她的生活方式也注定给普通人留下争议。

特鲁瓦是一个他们途中经过的中世纪小镇，在那里雪莱给哈丽雅特写了信，邀请她来加入他的漫游小分队。让他失望的是，他们过了瑞士边境到达纳沙泰尔时也没有收到回信。

玛丽在面对她所要承担的一切责任时需要清醒的头脑，不仅仅
是为了达到雪莱的高度（在诗歌与古典学方面），其实还为了应对
日常琐事：起初的晨吐；肮脏的旅馆里床上的虫子；他们在买驴的
问题上，以及接下来用最后的一点钱买骡子的问题上犯下的错误； 25
雪莱对于哈丽雅特没能来加入他的队伍表现出的失望；他们在布鲁
嫩的错误决策（一直住在一个丑陋并且不舒适的房子里）；最后还
有缺钱，这也迫使他们返回。

8月27日，就在他们离开布鲁嫩准备去往卢塞恩镇的时候，又一考验来临。简在读《李尔王》时，被里面那个遭到亲人背叛的被放逐者的哭嚎声惊吓，为了转移注意力，她接着翻开了《理查三世》，读到了那个杀死亲人的人。那天晚上，她第一次癫痫发作，这被玛丽称作是简的“恐惧”。

他们旅行的模式并不能缓解简的恐惧。最省钱的办法是走水路北上，于是他们就决定前往莱茵河。他们在瑞士北部梅林根的同船旅客让玛丽充满厌恶。这些人形容猥琐，是“肮脏的动物”和“招人讨厌的爬虫”。这就好似在探寻黑暗之心。在这条沿罗伊斯河上行到莱茵河主干线的小船上，玛丽不得不反对戈德温对人类会逐步进化、最后获得启蒙的信念。她无法燃起任何安慰的希望。她写道：“上帝去制造全部全新的人类，都比尝试去净化这些怪物容易。”

他们一步又一步，从巴塞尔开始，沿着渐宽的莱茵河前行，路过陡峭的悬崖上高耸的教堂塔楼，路过斯特拉斯堡、美因茨到科隆，然后从那里坐马车，最后终于到达了荷兰的海岸。他们的路途在布满了巨型青蛙的运河中蜿蜒。当他们到达鹿特丹附近的马斯勒伊斯时，身上的九十英镑已经只剩下二十埃居（Écu）。他们在等待风暴结束，恳求船长们带他们渡过海峡。荷兰的船长们都不愿在如此狂风之下出海，只有一个叫埃利斯的英国船长愿意试试。价格是每人三镑。他们能指望的，便是到达伦敦时，可以向雪莱能利用的经纪人胡克汉姆（Hookham）施压，或者如果这条路也行不通，就只能向不满的哈丽雅特要钱。

在马斯勒伊斯等待的两天里，简和玛丽从写日记转向了写故事。简的头脑里已经有情节了，是脱胎于沃斯通克拉夫特和卢梭的
26 《爱弥儿》（他这部有关教育的解放性书籍，通过沃斯通克拉夫特和

戈德温而对简的成长产生了影响)。如同沃斯通克拉夫特一样，她反对卢梭将女性刻画为卖弄风情、毫无真诚的片面形象:“通过某一个女性的行为来评判整个性别的确是不公平的，更何况这个女性的教育让她更适合去土耳其后宫而并不是作为男性的朋友与之平等交往”。这是简《日记》中的一篇，写于接下来的一天，9月10日，星期六:

> 写了个故事——……写了一整天——喝茶后写了我愚蠢想法中的那个片段——这是我多年来梦想中的计划——去促使大脑工作、提升，许多普通人都把它看成是蠢人的头脑，因为这不符合他们自己粗鄙而偏颇的看法。

玛丽故事的题目是《憎恨》。我们现在所知道的只有这个题目，以及雪莱读它的时候充满愉悦。如果我们需要猜测内容是什么，我们大概能记起“憎恨”其实是玛丽对她继母的感觉。她对即将发生的事情有预感吗?伦敦，她想要离开的城市，那个让她发抖的继母，和那个背弃了她的父亲?

§

回到伦敦后，雪莱去劝说她的妻子(现在正和她有钱的父母住在教堂街)为他们的旅程付钱，玛丽和简不得不在马车里等了两个小时。这是一次困难重重的协商，因为七个月身孕的哈丽雅特起初希望她的丈夫能回到她身边。不管怎样，雪莱最终说服了她，让她相信他会对所有事做最好的安排。雪莱的小分队在卡文迪许广场的玛格丽特街 56 号找到了住处，那里离玛丽的父亲很近，但是他不只自己无视了这个女儿，还禁止姐姐芳妮来探访。在戈德温看来，芳妮的名声也可能会因接触他们而被玷污。

玛丽·戈德温却依旧持续栖居在她父亲的智力空间中。在 9 月
27 20 日她开始阅读《政治正义》，接下来，她又坐在母亲的坟冢前阅读父亲 1809 年一篇关于坟墓的文章。如果她的确渴求父亲的关心的话，那么她也克制住了自己，没有表达出来。她顶多只允许自己说出“斯基纳街的那些好人”这种稍带讽刺的坏话。

除了雪莱的圈子，她现在没有朋友；除了简以外没有同性的朋友。在法国时，她应该是给曾在邓迪同住的伊莎贝尔·巴克斯特（Isabel Baxter）写过信，但伊莎贝尔现在也躲着她，这有可能并不是她自己的意愿，而只是遵从了她的新婚丈夫布斯先生的意思。伊莎贝尔和她的姐姐克里斯蒂给芳妮寄了一封玛丽称作“十分无礼”的信。克里斯蒂曾作为玛丽的朋友住在斯基纳街，高调宣告自己对玛丽的友爱，但玛丽说道，“现在我们能看到这友谊到底有几分价值”。

玛丽的解决办法是用书籍建造一座防御堡垒。《日记》在这个阶段已经变成了她的阅读记录。玛丽对古典学问有一种渴望，这也同样出现在玛丽·安·埃文斯（在她成为乔治·艾略特之前）和弗吉尼亚·斯蒂芬（在她成为弗吉尼亚·伍尔夫之前）身上，伍尔夫曾在她父亲在肯辛顿的房子后屋里如饥似渴地阅读希腊著作。对她们来说，古希腊语代表了女性无法获得的教育。尽管雪莱在伊顿公学遭受的欺凌让这个学校变成了“一座小地狱”，他还是从那里获得了对荷马和古希腊戏剧家的喜爱。在他的帮助下，玛丽在回到伦敦后不久便开始上古希腊语课。

九月底，玛丽和雪莱在霍尔本的一家书店停留并买了一基尼的书。那天，她的日记记录了她如何把她父亲的《政治正义》当作一封给她的信来读，替代那些他没能写给她的信件。她读完这本书后，便翻开她父亲的第一部也是最著名的那部小说，《凯莱布·威廉斯传奇》（*Caleb Williams*）。

她夜以继日地阅读。社交和情感状况越糟糕，她越全身心地将自己和伟大的思想融为一体。投入阅读是她恢复并更新自己的方式。我们可以把这叫作自我教育，这也是那些没有学院教育机会的女性的智慧源泉。玛丽·戈德温、勃朗特姐妹、乔治·艾略特、奥利芙·施赖纳，弗吉尼亚·伍尔夫——她们都以不同方式处在社会
边缘或之外，而且她们都是读书的人。书籍是她们长久的伴侣，书 28
籍培育了一类新的女性。她们与世隔绝的自由让阅读与书写可以比其他那些忙于社会责任的中产阶级妇女更持久。

在她把阅读作为一种自我塑造的方式来追求时，玛丽·戈德温遵循了自己母亲主张的原则。在沃斯通克拉夫特的《女教论》（*Thoughts on the Education of Daughters*）中，女儿在很小的时候就要成为一名读者。她注定会代替那类古老的女性物种，她们被设计得只知道服从或被动依赖，她们（女性）“身上每一个天然的火花都被扑灭了”。

与此同时，雪莱正在四处奔走尝试借款。在十月和十一月间他必须要躲避因欠款而被捕；只有在星期日回到固定地址才是安全的。尽管陷入了如此窘迫的境地，但雪莱知道最终他还是会有足够的钱。没有什么能够剥夺他作为他父亲遗产继承者的位置。这也给了他信心让他为所欲为。

一天晚上，那是10月7日，一个周五，玛丽很早上了床，他

们的客人，作家托马斯·拉夫·皮科克（Thomas Love Peacock）在晚餐后离开。当简和雪莱独自在一起时，简谈起了她关于“地下女子社群”的想法。前一天晚上，简刚刚读了沃斯通克拉夫特的文章，这自然不是巧合。

雪莱把话题转向了简的弱点：她想象中的恐惧。“感觉到夜晚的安静在你耳中震动，这难道不恐怖吗？”他鼓动道。他在和玛丽的日记中对这个场景的记录表明，他表现得像一个好奇的科学家，对着愈发不安的简重复着他的问题。

一点的钟声敲响了。雪莱称之为“巫术时刻”。两点时，他们终于要道晚安了，雪莱低下头靠近简，他的手支在桌上。在那个时刻，他无法压制自己的权力感。

“你看上去好恐怖，”简惊呼，“别用这副表情看我！”

她感到房间里不安全。一个掉在床下的枕头现在出现在椅子上，于是她坚信她已对她周围的东西失去控制。由于恐慌，她又跑到雪莱身边。就在那一刻，几乎是以一种医学诊断的方式，仿佛这是一个实验，他审视了简“扭曲”的面容，并在第二天记录了他的观察：她嘴唇和面颊上那种“死亡的色调”，脸上散发出“几乎像
29 是日光的白色”，她的耳朵几乎直立起来，眼睑缩回到看不见，凝视睁大的眼球好像是“刚刚被嵌在一个无生命的脑袋上”，整张脸都皱了起来。

雪莱选择了这个时候对简透露玛丽怀孕的消息。听到这个消息，简尖叫着在地上翻滚起来。雪莱被迫把玛丽叫醒，带到简身边来。只有玛丽在场才能使她平静。

雪莱的描述太过夸张，以至于简抗议说那不是她的感觉，但她到底什么感觉，恐怕除了雪莱控制她心智的强烈意愿之外，我们也

无从得知。

除了雪莱笔下的这个场景，《日记》其他部分回避了简的“恐惧”——玛丽的叙述一直很平静。第二天，当雪莱和简说话时，玛丽拾起了《女人受罪》。或许玛丽只是在重读她母亲的作品，并没有其他意味，但这也确实让我们想起了玛丽不经意的评论（当雪莱邀请哈丽雅特加入他们的时候），她说男人是麻烦的源头。

这个小分队的成员构成并不稳定，因为雪莱想要实践他的梦想——常常是拯救式的行为。他幻想要转化并解放“两个女继承人”——他的姐妹海伦和伊丽莎白——让她们加入自己的队伍，去爱尔兰西部远行，进而实现他渴望改变社会的决心。在这个任务危险的边缘，他发展了戈德温关于男人并不拥有女人的理论，并鼓励已怀孕多时的玛丽去和霍格发生关系。玛丽再一次表现出圆滑的社交技巧。她拍了拍霍格，并用近乎调情的口吻传递了礼貌的借口。她告诉他说，她没想过这样。她还没准备好。

作为这个小组中的处女，简的惊慌是完全有理由的。她让自己处在了一个男人的保护之下，这个男人推崇性爱自由，将她作为必需品绑在身边，并阻止她背叛他去追求属于她自己的改变世界的激进梦想：一个作为地下政治组织的女性社群。

戈德温夫妇认为，简被她和雪莱的关系玷污了，但是如果她离开他并回到父母的保护之下，还是可以挽救的。她的母亲和芳妮一起来到玛格丽特街，并站在她窗外。由于戈德温禁止她们接触，她们只能站在那里做着无声的请愿。

简一直为在一个哲学家家庭中长大自豪。因此戈德温对她行为 30
的指责确实对她产生了影响。她写信给戈德温，他敦促她立刻回家，她犹豫了。她的“恐惧”来得愈发猛烈。也许是母亲在加来说的话唤醒了她（她警告她说，她会变成一个终身的异类，和玛丽一样无可救药）。简并非戈德温夫人婚内所生，因此她最适合去警告简，不要把自己置于男人的控制之下。简选择了追随玛丽，但却被这对情侣对她隐瞒的消息所动摇：玛丽的怀孕其实让她更加依赖雪莱，这种依赖超出了简的想象。

十一月，芳妮被派来带简回家，骗她说母亲已奄奄一息。“芳妮不见我，”玛丽在《日记》中记录道，“但是我能听到她说的所有话……爸爸告诉芳妮，如果她见了我，那么他再也不会和她讲话——这倒是一种幸福的自由。”

简在10月13日回到在斯基纳街的家中。那里发生了什么我们不得而知，只知道戈德温夫人并没有死，第三天，简就回到了雪莱那里。玛丽描述自己第二天就“卧病在床”，与此同时，简和雪莱“在城里四处游逛”。游逛。这个词标志了简的恢复，同时也开启了雪莱接下来变化多端的行径。1814年的11月对于简离经叛道的未来是具有决定性的，这个月起，她开始尝试用回她最初的名字克拉拉的几种不同写法：克拉丽，克莱尔——最终决定用克莱尔·克莱蒙。过去的那个简已经彻底终结了。

那个月，玛丽的身孕开始显现出来。她并没有计划隐藏自己：她在家乡的城市里怀着一个私生子，而她的伴侣依然欠债在逃，躲避牢狱之灾。他在许多地方藏身过夜，主要在皮科克家，这就意味着玛丽和她的继姐被独自留在家里。玛丽并没有，或者说她不允许自己为处境感到懊悔。她与雪莱的同居生活本身便是一种庇护，让她不受公众舆论的影响。一次简短的会面后，分离使他们之间的激情更强烈了。之后，在11月2日，当雪莱在给玛丽的信中回忆他们在一起的甜蜜时光时说道：“**在这些时光里有永恒**——它们包含着不朽的生命中真正的灵丹妙药。”他们之间传递的信件宣告着无与伦比的爱情，而雪莱也感到两个人都变得更加智慧。他表演罗密欧与朱丽叶这对被迫分开的恋人之间的戏剧：“我可以去‘惊吓那些慵懒时间的骏马’”。 31

事实上，从十月底进入十一月是一段绝望的时光，因为雪莱找不到一分钱，而不得不从他越发疏远的妻子那里讨钱。当他们的孩子快出生时，哈丽雅特恐慌地回忆起第一次生产的痛苦，雪莱向她保证第二次会好些，尽管他完全没有作为父亲参与到此事中来，没有考虑过这个即将降生的孩子。哈丽雅特的父亲极其气愤，甚至在考虑采取法律措施。这却引发了雪莱尖酸的指责。哈丽雅特为允许这种争论发生感到羞耻。

即便玛丽想到了哈丽雅特，她也非常小心，纸上写下的看法只有一个冷漠的词语：哈丽雅特很“古怪”。玛丽从未停止过她激情澎湃的忠贞和外露的爱情，她为雪莱神魂颠倒：“玛丽无数的拥抱和她眼中的光芒带给我甜蜜的回忆。”这些写在他们《日记》中的私密言语是希腊语写成的，这是他在用他的方式把爱情与他们对知识的热爱结合起来。

他的天才，她说，“远胜于我，启迪并指导着我的思想”。她总是醉心于他的天赋，但在他看来，她在创意方面更胜一筹。玛丽明白，如此的相互欣赏是多么罕见——这激励着她成熟的心智。晚上，当他们的生活平静下来时，雪莱经常会大声朗读，或者是《古舟子咏》，或者是戈德温和沃斯通克拉夫特的作品选段。仿佛通过雪莱，玛丽和克莱尔在这些作品中找到了一个家，而且逃跑小分队的叛逆、性的激情，或者戈德温的冷落都无法动摇这些对他本人精神世界的回馈。

玛丽·戈德温对她父亲的感情暗示，《弗兰肯斯坦》的情感核心（怪物因其制造者将他弃绝而感到悲痛）其实是先于他在玛丽白日梦中的骇人外表而出现的（玛丽后来详细叙述过这个梦）。

1814年12月，玛丽怀着六个月身孕，去听了安德烈－雅克·加纳林（André-Jacques Garnerin，因敢于使用自制跳伞而闻名的法国物理学家）的一次演讲。一群伦敦的上流阶层和贵族听了一场关于电
32 和气体实验的讲座。这也对之后《弗兰肯斯坦》的创作至关重要：那个故事中心的实验者将会使用电流，将他人工制造的生物激活。

讽刺的是，玛丽的境况解放了她，让她在智识和自主的力量上不断进步，但这种境况却让芳妮受到了限制，几乎像是"妈妈"在胁迫她为她妹妹的逃跑付出代价。一天晚上，"妈妈"禁止二十一岁的芳妮下楼吃饭，原因是她收到了一缕玛丽的头发。玛丽在12月17日记录了这件事，并评论道，"芳妮当然是像奴隶一样服从了"。对可怜的芳妮来说，她没有逃脱的办法。她既爱戈德温也爱她的妹妹，因此她在对立的两个阵营间进退两难，也没有一个爱人去安抚她的伤痛。

雪莱的爷爷在1815年1月去世。比希爵士曾是一个美国人，是一个盖茨比式的人物。* 在他的出生地，新泽西的纽瓦克，他是个名不见经传的人。后来他到了英格兰，聚积了一笔财产（通过先后和两个女继承人结婚），继承了菲尔德地和其他萨塞克斯的土地，建

---

* 即F. S. 菲茨杰拉德《了不起的盖茨比》。比希·雪莱出生于纽瓦克（Newark），他是一个磨坊主寡妇的儿子，母亲嫁给了一个英国移民，他是贵族家庭的贫困远亲。生意失败后他伪装成"药剂师"，尽管只是江湖庸医。理查德·福尔摩斯（Richard Holmes, *Shelley: The Pursuit*，第10页）把比希称作是一个新世界的人物，他高挑、坚毅，充满能量。他曾和一个富有的牧师十六岁的女儿私奔，后来又通过和一个贵族家庭的女儿第二次私奔，获得了社会声望与土地。

起了一座叫戈林城堡的家宅，并在 1806 年被封为准男爵，那时他的孙子还在上学。雪莱无视家庭律师让他不要露面的警告，来到了他父亲选择居住的菲尔德地。提摩西·雪莱爵士现在已经继承了遗产，禁止他儿子进入房子，但雪莱并没有离开。他坐在房子外面，叛逆地读着《科马斯》（*Comus*）*，其中的主角是一个浪荡公子。

有时局外人的身份并不会对他造成困扰，他反而很享受父亲和
叔叔四处奔走，跟放贷者结成同盟，企图将他关到监狱中去。不管
这是不是真的，雪莱的父亲最后答应每年支付他一千镑，这还帮他 33
清了债务。他于是便能够负担每年要给哈丽雅特的两百镑，以及额
外给戈德温（仍然拒绝会面）的一千镑。

雪莱对追捕的恐惧密切伴随着玛丽的生活，这连同她父亲的抛弃、夜晚的恐惧以及电流实验一起，成了日后《弗兰肯斯坦》的重要素材。早在 1815 年初，在玛丽完成故事的一年半前，一切都已经在她的想象中栩栩如生了。

§

1815 年的 2 月 22 日，玛丽临盆。照料她的是克拉克医生，他很有可能就是玛丽的母亲在她出生后由于产褥热濒危时，请来的那个著名的克拉克医生。

玛丽想要姐姐来陪她，于是叫来了芳妮。她留了一整晚——这种自由是因为戈德温夫妇恰巧在那晚外出了。

---

* 《科马斯》是约翰·弥尔顿的一部诗剧。这是一部 1634 年曾在勒德罗城堡表演的假面剧。科马斯和古希腊的狂欢之神有关，他拐骗了一位品行端正的贵族小姐，然后劝她喝下他迷人的纵欲之酒。这位贵族小姐代表着她严守的贞洁原则。

女婴早产几乎两个月，因此并没有什么活下来的希望，但玛丽坚持要用母乳喂养她。她开始希望这个孩子能活下来，但在孩子出生后第十七天的早上，玛丽醒来时发现孩子死了。在这个焦虑的时刻，玛丽需要的还是芳妮。芳妮在雨中赶到，两姐妹也借机谈到了“许多事”。

玛丽说，“我曾是一个母亲，但现在我不是了”，以及“失去一个孩子如此让人难过”。她无法停止想念“那个小家伙”，有一天晚上她还梦到孩子并没有死，只是冻僵了，在火前揉一揉，它又恢复了生命。

即便那时，父女关系依然没有缓和。戈德温没有去看他的女儿。他也没有给她写信，或者承认一个外孙女的存在。

克莱尔没能提供安慰。她和雪莱的关系在玛丽卧床期间升温，并很可能转向了情爱。（戈德温认为她爱上了雪莱，和玛丽、芳妮一样——她们三个都被这同一个男人迷住了，而他崇尚自由的爱情。）克莱尔的在场对玛丽来说越发难以应付，甚至到了令她抑郁的地步。同时，戈德温又给克莱尔捎来了消息，给她的未来提出建议。如果她不想回家的话，那么她可以做个家庭教师，或者至少为
34 了恢复自己的名声，能低调地躲在一个体面人家里。也就是在此刻，戈德温夫妇为克莱尔联系到的一个家庭拒绝了她的请求。

克莱尔提出的两个条件就此摧毁了戈德温夫妇的计划：他们必须允许她宣告自己对社会规范的鄙视，并允许她继续拜访玛丽和雪莱。

1815 年 5 月，让玛丽宽慰的是，克莱尔决心要去林茅斯独居，那是雪莱和哈丽雅特曾居住过的一个德文郡北部的海滨港口，遥远而闭塞。对于一个十七岁的女孩来说，那是一片孤寒之地，米兰

达·西摩（Miranda Seymour）曾在玛丽·雪莱的传记中质疑克莱尔是否是由于怀有身孕才必须离开。但不管怎样，孤立无援的境地都会在她正在创作的小说《傻子》（*The Ideot*）里形成一种自然的女性特质。

1816 年 1 月，回到伦敦的克莱尔已经完成了小说的一半，并对自己的未来也有了和戈德温夫妇所预想的隐姓埋名截然不同的计划。她的目标是和玛丽一样变成一个诗人的门徒。在一阵密集的通信之后（她开始用了一个假名，随后才透露了她和戈德温与雪莱的关系），克莱尔联系上了当时最负盛名的诗人。

拜伦勋爵在德鲁里巷的剧院有熟人。起初，克莱尔拜见他是想要做演员。但在他同意之后，克莱尔承认，其实她真正想做的是作家。看来在林茅斯流放期间，她利用了和伦敦之间的距离，借以更深地进入了一个思想自由的女性的故事——她告诉拜伦，这个女性是在社会之外被塑造的，当下这个反对革命的世界一定会唾弃她，但有洞见的读者会认识到她真正的天性。她在一封早期给拜伦的信中邀请他做这样的读者：

> 你能够真诚而无偏见地评判吗？你能宽容我的年轻稚拙吗？我并不指望你会认同——我只希望知道，我是否有天赋，可以通过认真的学习成为一名作家。 35
>
> 我的意图是这样的：我想要刻画一个对大众观念实施过种种暴力的角色，一个在山川和沙漠中受教育的人；她所知道的指引只来自于她自己或者从自身产生的冲动。尽管她的行为表面上夸张怪异，但是她却表现出高度的友爱，充满了高贵的感情与同情心。

克莱尔想从拜伦那里得到的不是性，至少最开始不是，而更多的是一个作家的鼓励。她小说的标题《傻子》是一种反讽，其中融合了她乐观的自我和卢梭笔下那拥有自然天性的孩童，同时也结合了沃斯通克拉夫特笔下思考的女性，以及玛丽·戈德温离经叛道的行为。她关于一个鲁滨孙式女孩的构想可能也来源于《瑞士的鲁滨孙一家》（*The [Swiss] Family Robinson*），这本书由克莱尔的母亲首次翻译成英文，并在 1816 年在青少年图书馆出版 *。但是考虑到克莱尔在给拜伦的信中极富个性的声音，我们似乎应该把她未完成的小说看成勃朗特姐妹作品的前身。那个狂野的凯瑟琳，那个《呼啸山庄》里来自高沼地的女人，她并不是通过任何惯常和习俗的方式，对那个郁郁寡欢的拜伦式男人希刺克厉夫讲话；她的声音是一个赤裸的灵魂与另一个的交流。

克莱尔对拜伦倾诉说，她想把自己那个年轻女人的故事嵌入一个老神职人员的叙述中。他心肠宽厚，能相信她内心深处是一个基督徒。对于一个虔诚的读者来说，这个故事看上去可能是在警示激进思想的危害，但是克莱尔期待自由的思想者能看到相反的东西——她希望他们能支持她对女人天性的揭示。

克莱尔十分骄傲地谈到她的这个间接叙事。她告诉拜伦说，她运用了吉本（Gibbon）在《罗马帝国衰亡史》中使用的模糊的多重视角。吉本的著作不是为女性读者而创作的，它是为有古典学教育背景的男人们所写。因此，当克莱尔提及这个时，她实际是在做一个智性的声明，但她毫不知情的是，女人的智性其实对拜伦来说没什么吸引力，这种智性充其量就是天生的怪胎而已，是个笑话。

* 译自德语的这一版译文被认为是现存最好的，至今仍被企鹅经典系列使用。

拜伦的妻子安娜贝拉·米尔班克（Annabella Milbanke，拜伦称她为“平行四边形公主”）所拥有的数学头脑，相对于她女继承人的身份所带来的魅力，只是次要的。 36

向拜伦示好的女人数不胜数，但是当克莱尔提到她的继父时，还是引起了他的注意。他曾仰慕戈德温的小说《圣·里昂》（*St. Leon*），同时也为克莱尔与雪莱（他还没有见过）之间的关系而惊讶。由于克莱尔宣告了她信仰自由的爱情，拜伦以为她和玛丽一样都是雪莱的情人。许多年后，当她回忆起自己的青春年少时说，她从拜伦那里得到的只有十分钟的幸福激情。

“我会永远记得您温柔的举止和狂野独特的面容。”她对他说。

拜伦选择认为只有一个来自无神论家庭的坏女孩才会像这样献出自己。他并不珍视克莱尔，因此他认为不值得在这个来到他屋子里“昂首阔步”的女孩身上浪费他的安全套（当时只有贵族才用得起）。拜伦把她丑化为一个性欲过分旺盛的轻浮女子。他占了这个满怀希望的未成年人便宜，却反而因为他对她所做的错事而憎恨她。毕竟“男人就是男人”，这是他的借口。公平地说，他完全不知道她实际上是在模仿玛丽的剧本：那个天才少女将自己献给了一个诗人，他于是爱上了她并成为她的导师。

拜伦和他同父异母的姐姐奥古斯塔·丽（Augusta Leigh）的通奸丑闻迫使他在1816年4月25日离开英格兰。至少在克莱尔这一方，她认为他们会在他即将前往的瑞士再次见面。这和雪莱带着玛丽出国时的情形既相似又完全不同。拜伦并没有邀请克莱尔陪伴。她依旧希望自己在他心里更有分量，并且劝说打算去意大利的雪莱和玛丽转去瑞士。

雪莱的小分队在五月初离开。现在小队中多了一个四个月大的

婴儿，他是玛丽·戈德温的第二个孩子，出生于1816年1月，她
给他起名叫威廉，试图让自己的父亲感到触动，或至少强调了他们
之间的血缘关系。拜伦在日内瓦湖畔的赛雪龙（Sécheron）前来和
他们见面。他们在蒙塔莱格里（Montalègre）湖对面住下来：玛丽、
37 雪莱和克莱尔租下了面向黑色朱拉峰的查普伊斯之家。在那里，他
们阅读拉丁语和意大利语，最后读拜伦的诗歌。雪莱大声朗读《恰
尔德·哈洛尔德游记》（*Childe Harold*）中他们最喜爱的诗章。他们
离拜伦所在的迪奥达蒂别墅只有几百米，拜伦和他的同伴约翰·威
廉·波里道利（John William Polidori）医生在那里过夏天。拜伦会到
他们的别墅去，或者用愉快的微笑欢迎他们到迪奥达蒂去。

当游客们把望远镜对准日内瓦湖另一边的雪莱—拜伦驻地时，有传言说那里妻妾成群。在伦敦，人们说拜伦和“两个放荡的女人”住在一起。挂在迪奥达蒂外面晾衣杆上的擦桌布被说成是她们的衬裙。曾在1797年奚落过玛丽·沃斯通克拉夫特的作家英奇博尔德（Inchloald）夫人刚刚结婚并身孕已显，她在给戈德温的信中言语刻薄地说，她很好奇现在在瑞士的是他的女儿，还是他的继女，还是两人都在。她冷冰冰的礼貌语气摆明是羞辱。不过克莱尔和拜伦重拾的亲密关系，以及婴儿威廉的存在（他们叫他“威尔小耗子”）似乎证实了这一点。但是，比性亲密更加珍贵的事情，是这两个年轻的女性正在步步逼近写作的陡峭岩壁。她们听到了这两位诗人的声音发出的猛烈回响，如同狂风暴雨。

这对姐妹开始抄写拜伦最新的诗歌，包括《恰尔德·哈洛尔德游记》的第四章和《奇伦的囚徒》（‘The Prisoner of Chillon’）。尽管誊写是女性的传统职能，但对克莱尔和玛丽来说，参与到两名最伟大的浪漫主义诗人的写作队伍中依旧让她们兴奋不已。

对克莱尔来说，和拜伦同床共枕意味着一段恋爱关系；但对于他来说，这关系还不如之前他和同阶层的那些有爵位的女士们之间的短暂风流。其中的一位是像小男孩般瘦小的卡洛琳·兰姆（Caroline Lamb）小姐。双性恋的拜伦据说在哈罗公学和剑桥时，更偏爱年轻的男子。拜伦认为，一个女人进食是不应该被别人看见的；她或许可以小口吃鸡翅或小口品尝香槟。克莱尔不是这样的：她唯一的肖像画（据说和她本人很相像）表现出她生机勃勃的躯体，红润的脸蛋和黑色的卷发。

在日内瓦的那个六月，克莱尔发现自己怀孕了。雪莱为了支持
克莱尔，不仅承诺会在她怀孕期间照顾她，还立了新的遗嘱说会给 38
她一笔共计 12000 镑的巨额遗产。

也就是在这个时候，雪莱的小分队在公众舆论面前妥协了，他们想到了一个掩饰丑闻的方法。他们会远离伦敦，克莱尔会在孩子出生前假借一个已婚的名字。在断奶后，孩子归拜伦，克莱尔恢复她的未婚身份。但他们没有考虑到的是孩子和母亲之间的感情。尽管拜伦同意了这个计划，他对做父亲这件事却一无所知。他自己的父亲是一个醉醺醺的赌徒，并且抛弃了他这个先天畸形足的孩子和他的母亲。

“父亲的失责”是玛丽·戈德温在六月的日内瓦开始写作的故事的核心。那是一个潮湿的夏天，下雨时，他们一伙人会在迪奥达蒂晃荡到很晚，如果雨下个不停，他们就会在那里过夜。

十五年后，玛丽会回想起雪莱和拜伦之间的对话，并将其视作她小说的诱因。小说关于一位科学家，他力图让自己与造物主可以相提并论。这个版本的故事将那两个著名诗人摆在了重要的位置，而将她自己放在了沉默的聆听者的位置上。尽管这是毫无疑问的事

实，但这样的讲述方式却忽略了她自己在之前的许多年里吸收的东西。

1816年的6月16日，一个雨夜，她、雪莱、拜伦、波里道利，可能也有克莱尔，他们围坐在火边，读着德语的鬼故事。拜伦提议每个人都写一个鬼故事。玛丽想不到任何合适的题材；一两晚之后，她在一场清醒的梦中立刻意识到了想写的东西。

“我把头放在枕头上，无法睡着，”玛丽回忆说，“我闭着眼睛，在清楚的精神视野里，我看到……”她看到的，是一个割裂了所有社会关系的男人，他热衷于危险的实验。那时他还没有名字；后来她将称他弗兰肯斯坦。当他的形象浮现出来时，他正跪在那个他用许多尸体器官“拼接在一起形成的东西”边上。

“我看到了那个骇人的鬼影一样的人伸展了四肢”，她回忆道。他在“令人不安与半复苏的动作中”微微动弹。受惊的弗兰肯斯坦迅速逃跑。他想用睡眠来抹去这件事，但当他睁开眼时，那个生物
39 就“站在他的床边，用黄色的水淋淋的双眼盯着他，充满揣测的神情”。

这个生物为了得到认可与抚育而接近弗兰肯斯坦，但弗兰肯斯坦只感到恐慌与厌恶。弗兰肯斯坦的父母对“他们所创造的生命有一种深深的亏欠之感”，但弗兰肯斯坦却对他自己创造的生命毫无感情。他看不到自己的怪异其实与这个实验的怪异互为镜像：他是一个醉心于“制造人类”的男人。在他做这个工作时（他告诉自己是为了造福人类），他的脸颊苍白，身体瘦削，“眼球从眼窝中凸出来”。他将肢体的各个部分从坟墓中掘出，并折磨活着的动物，为的是揭开躯体的秘密。通过这种方式，他将自己变得和野兽一般，因此他躲避其他人。他忘掉了朋友，并隔绝了一切“有爱的情感，

直到我完成了那个吞噬掉我所有天然习性的伟大物体”。他无视那个他要娶的女人，因为他倾向于在没有女人的前提下繁衍后代。玛丽·戈德温最绝妙的一招就是让这个怪物般的人类创造了一个怪物，同时把他们作为非自然的亲属联系了起来。

当弗兰肯斯坦为那个生物转向暴力而悲愤时（他谋杀了弗兰肯斯坦五岁的弟弟），他把他叫作“恶魔”或“魔鬼”。这些标签暗示了邪恶的他者性。但是这个生物将会挑战这一切。

弗兰肯斯坦在夏蒙尼的冰川上与他的怪物狭路相逢，这是一个偏远、荒蛮的地点，玛丽，雪莱和克莱尔曾在 1816 年的 7 月，在玛丽做了那个白日梦之后拜访过这里。在这儿，我们听到了那个怪物洪亮的声音，那是他对他的创造者的愤怒，而我们也必须承认，这种愤怒是合情合理的：“你，我的制造者，厌恶并弃绝了我，你创造的生命和你，是通过纽带连接在一起，只有毁灭掉我们其中一个，这纽带才能消解……我恳求你，在你将憎恨发泄在我这忠诚的头颅上之前，倾听我的声音。”

他说“憎恨”。“恨”这个词在这个生物的言语中犹如洪钟般回响，这让我们回忆起玛丽·戈德温的故事《憎恨》。她在 1814 年 9 月的荷兰海边写下了这个故事，当时她正要以一个被放逐者的身份
返回家乡。《弗兰肯斯坦》把仇恨视作一种渴望消散的情感。在愤 40
怒的顶点上，她的那个生物却令人惊奇地献出了一种与恨截然相反的感情。他是“忠诚的”，深藏在表面之下，这个词语饱含着作者在面对她父亲的拒绝时，对他怀有的感情。

“我是你制造的生命。”这个生物重复道。他对弗兰肯斯坦交代说他很孤单，“悲惨地形单影只”。

弗兰肯斯坦感到自己必须承认他的指责是公正的。“这是我第

一次感到了一个造物者对于他创造的生命的责任是什么，并且我应该在抱怨他的邪恶之前给他快乐。”他同意听从他的话。

这个生物的证言和《女人受罪》中的那个罪犯杰迈玛（Jemima）很相似：杰迈玛被剥夺了父母的养育，于是她把自己看作是“一个从社会中被放逐的人”。玛丽的小说仿佛是在和她母亲的小说展开对话，她们都赞同家庭感情的必要性。在她故事的高潮，那个生物藏在了一家人住处旁边的破屋子里并窥探着他们的和睦生活。他想要和他们做朋友，去加入这个人类的家庭，但他犹豫是否要露面。这是一个对他性格形成十分重要的考验：如果他不能让这个充满爱的家庭对他放下戒备，那么，他告诉自己说，“我将永远是这个世界上的异类”。

在这个生物讲述他的故事之前，他被叫作“魔鬼”；之后，他是一个“生灵”了。“这个生灵讲完了他的话”，弗兰肯斯坦告诉我们。他不能自已地被感动了。

§

尽管芳妮不愿意违抗戈德温，她爱他和玛丽一样多，但是芳妮还是给她在日内瓦的妹妹们写信，宣告她更爱她们：“因为我发现这个世界抛弃了你们……我爱你们只是因为你们本身。”一封玛丽写的信“对我十分珍贵”。

近来芳妮见过了她母亲的爱尔兰朋友乔治·布拉德（George Blood），他认为沃斯通克拉夫特是一个“更高等的人物”。他的赞许让芳妮从她的忧郁中振奋了起来：“我决心不为这样的一位母亲
41 丢脸。”

但令人悲伤的是，就在这个时候，“妈妈”选择去伤害芳妮，正如芳妮对玛丽所汇报的那样，她告诉她，“我是你的笑柄——并且还一直是你嘲讽的标杆”。她的忧郁加剧了，她还为此责备自己。她告诉玛丽，如果她能够克服自己的“错误”，她或许能找到“爱我并尊重我的人”。

芳妮没能让玛丽和她父亲重归于好。她也没能帮助戈德温，即使她遵从了他的意愿，去恳求雪莱和她妹妹把他从破产中解救出来。对两方同时抱有的同情让她把这些责任都担在了自己身上。她没能找到有效的解决办法，雪莱的小分队对她的排挤（他们都没注意她可能想要加入他们的暗示）也加重了她的痛苦。

§

《弗兰肯斯坦》的背后是一个家庭的故事，一个疏离未能得到和解的故事。玛丽的精彩成就，是用一个怪物在斥责弗兰肯斯坦的弃绝时发出的洪亮声音，来传递关于家庭的叙事。通过小说，她能够将她在信件和日记中所压抑和克制的情感表达出来。和她虚构出的怪物不同，她拒绝抱怨，保留了一份得体的自尊。她在《日记》里没有表达对父亲的感情，也没有冒险将这些感情倾诉给克莱尔。作为一个十八岁的少女，玛丽的自控能力是高度成熟的，特别是考虑到她处在爱情的冲击和孕期无人照料指导的脆弱状态下。因此，在哥特小说惯用的惊悚之中，玛丽实际注入了真实的情感。她的另一个成就，是用这种流行文学的体裁去将一个哲学辩论戏剧化。

辩论的一方持《圣经》的观点，认为在亚当夏娃的堕落之后人性也变得堕落，这就意味着一个新创造出来的生物在被惩戒和修正

之前是无法被社会接受的。但是弗兰肯斯坦的生物却持有另一种观点：他拥有天生的仁慈，是接下来的经验败坏了这种仁慈。这是戈
42 德温和沃斯通克拉夫特的激进立场，这种立场源于卢梭，并在华兹华斯（Wordsworth）的《不朽颂》（'Ode: Intimations of Immortality from Recollections of Early Childhood'）中有最完美的表达。在这首诗中，儿童从前世的完美中“沿着荣耀之云”来到此生。

这是这个生物对他毫无关爱的制造者发起的挑战：他说的是，事实上，你忽略我是在让自己陷入危险，因为你犯下了制造一个罪犯的罪行。弗兰肯斯坦身上与对于抚育的忽略并存的，是另一个人性的弱点，那就是自私的、一意孤行的野心。这个小说的副标题是“现代的普罗米修斯”。弗兰肯斯坦代表了一种普罗米修斯式的对神明般力量的追求，这会让一个人丧失同情和温柔，但这些都是沃斯通克拉夫特所推崇的特质，因为它们可以修正力量带来的错误。

在她女儿设置的这个考验里，故事中的女人们——弗兰肯斯坦的母亲和他姊妹般的未婚妻——都是无私奉献的角色。这些女人都被弗兰肯斯坦的父亲这样温厚的男人所保护着，那么她们是否能够抵挡住那些邪恶行径所带来的恐怖，而这些恶行都是由那些掌权的人对大众实施的？可悲的是，她们并不能。和分享革命者希望的沃斯通克拉夫特相比，《弗兰肯斯坦》对人性的不可靠性抱有一种更悲观的态度。对于生活在反革命时期的女儿来讲，保持希望是很艰难的，在她笔下那个生物的野蛮行径面前更是如此。

这个生物总是针对一个被称作“敌人”的目标行动。他的邪恶不只是一种反常现象（后来那些令人安心的派生作品会如此认为），而更多是一个关于暴力的寓言。玛丽·戈德温在 1814 年穿越法国的经历削弱了她关于爱情可以战胜一切的信念。她的觉醒包括被战争

摧毁的平民生活；她创作出的那个生物也是去滥杀无辜，就像在杀人模式中的库萨克暴徒一样。尽管她的生物看上去样貌诡异，但实际上他残暴的样貌和那些武装士兵惯常的残暴模样并无大异，所有家庭暴力的实施者也一样。

但这并不是他邪恶的全部。更恐怖的是他赞赏侵略性的言论：他是一个喷射语言的演员——这是那些恐怖主义者和暴君在为他们自己涂脂抹粉时惯用的仪式。比本能的侵略性更邪恶的是处心积虑：有人性的人类重复着那些阻绝人性的自我辩白，人就在如此的辩白中变为怪物。 43

§

当玛丽在 1816 年的下半年和 1817 年的春天写作并修改那部小说时，她的人生改变了。回到英格兰后，雪莱一行人在巴斯落脚并开始掩饰克莱尔的怀孕。在那里，克莱尔将自己称作“克莱蒙夫人”。戈德温夫妇并不知情，芳妮和所有除他们自己（当然还包括拜伦）之外的其他人都不知情。对拜伦还有感情的克莱尔热切地写信给他，想因为这个未出生的孩子的缘故和他保持友好的关系。但拜伦倾向于再也不要和她有任何瓜葛，而他对《傻子》的嘲笑也让克莱尔毁掉了那个“我写的可恶的像小说的玩意”。

与此同时，在斯基纳街，芳妮预见了（正如她在给玛丽的信中写道）“自己为在都柏林开学校的姨妈们做苦力的不幸生活”。而在这个时候，雪莱撤回了对戈德温的经济支援，这也让芳妮开始拥护戈德温的处世哲学，他认为那些有经济来源的人应该去支持那些需要经济支持的人。

“我热心支持你的事业，”芳妮在给妹妹的信里写道，“令我十分焦虑的是，爸爸是否能像我对你那样去同情你，不仅因为你的缘故，也因为他自己”。第二天，玛丽就收到这这封“F 寄来的愚蠢的信”。

四天之后，1816 年的 10 月 8 日，芳妮在向西行进的旅程中路过巴斯。她精心地穿戴了蓝色条纹裙、白色上衣、棕色外套和帽子。她的手提包里只有可怜的八先令，并不足以让她去都柏林。紧贴着她皮肤的是她妈妈的紧身内衣。

我们并不知道芳妮坐着早晨的邮车到达巴斯后的那一两个小时发生了什么。芳妮确实想见到玛丽，因为她事先告诉了她。玛丽自然是在这个家里唯一和她有血缘关系的人。但不管出于什么原因，玛丽没有去见她的姐姐，她也没有让芳妮留下来，因为她保证要为克莱尔怀孕的事情保守秘密。有可能雪莱在马车旅馆里见了芳妮，
44 但是他也没有邀请她加入他们的团体。

在芳妮的下一站布里斯托，她给雪莱和戈德温都写了绝笔信，她让雪莱来看她下葬，并对戈德温说，“我将立刻出发去往一个我希望自己再也不会离开的地方”。但是她并没有留在她当时的所在地。惊慌的两人都出发去追踪她。与此同时，芳妮坐着一辆马车去了斯旺西。在那里的麦克沃斯酒吧，她喝了几口茶。那时已经是夜晚，她要了一支蜡烛。在微弱的灯光下她写道：

> 我已经下了很久的决心，我所能做的最好的事情便是结束这生来不幸的人生，这个生命只是为许多人带来了一连串的痛苦，而他们为了促进她的幸福安康而损害了他们自己的健康。或许听到我的死讯会带给你们痛苦，但你们很快便会因为遗忘

> 了这个生命的存在而获得喜乐，她……

在她吞下过量的鸦片酊昏迷之前，她想到了那些她爱的人们，为了省去更多麻烦，她把自己的名字从纸上撕下来并在烛火里烧成灰烬。

第二天清早，芳妮的尸体被发现。人们并没有从印着“G”的丝袜和印着“WG”的内衣上认出她来。戈德温散布消息说芳妮去都柏林找她的姨妈们了。私下里他告诉一个自家的朋友吉斯伯恩（Gisborne）夫人（她曾在沃斯通克拉夫特去世后照顾过芳妮和玛丽），“这三个女孩都同样爱上了雪莱，最大的女儿由于他对她妹妹的偏爱而结束了自己的生命”。这一定是一种简化版本的说辞，能让戈德温夫妇卸下他们对芳妮自杀所需要担负的责任。

芳妮并不是雪莱和玛丽的结合所造成的唯一受害者。一个月之后的 11 月 9 日，认为自己丈夫是一个“魔鬼”的哈丽雅特 · 雪莱，在海德公园的九曲湖投水自尽。有身孕的她离开了父母的房子，并用假名在外住宿。哈丽雅特死亡的消息直到十二月份她的尸体被发现后才传出。那时雪莱已经将妓女的标签贴在了哈丽雅特身上；这让他减轻了负罪感。他开始晚上喝一杯麦芽酒去平息自己关于她的念头。

听说妻子死讯的两周后，雪莱便在布莱德街的圣米尔德里德教 45
堂和玛丽结了婚。这是 1816 年的 12 月 30 日，他们两个都不想结婚，但是戈德温给他的女儿传信说，如果她不结婚的话，他也会自杀。

雪莱对拜伦解释说，他结婚是为了缓和玛丽对她父亲的情绪。她和戈德温即刻和解了。戈德温的释怀几乎是到了兴高采烈的程度，以至于他一反常态，吹嘘起了他身无分文的女儿和一个将继承大笔产业的准男爵的儿子之间看似并不可能的婚姻。戈德温一定知道，这个结合和金钱毫无关系，但是让他的羞耻感得到宽慰的是，不管怎样，这场婚姻确实带给了他女儿一定的社会地位。他甚至中规中矩地用了“体面”这个词，这对于这样一个激进的哲学家来讲十分奇怪，更奇怪的是戈德温知道，十八岁的新娘已经是第三次怀孕了。在婚礼之后，这对新人到斯基纳街赴晚宴，这标志了玛丽从1814年7月28日以来第一次回归了她父亲的家里。接下来的几天她都和父亲一同度过。

这样的情感转变正是玛丽笔下那个被逐的生物最需要的：他想要与创造他的人重聚，并作为一个有着人类情感需求的“生命”而被认可。于是，那个被抛弃的怪物在他被压抑的需求的阴影下渐渐成型，但同时，曾经被抛弃的玛丽·戈德温却发现，让她的父亲放下戒备是可能的。但她只能以雪莱夫人的公众身份去实现这一点。

从玛丽·戈德温到玛丽·雪莱的转变是在一个蛹中无形地发生的，她挺过了一系列的毁灭，包括芳妮和哈丽雅特的自杀。同时存在的，还有雪莱倾向幻想的天性，这种倾向严重到近乎神经错乱。他在学校时就被称作“疯子雪莱”。当玛丽同父异母的弟弟查尔斯·克莱蒙陪着这对夫妇到牛津大学去看雪莱住过的房间时，他和大学校方一样讥讽地看待对雪莱的开除：这个学生“沉迷于将炼金术士的知识孜孜不倦地运用到人类知识体系中那些或人造或天然的边界上”，并且他沉浸于那些仿佛来自“怪物”脑中的“放肆想
46 法”。这几乎是弗兰肯斯坦在他工作坊里所想之事的奇异原型。

然而玛丽对雪莱，以及对她的书籍和写作的爱是不能被摧毁的，这是她的另一种存在方式，能让她对外界关闭大门。雪莱改变世界的思想和伟大的诗情给她的船帆吹满了狂风，而这狂风就是他

的言语、他与这个天才少女（她自己也深知这点）之间的亲密关系、他对她那被当作“我心灵的家园”式的爱情，以及他对她所说的一切所怀有的热情。他把《失乐园》（*Paradise Lost*）大声读给玛丽，这是弗兰肯斯坦制造出的那个生物在他自我教育的平静时光里会读的诗歌：讲述了创世纪之后，从纯真状态中的堕落。从弥尔顿的诗中引用的三行具挑衅性的诗句被放在了小说的引言里：

> 我是否要求过你，造物者，将我
> 从泥土塑形成人？我是否请求过你
> 从黑暗中将我唤起？——

玛丽·雪莱在 1817 年 4 月完成了《弗兰肯斯坦》，接下来的那个月，她的丈夫为她誊写了几页。从手稿可以看出，雪莱曾将她的用词改得更贴切，但仅仅只有几处而已。他在写旁注上十分克制。他反复认真阅读，敏锐体察着玛丽的想象。

§

那个生物在对那个并非亲生的父亲讲话时，他对同情的哀求如喷泉一般从黑色嘴唇中间喷薄而出。这是怪物含混本性中的一部分，他可以通过这种无疑是文明的方式去体现他的人性。

玛丽·雪莱最伟大的功绩在于她肃穆高调的语言，壮观的同时又有一些怪异。因为那个生物的语言是被壮丽的言辞所形塑的，正模仿了正规教育的文雅谈吐。我们的耳朵捕捉到了语言中被设计出来的技巧，这也正和他被设计的身体遥相呼应。玛丽·雪莱传递了一种有意识地被构造出来的语言方式，这是从某个感到被剥夺了教育特权的人口中说出的；如此的自我意识也同样适用于那些被殖民者或者外国人的语言，他们感到一种要证实自己身份的需要。玛
47 丽·雪莱对这样一种声音的调制极具天赋；她本可以轻易地落入哥特小说中那些叙述者的得体声音，这些声音是被设计好了要去证实那些遥远和奇怪事物的存在。另一方面，这个声音也容易变得诡异，变成一种对它自己的滑稽反讽，而因此贬低了那个怪物的话语。不同的是，玛丽·雪莱用她最强的创造力，将一种真正的深刻赋予了那个生物，她借鉴了戈德温虔诚的家庭里所讲的圣经语言——这种语言是戈德温自己曾经在青年时代作为一个怀有异见的牧师练习过的，而同时，那个生物的情感爆发又来自于一个被自己父亲弃绝两年多的女儿无法言说的内心。

雪莱在玛丽的故事里是一个模棱两可的人物。很明显，他是一个“优越的存在”。作为那个时代的男人，他对一个女性作家异乎寻常地慷慨，激励她，和她讨论，并鼓励她把最开始只是一个小故事的材料变成一部长篇小说。

作为一个充满想象力的导师，他是玛丽完美的伴侣，但是她必须要忍受他易被其她女人吸引的倾向（被升华为他的“爱的信条”）。另外，他的身上有一种专横或者说自我沉溺，这在他对待哈丽雅特的方式中格外明显。就在他们的儿子查尔斯出生后，她说他缺乏温存。他对这个会成为他未来继承人的孩子毫无兴趣，除了将他视作一种可以从雪莱家遗产中榨取更多钱财的手段。

雪莱和玛丽·戈德温结婚的动机之一曾经是要获取对他和哈丽雅特的孩子的监护权。而哈丽雅特的家人在法庭上用了一个他无视父亲职责的证明击败了他：事实上他已经两年多没有看过儿子了。

在1817年初那个做出对他不利裁决的听证会之后，四岁的艾安茜
和两岁的查尔斯被送去了寄养家庭，这对孩子们来说是最糟糕的结
局。更令人质疑的是，雪莱并没有使用他每月探视的法律权利，尽
管他自己在玛洛的韦斯特街上的阿尔比恩宅里过着稳定的生活。他
再也没有见过这两个孩子。*我们无法知晓玛丽对于雪莱忽略父亲职 48
责作何感想，但是这正是她在《弗兰肯斯坦》写作的最后阶段所面
临的情境。

于是，在那个生物和弗兰肯斯坦进入他们之间对决的最后阶段时，她将他们言语的音量放大了。在最终的几幕里，弗兰肯斯坦一定是死于悔恨，缘由是他的不负责任引发的毁灭，同时他所创造的生物一定是惊异地盯着那个他一直追寻的、丧失活力的父亲（或幽灵）。他们的命运被锁在一起，并在某种意义上互为镜像。很多人误以为弗兰肯斯坦是那个怪物的名字，尽管他实际上并无姓名，流离失所，甚至没有一张属于自己的脸。

但是这个怪物有一个确定的标识：他的性别。弗兰肯斯坦将他造成了一个男性。什么是男性？什么是女性？这个怪物要求弗兰肯斯坦去制造一个女性来抚慰他的孤独，这是《圣经》中伊甸园故事的黑暗改写。这个女性比弗兰肯斯坦预期的更加复杂。他发现，他不能够仅仅基于他用来制造男性的专业技术去简单地创造一个女性，他也不能猎取其他的器官（大概是不同的生殖器官）。这个挑战需要学习和研究，花费了他许多时间。

---

* 后来在1821年，当雪莱因经济事宜必须给他孩子们的监护人休谟医生写信时，他除了例行公事地询问了一下他们的健康和智力发展情况之外，并没有表现出任何关心。他很典型地沉溺于自我的世界，他更关心的，是他自己由于“被禁止履行家长职责”而受到的“史无前例的压迫”。

弗兰肯斯坦在最后时刻让制造女性的计划流产，因为她的后代可能会威胁到我们人类物种的未来。直到最后她的本性也不为人知。她有可能也具有男性怪物身上的暴力倾向，这让弗兰肯斯坦心存恐慌。

这个流产的场景可以映射到我们当下的一些议题，这些议题涉及生命权利与在某些国家允许终止生命的法律之间的冲突。“终止”（termination）这个词回避了某种活着的生命对杀害其他生命的体验，就好像士兵们的俗语，“夺取”（taking out）敌人性命，实际上是减轻了杀人者的罪责感。这种言语上对共情的抹杀，或许是当士兵们回归家庭生活后精神创伤后遗症的核心缘由。当弗兰肯斯坦撕碎那个正在制造中的女性时，他作为怪物的形象完全呈现出来。在完成这部小说时，有孕在身的玛丽迫使她的读者去把一个没有被完成的生命看作被夺取了生命的权利。“这个被我毁掉的未完成的生物，她的残余散落在地上，而我几乎感觉到，好像是我糟蹋了一个
49 人类活生生的血肉。”

当她将这个黑暗的场景点亮时，玛丽·雪莱是作为玛丽·沃斯通克拉夫特的女儿在写作，沃斯通克拉夫特在孩童时代曾恐惧她父亲的家庭暴力，并不是为她自己，而是为了他首要的受害者——她无助的母亲。沃斯通克拉夫特在 18 世纪 80 年代曾以家庭教师的身份在伊顿公学待过几周。在那里，她目睹了男孩子们的残忍，通过公立学校体系，他们被从家庭和母亲那里分离出来，并被塑造成为统治和征服而生的人。

《弗兰肯斯坦》中怪物无情的攻击性来源于他诞生之前发生的一些事：弗兰肯斯坦将他自己从家庭关系中脱离出来，只依靠自己的创造力。通过将此戏剧化，玛丽·雪莱肯定了她母亲对家庭抚育的支

持，以及她对“大脑冰冷的运作方式”的谴责。以压制共情为代价去培养大脑的发展是对我们天性的扭曲。玛丽认为，是雪莱的温柔以及他富有想象力的对他人存在的察觉，让他高于其他低级的男性。

雪莱改动了小说中怪物的最后一次发言，以及在他在冰筏上的最后一次露面。在玛丽的草稿中，这个生物想要用一个葬礼火堆去烧尽自己的身体，这会“让我的心灵获得平息与祝福”。但雪莱的誊写版本给这个绝望的自杀添加了一种近乎反抗性的回响，他让这个生物宣称，他将要“在这煎熬的火焰中，在痛楚中狂欢”，同时雪莱还添加了一种哀歌式的华丽：“那大火的光芒将会褪去。我的骨灰会被风卷入大海。我的灵魂会在平静中安眠；或许即使它仍然思考，它也不再如此思考。再会。”

他的冰筏离船很近。在玛丽的草稿中，他将自己推开，叙述者说道，“很快我便看不到他了”。雪莱的誊写本将这些细琐的细节删去，但保留了玛丽阴沉的结束语。通过合作，他们将全书最后这个场景印在了读者的脑中：“他很快被海浪带走，并消失在黑暗的远方。”

这个生物代表着不可控的暴力，他继续生活在我们不可见的地区，在北极那些人类无法居住的冰原之上。我们无法知道他何时会再出现。他既是隐形的，又根植在我们心中，因为玛丽·雪莱给了他一个声音，这个声音中交织着仇恨和对不可能的爱的渴求。因为
这个生物是无法被爱的；他也同样太沉溺于指向自我的愤恨，因而 50
无法引发他人的爱。弗兰肯斯坦也怀疑，一个伴侣是否会像那个怪物所期待的那样回应他。更可能的是，她也会恨他。

雪莱称赞了这个嵌入式的故事，以及它的框架情节，那是一个航海者在一次会威胁生命的航海探险中讲的故事。这个航海者遇到了正在北极的冰原上追捕那个怪物的弗兰肯斯坦。濒临死亡的弗兰

肯斯坦告诉了他这个可怕的故事。雪莱听着这个故事的发展，注视着玛丽的双眼，它们因为她头脑的活动而现出深刻与复杂，同时他还在她温柔的声音里听到了一种心照不宣的“预言”。他对她的优秀（这是一种在“内部”燃烧的优秀）表示认可，这让雪莱对玛丽来说不可替代。1817 年的夏末，正当玛丽把《弗兰肯斯坦》送出发表时，雪莱完成了一首后来被称作《伊斯兰的叛乱》（*The Revolt of Islam*）的长诗。精美的献词写给玛丽，将他们两个刻画成两颗在人类毁灭性的愤怒之上闪耀的恒星：“你与我”，他对她说：

> ……可以从我们的平静中观看
> 如同街灯照进这世界狂风暴雨的夜晚
> 两颗平静的恒星……
> 年年岁岁地闪耀在不曾熄灭的光亮中。

这个恒星的意象呼应着诗中一个情色场景。随着那对革命情侣，拉昂与辛茜娜肉体结合在一起，他的脖子和她的贴近，他的目光注视着她大理石般的额头与“黑色深沉的双眼”。这双眼睛对他来说好像是在井中倒映出的一颗星的幽灵。他们好像那颗星一般结合在一起遨游，他说，“在我们沉默与流动的狂喜之中”。

性爱将他们从各自冰冷的外表中解救出来。纠缠的肢体和狂热的忘我状态让这对爱侣从恐惧和时间中暂时超脱，接下来是“急促凌乱的喘息”以及那种“甜美的平静”，这“几乎填满了她深不可测的目光”。他说的是，几乎。他多么直白地传递了那个高潮的时刻中无法诉诸语言的东西：“我并不知道”。甚至在他对“她身体之中燃烧的血液”作出回应时，他都仍然对一个女性所紧紧保留的那个部

分保持着敏感的赞许。这也解释了为什么玛丽持续地为雪莱所倾倒。 51
超出性爱，也超出精神上的指引，他想象出了一种“生命的相遇”。

§

《弗兰肯斯坦》被介绍给约翰·穆雷（John Murray），他的名头很响，是拜伦、沃尔特·司各特（Walter Scott）和简·奥斯丁的出版商。穆雷拒绝了《弗兰肯斯坦》，同时拒绝的还有雪莱的出版商查尔斯·奥利尔（Charles Ollier）。1817 年 8 月，这部小说被戈德温的朋友约翰·拉金顿（John Lackington）接受了，他曾出版超自然一类的作品。作者的身份被保密了，是雪莱处理了所有与出版商的协商。

9 月 2 日，在玛丽二十岁生日后的第二天，她生下了她的第三个孩子，克拉拉·埃弗丽娜（Clara Everina）。克拉拉是她曾经给夭折的孩子取的名字，这个名字几乎没有被提及过，中间名来自埃弗丽娜·沃斯通克拉夫特（Everina Wollstonecraft），她是她母亲最喜爱的姐妹。当玛丽的书稿被送到出版社时，她正在用母乳喂养。她的母亲曾亲身实践并推崇母乳喂养，这在那个年代是不太流行的做法；女儿将喂养孩子与写作结合在一起，这又是她延续她母亲生命的另一种方式。

在玛洛的那个九月，雪莱以作者的口吻为《弗兰肯斯坦》写了序言，他宣告，尽管书中的怪物在现实中不可能存在，但是他的处境反映了真实的人性，这和《伊利亚特》《暴风雨》《仲夏夜之梦》特别是《失乐园》中的真实是一样的。这篇序言的一个目标是要将这种诗歌的特权扩大到当时更新的、但却是更低下的叙事小说形式中。也许玛丽需要一个像雪莱一样自信的诗人去宣告这个目标，但是他宣布的另一个目标却是在传统的女性领域：去证明“家庭情感”的必要性。十月，当书到了校对流程时，玛丽给了当时在伦敦的雪莱按照他的想法去修改的自由。在伦敦时，雪莱也把克莱尔的小说（多半是《傻子》）推荐给了两个出版商，其中一个是拉金顿，他们都拒绝了它。令人遗憾的是，在沃斯通克拉夫特已渐渐失去公众关注的时候，出版市场必然会拒绝一部支持她关于女性自治理想的作品。

52 与此同时，玛丽的父亲读了《弗兰肯斯坦》的校样。戈德温的结论是，“这对于一个二十岁女孩来说是令人震惊的作品”。

《弗兰肯斯坦》于 1818 年 1 月 1 日匿名出版。“作者”将它“恭敬地”献给“威廉 · 戈德温，《政治正义》《凯莱布 · 威廉斯传奇》等作品的作者”。某些书评人由此把这部小说视为戈德温式的，因而不予以重视。它遭到了约翰 · 威尔逊 · 克罗克（John Wilson Croker）的猛烈抨击（他后来只因为曾经用无理的评价去压垮了济慈才被人们记住）。

戈德温认为《弗兰肯斯坦》太好了，这让它难以被大众喜爱。他错了。司各特爵士在《布莱克伍德杂志》（*Blackwood's Magazine*）上的一篇有洞察力的评论里说，可能是雪莱写了这个小说。雪莱纠正了司各特，并透露了作者的身份。这部作品是一个沉默的年轻女性在雪莱和拜伦的阴影之下孕育而出的，但它受到的欢迎和喜爱却比他们的作品更持久。

§

玛丽 · 雪莱作为《弗兰肯斯坦》作者的名声从未超越她作为一个不被社会接受的女性的名声，至少在英格兰、在她有生之年没有。克莱尔平行但不同的命运是围绕着掩饰而展开的。在 1818 年到 1819 年期间，正当雪莱、玛丽和他们“蓝眼睛的小宝贝们”（也称“小鸡仔”）同克莱尔一起四处奔波时，那个保护克莱尔免得她陷入玛丽的名誉败坏的计划，最终却引发了一系列的灾祸。

起初，雪莱的小分队谎称克莱尔的孩子阿莱格拉（Allegra）* 是朋友家的孩子，出于健康考虑来和他们一起待在乡下阿尔比恩宅。但是，关于雪莱后宫的传言仍然存在。阿莱格拉是一个快乐又有主见的孩子，她和拜伦一样下巴分叉。克莱尔和她的孩子互相喜爱，但是时候把阿莱格拉交给拜伦了。这是他们去意大利的最主要原因。在 1818 年的 4 月 28 日，阿莱格拉十五个月大的时候，她的瑞士乳母爱丽丝·迪维拉尔（Elise Duvillard）将她从米兰的克莱尔那儿送到了拜伦在威尼斯的住处。 53

接下来，雪莱的小分队穿过意大利来到了来航的海岸地区，并随后进入巴格尼·迪鲁卡周围的山区。在接下来的十个月，幕后发生的一切都无法被确切地知晓，在那期间以及之后都没有任何记录。可以证实的是，1818 年 12 月 27 日，一个注册姓名为伊莱娜·阿德莱德·雪莱（Elena Adelaide Shelley）的婴儿在那不勒斯出生，并被留在那里寄养。对外的说法是玛丽·雪莱是这个孩子的母亲。这肯定不是玛丽的孩子，但她是雪莱的吗？或者是他一时兴起收养了一个当地的小孩吗？这种行为和雪莱的性格是吻合的，但是为什么要隐藏事实呢？乳母爱丽丝·迪维拉尔透露说这是克莱尔和雪莱的孩子。雪莱说这是敲诈，并拒绝付封口费。爱丽丝为了回击，将她的故事说给了驻威尼斯的英国领事夫人霍普纳（Hoppner）夫人。这意味着消息会传到拜伦耳朵里。玛丽在给霍普纳夫人的一封怒火中

---

* 最开始克莱尔把她叫作阿尔巴（Alba），意思是黎明。阿莱格拉是拜伦选的名字。

烧的信中否认了这个指控，她说，“我的婚姻一直都是稳固的”。

但这并不是真的，至少私下里，玛丽曾把她一岁女儿的悲惨命运怪罪在雪莱头上。1818 年 8 月，雪莱和克莱尔一同旅行回意大利探望阿莱格拉。拜伦允许克莱尔和孩子从八月中旬开始一同在他在帕多瓦附近的埃斯特租下的别墅里住一个月。雪莱为了转移拜伦和其他人关于他和克莱尔之间关系的怀疑，对拜伦撒了个谎。他说玛丽和他们在一起。为了让他的谎言更可信，雪莱要求玛丽马上加入他们。她在 9 月 5 日顺从了，带上了两个孩子，尽管克拉拉的健康并不如人意。然后雪莱说服玛丽去威尼斯见拜伦。在意大利炎热的夏天旅行对于一个生病的婴儿来说太困难了，于是就在她们等医生的时候，克拉拉死在了她母亲的膝头。她被埋在丽都。

和阿莱格拉再次分开后，雪莱的小分队搬到了那不勒斯，接下来，就在他们要再次离开时，玛丽记录了“最激烈的一次争吵”。这次争吵是关于要把伊莱娜丢下的事情吗？ 1819 年 2 月 27 日，在他们离开的前一天，雪莱登记了这个女儿的出生（大概是两个月之前的 1818 年 12 月 27 日）并让她受洗。他把和伊莱娜相关的信件对玛丽保密，并用了一个假名。他们的小分队再也没有看到这个孩子，记
54 录显示，她在 1820 年 6 月死亡。* 在这个时候，雪莱感觉到，有一种

* 勒索是在伊莱娜死后才开始的。理查德 · 福尔摩斯推断（*Shelley: The Pursuit* 第 465 页），雪莱为伊莱娜支付的抚育费用应该也停止了。他指出（471 页），爱丽丝可能是孩子的母亲，她在 1819 年 1 月生下了她，而她的流氓丈夫（爱丽丝在那不勒斯同他结婚，他们也在那里离开了雪莱夫妇）输掉了钱，于是教唆了这次勒索。西摩提出了关于为什么爱丽丝会对霍普纳夫妇扭曲这个故事的问题。她提出，她可能是被孩子的死亡扰乱心绪，希望能指责雪莱。但是接下来，经过广泛地捕捉信息并精心地筛选了证据之后，西摩（227 页）认为最简单的解释却反而是最有说服力的。这个解释是，雪莱选择收养了这个被他曾视作是“那不勒斯被监护人”的小孩，而那个“争吵”是因为玛丽并不希望负责照顾这个孩子。

吞噬一切的毁灭感“包裹并传染到了每件和我相关联的事情上”。

拜伦选择相信克莱尔是伊莱娜·雪莱的母亲。这对于阿莱格拉来说是摧毁性的，因为拜伦会把她作为一个浪荡母亲的后代来对待，因此她是一个需要被纠正的孩子，但与此同时拜伦自己却在和威尼斯的女人寻欢作乐。在威尼斯，那个曾经开心的阿莱格拉变得苍白，开始尿床。没有人知道拜伦到底有多相信爱丽丝关于伊莱娜的说法，但是他确实想到了阿莱格拉有可能根本不是他的孩子，那么在这种情况下，他可以在她长大以后收她做情妇。

雪莱的小分队接下来搬到罗马。1819年6月7日，两岁半的“威尔小耗子”在那里死于高烧。“我的快乐至此结束”，玛丽后来在她已经不再更新的《日记》里插入了这句。失去了全部三个孩子，沉默无言的她感到无心继续生活，陷入了抑郁。这世界仿佛她脚下陷落的流沙，但雪莱仍在她身边，他是那“庇护的小船”。

如果他并没有和她一同陷落，他解释道，那其实不仅是为了她，同时也是为了他自己。他的诗歌能够穿透她的悲哀并唤起她生的希望。一首非凡的诗歌《痛苦：一个片段》（‘Misery: A Fragment’）刻画了一对恋人在墓地附近做爱，而这反而让他们从哀悼中解脱出来。诗中的女人是一个“无奈、沉默的新娘”，她“高贵的额头 / 被哀痛的王冠加冕”。当她的爱人将她带到一张在坟墓之下设立的婚床边上时，他感受到了她隐秘的欲望：“哈！你冰封的脉搏在颤动”。在这个黑暗的地方，冰与欲望之火相遇了： 55

亲吻我；哦！你的嘴唇冰冷：
你的双臂围绕在我颈边——
她们柔软，但冰冷如死亡一般；

你的眼泪落在我头上
仿佛凝固的铅粒在燃烧。

他们的动作，“如同在裹尸布中的鬼魂”。

雪莱在 1818 年 9 月克拉拉死亡与 1819 年 6 月威尔小耗子死亡之间创作了他的抒情诗剧《被解放的普罗米修斯》（*Prometheus Unbound*）。在这样令人肝肠寸断的时刻，雪莱能够写出和玛丽创作的那个黑暗版的普罗米修斯完全相反的作品，这是不同凡响的。代替了毁灭性的弗兰肯斯坦（即副标题中的“现代的普罗米修斯”）的，是雪莱在《被解放的普罗米修斯》中通过高昂的语言所表达的治愈的爱：

爱，在智慧的心灵中从那平静力量的宏大王冠里，
从那沉寂忍耐的最后一个眩晕的时刻，
从那绝壁般湿滑，陡峭，狭窄的痛苦边缘，
在世界之上长出并折叠它治愈的翅膀。

阅读雪莱诗歌的结尾，我们就会明白为什么玛丽后来坚持相信他那高于凡夫俗子的形象。一方面她没有否定自己创造的那个具有破坏力并沉溺于自我的普罗米修斯，另一方面她也维护了他的回应——因为这个回应既是普世的，也是对她的悲伤和气愤的一个私人回应。他认为，一种灵魂的胜利应当是：

去原谅那些比死亡或黑夜更黑暗的错误；
去反抗那看上去无所不能的权力；

> 去爱，并忍耐；去期待，直到希望
> 从它自己的遗骸中创造出它所冥思的……

尽管玛丽相信了这个信条，但悲伤仍然占据她的内心。雪莱的诗剧《倩契》（*The Cenci*）的主人公是一个叫贝雅特里的悲剧女性。
在写于 1819 年 8 月的前言中，雪莱对她形象的刻画和玛丽十分相 56
像，她有高高的前额、弯弯的眉和苍白冷静的脸庞。这是对玛丽的一次“扮演”，掩盖了她私密的苦痛。贝雅特里是一个纯洁的灵魂，曾经被迫与她父亲乱伦。为了逃脱他的掌控，她谋杀了他。

就在这时，戈德温指责他的女儿不够坚强。“哎呀！”玛丽·雪莱在一本新的关于女儿渴望父亲的小说中写道，“我挚爱的父亲回避着我，他用他的严苛，或者是一种更让人心碎的冰冷来对待我。”某种“恶毒”的东西好像让他蒙蔽了双眼——在现实中这恶毒可能就是玛丽的继母。《玛蒂尔德》（*Matilda*），这部在 1819 年下半年那黑暗的深井中喷薄而出的作品，讲述一个女儿在弥留之际的忏悔，她郁郁寡欢的父亲结婚后不久就失去了他死于难产的人生挚爱——这完全就是戈德温和玛丽·沃斯通克拉夫特的关系。“哦，我挚爱的父亲！你的确让我陷入巨大的痛苦，但即便如此我还是多么真诚地原谅了你，而且在我努力想要去安抚你无边的悲伤时，你是多么完完全全地占据了我心灵的全部。”这是玛丽·雪莱给她父亲的讯息，而他认为，位于故事核心的乱伦之爱太过于耸人听闻而不适合发表。

乱伦并没有实际发生。这是一种由于丧失和悲伤而产生的真挚感情：是的，这是激情；性嫉妒，当然有；但是父亲对她的占有欲并不是色情的。这更加接近于一种绝望的浪漫渴求——一种父亲渴望在女儿身上重拾他失去爱人的方式。玛蒂尔德和她的父亲将自己视作被放逐之人，和人性相左，但是，这些虚构人物的呼喊中透露出的，是若隐若现的忏悔的真相。同样揭露真相的，是玛丽·雪莱关于她极端抑郁状态的直接描述，她在写这部中篇小说时正是处于这种状态。

当玛蒂尔德正为她父亲的刻薄言语而心碎时，一个叫作伍德维尔的诗人尝试用温柔的仁爱之心来安慰她。“你绝不能将我从与你的结合中隔绝”，他恳求道。从某种程度上她能够回应：“他言语和思想中的诗性将我套牢……聆听他如蒙天启的言辞是一种忧伤的愉悦；同样的，还有在一个瞬间捕捉到他眼中的光亮；去感受那暂时
57 的同情心。”但是最终，除了她父亲对她的抛弃，这些都不是真实的。她被抑郁所困，变得无法接近。她还怀疑伍德维尔是为了实现在诗歌创作中的某些戏剧效果而故意激发她的情感表达。

玛丽不会去责怪她自己的父亲：“常常是他行为上的缓慢，以及在理解力和进入他人情感能力上的迟钝，让他冷眼相待并压制了那些他所爱之人的想法，如果他之前做充分的准备，他本可以热情地接受那些想法。”

§

当弗兰肯斯坦制造的生物要求一个伴侣时，他期待得到“对我的存在至关重要的共情心”。玛丽拥有了带着这种共情心的伴侣，并有理由期待它能延续终生。但是所有的幸福都在雪莱溺水身亡的时刻消逝了。那是在 1822 年 7 月，他正在斯佩齐亚海湾乘船航行。他死亡时玛丽只有二十五岁，这让她接下来二十六年的余生都是

"孤单！哦！多么孤单"。

在她的后半生中，她的《日记》发生了变化，因为这成了她唯一的伴侣——除了她最小的孩子珀西·弗洛伦斯（Percy Florence）以外。这个孩子在1819年年底出生在佛罗伦萨，这是唯一一个能把她和小说中那个生物称之为"生存之链"的存在连接起来的孩子。对于一个有她这样过往的女人来说，当她已经没有丈夫做她的庇护伞时，她作为已婚女性的身份便不能够让她被社会接受。她接下来的第一站是去热那亚，在那里英国人"恶毒"地回避了她。雪莱的朋友爱德华·特里劳尼（Edward Trelawny）如是观察到。

她的岳父要求，如果她想要儿子接受雪莱家族的施舍，那她必须把他带回英格兰。尽管玛丽在1823年顺从了，但是提摩西·雪莱爵士从此以后拒绝再见到她。

玛丽事先就知道，"羞耻"在英格兰等待着她，那是一个她会"越来越憎恨（如果可能的话）"的国家。她低调地生活，并出于对珀西·弗洛伦斯的考虑深藏了她的愤恨。唯一的情感出口便是她在书桌里留存的《日记》，以及雪莱的诗歌《阿多尼：约翰·济慈的死亡挽歌》（'Adonais: An Elegy on the Death of John Keats'）。这首诗中，他描述了天才在实现永生的途中所需要承担的风险： 58

……我的心灵之舟被驱使远离海滩，
远离那些颤抖的人群，
他们的船帆从未直面狂风暴雨；
撕裂厚实的大地和球形的天空！
我隐隐恐慌地在远处忍耐
当阿多尼的灵魂，如同一颗明星，

穿越了天国最深处燃烧的面纱，

闪耀着永恒的灯塔。

雪莱将大众舆论称作一种面目模糊的“群体”，而玛丽指控这种大众舆论是“男性的麻木”。她认为自己作为一个“可怜并不被保护的女性”而被“鄙视”。她把这个问题拿出来和一位女性艺术家讨论，她是为雪莱、克莱尔、阿莱格拉和威尔小耗子在罗马画过肖像的阿梅利亚·库兰（Amelia Curran）。她应该因为自己德行有亏而被躲避吗？有些时候，她几乎成了厌世者。

她说，如果不是因为那些“无与伦比的已经离开我的人们，是他们拯救了他们的种群，如果不是他们，我将会憎恨那个强大只为压迫他人、道德只为贬低他人的性别”。她是多么希望得到确认，她“并没有彻底和我的种群脱离”。

我属于英国吗？她问自己。在巴黎，一个像她一样的作家会被热烈追捧。她年轻、相貌可人、举止安静得体，还写了一部会名扬千古的小说。但是在这里，在伦敦，她的成就却没能够减轻她的孤立无援。

“为什么雪莱的伴侣无依无靠，”她问自己，“我仍然年轻……但是我可能不会再去爱除了死去的人之外的任何人。”最后，在1825年1月30日，雪莱死后的两年半，她接受了自己作为公众耻辱的身份，这身份已无法被改变。

“我是一个异类。”她总结道。莎士比亚的十四行诗第二十九首贴切地表达了她的绝望：我“一旦失去了幸福，又遭人白眼，就独自哭泣，怨人家把我抛弃”。在1826年，她出版了一部名为《最后一个人》（*The Last Man*）的小说。这个小说讲述了一个从一场瘟疫中最后存活下来的人的故事，它充斥着作者的孤单。

但是，她一如既往地能够记起母亲的坚强。她会用西塞罗的语 59
句来让自己的决心更加坚定："没有恐惧，不信任任何人——永远不可被打倒"。为了让自己在公众面前仍然精神振奋，她需要回避自己曾和雪莱婚前同居一事。在 1831 年修订版《弗兰肯斯坦》的前言里，她机智地用了"我的丈夫"一词，这暗示着她的婚姻在他们 1816 年去瑞士旅行之前就发生了。

先于其他十九世纪甚至二十世纪的女性作家，她的内心世界与外部生活需要被分开来看。她是被迫要在阴影中栖居的那类人，她只能在默默无闻之中找到解脱。尽管玛丽遵照职业习惯，每几年就发表一部小说或传记，因为她很需要这份工作带给她的收入，但是她更熟悉的，是那种"用黑夜与微不足道的默默无闻包裹住自己的欲望"，而并不是将自己的名字印成铅字，那是"**男人们**观察的主题"。

她如此被封缄在黑暗之中，和雪莱在一起那八年的记忆维持着她的生命，因为是他将《弗兰肯斯坦》看成是那个时代最具有原创性的作品。没有什么可以挫败那样的信心。她拒绝了两次求婚（一次是美国演员约翰·霍华德·佩恩 [John Howard Payne] 在 1825 年的求婚，另一次是法国作家梅里美 [Prosper Mérimée] 在 1830 年的求婚），并且她持续着和她同类女性们的交流：和克莱尔·克莱蒙，以及和玛丽·沃斯通克拉夫特的爱尔兰学生兼信徒玛格丽特·蒙特·卡谢尔（Margaret Mount Cashell）。她们赤诚的自我，和她的一样，都在隐匿地前行。

通往《弗兰肯斯坦》的创作之路是一场女性自我创造的实验。通过借鉴丝丝缕缕她自己的经历，玛丽·雪莱在一部关于局外人的艺术作品中塑造了一个书写的自我。与此同时，她作为女儿对戈德温的尊敬，以及她作为母亲的责任，让她和那个屈服于愤怒的怪物南辕北辙。可以说，他向恶的转变并不是由于被忽视而造成的，而更多是由于他给自己讲述的那个充满愤恨，并不断要求复仇的故事。而这种心态，也解释了人类野蛮历史的成因。

如果玛丽·雪莱的青春是一场实验，那么克莱尔·克莱蒙作为玛丽·沃斯通克拉夫特更加大胆的信徒也尝试了一个平行的实验。我们很容易会把她给拜伦的信看成是一个关于一时痴迷的寻常故
60 事，但是，其中的很大一部分实际和野心有关。她一心只想要去做一个沃斯通克拉夫特和戈德温式的人，并能够对自己想实现的事情直言不讳。拜伦对她小说尖刻的回应实际上只是个人恩怨加上传统上对有志写作的女性的漠视。玛丽·雪莱在拜伦面前是沉默的；她崇拜他的诗歌，并为他誊写，完全没有期待他会认可她的才华。

尽管克莱尔羡慕玛丽·雪莱的成就，但是她足够坚定到去为玛丽产生一种原初女性主义的自豪。她说："当我想到（玛丽）是一个女性并迟早要证明那个对我们有利的观点时，我感到嫉妒。但是我又是多么欣赏一个可爱的女性拥有强大并受到过良好教养的智力啊！"

克莱尔似乎在很长一段时间内都没再尝试创作小说。她倒是写了一部讽刺拜伦的《唐璜的种种迹象》（'Hints for Don Juan'，构思于 1820 年 2 月）和《意大利来信》（'Letters from Italy'，1820 年 4 月到 8 月期间）。这两部作品都没能保留下来。在许多年后的 1836 年，她发表了一个故事叫作《杆子》（'The Pole'）。但是她在公众视野中的成就是在音乐方面。早在 1820 年当雪莱的小分队在比萨时，雪莱就安排了一位音乐大师扎内蒂（Zannetti）训练克莱尔做职

业表演。在比萨，她尝试了罗西尼 1817 年的新歌剧《灰姑娘》（*La Cenerentola*）中的序曲；她还唱过莫扎特的咏叹调；雪莱说她的声音“仿佛夏夜的呼吸”飘在星光璀璨的水波上。在咏叹调的结尾，她绵延的音色将诗人的灵魂悬浮在“那丰满的翱翔中”。

雪莱此刻赞颂克莱尔·克莱蒙，并在他最伟大的诗篇之一《给歌唱的康斯坦堤亚》（‘To Constantia, Singing’）中用了她的昵称，康斯坦堤亚*。这首诗表现了克莱尔身上能够激发雪莱灵感的“血肉与生命”。这首诗比一切可以证实的事实，以及克莱尔自己隐瞒起来的事实，都更具有说服力（在她弥留之际，她说多么希望自己可以不要将那些“我从不敢冒昧言说的事情”带进坟墓）。这不是革命性思想所引发的智性兴奋，而是他对于一个女性的声音产生的、搏动在血液里的反应：

你的声音缓慢升高如同灵魂徘徊
用柔软和安息的翅膀笼罩着它
你雪白手指间的血肉和生命 61
将巫术带入乐器的和弦中
——我的头脑狂放——我的呼吸急促——
血液在我的躯体中聆听，
拥挤的人影，快速且浓密，
落在我流泪的双眼前；
我的心如同火焰般加速跳动；
如同一滴清晨的露水在一缕阳光中逝去，

* 康斯坦堤亚出自美国小说家查尔斯·布罗克登·布朗（Charles Brockden Brown）的作品《奥蒙德》（*Ormond*）。

我也在这强烈的狂喜中消散。

拜伦嘲笑那个有着黑色短发的“头脑奇怪的姑娘”，而雪莱却看到了一个能够让他兴奋至极的年轻女性，她能带领他飞升天际，到达“自然最崇高领域的边缘”。

“康斯坦堤亚转过身来！”他命令道：“是的！在你的眼中，光明一般的力量贮存。”即使她双唇之间的声音停歇时，那力量也在她的喘息和跳跃的发间徘徊。

玛丽并没有读到《康斯坦堤亚》。雪莱以假名“普雷耶”把它发表在《牛津先驱》（*Oxford Herald*）上。对于玛丽来说，克莱尔和雪莱的距离太近了。我们并不知道他和克莱尔是否有情人关系，但他们之间无疑是有火花的。当玛丽对孩子的哀悼取代雪莱，占据了她的注意力中心时，他还曾想过带克莱尔到中东去旅行。后来，克莱尔说，她在某些方面对雪莱的了解比他的妻子还多。

克莱尔的另外一个完美的纽带是和阿莱格拉的。“我的生命”，她如此称呼那个金发的小姑娘。克莱尔的悲剧不是和拜伦的分离，而是和阿莱格拉，因为阿莱格拉将会属于拜伦，并享有一个贵族女儿的特权。克莱尔思念着她，为把她扔给一个那样没有责任心的男人而忧心。

拜伦无法相信克莱尔能做一个好母亲。他把四岁的阿莱格拉放在了离拉文纳十二英里外的巴尼亚卡瓦洛的一家修道院里，为的是要“在天性允许的程度下”尽可能修正这个孩子的错误。修女们被告知，她虚荣而且固执。修道院的规则是要监禁一个女孩直到她十六岁。所以拜伦把阿莱格拉永久与她母亲隔绝开来；他忽略了克莱尔对他的提醒，他们之间曾有协议说这个孩子直到七岁之前不能

离开父亲或者母亲；他还拒绝了克莱尔反复要求去探望孩子的请 62
求，并在接下来孩子生病的时候，对孩子要求父亲探望的请求置之不理。阿莱格拉在1822年的春天死于斑疹伤寒。

拜伦把她的尸体送到英格兰，并把她埋在自己的学校，哈罗公学。尸体被埋在了教堂门外一个没有标记的地方，和那些埋在受祝福的神圣墓地的人们分开。甚至没有哪个狂妄的欺凌者或者性侵犯会受到像阿莱格拉这样被排挤的待遇。

克莱尔平静地接受了这个消息，对她来说，最坏的事已经发生过了。她将在余生里都憎恨拜伦——她说，甚至超越生命。克莱尔的这次丧失，加上两个月后雪莱的离世，剥夺了她所在乎的一切。在悲痛之外还有疾病。她被告知自己的腺体长有肿瘤，但她必须要找到工作。

1822年9月20日，她登上了一辆去维也纳的马车，期待在那里和弟弟一起教英语。查尔斯·克莱蒙给她找到了工作，但是她还没开始工作就收到了奥地利首相克莱门斯·冯·梅特涅（Klemens von Metternich）的间谍的追踪。由于她过去和雪莱的关系，他们宣称她是一个危险的激进分子，并吊销了她的教师执照，将她逐出了奥地利。在1822年至1823年的冬天，克莱尔变得“骨瘦如柴”。在写作获得的微薄收入之外也没有其他收入来源的玛丽·雪莱，在拜伦拒绝帮助她的时候还给她寄了十二镑钱。

克莱尔继续前行到了俄罗斯，在一个没人知道她黑暗历史的偏远地方做了家庭教师。克莱尔后来因她和雪莱以及拜伦之间异于常规的关系而被人们记得。但是，对于未来的女性更重要的是，她在这个时候所选择的独立人生，是被她和其她独立女性之间的纽带所鼓舞的。“自由女性的数量在大大增加，”她写给玛丽，“她们为什么不成立一个俱乐部，建立一个她们自己的社会。那些走上歧路的女性反而那么富有才华和敏锐，以及心灵真实美好，如果将这些汇聚成一个俱乐部，她们的社会将…… 以其艺术和教养而闻名。”尽管在比萨的玛格丽特 · 蒙特 · 卡谢尔，在伦敦的玛丽和在俄国的克莱尔并非身在一处，她们之间通过信件而保持的联系的确实现了克
63 莱尔在她和雪莱夜间讨论时所梦想过的、那个“女性的地下社群”。

玛丽的沉默和克莱尔的沉默一样，并不意味着她们对命运的打击屈服了。她说：“我相信我们是为了接受自我教育而被送到人间的。”在雪莱死后，她用她的笔养活自己和儿子，一直鼓励她的玛格丽特 · 蒙特 · 卡谢尔告诉她，“创作当然是忧郁的最好解药”。

她的下一部小说叫作《瓦尔波加》（*Valperga*），这是因司各特而风行一时的历史小说体裁的一个女性主义版本。她的父亲编辑了她的作品，而她在 1823 年此书出版时也把报酬给了他。戈德温在她回伦敦的那年当然是在场的；她和戈德温夫妇同住了一小段时间，就在他们位于斯特兰德大街东部鹅卵石铺路的新房产里。住在那的第一个星期里，她的父亲陪她去剧院看了《弗兰肯斯坦》的一次舞台改编。但是她不能够对他诉说自己的抑郁，特别是在威尔小耗子死后，他使她无法表达她所承受的抑郁。她特别体贴地不去叨扰戈德温，并在他卷入危机的时刻挺身相救，因为他的青少年图书馆从未远离债务问题。

这种沉默的压力却打开了一种非凡的内心表达的闸门。玛丽 · 雪莱在《悲伤日记》（‘Journal of Sorrows’）中的沉默之声，释放了那些关于转变和丧失的情感。她将自己视作一个曾被超人拥抱的人类，他的离开让她在旧日的环境中心神不安。她被标记成了他

者。她可以如此对雪莱的影子讲话，他可以理解她。但是更多的时候，她不相信和死去之人的对话，所以她只能孤独地言说。这个声音接替了那个小说中生物的洪亮哀鸣，或者这是他那个夭折了的伴侣可能会有的声音，宣泄着她那被阻挠的生命的咏叹调。

玛丽·雪莱的日记和克莱尔·克莱蒙的信件是她们作为写作者的力量栖居的地方。在雪莱死后，这些私人信件和日记是承载她们言语的器具，这些女性为了活下来，必须要将这些言语隐藏起来。似乎她们每个人身上要保持绝对沉默的压力，带来了更高强度的文学言语的出产，这是在女性的公众话语权利被剥夺的年代，在她们可以使用的私人的文学体裁中发生的。 64

玛丽·雪莱构想出了一种女性的历史，并把这个想法在 1830 年向约翰·穆雷提出。她或许以此实现了克莱尔关于女性地下社群的想法。作为一个学识渊博的女性以及玛丽·沃斯通克拉夫特的女儿，没有人比她更适合将这个话题带到历史的台面上来，但是穆雷拒绝了她。女性的历史将一直被尘封，直到奥利芙·施赖纳在 1880 年代末期又重新构想出来，并最终被弗吉尼亚·伍尔夫在 1929 年（玛丽·雪莱之后一整个世纪）通过她自己的出版社公之于众。

在《弗兰肯斯坦》和《日记》之外，玛丽·雪莱的第三大成就是她在 1839 年对雪莱诗歌的编辑。由于雪莱的父亲禁止她加入她自己对诗人的回忆，她在注释中塞进了一些传记细节。她记录了雪莱对“革新人类的激情”如何与他对人性的洞察力共存，因此，他“从来不会被欺骗”。他可以从一个眼神、一个动作、一个短语中看到人的性格，因此他不会因为忘恩负义或背叛而感到失望，因为他会预见到这一切。

戈德温死后，他最终如自己所愿，和玛丽·沃斯通克拉夫特合葬在他们当年结婚的地方，老圣潘克拉斯的教堂墓地里。1851 年，五十岁出头的玛丽过早地死于脑瘤。那时，铁路已经穿过了教堂墓地，她的儿子珀西 · 弗洛伦斯把玛丽 · 沃斯通克拉夫特和戈德温的遗体移到了他住的地方，伯恩茅斯的圣彼得教堂的地下墓穴里。玛丽 · 雪莱被埋在她父母中间。

忠诚的珀西，现在已接受了遗产变成了珀西爵士，和他同样忠诚的妻子，雪莱爵士夫人（原名简 · 圣约翰 [Jane St John]）承担起了宣传雪莱的工作。接下来的几十年，他们将雪莱作为一个危险革命者的形象变成了一个爱丽儿（Ariel）一样的人物，他是一个被厄运诅咒的、超凡的精灵，而他们对玛丽 · 雪莱形象的描述充斥着维多利亚时期的感伤情绪。一幅画描绘了她在 1814 年，在那个命中注定的六月，她在她母亲的墓地遇见雪莱的时刻。这是维多利亚时期的大众希望看到的场景：一个谦逊的纯洁少女在诗人前倾靠近她时，娇羞地躲避着他的示好。于是，她内心的声音在一个多世纪以来都被掩盖了。但是那声音就在那里。打开她的《日记》，你就能
65 遇见她。

对她来说，“最可鄙的人生便是，你活在这世上，但你所有的激情和情感都无法被付诸行动”。她无所畏惧，并决心“要深入到我自己内心最偏远的山谷里去——拿着自我知识的火把进入最深的角落”。但是这种探险并非是自我沉溺的，并不像那个注定失败的怪人弗兰肯斯坦，因为她带着“一种温柔”向志趣相投之人张开双臂，她们与她一样，需要去“撕开这个怪异世界的面纱，并像鹰眼穿透太阳一般去刺穿它”。

第二章

灵视者：艾米莉·勃朗特

Visionary

《弗兰肯斯坦》中的暴力似乎遥不可及：一个合上书就不存在 67
的哥特式怪物。更加可怕的是家中的暴力。艾米莉·勃朗特在杰作《呼啸山庄》里想象了一个男性施暴成性的家庭。家里有两个女人，一个是不敢作声的厨娘，另一个是年轻遗孀：她被剥夺了财产，软禁起来，在拳打脚踢之下失去了一切神采。这一切被来到呼啸山庄的女仆丁耐莉看在眼里。她下人的地位不允许她有所行动，但作为目击者的她做出了反抗的叙述。在她沉稳的目光之下，一个颓败的世界赤裸地呈现出来。[*]

丁耐莉过去是呼啸山庄的合法继承人哈里顿·恩萧的保姆。他被夺去了继承权，像个没文化的野人一样被抚养长大，会说的只有几个脏字。1847 年小说面世时，书里的仇恨和伤痕累累的孩子们打碎了家庭关系温情脉脉的表象，激发了公众的反感。而当人们知道

---

* 本章中《呼啸山庄》的译名和相关引文均采用杨苡译《呼啸山庄》，译林出版社，2010 年版。一些艾米莉诗句引文的译文采用《勃朗特两姐妹全集 第 8 卷 艾米莉·勃朗特诗全编》，刘新民译，河北教育出版社，1996 年版。部分译文有改动。——译注

这本书出自一位女性之手，反感情绪就更强烈了。

作者本人是个隐士。艾米莉·勃朗特决意保持私密，即便在教区牧师住宅的家中也是如此。关于她生平的已知事实十分稀少，这也催生了一系列关于她生平的想象，例如她在开满石楠的高沼地上漫游，或者她从事一些不明的神秘主义活动，再或者她在文学创作上对男性的依赖——她的哥哥布兰韦尔（Branwell）一度被认为是《呼啸山庄》的作者。也有人想象出一段恋情，以解释希刺克厉夫和凯瑟琳之间不死的爱。

从表面上看，这似乎是个一辈子波澜不惊的女性，在远离伦敦
68 的山村里度过了短暂的一生（她死时只有三十岁）。在同代人的印象里，她沉默寡言，深居简出，和姐姐夏洛蒂（Charlotte）在国外时，对姐姐十分傲慢。她的伟大如何萌发，始终是个谜。她如何想象出小说中的这类暴行，又何以构思出被弗吉尼亚·伍尔夫看作“英国小说中最可爱的女性”的一对母女？她又怎样超越对死亡的哀叹，跻身史上最伟大的那些拥有灵视力的诗人之列？

§

1820 年 4 月，约克郡西莱丁的霍沃思，七辆马车满载着勃朗特全家的家当，颠簸在铺满鹅卵石的陡峭街道上。这时艾米莉已经接近两岁。他们此行的目的地，是一座小小的乔治王时代风格的小牧师住宅，这座建于 1779 年的住宅坐落在村子的最高处，再往上走就是大片的高沼地。父母和六个孩子都感到——用牧师帕特里克·勃朗特（Patrick Brontë）的话说——像“在外邦寄居的异旅人”*。这也

* 语出《圣经·出埃及记》2：22。——译注

暗示着他们的生活发生了堪比出埃及的剧变。帕特里克·勃朗特来自爱尔兰的唐郡；他的妻子玛丽亚来自康沃尔的彭赞斯。他们各自的家都在远方，搬到这里，也就意味着他们离开了布拉德福德的松顿，一个更富人情味的教区。

勃朗特一家似乎从一开始就独来独往。这或许是因为勃朗特夫人在上一个孩子出生后就一直抱病，虚弱的身体让她无法参与教区的活动。但更有可能的，是那些本地的旧家族——格林伍德家族，泰勒家族，以及从十八世纪起就位列富绅的希顿家族——并没有像松顿的那些家族一样盛情结交勃朗特先生。迈克尔·希顿（Michael Heaton）从母亲那里继承了位于奥克森霍普的洛伊德府；他的兄长罗伯特·希顿（Robert Heaton）坐拥两英里外斯坦伯里远端、高沼地另一边的庞登府，也是教会土地的世袭托管人，而这些土地的收入正是霍沃思教区牧师薪金的主要来源。终其一生，寄居外邦之感都伴随着勃朗特一家，尽管教区就是村子的一部分。他们也注意到在霍沃思，“没有一个家族受过良好的教育”。

追根究底，这种寄居外邦的陌生感的源头其实并不浪漫，因为
这关系到他们父辈迅速改变的阶级地位。一代人之前，一家姓勃伦 69
蒂（Brunty）或普伦蒂（Prunty）的人，其中包括一位天主教的祖母爱丽丝·麦克罗里（Eílis [Alice] McClory），从南爱尔兰迁至北爱尔兰。高个子、红头发、淡蓝色眼睛的帕特里克是十个孩子里的老大。在一个只有两间屋子和泥地的小村舍里，他借着灯芯草摇曳的光读书，对书的爱改变了他的一生。这份爱让他摆脱低微的社会地位，让这个十二岁就在铁匠铺做学徒的孩子十六岁就成了村里的男教师。五年后，他宗教方面的灵气吸引了德朗巴利鲁尼的教区牧师托马斯·泰伊（Thomas Tighe）的注意。1802 年，毕业于剑桥大学

圣约翰学院的泰伊把帕特里克·勃伦蒂送去读古典学和神学。他是以勤工俭学生的身份进入剑桥的，靠伺候家境更富裕的学生就能获得新教福音派改革家威廉·威伯福斯（William Wilberforce）每年资助的十镑。就这样，在气派的圣约翰学院里，年轻的勃伦蒂得以在爱尔兰贵族、年轻的帕默斯顿勋爵（Lord Palmerston）身边学习用枪。那时的枪械训练是为了抵御拿破仑进攻的威胁。

在大学就读期间，勃伦蒂把自己的姓改成勃朗特（Brontë），或许是因为在希腊语中这个词代表雷声，但更有可能的是因为他将自己看作一个斗士：1799 年，海军上将纳尔逊在西西里被封为勃朗蒂公爵（Duke of Bronti）。勤奋好学、能言善辩的帕特里克·勃朗特支持新教福音派，也致力于革新教会。他最终决定成为牧师，这也让他在英国国教会系统内跻身士绅阶层。

他在 1812 年娶了商人家庭出身的玛丽亚·布兰韦尔（Maria Branwell）。当时二十九岁的玛丽亚到约克郡拜访亲戚，适逢勃朗特先生在这里连任教区牧师。父母双亡的玛丽亚带来了每年五十镑的收入。尽管布兰韦尔家族作为中产阶级，地位高于勃伦蒂一家，但对一个用假姓氏和它带来的古老家族的联想掩盖农民出身的人，中产的地位或许还不够高。勃朗特先生从未提起布兰韦尔一家。他与托利党的绅士们是朋友，这些人不信任未受教育的工人，也反对那些 1812 年在约克郡的磨坊里起义的勒德分子（Luddite）：这些工人毁坏了从他们手里夺走工作机会的新机器。

在玛丽亚的侧影肖像里，我们看见的是一个身材娇小、鼻子和下唇都很突出的女性。她穿着优雅玲珑的白裙，裙子是当时流行的
70 高腰设计。生于 1818 年 7 月 30 日的艾米莉·简（Emily Jane）是他们的第五个孩子，在她之前，勃朗特夫妇还有三个女儿和一个取名

为布兰韦尔的儿子；最小的女儿安妮（Anne）生于1820年1月。

就在这时，勃朗特先生获得了霍沃思教区助理牧师的永久职位，每年的薪水是两百英镑。教会托管人大概没有告诉他霍沃思的一个问题：这个村子的健康条件非常差，即使以当时普遍不高的卫生标准来看也是这样。村子里没有下水道，受污染的水就流过教区牧师住宅门前的墓地。村民的平均预期寿命是二十五岁。

在教区牧师的住宅里，除了还是婴儿的安妮，其他五个孩子都挤在正门北面比走廊大不了多少的一间小屋子里。墙的另一边，患了胃癌的勃朗特夫人在1821年1月至9月间缓慢地死去。她的丈夫从未见过任何人痛成这样：这样的痛苦甚至考验着她的信仰。她几乎每天都可能死去。她有时候会叫出声来："噢上帝，我可怜的孩子们——噢上帝啊我可怜的孩子们！"

在这间被叫作"儿童书房"的屋子里，艾米莉是最小的一个。这间屋子把他们和母亲以及忧心忡忡、深居简出的父亲隔离开来。孩子们的"叽叽喳喳"让他痛苦，五个孩子因此保持着违背自然天性的安静。

高沼地则是另一个极端：一边是孩子们挤在同一间小屋的逼仄，另一边是高沼地随时展开的无穷的空间。这种在受限和自由之间的切换是他们自早年就熟悉的模式，也将在后来塑造姐妹们的写作。

孩子们向更远处漫游，一座座山脊就向着天空升起，引人生出探索之心。她们在佩尼斯通峭壁的巨石底下找到了仙洞（fairy-cave）：在《呼啸山庄》里，这将是年轻的希刺克厉夫和凯瑟琳·恩萧的天堂。

在孩子们漫游之际，关于向更艰险之域探索的消息也抵达了他们的耳畔。罗斯（Ross）和佩里（Parry）在十九世纪二十年代的北极探险占据了艾米莉和安妮的想象，最终也使她们在十岁和十一岁时构想出一个私密的世界。牢牢扎根在艾米莉童年意识里的，正是这在无人涉足的荒野开辟出一条道路的行为。

艾米莉三岁时，母亲去世了。父亲再婚的努力也以失败告终。他向旧恋人波德（Burder）小姐的示爱彬彬有礼，也合情合理。勃
71 朗特先生并不善于吸引女性，因此波德小姐宁可保持单身也不足为奇。就这样，教区牧师的住宅里没有母亲，男性来拜访时也极少带着妻子同来。持家的是母亲的姐姐、孩子们的姨母布兰韦尔（Branwell）。她一直独身，身材矮小，戴着老式的大帽子，不高兴从康沃尔一路迁到约克郡，也害怕不铺地毯的走廊的寒气。她没有母亲的慈爱，却要人尊敬和服从。她的外甥女们不得不在她火生得过旺的房间里练习刺绣，一坐就是好几个小时。

勃朗特姐妹们在成长中缺乏一个她们喜爱的女性榜样，这是否在某种意义上对她们有利？后来，夏洛蒂在学校的朋友艾伦·努西（Ellen Nussey）造访了牧师住宅。她感到这些姐妹们一点也“不装腔作势”，而艾米莉则“惹人喜爱”。她有时深灰色、有时深蓝色的美丽的眼睛投来专注的凝视，这凝视让艾伦感到既热切又亲近。她回忆起艾米莉在高沼地“水域交汇处”的样子：她用手搅动着蝌蚪，编造着领袖和懦夫的故事——她的灵魂绝不怯懦。如果童年时的艾米莉并不沉默寡言，那我们不禁要问，她是什么时候变成这样，又是为什么。

§

母亲去世后的三年里，孩子们听大姐玛丽亚的话。她爱读书和

沉思，有一颗罕有的被美善充盈的心。在七岁到十岁间，玛丽亚成了父亲的伙伴。她阅读《布莱克伍德杂志》，讨论其中的政论文章，和父亲一样认为在尘世的此生是为永恒生命的准备。而她在此之上还怀有对人类或能比现在更加崇高的信念。

十岁时，大姐玛丽亚和二姐——九岁的伊丽莎白——被送去
同一所学校。这座学校专为贫穷教士的女儿开设。尽管这是一座慈
善学校，但勃朗特先生仍需为每个孩子支付十四英镑的学费。在
夏洛蒂和艾米莉也入学后，学费就高达他一年收入的四分之一。他
付不起这么多钱，女儿们也知道父亲在竭尽全力为她们的未来作准
备。她们没有钱，这意味着她们不大可能嫁人，因此必须为家庭女 72
教师这条路做规划——这条路对于需要养活自己的、多少受过教育
的中产阶级女性是开放的。

这座柯文桥地区新办的牧师女儿学校位于兰开夏，在去湖区的路上，离利兹有五十英里。学校的海拔很低，又潮又冷。夏洛蒂·勃朗特后来告诉盖斯凯尔（Gaskell）夫人，《简·爱》（*Jane Eyre*）中的罗伍德慈善学校就是在这里的痛苦生活的真实写照。她又说，她没把最糟糕的写进去，因为人们是不会相信的。

学校的创始人威廉·卡鲁斯·威尔逊（William Carus Wilson）想象自己是个慈善家。他发明出了一套集惩罚、半挨饿和吃苦于一身的管理体系。他是一个坚信女孩软弱而有罪的男性教士，他的学校则用桦树条把女孩子们打到屈服，以此去除她们的罪恶天性。他默契地配合着他的少儿课本里那个施虐狂上帝：一个为着孩子的心灵摧残她们身体的上帝。就是在这样的条件下，勃朗特姐妹或是死于结核病，或是在后来让潜藏的结核病夺去了生命。

1824 年 8 月 10 日，勃朗特先生把八岁的夏洛蒂送去和姐姐们

一起上学。他没有注意到任何异常。十一月时，他去送六岁的艾米莉入学，但也没注意到两个大女儿身体的虚弱。勃朗特先生的粗枝大叶过于奇怪了，这让人误认为他不是亲自送艾米莉去上学的。然而我们可以想见，他一边与重要人物客套寒暄——他之前正是靠这类周旋改变了社会地位——一边看到三张坚强的小脸。值得注意的是，勃朗特先生在松顿的朋友、夏洛蒂的教母弗兰克斯（Franks）夫人在 1824 年 9 月的婚礼旅行途中也看望了这几个饿着肚子的小女孩。她也一样完全没看出她们正经历一场让夏洛蒂彻骨难忘的饥饿。

玛丽亚的妹妹们不得不看着她几次三番被一位叫安德鲁斯（Andrews）小姐的女教师凌辱。尽管玛丽亚功课拔尖，但让她遭受批评的是卫生问题。安德鲁斯小姐常常一把抓住她的脏指甲——但冻成冰的水让孩子们根本不可能洗手。这些吓得不敢作声的小女孩们不得不看着玛丽亚拿来一捆细树枝，解开围裙，脖子上挨几下抽打。希刺克厉夫在《呼啸山庄》中的打人情节可能源自艾米莉在柯文桥目睹的一切，也源自她亲眼看到这一切发生在替代了母亲而对她们负责的大姐身上时的震惊。

73 八个月后的 1825 年 2 月，勃朗特先生把瘦弱憔悴的玛丽亚接回了家。与母亲不同的是，玛丽亚盼着去死。她忍受暴行时的镇静在妹妹们的记忆中留下了深刻的印记。5 月 6 日，她的父亲在告知学校她的死讯时写道，“在病中，她表现出了一颗心灵在神的影响下的许多迹象”。这句话写在学校的入学登记册的页边，紧挨着第十七个学生玛丽亚的名字。她的死或许促使了学校派人护送伊丽莎白回家，这时她也已经身患绝症。直到这时，1825 年 6 月 1 日，勃朗特先生才让艾米莉和夏洛蒂退学。十二天后，伊丽莎白去世，此时艾米莉和夏洛蒂都在家中。

关于伊丽莎白的葬礼没有任何记录，但将满七岁的艾米莉已经到了可能理解这件事的年纪。尽管这样说没有证据，但我认为柯文桥的经历给她和夏洛蒂都留下了毕生的伤痛。“心自幼龄死”，艾米莉多年后写道。

艾米莉的诗歌和小说中充斥着痛苦和挥之不去的、强烈到能为死者招魂的记忆。一首日期为 1839 年 6 月 14 日的诗（艾米莉此时将近二十一岁）用现在时写成，表明过去的日子仍然顽强地存在于现时：“心又致意亲人的灵犀之心”。紧接着，突然的寂静冷却了整个房间。所有的眼睛都转向门口，话语陡然变成悄然细语，亲人的心倾听着死者的声音：“一种 / 我们知道再也听不见的声音”，但“听不见——啊听不见！”

她们的思念一再为深爱的死者招魂：

> 我们以为感到她们的切近
> 又开始察觉她们不在这里……

被鬼魂占据的心在生与死的边界徘徊，她们在与死者融为一体之中感受到更强烈的、与“那曾是我们生活——我们灵魂——的人”的天人永隔之感。

这首诗诚然是为两个死去的姐姐而写，但也预示了死去的凯瑟琳在《呼啸山庄》开头与结尾处那诱人探微的显灵。凯瑟琳的鬼魂
最终将占据希刺克厉夫的身心，让他在肉身的逐渐消灭中与她徘徊 74
的魂魄靠得更近。和死者在一起让他找回了自己的灵魂。

我们有理由思考这样的问题：柯文桥发生的悲剧与艾米莉和

死去的姐姐间长久的纽带是否塑造了她后来诗歌和小说中的两极化——“外面的世界如此绝望 / 内心的世界我双倍珍重”？慢慢地，她找到一个法子，把内心世界的灵视和扭曲的外部世界间的冲突转化为一个家族故事。

《呼啸山庄》中的人物和事件大多都是由现场一个不折不扣的女仆讲述的。耐莉的声音朴素而家常，因此她把故事中的那些奇异的、令人毛骨悚然的部分都变得驯顺起来。某种程度上说，耐莉的角色是基于牧师住宅的女仆、五十三岁的塔比——塔比莎 · 阿克罗伊（Tabitha Aykroyd）——创造的，她讲述当地人的故事，将勃朗特家的四个孩子紧紧吸引在壁炉旁。她直言不讳自己喜欢谁、不喜欢谁，也给他们做可口的饭菜。艾米莉喜欢这个有着炉火和约克郡方言的厨房，在小说里也把厨房当作戏剧情节展开的中心。在一直住在牧师住宅的日子里，从 1825 年夏天到 1831 年初，孩子们在厨房的炊火和楼上的儿童书房之间跑来跑去：就是在这书房里，在 1826 年，他们共同的想象和创作开始了。

1826 年的夏天，勃朗特先生送给布兰韦尔一盒十二个小士兵，这激发了孩子们创作关于探险的“剧本”：他们把这些合写的故事中的一部分写在模仿出版物的小册子里。这些士兵生活在不同的土地上，每块地属于一个孩子：佩里的土地属于艾米莉，罗斯的土地属于安妮。布兰韦尔画了绘有彩色边线、极为精美详尽的地图，就像戈德史密斯（Goldsmith）的《地理学》（*Geography*）中的地图一样。在一部题为《岛民故事》（‘Tales of the Islanders’，1829）的剧本里，孩子们各自选择了一些名人：艾米莉的选择是沃尔特 · 司各特和为他立传的洛克哈特（Lockhart）。

艾米莉和夏洛蒂在 1827 年末开始创作另一类床头剧（bed-play），

这一创作一直延续到1829年。这些“棒极了”的夜间剧里有太多秘密，因此没法写在纸上。此后，夏洛蒂的教母在1931年送她去罗黑德学校，艾米莉继而与安妮一起创作剧本。这就是他们的贡代尔（Gondal）史诗传奇的开始。艾米莉和安妮早就不满足于共同创作时被分到无足轻重的小角色——这是说了算的夏洛蒂和布兰韦尔分配给她们的——也厌烦了布兰韦尔的战争情节和夏洛蒂恹恹 75
的女主人公。贡代尔的主要角色都是些固执而强硬的女性。它的统治者是毁灭男性的、无情的奥古斯塔·杰拉丁·阿尔梅达（Augusta Geraldine Almeda），这里的战争与布兰韦尔笔下的阵势和仪仗不同，是严酷而苍凉的。贡代尔是北太平洋上的一个小岛，它在环境和气候方面都很像约克郡，有着高沼地、雾气和阴冷的天气。它的居民们都十分顽强，自由使他们幸福，监禁则是他们的地狱。艾米莉关于自由和监禁的贡代尔诗直接发展成了她创作成熟期伟大的诗歌和小说。

在父亲书房窗户间悬挂的书架上，摆着司各特、拜伦、莎士比亚、弥尔顿、班扬、约翰逊博士和华兹华斯。书架上没有女作家：没有范妮·伯尼（Fanny Burney），没有玛丽·沃斯通克拉夫特，没有玛丽·雪莱，没有简·奥斯丁。相比于他心目中的主要任务，也就是教授儿子希腊语和拉丁语，勃朗特先生把为女儿的教育拨出的时间看作是次要的。父亲给布兰韦尔上课时，女儿们有时也会一起听（艾米莉手写的拉丁语翻译保存了下来，后来担任家庭女教师的安妮也能给孩子们上拉丁语课）。但勃朗特先生在教育女儿方面的主要贡献是对阅读的鼓励，和给她们选择书籍的自由。他们大概不时会长途跋涉（单程四英里）去基斯利一家离她们最近的能借书的图书馆；勃朗特一家的传记作者威尼弗里德·热兰（Winifred Gérin）

也表明她们——尤其是艾米莉——也去过庞登府上，在希顿家族精美的图书馆里借了书。热兰的看法得到了不少人的响应，也即那些想把艾米莉的钢琴技能与庞登府里五个擅长音乐的儿子做出联系的人，有谣传说长子罗伯特单恋过艾米莉，但这些都没有证据。我们确实知道的，是艾米莉读过司各特关于古代英雄的作品、英国浪漫派的自然诗歌，以及雪莱革命性的激进主义，也知道她和布兰韦尔、夏洛蒂一样，醉心于拜伦和他忧郁的独行者的故事。

在 1834 年的一则小品文中，夏洛蒂描摹了一个家庭场景：布兰韦尔扮演爱吹牛的本杰明·威金斯（Benjamin Wiggins），嘲笑
76 十六岁的妹妹艾米莉。他笑话她“又瘦又小，脸跟一便士的硬币一样大”。* 夏洛蒂写下这一幕的时候，正是布兰韦尔画下三姐妹肖像的时候，而她的作品或许是对他画笔下几人外表的讽刺：夏洛蒂自己“又矮又胖”，在一边的安妮“什么都不是”。长着精致的尖鼻子、小巧的尖嘴唇的艾米莉是最漂亮的。她比姐妹们都高。此时的布兰韦尔是家里的头号人物，但不知为什么，他把自己从画里抹掉了。在那时，全家都觉得布兰韦尔会是个有出息的人。

把自己关在书房，不和孩子们一起吃饭的勃朗特先生竟几乎全然不知女儿的潜力，而直到夏洛蒂带给他一本出版的《简·爱》之前，他都对她们的写作一无所知。他震惊了。他一直把希望全部寄托在儿子身上，而夏洛蒂把父亲对布兰韦尔的宠爱和对女儿前途的不闻不问相对照，或许也表达了妹妹们的感受。当然，他和历史上大多数别的父亲并没有什么区别；只有儿子是重要的。就算他的女儿感到妒忌或是怨恨，她们也并没有流露出来，她们对家庭的责任

* 布兰韦尔最后把夏洛蒂气坏了；早些时候，她当面讽刺他拜伦式的装腔作势。

感也是出于真诚的亲情。她们和父亲一样拥有冷峻的幽默感，尊敬他，维护着他书房的私密空间。他不受打扰地坐在那里，守着两管烟斗和他的痰盂，在《家庭用药》（*Domestic Medicine*）里泻药的页边写下大量笔记——这些泻药“给予肠道健康的韧性”——或者写些不起眼的教条诗（诗中到处散落着地狱之火和无穷的痛苦），用北爱尔兰浓重的苏格兰口音向上帝庄严地祈求；就这样，他对家中的一切浑然不察。

§

每到晚上九点钟，一等布兰韦尔姨母上床休息，姐妹们就收起她们的缝补活儿，吹熄蜡烛，在阴暗的客厅来回行走。她们无拘无束地快走，步调和她们的想法与感受保持一致。艾伦·努西有一次也加入了她们，并生动地叙述了这一幕。艾米莉和安妮把胳膊环在彼此的腰间一起走，在艾伦看来，她们像是一对难解难分、亲密
而相像的双胞胎。她和夏洛蒂则是另一对。对于日间为家务所累的 77
人，夜意味着一段与相契合的心灵自由畅谈、碰触、交融的时间。正如后来住在阿姆赫斯特的房间里，从早上三点“我的瞳轮还在黑暗中”时就开始写作的艾米莉·狄金森，再到后来弗吉尼亚·伍尔夫的《夜与日》（*Night and Day*）中做数学题的女主人公，对勃朗特姐妹来说，夜是用来思考的。艾伦猜想姐妹们吹熄蜡烛是为了省钱。但黑暗的遮蔽能解放人，隐身也是一种自由。

1832 年夏天，夏洛蒂离开了罗黑德学校。自此，夏洛蒂在家为艾米莉和安妮上课，开启了三年幸福的日子。她最喜欢的科目是法语，教得也尤其好，因为后来艾米莉的法语好到能继续去国外接

受教育的程度。勃朗特先生为女儿们买了一架钢琴，艾米莉率先弹起了钢琴改编版本的贝利尼咏叹调，梅耶贝尔（Meyerbeer）、韦伯（Weber）和亨德尔（Handel）的清唱剧等等。这些曲目大多被改编成了双重奏，题写上了艾米莉和安妮的名字。后来，在 1835 年 7 月的时候，由于布兰韦尔学习绘画要花去一笔钱，夏洛蒂于是决心为艾米莉做些力所能及的事。她回到学校当了老师，这样她的工资就可以负担艾米莉的学费；艾米莉因此被从安妮身边生生带走，和姐姐一起来到罗黑德学校。

等到艾米莉长到十七岁的时候，一些固定的模式也初见雏形了。这时，一直和夏洛蒂一道想象并创作安格里安（Angrian）史诗传奇的弟弟要离开她了，于是从这以后，她常常会设法让艾米莉加入。而从艾米莉的角度来说，更严重的是被迫离家的压力。

成为作家之路上的考验之一就是看一个有潜力的人如何面对习俗——这种能够左右她的错误叙事的威压。艾米莉的身心健康取决于家庭带来的安全感：在这里，她能去高沼地上散步，以找到好的写作“状态”，有时她还带着安妮一起。离开家则是种折磨。难道是柯文桥的经历让艾米莉不再适应“外面的世界”？还是与村子脱节的感觉让她不适？然而她和其他几个孩子都知道，如果再待下去，父亲就养不起她们了；她们必须再一次做好准备，去受必要的教育，以便能在外面的世界挣口饭吃。

因此，在 1835 年 7 月 29 日，两姐妹再次从牧师住宅启程，现身在勃朗特先生称之为“那令人迷失、诱人失足的世界”。在“这逆旅之地”，他说，没有人“逃得过诱惑的触手”。

78 但这两个年轻女孩的目的地是伍勒（Wooler）小姐安全可靠的学校。对她们来说，父亲所忧惧的事情太古怪了。在这里，夏洛蒂给“蠢蛋”们讲语法，艾米莉则强打精神面对每一天。勃朗特先生充满说教色彩的警告，说明他并没有觉察到真正的危险：想家。

艾米莉强撑了三个月。十七岁的她安静、高瘦，是学校年纪最大的学生之一。她不大像——或者说完全不像——姐姐夏洛蒂那样求知若渴，也没有姐姐的交友天分。每当她早上睁开眼睛，想家的念头就扑面而来。在这里，在罗黑德，她受惠于夏洛蒂的慷慨资助，但艾米莉生来就不是个乖乖让人养活的人。这样的处境只能吸干她的力量。她几乎完全吃不下饭，夏洛蒂担心妹妹活不下去了。十月中旬，瘦削憔悴的艾米莉回到了霍沃思。

她的一首诗谈及“那些我与生俱来的最初的感情”。这感受抹去了一切后来衍生的存在形态：

> 我走向我的本性带我前往之地：
> 选择另外的向导使我苦恼。

在学校教育的规训和成年人的身份逼她放弃儿时的本性的时候，她枯萎了，这与安妮不同。四个活下来的孩子里，只有安妮能毫无怨言地在与自己不相投的人群里长期坚持下来。她虽然对人有着严苛的评判，但这并不会动摇她的心智。她和艾米莉一样孤僻，但她能用伪装掩饰这一点，甚至能在小说写作中利用这一点。

我们要记得安妮并没有像姐姐们一样，在六七岁时和别的女孩一起无助地困在学校的围墙之内，饿着肚子，发着抖。艾米莉无法支持下去的原因也有其深深植根于回忆之中的阴暗一面：离开家不仅意味着想家和失去自由；重新上学一定也使得恐惧卷土重来。这只能是我的猜测，但这能解释为什么艾米莉纵使决意忍耐也无法适应学校生活。离开家就好像把她从自我之中流放了。

这类模式一再重演。像玛丽亚和伊丽莎白一样，艾米莉的身体逐渐衰弱，直到像是要死了，学校的人就把她送回家。1838 至 1839 年间，艾米莉一生中唯一一次担任教职。她在靠近哈利法克斯的劳
79 山的一座大型学校里教书，而她再一次病倒了——她告诉夏洛蒂自己的课时从早上六点排到晚上十一点。

“这是奴役，”夏洛蒂对艾伦说，“恐怕她永远都受不了那种奴役。”

正像夏洛蒂预言的那样，艾米莉日渐消瘦，直到在工作六个月后的 1839 年 3 月离职。在柯文桥、罗黑德以及做教师的几个月内，艾米莉不得不筑起一座无形的墙，保护自己辛苦经营的私密世界。在这堵墙后面，是一个吟诵哀悼诗的声音。不少人注意到她在劳山期间写了许多诗，但这些诗是重复的，里面只有一个单调的声音反复唤起阴郁的景象。劳山不是一个让潜藏的诗性声音突然高亢飞扬的地方。但这悼念之音又是如何在这之后变成了反叛的声音？

她一回到家，有力的声音就在她第一首伟大的诗中果决地响起。这首诗写于 1841 年初，这时艾米莉二十二岁：

我从不稀罕财富
也嘲笑轻蔑爱情
浮名的贪求如一梦
早随黎明消逝

我若祈祷，那唯一
令我开口的祷文

是“请别扰乱我的心
请给我自由”

短暂的时日已近终点，
是，我别无所求——
无拘的心灵，勇敢地
忍耐过生和死！

呼吸着自由空气的艾米莉能够爬到霍沃思的高处，一次又一次地穿过因过于崎岖而无法耕种的土地。这个场景并不浪漫：这片土地泥泞而荒凉。然而来到这里，就迫近了尚未有人染指的创世之初。

这首诗的续篇发生在一个夜晚：自然带着蛮荒的激情降临于 80
她。1841 年 7 月的一首诗里，窗边咆哮的暴风雨为她带来了“神圣的声音”。这倾泻而下的声音注入她的心，也卷走了余下的一切。

§

这是一个不戴面具的作家的故事。社会对她的影响太微弱，这让她成为迸发的天才中最纯粹的一个。她显然拥有丰沛的想象力，但除此之外，她几乎是个隐士。除了通过作品，我们很难、甚至不可能了解她。她不会说一些你我都想知道的事：她度过了怎样的一生？拥有和勃朗特的假姓氏一样新的社会地位是什么滋味？在孩子们的幻想王国里他们是神仙精灵，在艾米莉的诗里他们是王室贵族，但走出幻想王国，他们就来到一个等级森严的世界，在这里他们什么都不是。希顿家族和其他霍沃思一带的古老家族一样，在他们的社会环境中植根了几百年；他们在自己的圈子内部通婚、社交，而当举办重大的葬礼时——比如 1846 年罗伯特·希顿的葬礼——长长的宾客名单中并不包括勃朗特家的人。在霍沃思待了二十六年，他们仍然没有被当作自己人。

比起粗线条地拼凑起关于艾米莉生平的一些零散的资料，更好的办法是问问题，哪怕我们不能指望获得全部的答案。同时，我们也可以努力将艾米莉·勃朗特和别的隐士作家相比对，以期更透彻地了解他们那至关重要的“内心世界”。

于是问题又来了：艾米莉·勃朗特何以一跃而到达她灵视的高处？我们不能仅凭那些打动过她的书解释这一点，因为这样做又会让她受制于像司各特和拜伦之类的男性作家——他们，还有他们如假包换的公众面孔。

我感觉更有效的做法，是观察弗吉尼亚·伍尔夫的《海浪》（*The Waves*）中一个名叫罗达的彻头彻尾的局外人形象，并据此了解艾米莉。像艾米莉一样，罗达很内向，极少说话。这自然并非艾米莉本人，而是作者对一个极富创造力的女性的洞察。罗达像艾米莉
81 一样，不会也不能放弃童年时的纯粹。学校逼着罗达效仿其他女孩的样子，但她在这方面无可救药。罗达一生里没有任何一个时期能构建起一张令人信服的公众面孔。相反，她是生活在阴翳中的创造奇才，一个“永远奔涌的泉水仙女”。她阴翳中的一生是保障她全情投入想象与创作的前提。像艾米莉一样，罗达栖居在自然的永恒形态之中。她听见的内心声音并不响亮，也没有面目。

另一位可供对参——也更显而易见——的谜一样的人物是灵视者艾米莉·狄金森。比艾米莉·勃朗特小十二岁的狄金森买到了

一本罕见而珍贵的勃朗特姐妹的《诗集》(*Poems*)。她尤其对艾米莉·勃朗特感到亲近，因为她们都赋予“内心世界”以权威，也因为勃朗特欢迎一个我们已知世界之外的、永恒存在之“灵”。艾米莉·勃朗特和姐姐玛丽亚一样，将人生看作对永恒生命的准备，但在妹妹这里，这种感受比传统意义上的宗教感更原始洪荒。她将这永恒之“灵”唤作她的“奴仆”“同伴”“王”。她抛弃了“他人奔向财富、权力、荣誉、享乐等世俗神祇的庸常道路”，并记述了自己的灵魂如何投入地

……爱慕
你，这永存的幽灵之物——
我的奴仆，我的同伴，我的王！

她是多么坚决、多么大胆地与一个“物”说话。作为同伴，这“物”给了她“亲昵的快乐”；作为奴仆，它顺从她“变化多端的意志”。在诗的开始部分，她怀疑是否有词语能描述这无可言传之物，但最后这行云流水的表达让她欢欣鼓舞，因为她“自己的灵魂”能做成这件事。因此，这首诗结尾的对句毋宁说是一句逗弄——她反复的恳求到此已经多余了：

说吧，灵视之神，请为我祈求
说说为什么我竟选中了你！

她说得很明白：灵视降临于一个反叛的独行者，一个勇于遭遇永恒之物的人。

82 狄金森则走得更远。她在一首诗中写到一个和神圣的陌生人整夜搏斗的梦游者（像《圣经》中的雅各）。这个梦游者第二天早上发现他“击败了上帝”。

从严格意义上讲，两位诗人都是离经叛道的，她们反抗宗教的权威意见，即柔弱的人将承受土地。艾米莉·勃朗特称她没有词语形容这类神圣的相遇，于是请求一位天使赐予她语言：“请为我慷慨辩解”——“我为什么抛却了这整个世界”。但她的谦逊不过是表演，因为她接着就为自己说话，而且也必须说出这些石破天惊的词——“奴仆”和“同伴”（以及那传统的称呼“王”）——以解释上帝对人的作为。这变动不居的关系就像狄金森的“魂灵”：它“每一次都不相同，每一次都是别个——那另一个更神圣之物”。

词语终结之处，意义仍旧存在，就像狄金森的破折号推开词语的间隙，注入无声胜有声的寂静：“而——旧日的——存在——/驻足——击——穿——我时日的推移——”。灵视者就这样穿行在语言的边境。

但诗歌和灵视与她们生活的关系如何？她们既然过着和十九世纪的女性一样的日常生活，我们或许要问她们在从众这一方面各自做了多少让步。1839 至 1840 年间，牧师住宅的女仆塔比的腿瘸了，不得不休息一段时间，于是艾米莉和姐妹们勤快地包揽了家务——这好过在学校里和别人的家中时时谨守规矩。艾米莉负责厨房和烘焙，夏洛蒂选择打扫和熨烫：她第一次熨衣服的时候把衣服烧焦了，并毫不理会姨母的怒火。

艾米莉·狄金森也喜欢做家务：她做的印度饼得过奖，做的布丁是父亲最爱吃的，也常常给住在阿姆赫斯特的邻居送去礼物——她的礼物往往是父亲为她建造的暖房里的鲜花。她比艾米莉·勃朗特要幸运：她的父亲准许她不做家务，这样她就能用早上的时间写诗。她也调皮地模仿女性化的形象：尤其是那些大体是虚构的、致一位络腮胡男性“大师”的书信。善感的读者会上她的当，认为她就是那个“阿姆赫斯特美人”，或是那个悲哀地给世界写信但收不到回复的诗人。不。她喷涌的诗才表明这些对女性化形象的戏仿都是不忠实的。

艾米莉·勃朗特则不热衷这类淘气的模仿游戏。她彻底地看轻
这个世界，因此她绝不后退一步，哪怕是出于自娱或娱乐后世读者 83
的目的。记起那种走上了歧路的感受（在我看来，也就是讲述那段让她身心崩溃的背井离乡的经历）是艾米莉无论如何都做不到的。学校所要求的面具人格考验了她忍耐的极限。

夏洛蒂出了个主意。她想出一个让艾米莉和姐妹们一起谋生的方案：何不就在附近开办一所学校——在伍勒小姐的帮助下开在杜斯伯里，或是直接开在牧师住宅？真心向学的夏洛蒂提议让自己和艾米莉带着这个目的出国六个月，学习法语和德语，艾米莉还可以学习音乐。她在 1841 年 7 月提出这个方案时，艾米莉刚满二十三岁。到这时，艾米莉已经两年多没有自食其力，因此不得不同意夏洛蒂的计划。夏洛蒂从布兰韦尔姨母处借到了五十英镑，在数次争论之后，两姐妹在 1842 年 2 月 8 日由父亲护送，从伦敦和奥斯坦德出发，来到布鲁塞尔的埃热寄宿学校。

学校坐落在时髦的皇家路和公园下面一条狭窄的、铺满鹅卵石的小街上。比今天的贝利亚尔石阶更窄更陡的石阶通向伊莎贝路。在这里，勃朗特先生把女儿们交给了埃热夫妇。在这里，在满是“精美的图画”和“令人敬畏的教堂”的“应许之地”，夏洛蒂将舒展她的羽翼，而艾米莉则要坚强地面对另一场折磨了。

§

这时姐妹两人分别是二十三岁和二十五岁，比和她们一起学习的九十名女中学生都大十岁。她们被分在三个班里的二班，一起坐在最安静的角落里，教室里的六十个人中，加上她们也只有三个外国人。她们在有两张长桌和悬挂着油灯的食堂，吃包括红酒烧梨的法国餐，梨子是从学校花园里的梨树上新鲜摘下的——这与牧师住
84 宅的食物不同，在家里塔比会把土豆煮成一锅浆糊。晚上 8 点钟，她们有睡前的“小手枪”（可口的小圆面包卷）吃。楼上的宿舍住着大约十六个寄宿生，她们睡在挂着帘子的窄床上，而艾米莉和夏洛蒂则被安排在长房间里较为私密的最边上。

她们每周日都去博物馆广场上的皇家新教教堂。那里的詹金斯（Jenkins）牧师——他同时担任布鲁塞尔的英国牧师，也是新教徒利奥波德一世的牧师——邀请姐妹俩周日共进午餐，但艾米莉在席间一言不发。依着夏洛蒂在霍沃思牧师住宅家里的性情，她是爱打趣爱说笑的，但在詹金斯牧师和他的家人周围她也不自在，把头转到一边，和艾米莉保持一致。她们一言不发的冷峻激怒了被派去陪同两姐妹的詹金斯的儿子。

她们不参加学校的天主教祷告，也不参加关于圣徒和殉道士的夜间宗教读书会。在夏洛蒂后来的描述里，艾米莉的“正直品格和离经叛道的英国精神”让她对天主教保持距离。我一直在想艾米莉——和夏洛蒂——对天主教的敌对情绪是否影响了两姐妹与同学的关系。我同样在想的，是她们的宗教敌对情绪是否也遗传自父亲的爱尔兰式激情。她们告诉自己比利时人讨厌英国人，也就因此对比利时人报以仇恨，于是她们几乎没有交到朋友，除了学校里和

她们一样来自英国的韦尔怀特（Wheelwright）姐妹，但即便是她们也不喜欢艾米莉。她去哪儿都不受欢迎，尽管一个学生——路易丝·德·巴松皮埃尔（Louise de Bassompierre）——送了她一幅画着一棵树的画，并在多年之后回顾说，“艾米莉远远不如姐姐聪明，但友好得多”。

出于这些原因，两姐妹基本离群索居，在每天下午五点到六点的闲暇时间里单独散步。她们通常去学校花园背后的一条小巷：小巷挨着一座名叫皇家雅典学园的男校，这条散步线路对其他学生来说是越界的。根据学校同学的观察——她们的观察极少为我们所知，已知的内容也常被反复引述——艾米莉虽然比夏洛蒂高出不少，但还是在散步时靠着她，似乎对她施加着控制。“无意识的专制”——这是康斯坦丁·埃热（Constantin Heger）的印象，虽然言重了，但有这种印象的不止他一个人。

学校的学生大多来自时髦阶级。在她们的口中，艾米莉凸显肩膀的宽大衣袖和直筒裙显得很滑稽。十九世纪二三十年代推崇的装扮和她的身高相宜，但四十年代的潮流就反其道而进，推崇溜肩膀 85
和窄袖子，时兴从收拢得很低的腰褶处弹出好像圆钟罩的大裙子。艾米莉拥有一种肃穆的美，但对这些同代人来说，她瘦长的身材缺乏美感。这类形容与其说能帮助我们了解艾米莉，不如说帮我们了解了当时的时尚。“上帝把我造成什么样，我就想是什么样”：这是人们经常引用的、她用以回击嘲笑她的女孩们的话，但这平息不了当时人们的看法。

她拒绝遵从他人的看法，也表明正是因为她在去布鲁塞尔前就知道自己的界限，因此在答应去布鲁塞尔时，她就已经决意不加掩饰地做她自己。这会帮助她避免像过去一样，因为被逼服从而身心崩溃。唯一能让她第四次承受“外在世界”的办法，或许只能是不强迫自己适应社会施加给女性的要求。这是她最后一次尝试离开家。尽管对玛丽·雪莱来说，出国促进了她施展非凡的天才，但艾米莉·勃朗特发挥创造力的条件是留在家中。

夏洛蒂无疑深知艾米莉与常人的不同和她的病史，也想为她提供保护。但艾米莉不想活在姐姐的羽翼之下。同时，还有另一个问题：夏洛蒂试图把她和安妮分开。

夏洛蒂从未把安妮纳入她的计划。她被晾在一边，只得到一句语焉不详的承诺：会轮到她的。这个时候，她正在自己的第二份工作上咬牙坚持：给约克附近索普格林公馆的罗宾逊家几个女儿做教师。整个 1842 年，两个姐姐在布鲁塞尔期间，她一直待在那里。她利用这段阴影中的生活经历和积攒下来的生活观察创作了一部现实主义小说，书写家庭女教师的辛酸。一个她叫作汤姆的小孩找到了一窝小鸡，夸口他随时能“痛打它们！看我敢不敢下手！”汤姆的叔叔则得意地盛赞这种胜过“娘娘腔统治”的男子汉气概。

在玛丽·沃斯通克拉夫特的首部小说《玛丽》中，同是家庭女教师的玛丽如实描绘了十八世纪八十年代的一位聪明过人的女性；在“女性问题”兴起的 1840 年之后不久，安妮·勃朗特在约克郡的乡村豪宅里激动地发出了内心反叛的呼喊*；十九世纪七十年代末，
86 遥远偏僻的非洲农场里，女教师奥利芙·施赖纳也争分夺秒地创作着一部女性主义小说——在这里，在那里，在无人关注的角落，一类新的女性涌现出来。

艾米莉的音乐才能十分突出，埃热夫人为其打动，向她提供了

---

* 见第五章。

在学校教授音乐的职位。与此同时，1842 年 7 月，她向夏洛蒂提供了教授英语的工作机会。这两份工作并不附带工资，而是一个交换：她们在学校教学的报酬，是在这里继续住六个月，并免费学习法语。

被尊称为“先生”的埃热先生给两人单独授课。她们来到布鲁塞尔时，埃热先生三十二岁，仅仅比艾米莉年长九岁。一头黑发的他也总是一身黑衣。他的蓝眼睛里有一种老虎般的紧张感，一种随时准备发难、要问出出乎意料的严肃问题的神情。他被证明是夏洛蒂重要的指路人，对艾米莉的期许还要更高。正像雪莱悉穿了玛丽·雪莱胸中燃烧的渴望，在这里，出人意料，我们遇到了另一位罕有的男性。在这个笨拙而难相处的年轻女性身上，“先生”看到了一个无所畏惧、执意前行的航海家。他看到了勇气。这就好像《弗兰肯斯坦》中的那个航海家叙述者。由于这类探险活动不接纳女性，埃热因此认为艾米莉本应是一个男人。

1842 年夏天，在了解到勃朗特姐妹异乎寻常的潜力之后，埃热开发了一类新的教学方法。他朗诵法语文学经典作品，让两位英国学生辨别作者的动机和主旨，并捕捉法语的感觉和节奏。他还让她们创作风格相同、具有相似的微妙之处的模仿（*Imitations*）作品。他的神来之笔则是要求她们将这类感觉、节奏和微妙之处应用到她们自选的主题上。

他对她们说：“在坐下来写作某个主题之前，需要先对它有想法和感觉。我判断不出你们的心灵和思想为着什么样的主题激动。这要你们自己决定。”

艾米莉反对。她不想模仿任何人。

“先生”否决了她的反对，艾米莉于是用她本土的故事迎战：她选了盎格鲁－撒克逊人的首领哈罗德，和他在黑斯廷斯战役之前宁死不屈的一刻——他感到自己身上有一种力量能抵抗诺曼人的入侵。

而艾米莉的坚决意志没有让埃热先生感到受威胁，这也显示了
87 他作为教师的胸襟：他是第一个在牧师住宅之外认识到她的天才的人，而下一个要再过几十年才会出现。

尽管艾米莉跟周围格格不入，性情又很倔强，但她的作业表明“先生”要求的克制和简练对她是有帮助的：他要求情感、戏剧冲突和想法都要基于观察或事实。她对哈罗德的描摹就需要一些事实依据。她的随笔《蝴蝶》（‘Le Papillon’）、《猫》（‘Le Chat’）也都要求细致观察真实的动物。艾米莉戏谑而坚决地力辩只有猫与人类最相像：像人的是自利、残忍、虚伪的猫，而不是狗；狗太好了。我们可以思考的是，1842 年这些脚踏实地的写作作业对她来说究竟仅仅是练笔，还是在“最神圣的痛苦”之外另一种更鲜活的可能性？或者说，这些交给严师的作业是否唤醒了她，带她走出她笔下的贡代尔角色称之为“沉溺于记忆的狂喜之痛”的愿望？

在布鲁塞尔完成的贡代尔诗只有一首，另外两首是在她回霍沃思的路上写成的。这些诗重现了她惯用的墓地景象，以及对深埋地下的挚爱亲人的哀痛——这哀痛是“岁月无法疗愈”的。尽管每首诗中的贡代尔角色都不同，但人物塑造一概都比较单薄；驱动这些诗的是丧亲之痛。然而突然，在读起来与往常并无二致的痛苦之中，突然跳出一些日期为 1842 年 5 月 17 日的诗行。在这些诗句中，贡代尔的剧情朝着《呼啸山庄》转变了——人自天真状态堕落。诗中，一个违背了童年正直品性的成年人悔恨不已：

> 宝贵的童年纯真，原谅我，
> 因为我伤害了你！

她为了能让法语水平过得去而努力学习（包括邀请信和拒绝信，这些体裁正式而僵硬，就好像为避免冒犯他人而小心翼翼地走一条礼貌的钢丝），也学习基础德语，练习绘画技能，但最重要的是，她得益于音乐老师的指导。夏贝尔（Chapelle）先生是埃热先生的内兄，也是布鲁塞尔皇家音乐学院的老师。为了报答这样的优待，艾米莉大概也感到非得在寄宿学校教点音乐不可。她坚持要在 88
闲暇时间教授音乐课程，因为这样一来，她就不用让出自己学习的时间——这也符合她一贯的无视礼数。换句话说，这也是她一贯的决绝。她对学生的恼火无动于衷。不过至少埃热一家能忽视艾米莉身上的“怪癖”（借用夏洛蒂的形容）并察觉到她的才华，这让夏洛蒂感到欣慰。

§

布兰韦尔姨母去世后的十一月，两姐妹回到牧师住宅。埃热先生给“爸爸”（勃朗特先生）写信，热情洋溢地表扬她们，并敦促她们返回布鲁塞尔。然而，艾米莉决意接替姨母持家，并管理姐妹们所继承遗产的投资。夏洛蒂则返回布鲁塞尔。过去的儿童书房现在是艾米莉的房间了；她在这里继续她的想象和创作。

整个 1843 年，她都是唯一留在家里的女儿。在布鲁塞尔接受音乐训练之后，她弹奏了许多贝多芬奏鸣曲和三首交响曲的钢琴改编版。其中一首就是贝多芬的《第七交响曲》，这首交响曲在渐渐升温的热情和秩序之间角力的第二乐章对她来说再合适不过：这就是她的小说中两个家族的对比——一个放浪，一个循规蹈距。

这些日子里，她一度的创作伙伴安妮仍然待在索普格林。她在那里赶写一部小说，小说关于一个为“内心世界”而活的家庭女教师。安妮 1844 年的诗《致想象》（‘To Imagination’）或许先于艾米莉创造了“内心世界”这个表达。在两人各自的作品之间，激荡着她们静默的声音。

可以肯定的是，安妮笔下孤独的、其貌不扬的家庭女教师先于夏洛蒂的简·爱而存在，同时，率先成为小说家的是安妮：她似乎利用了自己更长期身处“外部世界”的经验。她笔下“一个个体的人生道路”成为了《爱格尼斯·格雷》（*Agnes Grey*，1847），它和《呼啸山庄》在同一卷中出版。我们无从得知艾米莉什么时候开始构思《呼啸山庄》，但如果说这在 1846 年春天以前就发生了（这是我们已知她开始创作这部小说的最早日期），那我们也丝毫不会感到惊奇。

小说的情节围绕着一场精心算计的婚姻所导致的恶行展开。在
89 艾米莉离家留学布鲁塞尔期间，这样的一段婚姻恰巧就发生在霍沃思附近。希顿家族的档案显示，迈克尔·希顿的一个叫罗伯特的儿子娶了玛丽·安·贝利（Mary Ann Bailey），她很快就在 1842 年 9 月 13 日生产了。* 婚礼只有年份而没有确切日期的记录，这在希顿家族档案来说是不太常见的。我们无从得知艾米莉·勃朗特是否了解这段希顿家族的婚姻，只知道它让《呼啸山庄》对婚约背后那些不光彩原因的大胆质疑有了原材料。《呼啸山庄》中的一些名字，如希刺克厉夫（Heathcliff）和哈里顿（Hareton），都与希顿（Heaton）相近。同时碰巧的是，希顿家族广阔的交际圈中也有一位名叫玛

---

* 这位出生于 1818 年 1 月的罗伯特是庞登府上罗伯特·希顿的侄子。在有的记载中他的生辰日要更早些，但我依据的是她母亲罗伊德（Royd）家族的艾伦·希顿记下的日期。关于玛丽·安·贝利，我未能追溯她的背景。在希顿家族的档案中，贝利家族并未和那些希顿家一贯通婚的古老显赫的家族一同出现，并且（像勃朗特一家一样）他们也未被邀请参加老罗伯特·希顿在 1846 年的葬礼。

丽·恩萧（Mary Earnshaw）的女性。

1843年4月，艾米莉以一个被辜负的女人口吻重申了她的决心："你的爱不是、也不会是我的"。她的声音看穿了谎言："然而，啊，你的谎言永不会骗过我！"叙述者因此拥有力量，以远离那些她坦言撕裂了她的"委屈"。相反，她的脸转向"那星辰辉煌的天际"：星体们旋转"在光的轨道上 / 在无穷的岁月里拥有无限极乐"。无限极乐，无穷岁月。我们几乎能听见她剧烈的喘息。

在注明于1844年2月10日创作的一首诗中，敏锐地感知着天堂的"灵魂"能镇定一种发出"恶魔的呻吟"的"怨恨情绪"。"狂野的心灵"必须得到隐藏："我的灵魂所承受的，只能在灵魂 / 至深处吐露"。

而在这一整段时间里，夏洛蒂则必须忍受对已婚的"先生"埃热的禁忌之爱。在艾米莉发出怨恨的呻吟前一个月，夏洛蒂从布鲁塞尔回来了。她双唇紧闭，一言不发，开始了她漫长的、秘密的痛苦：她和"先生"相隔两地，而他对她继续通信的请求只给出极简短的回复。有时，她假装为开办一所学校寻求建议，借此伪装自己的执意坚持。姐妹们在1844年散发了传单，宣布将在牧师住宅开
办一所学校，教授拉丁语、法语和音乐，由艾米莉·勃朗特负责管 90
理。但她们没有招到学生。到了1845年中，安妮从索普格林回家时，三个人都放弃了教书。

1845年秋的一天，趁艾米莉不在的时候，夏洛蒂翻看了艾米莉抄在两个笔记本上的诗。她被其中的那个声音震惊了：这与她读过的任何一位女性的声音都不同，没有女性写作的枝枝蔓蔓，没有高亢的颤音。这里的声音简洁明快，是一种独特的、奇异的音乐。这音乐像小号一样有力。

夏洛蒂害怕的事发生了：妹妹被她侵犯隐私的行为激怒了。夏洛蒂所理解的妹妹的性情，是"即便那些与她最亲最近的人……在未经允许的时候也不能侵入她心智和情感的最深处"。

是安妮打破了僵局。看到两个姐姐的对峙，她把自己的诗拿出来让姐姐们读。她诗中隐忍的声音以感人至深的力量打动了夏洛蒂——这又是一位技艺高超的诗人——夏洛蒂忽然想到，尽管自己没有艾米莉的诗才，但她们三人可以一起出版一册诗集。

接下来的几天，艾米莉一直抗议：她的"韵律"不是为出版而写的。

夏洛蒂则支持"高贵的野心"。她争辩说，艾米莉的心里一定还留存着他们孩童时成为作家的愿望。安妮也表示支持。她和艾米莉一致同意不收录贡代尔诗。她们的许多诗作都来自那片叫作贡代尔的土地上的人物，但这本诗集中的诗不需要加进贡代尔的上下文作为背景。

三姐妹心里清楚，女作家不太可能受到公允的对待。为了保护这些作品，她们决定使用假名。就这样，在 1846 年 5 月，勃朗特姐妹的第一部书《库勒、艾利斯、阿克顿·贝尔诗选》（*Poems by Currer, Ellis and Acton Bell*）出版了。

这本书的印制花费了 31 镑 10 先令。这笔钱来自她们姨母的遗产。尽管诗集在六月时只卖出了两本，但在接下来的两年里却卖出了接近四十本。作者们还将书寄给了华兹华斯、德·昆西（De Quincey）、哈特利·柯勒律治、J. G. 洛克哈特和阿尔弗雷德·丁尼生（Alfred Tennyson）。三姐妹不知道的是，这本书的读者还包括后来以刘易斯·卡罗尔（Lewis Carroll）这个笔名闻名、写下《爱丽丝漫游奇境记》的查尔斯·道奇森（Charles Dodgson），以及南丁格尔（Nightingale）——南丁格尔还把一些诗抄在她收集最喜欢的诗的

笔记本里，之后也回忆起自己曾为艾米莉关于那些以欲望杀死她的 *91*
风、星和灵视间经验深深打动。

从这时起，三姐妹就在她们秘密的事业里团结了起来。布兰韦尔也在写诗，也在《布拉德福德先驱报》（*Bradford Herald*）和《哈利法克斯卫报》（*Halifax Guardian*）发表过诗作，但三姐妹故意决定不把他纳入她们的出版计划。布兰韦尔经常喝得酩酊大醉，他必然守不住她们的秘密。但问题还不止这些。

接连失业后，布兰韦尔来到索普格林，和安妮一道担任家庭教师。在那里，安妮目击了罗宾逊夫人对兄长暗送秋波，挑动着本来就心痒难耐的他。1845 年，病中的埃德蒙·罗宾逊（Edmund Robinson）牧师赶走了布兰韦尔，牧师随后不久就去世了。布兰韦尔满心以为莉迪亚·罗宾逊（Lydia Robinson）想把自己（和她的财产）全部献给他，然而最终，她派马车夫警告布兰韦尔，让他离自己远点。长袖善舞的寡妇后来再婚，成了周旋于上流社会的斯科特夫人。在勃朗特姐妹的眼里，她是个伤害了她们兄弟的坏女人，而他则在黑牛酒馆继续酗酒、吸毒，搅乱牧师住宅的生活。艾米莉近在咫尺地看到了哥哥的堕落，在对呼啸山庄的主人、酒鬼辛德利·恩萧的描绘中，她也借鉴了消沉失意的哥哥的形象。

一次，布兰韦尔放火烧了自己的床，躺在上面一动不动。艾米莉坚决把他拖下了床，拉他下了楼。这就是三姐妹尽力瞒住布兰韦尔出版诗集的时候家中的大致情况。1846 年 4 月 6 日，她们告知即将出版《诗集》的伦敦出版商埃洛特和琼斯（Aylott & Jones），她们每人都在创作一本小说。

§

在《呼啸山庄》里，恩萧和林惇家两代人的人生因家中的暴行
而支离破碎：皮肤黝黑的街头男孩希刺克厉夫被带进恩萧一家，继
而遭到了凌辱和殴打；希刺克厉夫回过头来，对把他看成“怪物”
92 的妻子施暴。妻子逃跑并死在藏身之所后，他恐吓他们多病的孩子，
后来又恐吓幼小的凯西·林惇——希刺克厉夫控制住了她，强迫她
做自己的儿媳。起初凯西试图团结还是个孩子的丈夫（也是她的堂
兄），但他已经被打垮了，精神和身体上都太虚弱了，只求自保；他
残酷而任性地对待她。她还有一位被辱没的表亲哈里顿·恩萧——
辛德利·恩萧的儿子。希刺克厉夫夺去了他身为长子的继承权，把
他抚养成了一个像希刺克厉夫自己一样满口污言秽语的野蛮人。

但我们知道，书中的暴烈不止于此。希刺克厉夫更著名的是与凯西的母亲凯瑟琳·恩萧之间狂热的爱。当凯瑟琳说出“我**就是**希刺克厉夫”的时候，她强调的是两人的爱不提供任何外在可见的欢愉。他们的合一既不浪漫，也不包含肉欲；它是奇异的——但其中又有什么似曾相识。

玛丽·雪莱笔下的怪物像人到足以为自己锁定一名父亲。同样的，希刺克厉夫为自己锁定了一个姐妹的形象，他和她自童年起就十分亲密，这份亲近也延续到了两个人各自为了世俗利益结婚之后——凯瑟琳为了阶级地位而结婚，而希刺克厉夫则为了贪欲。凯瑟琳嫁给了彬彬有礼却死气沉沉的埃德加·林惇，希刺克厉夫则与埃德加的妹妹伊莎贝拉私奔了。希刺克厉夫看上的是作为哥哥继承人的伊莎贝拉未来的财产，但却十分讨厌她，从最初就想把她“酥酪”一样的小脸打个鼻青脸肿。与此同时，伊莎贝拉却把这个野蛮

人幻想为一个浪漫的爱人。她没能听进去凯瑟琳的警告；在他们骑马私奔之前，希刺克厉夫吊死了她的狗，这也没能吓倒她。但最终和希刺克厉夫的婚姻让她看清了一切。短短二十四个小时之内，伊莎贝拉就发现自己的丈夫几乎不是人，而是一个妖怪，一个恶魔。

希刺克厉夫的恣意暴行自然有其渊源。他既让我们感到恐怖，又让我们对他少年时期的弃儿身份感到同情。他就像玛丽·雪莱的怪物一样：我们越是了解他的过去，他的形象就越暧昧含混。在发现婚姻的牢狱伤害了凯瑟琳时，希刺克厉夫表现出了人的勇敢和痛苦。他们的爱里有他仅存的人性。凯瑟琳这样描述希刺克厉夫："如果别的一切都毁灭了，而**他**还留下来，我就能继续活下去，如果别的一切都留下来，而他给消灭了，这个世界对于我将成为一个极陌生的地方。我就不像是它的一部分。"对她来说，希刺克厉夫并不是什么怪物；他就是她的自我，两个人和故事背景中的高沼地融为一体，难解难分。凯瑟琳的话与艾米莉·勃朗特崇高的献身如出一辙： 93

虽然地球与月亮已消失
恒星与宇宙也不存
但唯独剩下了你
每种存在都将存在于你

这些句子摘自她最著名的诗《我的灵魂绝不怯懦》（'No coward soul is mine'）*。诗的日期是 1846 年 1 月 2 日——这时她正在创作《呼啸山庄》。当凯瑟琳因难产去世，希刺克厉夫在夜里以头撞树，

---

* 弗吉尼亚·伍尔夫曾为在工作中被剥夺权力的女性声辩，其中援引了这首诗中的几节。见第五章 280—281 页。

实实在在地感到自己在宇宙中成了一个陌路人。然而紧接着，他令人动容的痛苦变成了暴力行为：他摇晃自己的妻子直到她的牙齿咯咯作响；他向她扔一把餐刀，刀插进了她的脖子，伊莎贝拉不得不自己把刀拔出来。

故事不断带我们重返蛮力带来的攻击和伤害。艾米莉大胆地看透强力，让它宣告自己的卑劣，这让我们既激动又欣慰。希刺克厉夫坦承他的受害者越是痛苦地扭动，他就越想压烂他们的肚肠。他用“实验”探测着妻子恐惧的极限，以至于她求死不能。我们是否应当把希刺克厉夫的不断进犯归咎为教养的缺乏（这也是为弗兰肯斯坦的怪物开脱的一个言之成理的简单借口——然而也过分简单化了）？或者，我们是否应将希刺克厉夫理解为齿爪殷红的自然天性本身？* 暴力是否内在于人性本身？

§

在 1845 到 1847 年这多产的两年中，艾米莉借助艾利斯 · 贝尔的假名发出声音。然而不幸的是，这层掩护在 1848 年破碎了。令人失望的事接二连三地发生。《诗集》销量不佳，奸诈的出版商因
94 此没有返还她和安妮用来出版各自小说的五十英镑预付款。紧接着，《呼啸山庄》收到了评论界的谴责。此后，在 1848 年 7 月，夏洛蒂和安妮决定暴露她们的真实身份。她们亲自来到伦敦的科恩希尔 65 号拜访了目瞪口呆的乔治 · 史密斯（George Smith）——夏洛

* 如果是这样的话，艾米莉 · 勃朗特就先于丁尼生《悼念集》（*In Memoriam*, 1850）中写下齿爪殷红（‘red in tooth and claw’）一句提出了这个想法——丁尼生的诗创作九年后，达尔文在《物种起源》（*The Origin of Species*, 1859）中详述了进化的这一方面。

蒂的出版商。她们此行是为了辟谣：坊间传言贝尔兄弟其实是一个人，他利用《简·爱》在去年十月的巨大成功出版了自己不被看好的几部作品《呼啸山庄》、《爱格尼斯·格雷》（1847 年 12 月）和《维尔德费尔庄园的房客》（*The Tenant of Wildfell Hall*）（1848 年 6 月）。

艾米莉拒绝和姐姐们同往。她怒不可遏。她的隐私荡然无存。

贝尔兄弟的女性身份一遭曝光，评论就为她们安上了“粗俗”的评价。最著名的文学评论家乔治·亨利·刘易斯（George Henry Lewes）在《领军》（*Leader*）上的一篇未署名评论是负面评论的集大成者：“这本书即便对男性来说也过分粗俗了，语言粗俗，构思粗俗，这粗俗很明显属于残暴而未开化的男性——”即便是为夏洛蒂声辩的盖斯凯尔夫人，在书写她的朋友的生平时，也提出一个观点，即夏洛蒂“犯了忌”，但在受苦中得到了净化。维多利亚时代人对淑女的期许，是希望她们像天使一样纯洁，而盖斯凯尔夫人决意从非淑女的、浓烈的情感中拯救夏洛蒂的清誉。

认为《简·爱》是一部杰作的刘易斯私下里与夏洛蒂通信。艾米莉也给他写了信，但我们不知信中写了什么。刘易斯接着从性别角度攻击了夏洛蒂的女性主义小说《雪莉》（*Shirley*, 1849），她对这种公开暴露她性别的行为表示不满。萨克雷（Thackeray）也同样佯装开玩笑似地攻击了她。她去伦敦时，他在一伙人中叫她“库勒·贝尔”。第二天他又这样叫时，她当面表达了不满，但他接着就批评她的愤怒“不够淑女”。尽管萨克雷钦佩她的作品，但萨克雷觉得这些作品背后的驱动力是一个老处女对男性的渴望（hunger）。他说，如果她有个丈夫的话，就没什么写作的必要了。

我们必须在这样的性别观念背景下看待艾米莉不合群的习惯和不逢迎的个性。她不是什么怪胎，只是一个勇敢抵抗荒诞的社会规范的女性。

在《呼啸山庄》中，凯瑟琳首次出场的形象是在呼啸山庄的窗
95 口徒劳呼喊的鬼魂。活着的时候，她辗转在不同男性的府邸之间：暴戾的呼啸山庄，和文雅而沉闷的画眉田庄。她身心分裂地被埋葬的自我也印证了女性面前不可能的选择：没有一个选择能让她们身心整全地存在。艾米莉身上的一些东西进入了凯瑟琳作为局外人的那个自我——这个自我在她死后也一直存在。

丁耐莉凝视死者的脸庞，暗示了死者将一直存在："我感到今后有一种无止境、无阴影的信心——他们所进入的永恒——在那里，生命无限延续，爱情无限和谐，欢乐无限充溢"。

这部小说以其跨越生死的爱而闻名。那久久萦绕并折磨第一代爱人的爱在他们的身后得到了重建。家庭之爱是另一种选择，在第二代中，正是这种爱获得了胜利。这部小说以第二代人开始，又以第二代人结束。小说的意义，不仅在它描绘了毁灭第一代人世俗生命的怒火，也在于它终结了希刺克厉夫的统治。他在 1802 年的死——小说开篇后的一年——将和解和自由带给了凯西和表亲哈里顿，而凯西的爱让他走出了他用粗鲁野蛮的外表筑起的情感牢笼。我们看着呼啸山庄的野蛮世界一步一步变得善良起来。

我在二十多岁时有一天曾设下凌晨四点的闹钟，好及时起床观看电视上的"深夜场电影"——威廉·惠勒（William Wyley）1939 年版、由劳伦斯·奥利弗（Laurence Olivier）扮演希刺克厉夫的《呼啸山庄》。我无法忘记那个身处纽约的久远的夜晚给我带来的失望。这部电影将小说中的奇异元素流俗化了，影片因此变成一个选角失误的男主角和有着性感双唇的好莱坞明星梅尔·奥勃朗（Merle Oberon）之间俗滥的爱情戏。更糟糕的是，电影对家中的暴力行为轻描淡写，伊莎贝拉

也没有出逃并死去——好莱坞让这个饱受煎熬却忠诚的小娇妻留在了希刺克厉夫的身边。最糟糕的是，电影砍去了第二代的全部戏份。

在那之后，我常常问学生第二代的故事对这部小说为什么重要。大多数学生的确看得出，尽管凯西和哈里顿的爱不像第一代人那么浓烈，但他们也绝不温驯；他们的家庭生活是秩序重建的条件。凯西教哈里顿识字，两人把头埋进同一本书，读书识字让他变了一个人。希刺克厉夫把凯西变成“荡妇”的努力也没有抵消她成长过程里受到的教养和宠爱。她心中苏醒的对哈里顿的同情也来自丁耐莉的爱—— 96
正是耐莉平静的声音带着我们走出了那几乎毁灭他们世界的怨毒。

§

《呼啸山庄》中最奇异的一幕，莫过于希刺克厉夫掘开凯瑟琳的坟墓，为了再看一眼她的脸。之后，他让人把自己埋在她边上，让两人棺椁的侧边敞开，好让他们化为尘土的尸骨相融。小说出版后的一些年，这墓园的一幕在现实中也发生了难以解释的回响。

希顿兄弟和帕特里克·勃朗特牧师之间原本就很紧张的关系终于破裂了：勃朗特给希顿一家的信都冷漠而客气。1860 年 3 月 5 日，教会土地托管人的主席、时年七十岁的迈克尔·希顿去世，但勃朗特先生拒绝把他安葬在霍沃思的墓园，哪怕希顿全家和勃朗特先生除安妮外的六个子女都埋葬在这里*。最直接的原因是墓园里已经没有空位了，但两天后，希顿家从英国白厅拿到了一纸命令，要求把迈克尔·希顿与妻子和祖先安葬在一起，但勃朗特先生仍旧拒绝，

---

* 安妮·勃朗特葬在斯卡波罗海边山上的圣玛丽教堂墓地。——译注

这就令人大惑不解了。更有甚者，他还对助理牧师、夏洛蒂的鳏夫亚瑟·贝尔·尼科尔斯（Arthur Bell Nichols）施压：尼科尔斯于是也拒绝安葬迈克尔·希顿。

我们稍加回想，就能意识到勃朗特一家一直岌岌可危的处境。勃朗特先生的职位在四十年里没有变过，始终担任助理牧师。他的牧师住宅为包括希顿家族在内的教会土地托管人所有。难道希顿因为勃朗特先生后来居上的阶级地位轻慢他们，伤害了他们脆弱的自尊？两家的冲突又是否因为艾米莉在小说中使用了希顿家族的悲惨往事？

有种说法认为典雅的画眉田庄是以庞登府为范本创造的。相比起这类没有依据的看法，希顿一家与《呼啸山庄》之间还有更直接的联系。这座长形的石头建筑更像一座农舍，也更像呼啸山庄，尤
97 其是府上那座独门独户、有树枝敲打窗棂的“老宅”。* 始建于都铎时期（实际上比“老宅”更早）的府邸主体在 1801 年得到翻修，而这正是《呼啸山庄》的故事开始那一年。小说的情节表明，吸引艾米莉注意的不仅是庞登府的房屋本身，还有一位不速之客引起的风波。最初，亨利·卡森（Henry Casson）像年轻的希刺克厉夫一样，不过是家中的一个仆人；人们认为他的地位比一般的仆从要高，更可能担任庄园的管理工作。他服侍希顿家一位年轻的寡妇，又诱使她嫁给了他，于是在十七世纪中叶近二十年中攫取了对家宅的控制权。他的继子、庞登府的合法继承人当时还是个孩子，也像

---

* 1513 年，亨利八世赐给威尔弗雷德·希顿两英亩田地，最初的宅邸建于 1541 年。罗伯特·希顿（1587—1641）在 1634 年为其子、继承人迈克尔·希顿（1609—43）建了“老宅”。但“老宅”在 1956 年被拆除了。

少年时期被篡夺权力的哈里顿·恩萧一样被踢出局了。[*]

希刺克厉夫与社会地位高于他的伊莎贝拉·林惇之间充满虐待的婚姻或许也其来有自，源自更晚近的一出戏剧性事件：伊丽莎白·希顿在 1813 年嫁给了一个来自布拉德福德的送货男孩约翰·贝克斯（John Bakes）。这段婚姻是灾难性的：伊丽莎白像小说中的伊 98
莎贝拉一样，在 1816 年 3 月年纪轻轻就死去了。[†]

---

* 我们只能猜测艾米莉·勃朗特在多大程度上了解这一传闻。人们常常提到的一个故事与建了劳山府的杰克·厦普（Jack Sharp）有关：厦普被附近的沃特克劳府的约翰·沃克（John Walker）收养，又被合法继承人赶出家门，他继而报复沃特克劳一家人。艾米莉在 1838—1839 年在劳山期间可能听说过这些，评论者们也暗示她把厦普作为希刺克厉夫的一个原型。但厦普是遥远的陌生人，而希顿一家她是认识的。

希顿家族这些往事的事实如下：1643 年，在父亲死后仅仅两年的时间，四十出头的迈克尔·希顿突然死了（或许死于内战）。不久前的 1640 年 12 月，迈克尔娶了安·斯卡波罗（Ann Scarborough），她和其他人一同继承家产，是北约克郡格拉斯伯里府庄园宅邸的中世纪庄园主的后裔。二十六岁的安·希顿就这样成了寡妇，膝下还有一个两岁的女儿和一岁的儿子，根据她详尽的婚姻协议，她还享有庄园一半的继承权。这样一来，她就成了法律上称为独身妇女（femme sole）的人——一个独立拥有财产的女性，没有父亲，也没有丈夫。1650 年，她同意嫁给一个社会地位远远不及她的男性：他之前一段婚姻的儿子被送到铁匠那里做学徒。卡森没有为让继子的继承权受到法律保护作出一点努力，直到 1663 年继子成年，继承权不得不受到承认。在孩子长大的一整段时间里，继父表现得都仿佛自己就是庄园的主人。他占用家里的家具和财物，就好像它们既然属于他的妻子，也就凭婚姻关系属于他。成年后的继子罗伯特·希顿不得不赎回他亲生父亲的物品。他同母异父的弟弟约翰·卡森住在庞登，终生未婚，直到 1710 年临死时才放弃对家宅所有权的要求。他那时一定是虚弱到无法签名，因为他只在放弃家宅所有权的官方文件上留下了颤抖的一堆象征“他的符号”的曲线。因此希顿家族在长达两代人的时间里都没有摆脱卡森的纠葛。

† 同样，我们无从得知艾米莉·勃朗特对于这一故事的细节有多熟悉。正如安·希顿和亨利·卡森的故事一样，伊丽莎白受到社会下层人的吸引这件事或许就足够激发小说家的想象。希顿家的档案里没有提到身体虐待，只提及了冷酷而傲慢的表现。贝克斯轻视“买卖”，自己不去经营，却让他柔弱的年轻妻子在他父亲开在戈默索尔的店铺里工作，当她日渐消瘦并咳嗽——后来才证实二十岁的她这时已经快要死了——的时候，贝克斯抛下了住在庞登府的她和孩子，自己拔腿就走。他从一家酒馆到另一家酒馆狂饮作乐，习惯在半夜回家，吵醒家人，索取饮资。伊丽莎白的母亲在女儿去世后几个月之内也去世了，父亲在之后的一年去世。

第三个与希顿家族有关的故事发生在《呼啸山庄》的时间之后。这个故事与迈克尔·希顿的长子罗伯特有关，而罗伯特恰巧与艾米莉同龄。勃朗特先生拒绝安葬罗伯特的父亲时，他一定是族中最极力反对的一个人。两家特殊的心结是否可能与1842年秘而不宣的婚礼日期有关？抑或勃朗特对希顿一家都心怀怨恨？再或者，从某种意义上说，两家结下世仇，是否因艾米莉在《呼啸山庄》的黑暗描述里再现了希顿族中有辱门楣的通婚？这些都始终是个谜，而我的猜测——也仅仅不过是猜测——是谜底终归与勃朗特一家长久的局外人之感有关：纵使他们天赋异禀，创造力过人，却从未融入希顿的交游圈之中。

凯瑟琳·恩萧的鬼魂也是个纯粹的局外人：她驻足在呼啸山庄的窗口，拼命把自己孩子似的手伸进破碎的窗棂，却总不得其门而入。呼叫、交谈、见证和聆听充斥着这部小说：我们从画眉田庄的房客洛克伍德先生那里听到这个故事，而他的故事又来自丁耐莉。像《弗兰肯斯坦》一样，恐怖被平凡而可靠的叙述者带进家门，成为家常。这样一来，艾米莉·勃朗特就既把身为听众的我们带入故事之中，又能让自己保持距离。

凯瑟琳死后的声音隐于那些转述她的声音背后。耐莉惊叹于有些人的生命之风如何拓展了我们对熟知之物的理解。凯瑟琳来自潜意识的低语触碰着我们沉没的自我。渐渐的，这遥远又迫近的死者的声音唤醒了公众的耳朵。

§

99 艾米莉生前不愿被夏洛蒂支配——但夏洛蒂感到这是身为姐姐

的保护欲。在 1848 年的最后几个月里，她守在因肺结核而消瘦憔悴的艾米莉身边束手无策，这让她痛苦不堪。

艾米莉每晚都按时在十点钟上床，早上七点钟准时下楼，一直到去世都是这样；尽管她不久就发作一次狂咳，身体有一边疼痛不已，心跳加速，略微一动就大口喘息，但她不承认自己生病了。夏洛蒂每每问起她情况时，她都默不作声。她也拒绝去“下毒的医生”那里看病。夏洛蒂不得不见证着“我们面前这强得出奇的精神和虚弱的身躯之间的搏斗——无休无止的搏斗——一旦见过，就再也难以忘记”。

艾米莉在 1848 年 12 月 19 日去世。此后，她的声誉由姐姐夏洛蒂掌管。她为艾米莉的诗歌作品做了选篇与修订，在 1850 年经由她自己的出版商史密斯·埃尔德（Smith Elder）出版了艾米莉的诗集，又在那一年为《呼啸山庄》的新版作了序言。夏洛蒂感到有责任为这部小说的缺陷致歉。她反对希刺克厉夫这个人物的创造：一个作家不应把想象力投注到“魔鬼”身上。作为三姐妹中最著名的人物，她的权威叙述一下子就削弱了家庭暴力的日常和切近：这样一来，她就和拒绝讨论这一话题的舆论站在了一起。无论是公众还是夏洛蒂，他们都没准备好容忍艾米莉反抗的声音：她公然反抗了维多利亚时代对婚姻的理想化想象。

安妮在《维尔德费尔庄园的房客》中对家庭暴力真实有力的描绘遭到了夏洛蒂同样——但更坚决——的谴责。在豪宅紧闭的大门背后，小说中亚瑟·亨廷顿的秘密施暴只能说更甚于希刺克厉夫。像弗兰肯斯坦的怪物一样，希刺克厉夫因他人的嫌弃而人格扭曲，但亚瑟的作恶没有任何动机。他故意曲解妻子的反抗，以便将自己益发恶劣的虐待归咎于她，就像她记下的那样：“他说他这样

做是被逼的，都是因为我不服天性、不守妇道”。他痛恨纯真，乐
100 得伤害妻子，并不以为耻、反以为荣地恣意毁掉他们的孩子。他这样做，仅仅因为他能够这样做；法律给了他这样做的权力，而亚瑟简直是痛饮着这权力——他无时无刻不在饮酒。海伦在日记中谈到假男子气概：

> 在这艰难的日子里，最令我忧心的是我的孩子。每当他表现出一个孩子能够表露出的任意一点恶意的萌芽，他的父亲和朋友们就快活地鼓励他……总而言之，他们要让他“做个男子汉”。

海伦离开丈夫，带着孩子出走：这样一来，她就违反了法律。她和儿子是丈夫的财产，他有权追讨他们。海伦不得不使用假名生活，并在没有人认识她的地方住下。《维尔德费尔庄园的房客》出版后，书中的违法行为被当作丑闻。在第二版的序言中，阿克顿·贝尔（即安妮·勃朗特）恳求人们放弃那“对事实的精妙掩饰——这要求‘宁静，再宁静’的细语，现实中根本不存在什么宁静”。但到了安妮本人也死于肺结核的 1850 年，夏洛蒂将这个问题轻描淡写地解释为安妮的误判，也即对家人放纵和酗酒后果的误判，而安妮是通过布兰韦尔体会到这些的。就这样，妹妹们死去后的两年，夏洛蒂为她们各自塑造出一个淑女的形象，让她们与那些标准女性、那些美丽优雅而从未暴露于残暴景象之前的女性形象一无二致。

希刺克厉夫将他爱读书的儿媳叫作“荡妇”。他恨凯西，因为她是凯瑟琳和埃德加·林惇的女儿。他的诽谤剥夺了她作为家人有权获得的尊重和保护。我们的世纪最终还是清醒地直面了无休止、

无底限的身体虐待的存在，但对于十九世纪中期的读者来说，希刺克厉夫的思维不过是太反常、太野蛮而已。

艾米莉死后，夏洛蒂平息舆论的办法之一，是营造出一个离群索居、未经教化的淳朴乡下女孩的形象。正如卢卡斯塔·米勒（Lucasta Miller）在《勃朗特迷思》（*The Brontë Myth*）中所述，她的保护欲实则无意中损害了妹妹在接下来三十年间的声名，因为十九世纪末的“新女性”们开始转向一类更铿锵有力的女性楷模。

夏洛蒂称艾米莉过于脱离现实，不知道自己在做什么。这不符 101
合事实。首先，艾米莉对法律有准确的理解，否则她就不能讲述希刺克厉夫如何攫取两个家族所有的财产。她出色地呈现了小说所涉的时期——1771 至 1803 年——财产法和遗产法的历史规定，要知道这些法律条款在十九世纪三十年代已经得到更改了。

在 1926 年题为《“呼啸山庄”的结构》（“The Structure of *Wuthering Heights*”）一文中，从事法律的查尔斯·珀西·桑戈（Charles Percy Sanger）也揭示了这一点。文章向我们展示这两个相互交织的家族如何拥有对称的家谱。桑戈考证了事件背后的日期所构成的复杂网络，并通过细致的爬梳和罗列，展示出小说家在写作中是多么精确地让未提及的日期都各就其位：一个精心排布的时间大纲就这样将一个关于暴力和激情、在三十年的漫长时间里前后奔突的故事统合在一起。

桑戈是伦纳德·伍尔夫（Leonard Woolf）在剑桥大学的同期生。在学校的异教徒（Heretics）社团里，伦纳德听到这篇论文的朗读，于是他和本来就极为推崇艾米莉·勃朗特的弗吉尼亚·伍尔夫在两人的霍加斯出版社（Hogarth Press）刊行了这篇论文。这篇论文为益发承认她的伟大的二十世纪读者带来了一个出乎意料的新视角。

尽管夏洛蒂决意淡化妹妹的“古怪”，但矛盾的事实仍然存在。艾米莉去世前，夏洛蒂提到“她强大、古怪的性情里的某种坚硬”吸引着她。妹妹一去世，夏洛蒂就在私下里热情地为妹妹声辩。

“因为艾利斯（艾米莉的化名）的诗简短抽象，因此批评家觉得它们沉闷而不太重要，”她对史密斯·埃尔德的一位编辑说，“他们错了。”艾米莉的崇高和她坚硬的力量就是规约她自身的法则。“她孤高耸立的天性比男人更坚强，比孩子更单纯。”

后来，借由小说的掩护，夏洛蒂给出了她自己犀利的洞察。这就是她在 1849 年的女性主义小说中对大胆直率的雪莉的刻画，而这部小说据她所述，就基于艾米莉的形象。雪莉喜欢坐在地毯上读书，一边胳膊圈着一只猛犬的脖子。这就是艾米莉凶猛的爱犬“守护者”（Keeper）——它的叫声“活像被人扼住脖子的嚎叫”。在小说里它名叫鞑靼（Tartar）。

雪莉预示了一个遥远的未来。与十九世纪四五十年代的哈莉耶
102 特·马丁诺（Harriet Martineau）等想要用她们的理性和美德让男性对她们卸下防备的女性主义者相比，雪莉使用的是一套更不客气的修辞。雪莉的声音无异于公然挑衅，更像二十世纪七十年代女性解放运动的声音。这并非《雪莉》所处的 1811—1812 年间女性说话的方式。在简·奥斯丁出版于 1811 年的《理智与情感》（*Sense and Sensibility*）中，玛丽安感到无法再在公共场合保持镇定，而必须和抛弃她去为钱结婚、背信弃义的威洛比说个明白。很明显，在十九世纪初，对于一个女孩心灵的宁静而言，当面对质比习俗所要求的自缄其口更加有害。玛丽安的故事中那近乎尖叫的情绪以及她后来的崩溃病倒都表明，对于女性来说，质疑女性的弱势地位有潜在的生命危险。夏洛蒂敢于在 1849 年尝试的——而仅仅在九年前，“女

性问题”才浮现在公众视野中——是赋予雪莉权力，从而也以小说的形式为艾米莉私下里的勇气赋予能动性。

在雪莉的形象中，镌刻着用秘密文字写成的一类隐秘的天性：这里，痛失亲人的夏洛蒂通过她的作品，对着艾米莉敢于亲自成为的那个女性说话。在某种意义上，她对着艾米莉仍然活着的魂魄说话，对着那个成为了凯瑟琳·恩萧这个角色的艾米莉的一部分说话。

这就是雪莉对她为何如此自由给出的答案：“我一边展示我的财富，一边也可能私藏下一两块宝石——奇特的、并非买来的、刻着字的石头。”不是买来的。石上的字是内生的，而不是后天获得的。用艾米莉的话来讲，那不是买来的东西，而是那递出“不死的生命”之力的、出自她胸怀的上帝。

这些诗中的声音重铸了信念，她对教条主义、天堂和虚伪的谦逊的攻讦也摒弃了宗教的准则。体制化的宗教霸占了灵魂，而艾米莉要重新让它为她所有。希刺克厉夫呐喊“我**不能**活着而没有灵魂！”的时候，他指的是青年时代与凯瑟琳·恩萧不死的爱。《呼啸山庄》探索了一类在社会情境中遭到扭曲的、奇特的爱：凯瑟琳在与埃德加·林惇没有激情的婚姻里堕落，让希刺克厉夫堕落的则是权力的阴谋——尤其是让他的天性愈发残暴的复仇的阴谋。在相互背叛之中，这一对恋人丧失了自我，步入荒野：希刺克厉夫这时是一个机关算尽的怪物，而凯瑟琳则是一个鬼魂。

最终，凯瑟琳和希刺克厉夫重获了天堂，但这个天堂却不是驯 103
服之人的栖息之地，而是灵魂的结合。对艾米莉·勃朗特来说，这种结合只能在死亡中存续。她采取的则是一个极端的姿态：她在残暴的世界中看到了灵魂整全的不可能，于是她决绝地躲避这个世界。像姐姐玛丽亚·勃朗特一样，艾米莉渴望着死亡带来的解脱。对她来说，整全在人的生命之外有终极的存在；在此世，它只是蕴于永恒不变的高沼地上的岩石之内的一种可能，而高沼地是她心中最迫近天堂的地方。

“庞然”——这是两位杰出的读者艾米莉·狄金森和弗吉尼亚·伍尔夫一致使用的形容词。“庞然的艾米莉·勃朗特”，艾米莉·狄金森在 1881 年如是说。相隔一代的弗吉尼亚·伍尔夫的声音冉冉上升，就像与艾米莉·勃朗特相应和的一曲咏叹调：

> 她朝着一个庞然的、四分五裂的世界望去，又感到她自身之中存在一种力量，让她能在一本书中缀连起这个世界。我们在整部书里都感觉得到这种雄心——这是一次半是受挫却心意坚决的斗争，她要通过她的人物口中说出的不仅仅是“我爱”或“我恨”，却是“我们，全人类”和“你们，永存的势力……”——这句话没有说完。

在写于 1848 年 5 月、欧洲各国暴动后的最后一首诗中，艾米莉·勃朗特谴责了那摧毁平民生活与家庭的野蛮杀戮：这无情的暴行只可能来自那些对他们制造的恐怖习以为常的人。开头的一句“何必问何时何地？”是一个设问句。它宣布人“从远古便崇拜权力 / 对得胜的罪恶膜拜顶礼”：暴力自古至今，在全世界范围里都发源自军事训练中诞生的铁石心肠。

二十五年前，一位传记作家试图将艾米莉·勃朗特定性为一位神经性厌食症患者。现在人们又说她患有阿斯伯格综合征。总是这样。个人的事情我们总是知之甚少。我们确切知道的，是她对女性的一生的理解，那就是：如果一个女性坦荡如凯瑟琳·恩萧、坦荡如绵延的基岩中的自然本身，那么她就没法栖身于成规的生活之内；呼啸山庄不是她的家，在那里她要屈从于粗鲁的兄弟之淫威；画眉田庄也不是她的家，在那里她要受制于孱弱的丈夫。她是高沼 104
地上的孤儿，是被惧怕她凶猛力量的洛克伍德关在门外的幽魂。

困在呼啸山庄的洛克伍德至少能通过丁耐莉得知整个故事。在她不动声色的叙述中，凯瑟琳变得丰满起来，成了一个复杂莫辨的人物：塑造她的，是弗吉尼亚·伍尔夫称之为“情境之诗”（poetry of situation）的力量。这是这部小说特有的一种诗的形式，* 以其依赖人物形象的原因。凯瑟琳在死气沉沉的婚姻里用牙齿撕碎枕头，掏出里面的羽毛，倚在画眉田庄摆着婚床的卧室窗边渴望飞去、飞向童年的自己——在这一幕中，这种情境之诗被表现得淋漓尽致。问题在于，成年女性是一种人为造作的身份：它是被强加的，模仿式的，不纯净的。她望向童年的家呼啸山庄，在那里她强壮而自由。

希刺克厉夫与她基岩般的天性相契合。他召唤她，不是做她身体的伴侣，也不是在成问题的婚姻建构里占据一席之地，而是以兄弟—男性的身份在高沼地上与她永恒地同行，在某种程度上，就像弗兰肯斯坦的怪物永远游荡在人类领地之外的冰面上那样。他们自由自在的野性并不是我们日常生活的一部分，但他们潜藏在边缘，等候着突袭我们家常的围篱：被阻挠的欲望同怒火和坦荡的言语一起，不时敲击着我们灵魂的窗棂。

---

* 当人物让我们看见“人类之外的存在的灵视”时，弗吉尼亚就称之为情境之诗。《白鲸》（*Moby-Dick*）中的亚哈船长就是一个例子。

第三章

法外之徒：乔治·艾略特

‘Outlaw’

亨利·詹姆斯初到英国时，令他激动的“唯一奇观”便是乔 107
治·艾略特。

虽然她一度自诩为法外之徒（outlaw），到了 1869 年，艾略特已经是君临英国文坛的杰出小说家了。和一大群访客一起轮流坐在艾略特身边，詹姆斯听到的是一位“解惑天使”的声音。他评价说，艾略特声调低沉的密语以及修长苍白脸上温柔的表情远胜于一般女性，她们中有太多的人扮演着流行的无助女性形象，“就像一群烧到发狂、无可救药的羸弱之人”。

在她的家“小修道院”里——这所房子位于伦敦北部郊区体面的圣约翰森林地区，就在洛德板球场对面——乔治·艾略特每周日在家接待前来向她致敬的伦敦文化名流。来访的包括进化生物学家托马斯·赫胥黎（Thomas Huxley），社会心理学先驱赫伯特·斯宾塞（Herbert Spencer），自由党党魁格莱斯顿（Gladstone），还有作家莱斯利·斯蒂芬（Leslie Stephen）。斯蒂芬后来会告诉自己的女儿弗吉尼亚（未来的弗吉尼亚·伍尔夫），当轮到他和乔治·艾略特交谈的时候，这位当过剑桥大学教授的人发现自己的学识也有不够用的时候。

弗吉尼亚·伍尔夫听很多人谈起过艾略特，她的父亲，安妮婶婶（里奇 [Ritchie] 夫人，小说家萨克雷的女儿）以及埃德蒙·戈斯（Edmund Gosse）等其他维多利亚时代伦敦知识精英圈的一分子。所有人都描绘了一位严肃的名人形象，当时她已经年届五十，穿着
108 黑色缎面裙，旁边的桌上放着一盏带绿色灯罩的台灯、德文书，还有象牙裁纸刀。这些长辈们见到的是一位“渡过了自己的挣扎并且从中获得了想要对他人有益的深切渴望，但又并不希望与人亲密”的女性。在艾略特身处的顶峰，她的挣扎淡出了人们的视线。

这一切是怎么发生的，人们为何可以如此崇拜这位曾经因为无视婚姻合法性而被人回避的女人？已婚女性一度尤其疏远艾略特，就像玛丽·雪莱几乎终生遭受冷遇一样。那乔治·艾略特又是如何重新被社会接纳的呢？

智慧天使乔治·艾略特的荣耀将会被一本沉甸甸的传记所确立，这本书是艾略特的财务顾问，也是曾短暂地成为她丈夫的约翰·克罗斯（John Cross）在她去世后第四年即 1885 年出版的。格莱斯顿说这本传记是“三卷本的缄默”，而威廉·黑尔·怀特（William Hale White）*则抗议说这位书里的天使教人认不出是谁，她完全遮蔽了他过去认识的那位叫玛丽·安·埃文斯的反叛记者。正如玛丽·雪莱去世后她狂野的名声被她的儿子和媳妇变得驯良，也如艾米莉·勃朗特的名声被她的姐姐夏洛蒂变得驯良一样，同样的事情也发生在了乔治·艾略特身上——但是和那些前辈作家一样，

---

* 后来他以笔名马克·卢瑟福德（Mark Rutherford）写小说闻名。

这个驯良的故事并没有流传多久。

在 1850 年代的早期，艾略特告诉同是租住在斯特兰德大街的威廉·黑尔·怀特说值得为了读一本书——卢梭的《忏悔录》——而去学法语[*]。这样的论调在怀特看来与艾略特三十来岁时“彻底”的特立独行无比相符。在一间背阴的房间里，艾略特头发披散在肩头，一只手里还拿着校样，就这样躺在椅子里，双腿搭在扶手上。要把自己的腿抬这么高，她不可能还穿着带圈环裙的硬质衬裙——那是一种需要双脚并拢的“淑女”裙装。

艾略特当时的交际圈里有一群思想开放的新年轻女性，她们立志要获得投票权，汲取知识并且终结那些阻碍人类天性充分发展的法律。女性主义者（feminist）这个词就是在当时进入英语的。时年二十二岁的贝西·帕克斯（Bessie Parkes）将来会成为著名的女性主义者。她将创立一所“边缘人”学校，这所学校兼收男女学生，同 *109*
时还接受犹太人、天主教徒和自由思想者[†]的孩子。在斯特兰德街的一次社交晚宴上，贝西注意到了玛丽·安·埃文斯。她觉察到这是一位头脑远胜其他女性的女人。

“我想她会嬗变的。”贝西如此向当时二十四岁的芭芭拉·利·史密斯（Barbara Leigh Smith）说（她将出版《涉及女性的英国法律》[*The Laws in England concerning Women*] 一书，倡导女性有权投票，后来成为剑桥大学格顿学院的创立者之一）。那是 1852 年，正是进化论即将开始流行的年代。在贝西看来，三十出头的埃文斯小姐正徘徊在会显露出一种更高等生物的演化阶段的边缘。

---

* 艾略特 1848 年见到爱默生的时候说了同样的话，他当时问她哪本书给她留下了最深的印象。

† 特指在宗教信仰上不遵从正统教义的人。——译注

“大天使需要更长的时间来展开他们的翅膀；但当他们一展开双翅，就会一跃飞到我们看不到的高处。埃文斯小姐要么没有翅膀，要么，我觉得是这里的情形，她的翅膀还在发育、萌芽。”

§

这是一个关于蜕变的故事。玛丽·安·埃文斯要想成长为乔治·艾略特，她必须克服出身、环境和教育带来的阻碍。她直到将近四十岁才找到了自己作为小说家的声音；她三十七岁才写出了自己第一篇小说。和玛丽·雪莱还有勃朗特姐妹不同，艾略特没有生在书香门第的先天优势。她的语言被她所受福音派教育的修辞所扭曲，在很多年里，这都让她无法发出自己的声音。她早年的信件读起来让人痛不欲生。

虽然乔治·艾略特是如此不凡，但她的蜕变发生在特定历史时期里更大范围的女性权利发展的背景之下。尽管对女性权利的强烈反对看似抹去了玛丽·沃斯通克拉夫特的影响，玛丽·雪莱还是通过她自食其力的独立重新激活了自己母亲提出的“新女性”形象。巧合的是，玛丽·安·埃文斯*出生的1819年的11月正是《弗兰肯斯坦》开始印刷的那个月。玛丽·雪莱可以借助她母亲还有她激进
110 思想家父亲的声望，而与之对比的是，没有人期待一个出生在无名乡村的“没前途的女孩”做出什么非同寻常的事情。只要完成女性的职责，结婚生子就行——前提是某位男士情愿接受这个相貌平庸又学识广博得吓人的姑娘。想要蜕变，艾略特就必须摆脱她童年这

---

* 她的出生证上写的是“玛丽·安妮”（Marry Anne），但是她自己署名写的是“玛丽·安”（Marry Ann），后来她会把自己的名字改成“玛丽安”（Marian）。

个只能成长为“自然造物的失败”的未来。

艾略特常常被视作一位古怪的女人，她沉思着女性可以成为怎样的新存在。她的自我塑造比约翰·斯图尔特·密尔（John Stuart Mill）在1869年出言挑战性别规范早了十五年。密尔写道：“现在所谓的女性的天性实则是极其人工的造物——在某些方面压制，在另一些方面不自然地催发的产物。”

玛丽·安是她父亲第二次婚姻的第二个女儿。她在斯塔福德郡的祖父是一位木匠，她父亲的兄弟塞缪尔一度也是个木匠。在她出生以前，她的父亲罗伯特·埃文斯（Robert Evans）就搬到了沃里克郡，担任了阿伯里庄园主人弗朗西斯·佩吉特·纽迪盖特（Francis Paget Newdigate）的地产管理人。埃文斯一家就住在阿伯里庄园的南农场里，等到玛丽·安四个月大的时候他们又搬到了更宽敞的格里夫大宅里，这栋房子在纳尼顿附近。玛丽·安有一个姐姐克里斯蒂娜（克里斯）和一个哥哥艾萨克。罗伯特·埃文斯是个务实能干的人，也为自己大胆的“小丫头”感到骄傲。

但是从五岁还是六岁开始，玛丽·安就入读了严格限制女孩言行的寄宿学校。其中一所就在离家两英里的纳尼顿。只有两英里，没有远到不能每天走路上下学。是她的母亲不想要这个女孩待在家里吗？玛丽·安很少提起她闺名克里斯提安娜·皮尔森（Christiana Pearson）的母亲。她是一位磨坊主的女儿，她娘家的姐姐将会成为《弗洛斯河上的磨坊》里头脑狭隘的格莱格婶婶的原型。玛丽·安觉得自己“没前途”的想法反映的正是当时对聪明女孩的通常看法。

因为母亲的缺席，玛丽·安对纳尼顿寄宿学校的主任教师产生了强烈的依恋——这种感情会持续到她学生时代之后——那是一位名叫玛丽亚·刘易斯（Maria Lewis）的福音派教徒，她总是喋喋不休地说着虔诚的废话。玛丽·安用她天性中的热忱倾听着宗教的陈词滥调。孩子的耳朵还分辨不出那些一离唇就消亡的语言；这样的语言就是她接受的教育，而她学习的热情又那么高。结果就是在
111 以后的很多年里，一座语言的监牢都围困着这个女孩——她的语言和勃朗特姐妹的活力或者玛丽·戈德温的精致相比都相去甚远。玛丽是在兼作出版社的家里接受的教育。

玛丽·安学会了用循规蹈矩的刻板语言清晰地表达堂皇而空虚的情感。随着时间的流逝，她用越来越庞大的词汇量来磨练这种表达方法。这样的教育会扭曲天资不如玛丽·安的女孩，就像乔治·艾略特会在《米德尔马契》（*Middlemarch*）里用罗莎蒙德·文西这个女子学校培养出的装腔作势的花瓶所展现的那样。在玛丽·安的学生时代，在她耳朵里作响的教条都敦促女孩们要把野心看作自大来压制，要培养得体的谦卑，以及把其他的才能统统导向对上帝教诲的服从。但是这一切都不能消磨这个女孩对知识的渴望；除了玛丽·雪莱，很少有女性像她这样渊博。

当弗吉尼亚·伍尔夫回顾有才华女性的时候，她把她们分类为“有教养男士的女儿们”：简·奥斯丁、勃朗特姐妹还有伍尔夫自己都享受了这个优势，当然还有玛丽·雪莱。而在大西洋的另一边，玛格丽特·富勒（Margaret Fuller）和艾米莉·狄金森也是如此。从孩提时代开始，她们的耳朵就习惯了书面语言的自如和激越。简·奥斯丁从一开始就注定要写出那句利落的话：“柯林斯先生不是什么聪明人。”

玛丽·安·埃文斯的整个教育经历里都找不到这样的自如。不仅如此，她的教育还伤害了她。尽管她接受的教条教育看似无害，但尚未成熟的头脑会因此封闭。这样的教育与沃斯通克拉夫特和克

莱尔·克莱蒙的教育创新恰恰相反。玛丽·安感受不到自己学舌的话里蕴含的情感，于是这个可怜的女孩只好责备自己不能像刘易斯小姐一样随时都能表达出狂热的虔诚。

玛丽·安的学校教育还训练她用无可指摘的引言——主要来自《圣经》——把她本已经有意生硬的语言变得更加晦涩。这种炫技背后的确潜藏着野心，但它是扭曲的野心。她完全有可能变成女版的卡苏朋，他是《米德尔马契》中一位浸淫在艰涩词句中的学究，成熟的艾略特对他抱以怜悯。一次，当有人问她卡苏朋的原型是谁，她指了指自己。

度过青春期后，玛丽·安遵从了严苛的加尔文主义，上演了教 112
义要求的放弃享乐的戏码——有一次，她还论证了放弃阅读家庭小说*的合理性。虽然这非常无法让人信服——这只是尝试新角色的女孩圣徒般的表演而已——但是她对某些浅薄小说的评价的确没有错，后来她会把这些观点写进她的评论文章《女作家的傻小说》（‘Silly Novels by Lady Novelists’）里。

§

1835年，当她母亲病重的时候，家人让玛丽·安退学回家了。1836年2月，她母亲去世了。在那之后不久，当玛丽·安大约十七岁的时候，她和她父亲一起去他住在德比郡的兄弟塞缪尔家做客。在那个乡村路况糟糕的年代，乡村居民很少会进行不必要的长途跋涉，就像《亚当·比德》（*Adam Bede*）里写的一样（书里虚构的罗

* 也叫“感伤小说”或者“女性小说”，是十九世纪中早期流行的一种小说类型，故事一般围绕浪漫爱情故事展开。——译注

阿姆郡和斯通尼郡彼此接壤，但对它们各自的居民来说却如远隔天边）。玛丽·安还没有见过她的这些亲戚，而在她叔叔家简陋的小屋里，她遇到了一位让她看到了成为不寻常女人可能性的婶婶。

人都说她叔叔的妻子伊丽莎白·埃文斯（Elizabeth Evans）很古怪。她曾经是一位卫理公会派的传道士，充满激情，不过，按照玛丽·安父亲的说法，谨慎不足。玛丽·安父亲认为女人应该遵从卫理公会派的命令，而教会在1814年禁止了女性布道。伊丽莎白·埃文斯拒绝停止。她受过神的感召。她曾在镜子里见过一张戴着荆棘冠的脸。

伊丽莎白出生在1776年，最初是诺丁汉的一位蕾丝织补工。十九世纪初她改信了卫理公会派，这是一场和英国国教内部的福音派运动区别不大的精神复兴运动。同样改信卫理公会派的塞缪尔·埃文斯（Samuel Evans）第一次见到她的时候，看到的是一位美丽的、穿着贵格派一样简单衣着的年轻黑发女子在站着布道。他们在伊丽莎白二十八岁的时候结了婚，然后搬到了德比。女性被禁止布道之后，伊丽莎白在德比的教众也禁止她布道，她就和塞缪尔搬到了同在德比郡的威克斯沃斯，在那里他们加入了阿明尼乌卫理公会派*，他们给了伊丽莎白"布道的全部自由"。在塞缪尔经营一座丝绸工厂的同时，伊丽莎白一直坚持布道到1835年，那时她和她的丈夫已经年过六十了。这就是在他们的侄女来做客的前一年。

113 玛丽·安见到的是一位有明亮的黑色眼睛和灰色头发的小个子女人，"她的举止非常温柔安静——充满爱意"。打动她的正是她婶

* 信仰荷兰新教神学家雅各布·阿明尼乌（1560—1609）提出的福音学说的卫理公会派。阿明尼乌的神学否认了加尔文宗的预定论教义，强调只要愿意悔改人人都可以得到救赎。——译注

婶的“友爱精神”；玛丽·安认为她是一个“真正虔诚的灵魂，在她身上对上帝的爱和对人的爱融为一体”。这可不是宗教套话。

伊丽莎白刚生过病，于是罗伯特·埃文斯就邀请她来自己家休养，这让他的女儿欢喜异常。一个阳光明媚的午后，在她们的“坐谈”和散步中，伊丽莎白讲述了她二十六岁时去监狱里探望一位不幸女孩的经历。这个女孩，玛丽·沃切（Mary Voce），在1802年因为杀死自己的婴儿被判死刑。伊丽莎白·埃文斯在诺丁汉监狱里陪了这个女孩一整夜，还陪她坐马车到了刑场。很多年以后，她的侄女还能回忆起“她的讲述给我带来的深深震撼”。这个故事会成为她第一部小说的源头。

伊丽莎白·埃文斯的确也马上带来了一个改变。玛丽·安觉得自己不得不上演的宗教戏码让她“败坏”了。她向她婶婶坦白说：“我在做最谦卑、最令人不忍的忏悔时，只带着很少或者完全感觉不到相匹配的感情。”

这么做就像是要通过用和她婶婶一样的坦率直言来清除她自己身上的虚伪情感。“我不认为表白自己的宗教情感有多重要”，玛丽·安说。这种长期被迫喷涌的语言洪流让她失去了行动力。

“我的灵魂一连好几周都感觉完全麻木，而当我从这种无力的状态里挣脱出来的时候，能够行动的时限也相对短暂。我一直给这种情况找借口，把它归咎于外界刺激的腐蚀和我的狭隘……”

她继续坦白说，她还有“无法满足的”想被人称赞的“欲望”，它的背后就是“野心”——受挫的野心。

“‘滚沸如水，必不得居首位’*看来就是我的性格了，而不是从

---

* 艾略特此处引用的是《圣经·创世记》49：4，此处采用和合本《圣经》的翻译。——译注

渴望的强大转变为真正的强大。”

然而就在她谴责自己的时候，她的声音自由了——摆脱了给刘易斯小姐准备的无聊表演。她婶婶的真诚和给她留下的缓慢生长的同情的种子，对玛丽·安的成长至关重要。

114 那一年，她的姐姐克里斯结婚了，而十七岁的玛丽·安就要负责照料父亲的家庭事务了。她一边做黄油和喂鸡，一边自学了拉丁语，还劝说她父亲同意她每周上两次意大利语和德语课。

在那个年代，没有地方可以让英国女孩继续学业。在美国，第一所女子大学，曼荷莲女子学院*，才刚刚成立。但是英国要到1869年才会有第一所牛津或者剑桥的女子学院，那时乔治·艾略特已经五十岁，早就踏上了作为小说家的明星之路。但是在1830年代，她不得不给自己设计一套课程。与此同时，玛丽·安也敏锐地意识到学问不是用来炫耀的成就，而是通向真理（truth）的方法，对她来说真理必须接受观察的检验——她将把这一洞见作为“现实主义”（realism）引入到小说中。

另外一个改变的催化剂是她父亲在1841年做出的搬家的决定。玛丽·安告诉了她的婶婶她在格里夫大宅里焦躁不安。对玛丽亚·刘易斯，她则把自己的焦躁说成是性格的缺陷：当她的才智不愿被困在家务工作中时，她就无法祈祷了。只是搅搅黑加仑果酱就足以引发这样的焦躁。

埃文斯先生认为她的问题是需要结婚。他决定为女儿做点什

---

* 创立于1836年，这所大学最初的名字是南哈德利女子神学院。

么，她现在快要二十二岁，周围也没有合适的对象。他的计划是把宅子和职位都让给儿子艾萨克，然后自己搬到考文垂。全家人一致认为让这位不满于现状的年轻姑娘有机会接触更大的社交圈是件好事，在那里她才可能找到丈夫。

玛丽·安不是一般意义上的美人。后来，在她具有自传性的小
说《弗洛斯河上的磨坊》里，她会探讨被人认为相貌平庸又古怪会 115
给女孩玛吉·塔利弗带来怎样的后果。玛吉天生头脑聪明，但她生活在高等教育还未对女性开放的时代里。玛丽·安嘲讽过自己的相貌：女巫、妖婆、女性的失败品。然而她的肖像看起来并非相貌平平。画里有一张长而敏感的脸，还有朝着脸颊向内卷的浓密棕色卷发。她的嘴唇很丰满，一双没有威胁的眼睛专注地看着你。她脸上没有夺人的魅力，没有虚伪，没有试图要扮成某种形象：只有敏锐感知力的魅力。

她的父亲花了一笔钱在考文垂城边的福斯希尔租了一幢房子。他们在三月搬了进去，然后有大半年的时间，玛丽·安感到的都是这座城市的“冷漠”。当她父亲离开一周的时候她是多么孤独。然而碰巧的是，他们的邻居皮尔斯（Pears）夫人也是一位有思想的女性，她介绍玛丽·安认识了一群考文垂的知识分子。皮尔斯夫人的哥哥查尔斯·布雷（Charles Bray）是一位缎带厂主，他有一幢可以俯瞰考文垂的豪宅玫瑰山庄，而他的妻子卡拉（Cara）是《基督教起源探究》（*An Inquiry Concerning the Origins of Christianity*）一书作者查尔斯·克里斯琴·亨内尔（Charles Christian Hennell）的妹妹。这本书从历史的角度来研究《圣经》，认为《圣经》把大量的传说和真实历史混杂在了一起。等到布雷夫妇十一月邀请玛丽·安到家里赴宴的时候，她已经有了一本第二版的《探究》。阅读这本书的结

果无异于一次皈依——一次反叛教条的逆向皈依，她反叛的不光是基督教的教条，还有封闭的头脑。她和布雷夫妻的友谊更是鼓励了她的逆向皈依。作为一位论教派*信徒，他们更关心的是耶稣的人性而不是神性。他们努力推动进步事业：精神病患者的人道待遇、更广泛的选举权和受教育权等等。

玛丽·安全心喜爱布雷夫妇以及布雷夫人的姐姐，莎拉·亨内尔（Sara Hennell）。他们不光变成了她选择的家人，甚至还是她的“守护天使”。和他们在一起的时候她可以自由表达自己的天性——这种坦诚和伊丽莎白·埃文斯所激发的相类似。这两段关系都让玛
116 丽·安从套话中解脱出来，转向了坦诚。当她和布雷夫妇以及莎拉·亨内尔在一起的时候，自嘲的幽默也让这种坦诚变得更加轻松。玛丽·安和布雷一家在一起时的放松证明了他们疼爱地把她作为自己的一员来接纳时，她感到了安全。

就这样玛丽·安融入了一群新朋友当中。在一封写给玛丽亚·刘易斯的信里，她把断交的通牒隐藏在两个人约定的感伤花语中。玛丽·安是攀缘的“铁线莲”而玛丽亚是“婆婆纳”†：她毫无准备的老师兼朋友可能会为她灵魂的转变所惊讶，这个转变会导致“观点”的不同。这道通牒让玛丽·安占据了道德的高地：如果她们的友谊要到尽头，那也是这位老师把她“逐出教会”的错。这个定位是如此巧妙，这个道德高地是如此不可动摇，玛丽亚·刘易斯连反驳的空间都没有。

玛丽·安还是邀请了这位朋友圣诞假期来家里做客。但是当玛丽亚在她家的时候，1842 年 1 月 2 日这个星期日，玛丽·安拒绝去

* 否认三位一体和基督神性的基督教派别。——译注

† 铁线莲的花语一般是狡猾和欺诈，而婆婆纳的花语则是忠诚。——译注

教堂。这是一场著名的父女之间的冲突，但是她老朋友的在场让冲突更加激化了。玛丽·安和玛丽亚的友谊决裂了。玛丽·安抛弃了她，就像蜕变中的生物抛弃了自己旧日的形态和栖息地一样。

罗伯特·埃文斯震惊了。毕竟他是为了玛丽·安才搬到考文垂的，而她非但没有像他希望那样融入社交圈，反倒丢了他的脸。周围的人都在议论；玛丽·安走到哪里都会被人盯着看；而批评她狂妄自大的意见更是不少。

二月在一封向父亲做出解释的信里，玛丽·安再次抢占了道德高地：她说，她会在一切事务上遵从父亲的意见，但是良心的问题除外；如果他要把她赶出家门，她会“欣然”接受他的决定，然后在利明顿租房当教师来谋生；她对他的爱心怀感激，会继续像过去一样爱他。既然他为她花的钱白费了，他大可以把她从遗嘱里剔除，然后把她应得的部分给她的哥哥和姐姐。

玛丽·安这种耐心又占理的受害者语气没有弥合父女关系的裂痕。第二年三月初，她父亲和她们的房屋经纪人商量要出售他们考文垂的家；他准备搬回自己乡下的住宅里。

在这个关头艾萨克帮了玛丽·安一把。他觉得父亲对待她太粗 117
暴了，邀请妹妹回到他们童年的家里。玛丽·安在格里夫大宅作为哥哥家里不开心的外人度过了一个月，然后在五月回到了父亲身边。在艾萨克妻子的调停之下双方都让步了：玛丽·安将会陪着她父亲去教堂，闭口不言自己的反对，而她父亲则去找房屋经纪人撤销自己放弃她的计划。伊丽莎白·埃文斯来看望了她，但是这一次玛丽·安并没有接纳她的意见。后来回忆往事的时候她很后悔：她那时还在“自由思考的原始阶段”。

玛丽·安想要用她的头脑做点有用的事情。教书对她没有吸引力：她只在和父亲起冲突的时候考虑过它。她不好意思地向她婶婶承认自己怀有的“野心”并不明确。如果她年轻的时候就想过要写小说，她也从来没有提起过。她最初的努力更倾向于研究和学术事业，她摸索着想要进入知识生活里给女性留出来的等候室。那个地方就像过去绅士俱乐部里给来访的女士留出来的房间一样。人们期望女士们收敛行迹；她们的声音不应该打扰别人。仅仅在两年前的 1840 年，当一队美国女性代表渡过大西洋来伦敦参加世界反对奴隶制大会的时候，她们的资格就被取消了。大会的第一天都花在处理后来被称为“女性问题”的事务上，而在女性运动的创始人玛丽·沃斯通克拉夫特被污蔑为狂野和放荡的女人四十年之后，这一天标志着新一轮女性运动的开始。但是 1840 年的这一天，女性看起来是失败了。包括柳克丽霞·莫特（Lucretia Mott，现在被收录在华盛顿特区的国家女性名人堂内）和莎拉·皮尤（Sarah Pugh）在内的代表们只被允许以女性传统的听众身份参加会议。

正因为如此，一位在 1840 年代初成年的天资聪颖的年轻女性必须要问自己的不光是我能做什么，还有女人会被允许做什么。当玛
118 丽·安还在格里夫大宅里替父亲管家的时候，她就在绘制一张基督教会史的图表了。这种宗教任务是可以接受的工作，而且纽迪盖特庄园的老夫人还支持了这项事业，期望出版它能给当地教堂筹集资金。

玛丽·安从 1843 年开始的另外一项工作接续了雪莱夫妇未能出版的工作：把荷兰的启蒙运动先驱斯宾诺莎的拉丁文著作翻译成英文。作为一个有独立思想的边缘人，斯宾诺莎让玛丽·安感觉很亲近。他因为质疑了神性的本质和摩西五经（犹太《圣经》的前五章）的源流而被自己出身其中、关系紧密的荷兰赛法迪（Sephardi）

犹太社区*驱逐了。因为斯宾诺莎的非正统观点，教会用正式的诅咒把他逐出：犹太人被禁止和他说话或者阅读他的作品。

玛丽·安的智识在这些各自打破了当时范式的书籍的影响下越发敏锐：十七世纪的斯宾诺莎，还有法国大革命前夕的卢梭。这些边缘人兼反抗者，以及她直率的婶婶都是她的榜样。玛丽·安下定决心要反抗自己的基督教社群、她的父亲、她曾经的老师，还有她自己造作的声音。

玛丽·安可以依靠和她亲如家人的布雷夫妇。通过他们，她认识了一位受过教育的年轻女性主义者鲁法·布拉邦特（Rufa Brabant），她是一位翻译，也是一位《圣经》学者的女儿。鲁法嫁给查尔斯·亨内尔（Charles Hennell）的时候，玛丽·安是她的伴娘，而在举行婚礼的伦敦教堂里，玛丽·安认识了鲁法的父亲，罗伯特·布拉邦特（Robert Brabant）博士。

彼时布拉邦特正在进行《圣经》神话的大规模研究。让玛丽·安倍感荣幸的是，布拉邦特一下就和她很谈得来，并且邀请她去代替鲁法的位置。就在几天之后，她就南下去了他位于威尔特郡迪韦齐斯的家。在那里她觉得自己身处一个“小小的天堂”中，而“布拉邦特博士就是那里的大天使”。她在给布雷夫妇的信里是这么写的。这位她眼中的伟大博士请她随意使用他的书房，他的赞美之辞整日在她周围回荡。

他们每天一起阅读希腊文和德文书籍，此外还一起散步和聊天。玛丽·安说布拉邦特决定叫她丢特拉（Deutera），意思是“第二”，但在她听来更像是“女儿”。她从来不厌烦和他在一起，所以 119

* 赛法迪犹太人是犹太人的一支，说拉迪诺语，历史上这一支曾长期生活在西班牙直到十五世纪被驱逐为止，“赛法迪”即为犹太人对伊比利亚半岛的称呼。——译注

她恳求父亲允许自己待更长的时间。玛丽·安沉浸在激动中，而且因为她动机单纯，良心上毫无负担，这种激动还愈发强烈，她忽视了自己对布拉邦特博士妻子的影响。

双目失明的布拉邦特夫人起初热情地接待了家里的客人，准备了各种各样的舒适条件，但是她对自己妹妹修斯小姐对埃文斯小姐的怀疑并没有充耳不闻。虽然并没有发生越轨的事，丈夫对这位年轻女士的欣赏和他喜欢和她相处就已经足够伤人了。布拉邦特夫人开始嫉妒起来。结果是玛丽·安发现自己提前两周就被轰出了天堂。布拉邦特夫人放话说如果埃文斯小姐再来他们家的话，她就离开。

渴求生活平静的布拉邦特博士让自己的客人承担了全部的骂名——布雷夫妇和莎拉·亨内尔都认为他的行为可耻。从此以后玛丽·安再没有说过他的好话；当他们再相遇的时候，她的声音里满是讽刺。而布拉邦特也没能完成他的那本巨著，这个失败将被乔治·艾略特在《米德尔马契》里谨慎又公平地审视。热切地渴望学习拉丁语、希伯来语和希腊语的多萝西娅透过那位学者不起眼的表面看到了内里由她自己的想象创造出来的知识宝库。而结果却是那位学者，也就是卡苏朋先生，想从婚姻里获得的不过是找一位能干又不会批评他的女性来维持他的自尊，而且还要她给自己当不拿工资的秘书。小说的读者明白，否定卡苏朋的原因不是他脸上的几颗白痣和他喝汤的时候发出的响声，而是他的盲目自大。

对玛丽·安来说，像雪莱那样单纯沉浸在学问中是不可能的。即使从布拉邦家被赶走这件事情让她受伤了，她也决心不显露出来。当鲁法把翻译德国高等批评者（人们如此称呼质疑《圣经》的人）大卫·弗雷德里克·施特劳斯（David Friedrich Strauss）的《耶稣传》（*The Life of Jesus*）的工作介绍给玛丽·安的时候，她的沉默得到了回报。

“我很确定，”玛丽·安对卡拉·布雷说，“他想到自己在英国的名声要依赖人类最不起眼的一员的时候肯定会紧张得发慌。”

一年之后当玛丽·安再坐下来翻译施特劳斯的时候，她已经不再有任何愉悦了。每天六页，面前摆着一尊重生耶稣的雕像，一句一句地在一千五百页的书里蜗行。在玛丽·安坚持翻译的时候，她
的脸色苍白病弱，还要忍受剧烈的头痛。她最终用了两年半“令灵 120
魂麻木的”辛苦劳动才完成了翻译，其间她无法开始其他任何事情。这种煎熬在接下来的二十五年里一直印刻在她的记忆里，直到她把它宣泄到了小说里：多萝西娅·卡苏朋不得不痛苦地用自己的才智为丈夫的“解开一切神话的钥匙”服务。

在玛丽·安辛苦翻译施特劳斯作品的那几年，创造任何东西都是不可能的。但是她有坚持下去的毅力。她渴望跨越性别界限加入男性思想家的行列。翻译就是完成这个转变的传统途径之一——女性被允许作为侍女参与智识生活。玛丽·沃斯通克拉夫特就是在完成了大量的翻译之后才跨越到了政治写作这个男性领域，即使到那个时候，她的《人权辩护》（*Vindication of the Rights of Man*）和更出名的《女权辩护》（*Vindication of the Rights of Woman*）都还是匿名出版的。沃斯通克拉夫特从她的出版商——十八世纪晚期的“图书行业之父”——约瑟夫·约翰逊（Joseph Johnson）那里获得了非同寻常的支持。即使最勇敢的女性也需要一位处在关键位置的男性的帮助，不管是出版商，还是——以简·奥斯丁为例——一位开明的父亲。

玛丽·安·埃文斯暂时只有莎拉·亨内尔的帮助。莎拉的德语水平不错，可以在玛丽·安翻译的过程中帮忙检查。莎拉赞扬了翻译的准确和精细。《耶稣传》1846 年 6 月出版（没有署上翻译的名

字），然后在英国成了有影响的宗教思想书籍之一。出版主要的支持者，也是为翻译筹措资金而成立的委员会的主席是国会议员约瑟夫·帕克斯（Joseph Parkes），也是贝西的父亲。

这本书的出版商是有商业头脑的约翰·查普曼（John Chapman），他在伦敦文学界的中心经营出版生意。玛丽·安·埃文斯给他留下了足够好的印象，他邀请她去他在伦敦的家里住一段时间。

在1849年父亲去世之后，玛丽·安准备好要改变自己的生活了。她先是去自己的英雄卢梭出生的日内瓦短暂地工作了一段时间。接着，1850年，她刚回到英国去哥哥家做客就经历了不愉快。这次经历让玛丽·安确定自己和家人格格不入了——她没有明说是她哥哥，但是当她说格里夫大宅令人失望，乡下“糟透了”、那里
121 的人也“糟透了”的时候，她指的就是她哥哥。玛丽·安觉得没有人需要她，她下决心永远离开英国中部。

她告诉莎拉：“我决心要卖掉我拥有的一切，就留一个旅行皮箱和一个手提包，还有里面必要的东西，然后在这个世界永远当一个陌生人和异乡人。”

玛丽·安的计划是去伦敦试试看当书评人。鼓励她下定决心的是她的一篇书评的成功，这是一篇无比有学养的书评，评论的是查普曼出版的R. W. 麦凯（R. W. Mackay）的《智力的进步》（*The Progress of the Intellect*）一书。这篇书评其实是篇围绕这本书的哲学话题上天入地旁征博引的散文。

查普曼家位于斯特兰德街142号，就在与萨默赛特府*隔了十道门的黄金地段，不临街的房间还可以俯瞰泰晤士河，在这里租一间

---

* 建于十八世纪的著名新古典主义建筑，历史上大量学术机构和政府机关入驻其中。——译注

好一点的卧室一周的房租是两镑十先令，生火一周还要另付三先令六便士，然后擦鞋和“服务”同样得花这么多。玛丽·安从父亲那里继承的两千英镑带来的微薄收入让她现在能够负担这一切（即使把通货膨胀计算在内，这也比 1929 年弗吉尼亚·伍尔夫认为的一位拥有自己房间的女作家所需要的一年至少五百镑的收入要少很多）。

玛丽·安的房间很舒服，查普曼对她也非常热情。他是个帅气的男子（其实他年轻的时候绰号是“拜伦”），气度高雅智性。二十二岁的时候，他娶了一位身材壮实的名叫苏珊娜的富有女子，她比他大十四岁，而且她的家人反对他们结婚。查普曼是个迷人的人。他喜欢和女性相处，也擅长发现她们吸引人的地方。在试着住了两周之后，玛丽·安决定回伦敦待上一段时间。

1851 年 1 月 8 日，玛丽·安兴高采烈地从考文垂出发了，这位独立的女性刚刚年满三十一岁，她打定了主意要进入首都的知识圈。火车旅途一切顺利，直到列车到了威登的时候，“一个穿外套的野兽”进入了她的车厢。玛丽·安是这么描述的：“我想起了所有关于火车上疯子的故事，但是他的白色领圈还有尖利的装腔作势的声音，很快让我确定他是一只驯良的动物，一个牧师。”

查普曼在尤斯顿火车站接到了她，然后立刻就带她去听了迈 122
克尔·法拉第（Michael Faraday）在皇家学会做的关于氧气磁性的讲座。这个讲座让玛丽·安想要报名参加弗朗西斯·威廉·纽曼（Francis William Newman）[*] 教授在贝德福德广场的女子学院[†] 开设的

* 著名的改宗罗马天主教的约翰·亨利·纽曼（John Henry Newman）的弟弟，女子学院（后改名贝德福德学院）创始人之一。

† 英国第一所为女性提供高等教育的学校，但是要等到 1878 年伦敦大学对女性开放学位考试之后它才能颁发学位，现在已经和皇家霍洛威学院合并。——译注

系列几何讲座课程。当她向查普曼说起这件事情的时候，他立刻给她买了一张门票。她坚持要自己付钱，即便这个课程的费用不是她可以承担的，她也不后悔。为了最新的科学知识，少买几副白手套甚至干净的衣领都是值得的。和玛丽·雪莱一样，科学是玛丽·安渴求的超越一般女性见识范畴的知识的一部分。

玛丽·安被精明的查普曼吸引，和夏洛蒂·勃朗特住在布鲁塞尔的埃热学校期间被康斯坦丁·埃热吸引的原因相类似。正如夏洛蒂·勃朗特在她布鲁塞尔时期的一首诗里写到的一样，无法出口的渴望——那落在最爱的人头上的桂冠——会引发依恋的情愫。玛丽·安这样的女性在她认为出现了一个真正知己的时候很容易忘情。

当她的注意力集中在查普曼身上时，她就忽视了苏珊娜·查普曼（Susanna Chapman），她的两个孩子和他们名义上的家庭教师、漂亮任性的伊丽莎白·蒂利（Elisabeth Tilley），她也是查普曼的情人。最后的结果证明，玛丽·安对她们的关注实在太少了。就像在布拉邦特夫人那里发生的一样，嫉妒又扬起了它的头，家里因而争吵不休。查普曼常常待在玛丽·安的房间里找她学德语和拉丁语，而他们被人偷看到手拉着手。他们之间的身体吸引再明显不过了。共同经营这幢出租公寓的查普曼夫人和蒂利小姐联手把埃文斯小姐赶了出去。

就这样，玛丽·安第二次屈辱地被驱逐了：1851 年 4 月 25 日，查普曼护送泪流满面的玛丽·安去尤斯顿车站搭火车回考文垂。

他对她有感情吗？在火车开动之前她冒险问了出来。

查普曼没有被这个问题难倒。他对她是有感情的，他说。但是他承诺过要对他的妻子和蒂利小姐负责，他以不同的方法爱着她
123 们。查普曼的日记显示他多么喜欢在起伏不定的胸膛面前使用自己

不凡的魅力。他非常擅长应对这种情绪激动的场合。

这样一夫两妻的生活让玛丽·安觉得难以接受吗？我们不知道，但是我猜它并没有——或者并不比调整她和查普曼的关系更难。乔治·艾略特后来对婚姻忠诚的拥护不应该抹去这两件事情，这两件事可以告诉我们，她年轻时可以宽容男女任何一方的不忠诚。在玛丽·安和布雷夫妻的通信中，她从来没有提过那件不能说出口的事情：布雷先生在和卡拉的婚姻之外还有两个私生子。先是有“宝贝”，她 1845 年在布雷家待了几周后被送回了母亲身边。宝贝给了玛丽·安“最美好的欢迎”。她抱着宝贝到处散步，逗宝贝发笑，还带她去“看望了母牛”。还有大约在 1846 年出生的内莉（爱林诺），她是布雷的情人（查尔斯·格雷 [Charles Gray] 太太）的女儿，然后被布雷夫妇收养了。他们自己没有生育过。

1848 年的时候，玛丽·安再次表现出了她的与众不同，她对简·爱拒绝与无法摆脱疯妻子的罗切斯特先生同居这件事不以为然。

“所有的牺牲都是好的”，玛丽·安说，但是法律把一个男人和“一具腐败的尸体”拴在一起简直是荒谬。

考虑到简都能够同情罗切斯特夫人，玛丽·安说的“腐败的尸体”就明显过分了，这是一种刻意表示反叛的言论。这个声音告诉了我们她本人的个性有多强，有时是多么的尖锐和坚决。

在玛丽·安回到玫瑰山庄享受在那里小住的慰藉之时，查普曼给她送去一包他从自己妻子那里收到的信，这些信谴责了他和埃文斯小姐的亲密关系。查普曼夫人现在对丈夫和玛丽·安之间关于查普曼出版过的书籍书目的持续通信起了疑心，这份书目里还包括每本书的内容梗概，是查普曼请玛丽·安编写的。玛丽·安要查普曼转告——或者，她希望是再次转告——他的妻子，她现在之所以在做一件她不想做的事情，仅仅只是因为查普曼先生要求她去做。这次她如此行事的目的是让这位丈夫也承担起他应该负的责任。她想让查普曼夫人知道埃文斯小姐会继续做查普曼先生要求她做的事情，但是，是“带着极度的憎恶”，并且站在拒绝收取报酬的道德
124 高地上完成这些工作的。虽然男人们觉得她低沉的声音很有吸引力，她也可以非常坚决，就像在这封其实是给查普曼夫人看的高傲信件中这样（信里夹杂着给查普曼的密语），我们也可以看出为什么她喜欢的男性的女眷会觉得她很有威胁性。这封信的署名是玛丽安·埃文斯，她名字的新写法。

玛丽安之后又习惯性地后悔自己用了这种受伤的语气。“请你坦诚一点，”她给查普曼写信说，“这是我要求的第一、第二和第三重要的事情，虽然我只是个女人，看起来也很小气。”如果她想在男人的世界里立足的话，这种不专业的行为是不可接受的。

困难在于如何掌控住自己的感情力量，既不要浇灭了它，也不能让它吞噬了理智。这个困境——体面的女性到底可以多主动——和年轻的艾米莉·狄金森在她写给一个络腮胡男人的戏谑的、高度女性化的“主人信件”里暗示的困境类似。狄金森把这个男人塑造成了一个勃朗特式的“主人”，结合了罗切斯特的情欲诱惑和希刺克厉夫施虐的气质。“主人”的原型之一就是报纸主编萨姆·鲍尔斯（Sam Bowles），狄金森大胆地对他说过：“你有天堂之外最意气风发的脸庞。”鲍尔斯双眼有神，胡子乌黑，对女性有非常大的吸引力，而且因为他还对聪明的女性抱有同情，他就愈发有魅力了。对一位作家来说，鲍尔斯作为出版人的身份更有额外的吸引力。在 1860 年代早期，鲍尔斯在自己的报纸上发表了狄金森

最好的几首诗。十年前，查普曼为出版了玛丽安影响深远的翻译而骄傲。尽管如此，玛丽安知道什么时候应该从情感的冒险里抽身，就像狄金森将要做的那样，她抽身出来看清了鲍尔斯的真实想法；私底下，鲍尔斯不喜欢一个在自己卧室里写作的孤独女人的喜怒无常。

玛丽安的敏感以致喜怒无常到让自己痛苦的地步。她不得不面对几乎无法掩饰的情绪。这种挣扎在她的书信里清晰可辨，一阵又一阵的愤怒绝望或者灰心让她陷入忧郁。这种内心的挣扎可能是她拖延了如此之久才开始写小说的原因之一——偷眼看向还没有尝试过的“工作”。工作是什么？她向布雷暗示过，但没有明说编辑对她来说只是个消遣。这种拖延的表现就是她狭长的、表情丰富的、一点都不像洋娃娃的脸上反复出现的绝望（她在日内瓦的房东曾经为了治愈她的忧郁试过给她画了一幅美化的肖像，胸衣上满是交错 125
的蕾丝）。无可避免的是，因为玛丽安自身的天分，她蔑视女性虚假、夸大的被动举止；她们的无助是有意培养来吸引男性保护的。

面对这一切，玛丽安的理智一直掌控着局面。多亏了她理智的控制，她和查普曼在 1851 年春天可能的决裂最后只是个小麻烦。

§

查普曼先生在开创新事业的时候没有忘记玛丽安。1851 年 5 月，他购入了《威斯敏斯特评论》（*Westminster Review*）并劝说玛丽安写了一篇发刊词：《评论》将要质疑宗教教条，推进国民教育、普选权和司法改革。

当时正是起义席卷欧洲的时代。玛丽安的反应是全身心地支持 126

这一运动。她钦佩法国人的活跃，她相信他们是真心想要改革社会的。相比之下，英国人是“慢慢爬的人”，而且英国军队永远不会同情工人。君主，包括维多利亚女王在内，都是博物馆里的老古董。但是，谢天谢地，英国宪法不会限制自由。

查普曼重新燃起的对玛丽安才智的敬佩，再加上他对她观念的赞同让他做了个破天荒的决定：他邀请她，一个女人，编辑一份将成为伦敦主要季刊的刊物。明面上查普曼将会是这份刊物的主编，但是他的见识并不足以恢复《威斯敏斯特评论》在 1830 年代晚期约翰·斯图尔特·密尔担任主编时期的声望。名义上只是助理编辑的玛丽安·埃文斯将会匿名接手这份刊物，隐藏起自己的性别。

查普曼的下一步是在八月劝说家中女眷重新接受埃文斯小姐的职业角色。对玛丽安来说，她接受了做他的助手，而且不论境况好坏，她对查普曼的支持从来没有动摇过。他的财政状况摇摆不定，有时甚至都没钱发稿酬给玛丽安邀约的顶级撰稿人：哈丽雅特·马蒂诺（Harriet Martineau）（她和夏洛蒂·勃朗特有书信来往）、约翰·福斯特（John Forster，狄更斯的朋友，后来也是他的传记作者），还有詹姆斯·安东尼·弗劳德（James Anthony Froude，卡莱尔 [Carlyle] 的朋友，后来也是他的传记作者）。尽管她是个充满激情的人，玛丽安也能够冷静下来。1851 年 9 月 29 日再次回到斯特兰德街寓所的时候，她告诉莎拉：“我在训练自己向所有的享乐说再见。我什么都不想，只想做我的工作而且把它做好。”

很快，玛丽安的书桌就在“书籍的重压下呻吟”。第一期刊物要在一月出版，她在接下来的两年半时间里还将编辑九期。等到第三期，1852 年的夏季号，也是她目前编辑过的最好一期出版的时候，玛丽安很满意地听人说《威斯敏斯特评论》现在非常优秀，甚至比声名卓著的《爱丁堡评论》（*Edinburgh Review*）还好。

查普曼没有给玛丽安报酬，而是给她提供了一种生活。他每周
一晚上举行的活动聚集了伦敦的进步知识分子们，包括约翰·斯图尔 127
特·密尔、卡尔·马克思、意大利解放者朱塞佩·马志尼（Giuseppe Mazzini）、伦敦的《领导者》（*The Leader*）周报的编辑之一乔治·亨利·刘易斯，还有哈丽雅特·马蒂诺。当玛丽安在工作的时候，卡莱尔还来访过，推荐他们邀请罗伯特·勃朗宁（Robert Browning）撰稿。

玛丽安到伦敦还不到一个月就认识了和她同龄的哲学家赫伯特·斯宾塞，他的第一本书《社会统计学》（*Social Statistics*）刚刚由查普曼出版。他在书里预言人类将会彻底适应社会生活，国家终将消亡。斯宾塞的办公室就在斯特兰德街对面。作为《经济学人》（*The Economist*）的文稿编辑，他还负责撰写音乐、戏剧和歌剧评论。这就意味着免费的演出门票，而他向埃文斯小姐发出的众多邀请中的第一个就是请她去看《温莎的风流娘儿们》（*The Merry Wives of Windsor*）。那天晚上《领导者》的戏剧评论人乔治·亨利·刘易斯也坐进了他们的包厢，刘易斯刻薄的评论帮助他们愉快地度过了一场无聊的表演。他甚至大胆地说这出戏应该被压缩成独幕剧，或者根本就不应该上演。

当玛丽安转身听刘易斯说话的时候，她看到的是一位“小号的 128
米拉波（Mirabeau）*”。他个子不高，淡棕色、脏兮兮的头发垂到下巴，嘴唇间喷涌的是滔滔不绝的讽刺话。刘易斯宽大的鼻孔和被蓬松唇髭半掩的红色厚嘴唇让简·卡莱尔给他起了个“猩猩”的绰

---

* 即奥诺雷·加百列·里克蒂（Honoré Gabriel Riqueti），米拉波伯爵，法国大革命期间担任过温和派领袖的知识分子。作为一位思想家，他是玛丽·沃斯通克拉夫特的偶像。在他去世之后，他因为贵族出身而受到谴责。

号，结果这个形容不胫而走。他脸上还有天花留下的疤痕。刘易斯的同时代人都说他形容丑陋，但是他的活力却让自己的丑陋变得很有吸引力，玛丽安后来会说吸引她的是一种“神圣的丑陋”（laideur divinée）。刘易斯的照片显示了一张憔悴但不显戾气的脸——虽然早期摄影术的生硬并不能展示他活跃的面部表情——更像法国人而不是英国人（因为他年轻的时候生活在法国）。他从不倦怠的活力让玛丽安觉得他肤浅轻浮。

让玛丽安印象更深刻的是斯宾塞先生气度高雅的相貌和严肃的样子，他的头脑中满是汹涌起伏的宏大思想。玛丽安残存的布拉邦特式倾向让她痴迷宏大的结构，痴迷一位在他的第二本书《心理学原理》（*Principles of Psychology*）里揭示心理现象的生理基础的思想家——这就是玛丽安认识斯宾塞的时候他谈论的东西。斯宾塞从物种而不是个体的角度来看待发展。他认为大脑组织中某些具体的组织带是观念联系的物质基础，而它们是可以代际相传的。斯宾塞把前达尔文时代的进化论用到了心理学和社会学上。

不久之后，玛丽安陪着斯宾塞去了一趟邱园，她说这是一次“搜寻证据”（proof-hunting）的远征。她幽默地调侃了他对理论的坚持：“当然，如果那些花朵与理论不相符合，我们说，太糟了，‘tant pis pour les fleurs’*。”

一开始，玛丽安似乎更喜欢和男性相处。然而，很快她就开始认识那些将会改变社会的女性了。来访的人里就有年轻的南丁格尔，她刚刚从德国凯撒斯韦特（在杜塞尔多夫附近）完成护理学习回到英国。玛丽安喜欢她的仪态和举止中表现出的高尚思想。陪南

* 法语，“对这些花来说太不幸了”。——译注

丁格尔来访的还有一位忠诚的婶婶，朱丽叶·史密斯（Juliet Smith，她的爱称是朱婶婶），她支持南丁格尔想要开创护理事业的决心，129 还会在克里米亚战争期间前往斯库塔里*看望她。玛丽安也对南丁格尔的表亲芭芭拉·利·史密斯“有很好的印象”，她之前已经在查普曼的沙龙上见过她了。

然而，尽管有这些充满希望的接触，尽管取得了她希望达到的成就，玛丽安还是经常感到抑郁。她低落的情绪还伴有头疼和阵阵突发的哭泣，她称之为“歇斯底里”——一个专指女性精神问题的带有性别歧视的医学术语。现在她和布雷夫妇分隔两地，三十多岁的单身女性玛丽安害怕孤独。虽然她的新朋友们同样是单身，但她们大多数都更年轻，更无忧无虑，更加自信，同时作为受过教育的富有男人的女儿，她们安稳地过着中上等阶级的生活。

玛丽安不信任自己与人结交的能力。1852 年 3 月，她满心感激地向一位提议要来拜访的女权活动家克莱门蒂娅·泰勒（Clementia Taylor）坦白，自己觉得她就是那些“保全生命的人之一，那些命运发善心的时候会不时送来支撑我的人”。“你必须要知道，”她继续坦诚地说，“我经常不止是有些许低沉，我想到老朋友会死去，而我将会被留下，却没有能力去结交新的朋友。你知道当一支盛大的队伍走远之后，人会有多难受。当乐曲最后的音符消散，只剩下一个人面对大地和天空。有时候我觉得生活就是这样的。读到有人像玛格丽特·富勒这样度过一生很有帮助。”

美国人玛格丽特·富勒是第一位以文学记者身份参与公共生活的女性。富勒受到了爱默生的鼓励，而玛丽安其实也见过爱默生。

* 土耳其伊斯兰堡的一个区，南丁格尔在克里米亚战争期间在这里的塞利米耶军营护理过伤兵。——译注

1848 年两人一起在布雷家吃过早餐。爱默生认为玛丽安是“一位有冷静、严肃灵魂的年轻女士”，而玛丽安则把他视为“我所见过的第一个真正的人”。

玛格丽特·富勒曾经给《日晷》（*Dial*）工作，这是爱默生主持的新英格兰超验主义刊物。在《日晷》倒闭之后，她在纽约当记者为生，然后搬去了意大利。在意大利，她和意大利男子乔瓦尼·奥索利（Giovanni Ossoli）同居，生了一个儿子。令人扼腕的是，1850 年她和奥索利还有他们的孩子在回美国的途中遭遇了船难——三人都在长岛附近溺水身亡。

通过阅读富勒的回忆录，玛丽安在这个年轻时只为了工作而生
130 活、过于聪明故而只能和男性保持友谊关系的女性身上发现了自己的影子。富勒日记里的一条深深地击中了她：“我将永远靠知识来赢得人们的敬意，但是生活！生活！噢上帝啊！生活注定无法甜蜜吗？”

玛丽安自己的甜蜜未来似乎一直在赫伯特·斯宾塞身上涌现出来。和玛丽安一样，斯宾塞也是出身英格兰中部小镇的自学成才的知识分子。他赞同女性投票权，谴责军国主义和帝国主义——他会在十九世纪末的时候反对布尔战争。今天他几乎不为人所知，但是在 1850 年代他正走在成为一位维多利亚名人的路上，他的大部头哲学兼科学著作会卖出一百万本。

这位英俊的单身汉喜欢玛丽安融合了女性温柔的聪明头脑。她证明了自己是一位有鉴赏力的伴侣，适合陪着一位评论家在音乐厅和剧院度过一个夜晚。他只需要拿着两张票穿过斯特兰德街——可能是考文垂花园剧院上演的多尼采蒂（Donizetti）* 的歌剧《殉道士》

* 葛塔诺·多尼采蒂（1797—1848），十九世纪前半叶意大利著名歌剧作曲家。——译注

(*I Martiri*) ——她就准备好出发了，两人都是没有家庭责任的单身人士。

但等到了 1852 年 4 月，他们见面的次数过于频繁以至于斯宾塞开始担心了。他决定弄清楚他们之间的情况，以防有什么误会。

玛丽安明明白白向他保证，想象一位男士可能爱上她，她从来没有这样的习惯。

暗示她可能爱上了他而他却没有，这是否是斯宾塞对她的一种侮辱?

让斯宾塞松口气的是，玛丽安“微笑着”接受了这一切。他越真诚，她说，她越喜欢他——比她承认的要多得多。

现在没有任何东西可以阻碍他们了，他们开始每天都在一起。玛丽安写信告诉布雷夫妇，说斯宾塞是一个“令人愉快的好人”，她每次见过他之后都会心情更好。就像家人会做的那样，布雷夫妇邀请斯宾塞去考文垂小住；他和玛丽安约好了他会等她已经在那边的时候再过去拜访。他们不能一起上路，玛丽安向布雷夫妇解释说，因为伦敦城里已经在流传她和斯宾塞订婚的谣言了。

好客的布雷夫妇也邀请了乔治·亨利·刘易斯来做客，但是玛 131
丽安不想见他。她要布雷夫妇找一个她**不在**的时间邀请刘易斯，因为，她说，尽管她喜欢刘易斯，但他太“伦敦”了。他抢风头的**俏皮话**会打断他们的对话。

玛丽安不是特别喜欢伦敦的社交圈。她总是开玩笑说自己丑陋，在其他女性可以穿着摆动的圈环裙一圈一圈跳华尔兹的舞厅里，她是个会因为过度暴露而紧张得缩成一团的异类。她没有钱买新礼服，所以拒绝了贝西·帕克斯请她参加舞会的邀请，说自己可能会看起来像“一颗干瘪的卷心菜”。但是，在重在交谈的宴会上当一个“土气的人”是没问题的——在那里她如鱼得水。事实上，玛丽安引人注意，一点也不土气。她的宴会装是一件黑色丝绒裙，而在帕克斯先生在萨维尔街的宅邸里，她是政治家和作家们之中唯一的女性客人。“她会说着话然后轻轻地笑，尊敬地望着我父亲的脸，同时厅里大罩灯的光会照在她丰盈摆动的头发上，黑丝绒在她的脚边堆起褶。”

然而斯宾塞越是邀请玛丽安，她越是喜欢他，她也就在绝望的深井里落得越深。她觉得自己看起来“像个老巫婆一样憔悴”，或者像那些意大利路边的老妇人一样；还不如她们，她说，她没有黑眼黑发来弥补羊皮纸一样的皮肤。

1852 年的五月和七月之间的某个时候，玛丽安意识到如果斯宾塞和别人好上了她就必须去死。这是个笑话，但是当她告诉莎拉，一旦她交上了夏季号的修订稿之后她可能就得自杀，这就不只是一个笑话了。现在两个人不间断的相处让未来可能的孤独变得更加难以忍受，而过去两次被别人的妻子赶出来的经历让她痛苦地意识到，如果斯宾塞结婚了，她将再次被冷处理，被剥夺他们之间的亲密，尽管这种亲密本身也纯洁得令人难过。

虽然斯宾塞很体贴，但是他没有表现出任何被她吸引的迹象。问题到底是出在她的相貌上还是出在斯宾塞身上？也许这个她频繁来往的男人是一个天性冷淡甚至接近冷漠的人。在七月初一次热浪来袭的时候，玛丽安开玩笑说，谢谢“他那巨大的冰川”为她提供了“大块大块的冰”。

132 既然他们作为伴侣是如此合适，玛丽安想知道有没有可能基于理性的伴侣关系来设计一种稳定的关系。她在肯特郡海边的布罗德斯泰斯度假的时候一直在考虑这个问题。结果就是当斯宾塞来钱多思木屋（两次）拜访她的时候，她鼓起勇气把自己的愿望落到了纸上。她知道来自女性的求婚是多么让人惊讶。和通常信件不同的是，这封信没有日期也没有签名。抛弃了礼节，为了自己的目的而冲动，玛丽安连她惯常的称呼“亲爱的朋友”都没有写就直入正题：

> 我知道这封信会让你对我非常生气，但是请等一等，请不要在你还生气的时候对我说任何东西。我保证我再也不会犯下同样的罪过。
>
> 我的健康问题是由压在我心头毫无希望的痛苦带来的。我这么说不是为了给你带来痛苦，而是因为它是一个你必须知道的简单真相，这样你才能理解为什么我不得不寻求解脱。
>
> 我想知道你能不能向我保证不会抛弃我，你将永远尽可能多地和我在一起，和我分享你的想法和感情。如果你爱上了别人，那我只能去死了，但是在那发生之前，我都可以鼓起勇气去工作，并让生活变得有价值，只要有你在我身边。我不是要你牺牲任何东西——我会听话，会快乐而且永远不会惹你心烦。但是我发现我无法设想其他任何状况下的生活。如果我有了你的保证，我就可以相信它，凭借它生活。我曾经挣扎过——我真的有过——放弃一切而完全不考虑自己，但是我发现自己根本做不到。那些最了解我的人总是说，如果我全心全意地爱上了谁，我的整个生活都会围绕着那种感情运转，而我发现他们所说不假。你可以诅咒那个让这种情感集中在你身上的命运——但是只要你对我有耐心，你就不会诅咒它很久。你会发现我只需要很少就可以满足，只要我从害怕失去你的担
> 忧中解放出来。 133

> 我想，从来没有女人写过这样的一封信——但是我并不因为它而感到羞耻，因为我清楚鉴于我的理智和真正的修养，我是值得你的尊敬和温柔的，不论那些粗鄙的男人和头脑庸俗的女人会怎么看我。

很奇妙，这封信读起来像简·爱向罗切斯特先生提出的充满反叛精神的求婚，它的雄辩打破了淑女被要求遵守的自我缄默。和其他女性不同，简和现实里的玛丽安都很坦率，不能一直等着男人先开口。她们两个都拒绝掩饰她们的本性，反对服从一套建立在女性的被动之上的性别规范。

斯宾塞觉得他们的关系是“亲密”的，但他的意思并不是身体上的亲密。玛丽安明白了这个性冷淡的人在说什么，而且还考虑到了他的健康状况，她甚至找到了一个绕开它的办法。通常的推断是她要斯宾斯和她结婚，但是她并没有用婚姻这个词，相反她提出的是一种舒适而稳定的伙伴关系。

斯宾塞对她的示爱表示了尊重。他什么都没有说过，甚至都没有在自己的《自传》（*Autobiography*）里提过这件事，这本书出版时，乔治·艾略特名声正盛。斯宾塞对此事只字不提，直到她去世后他才向一位友人坦白了自己的想法：“那正是我担心会发生的事情，它确实发生了。她的情感投入进去了，但是我的并没有。生理上吸引的缺失是致命的。尽管我的理智强烈地赞同，我的本能就是没有反应。”

他在当时的确给了她一个类似的回答。玛丽安极其难过，而这让她给斯宾塞的下一封信显得更加与众不同。玛丽安成熟地把屈辱变成了对伤害了她的男人的同情。她的冷静和决绝令人惊讶。她用斯宾塞的姓氏来称呼他的正式语气并不表示疏远；这是意在从不同的起点重新开始他们的友谊。

布罗德斯泰斯周四晚上 [7 月 29 日？]

亲爱的斯宾塞先生：

如果让你因为我能够打消的念头而遭受了哪怕一点点的不
适，那都会显得我太自私了。我应该马上就告诉你，因为我确 134
实可以坦白地说，我并没有不高兴。事实上，所有的哀伤在一个巨大的哀伤面前都渺小至极——那就是我自己悲惨的不足，而任何外来的遭际我都乐于接受，如果它可以唤起我的力量，让我不再那么配不上更好的那个自己。我希望当下就是这种情况，我也想要和你分享这份希望，如果这样能让你满意。

如果，就像你在上一封来信里提到的那样，你觉得我的友谊本身对你有价值——不用管其他任何原因——那它就会是你的。让我们，如果你愿意，忘记过去，除了能够让我们彼此相信和关心的那部分。在命运和世界允许的范围之内，让我们互相帮助，让彼此的生活变得更美。不论你什么时候想要再来看我，来看看被收割之前的金黄小麦，我可以向你保证我会陪伴你，不会被任何痛苦的情绪折磨……

你永远忠实的

玛丽安·埃文斯

仅仅在贝西·帕克斯发现了玛丽安潜藏的“翅膀”五个月之后，我们就第一次瞥到了那种能让她的小说成功的情感特质：再也不是“自由思考的原始阶段”了，而是一种重生的同理心，一种大多数人暂时无法触及的人类行为的典范。

我们很容易怜悯起玛丽安的情感依恋——布拉邦特博士、查普曼，现在还有斯宾塞——然后把它们归咎为女性对人的依赖。是的，她的确承认过需要有一个可以依靠的人，但是这本身并没有什么特别的。我认为她的需要是出于她的天才，而不是出于软弱。就像其他天才女性，玛丽·雪莱、克莱尔·克莱蒙还有夏洛蒂·勃朗特一样，玛丽安渴求一位已经有一定地位的导师（等同于旧时代的庇护人）来认可她身上涌动的可能性。她是不是对自己爱欲的后果完全无知呢？或者甚至是对自己的需要完全无知呢？也许不是。但是斯宾塞不是她能得到的了。

§

135 工作再次带来了平静，她和查普曼——以单纯的同事关系——见面商讨了《威斯敏斯特评论》错过的机会：对手季刊抢先刊发了对艺术界拉斐尔前派的评论，也抢走了一个一直吸引玛丽安的话题：玛格丽特·富勒勇敢的一生。

那正是玛丽安觉得自己也必须要有的，用以替代幸福的“勇敢”（plucky）。她下定决心不让任何人知道她经历了什么痛苦。从无心的只言片语里就能明显地看出来她的确很痛苦：一封写给卡拉·布雷的道歉信，为卡拉八月来伦敦小住的时候她表现得“不耐烦和没精打采”而抱歉。她还在写给莎拉的信里坦白她在九月初的时候处在一种“怨天尤人的情绪”里——她只能“等啊等”，等待这种情绪过去。

玛丽安发觉自己和家人太疏远了，于是她试着给年长她很多的异母姐姐亨利·霍顿（Henry Houghton）夫人写了信，请求保持联系。“我生活在一个……离那个我们曾经互相同情的世界如此遥远的地方，以至于我觉得和你积极地交流变得很困难。但是我并非对旧日的感情不忠诚——它们是真挚的，也是长久的。”

从 1852 年的夏末到秋天，玛丽安都在有意地努力恢复“更好的那个自己”。她最初的努力之一就是在哈利雅特·马蒂诺（作为社会学家奥古斯特·孔德（Auguste Comte）[*]的另一位评论者）攻击乔治·亨利·刘易斯时维护了刘易斯。刘易斯在玛丽安九月初回到伦敦时写的一封信里足足出现了四次。

玛丽安多次表示过对刘易斯的不屑。1852 年她陪着斯宾塞去过一场刘易斯设计的人物造型表演[†]，她觉得表演太长了。玛丽安去布罗德斯泰斯的时候带上了刘易斯的新小说《白玫瑰紫玫瑰》（*Rose, Blanche and Violet*）的前两卷，但是把第三卷留在了伦敦。“我不想要它。”她对斯宾塞说。虽然从玛丽安邀请他写女性小说家的那篇文章开始，刘易斯给她编辑的每一期杂志都供了稿，她还是觉得他的文章“有缺陷”。刘易斯的轻浮举止让他看起来很肤浅。

斯宾塞的文章则实在是过于深沉了。他的主题是进化论，而且 136
他保证给十月刊的下一篇文章会更轻松，会加入更多的引文来调节文章的节奏。玛丽安就像一个张嘴等着“石头”糖的孩子一样听天由命地等着这篇文章。在斯宾塞拒绝她之后她就只说了这么多。没有人知道发生了什么。玛丽安回到她在斯特兰德街的房间之后，她向莎拉透露的仅仅是她觉得自己像个疯子一样，感觉四壁都在向她压过来；她的手上满是汗。但是她没有死；她去旅行了，先去了爱

---

* 法国哲学家，社会学家，实证主义创立者。——译注

† 一种化妆的演员静止不动地重现历史或者神话中著名场景的表演。——译注

丁堡，然后去了湖区的安布尔赛德，住在哈利雅特·马蒂诺的家小丘庄里。两年前夏洛蒂·勃朗特也在这里住过。马蒂诺微笑着欢迎了玛丽安——马蒂诺正是一位心满意足的单身女性的模范。接着玛丽安又去了玫瑰山庄。和布雷夫妇住在一起，她知道肯定会有人关爱自己，而这也让她重振精神：她觉得“勇敢”，而且再次准备好工作了。

在玛丽安回到伦敦之后，刘易斯在十月为她献上了评论家的赞许。在他自己的刊物《领导者》里，刘易斯用了两栏半的版面来表扬新编辑主导下的《威斯敏斯特评论》。它又再度恢复了约翰·斯图尔特·密尔时期的荣光，他说：“现在它是一份人们会谈论的评论，是人们会在俱乐部索要而且满怀尊重地阅读的刊物。它刊登文章的多样性和整体的高质量是任何评论都无法超越的。”

刘易斯是在1850年和他最好的朋友桑顿·亨特（Thornton Hunt）一起创立的《领导者》，桑顿是雪莱朋友利·亨特（Leigh Hunt）的儿子。桑顿还是个孩子的时候和雪莱一家在阿尔比恩大宅一起住过，他记忆里的玛丽是一位衣冠不整、心神不定又暴躁易怒的人。当时玛丽很可能真是这样，因为她正在试图写完并售出《弗兰肯斯坦》，同时还不得不要对付一屋子的客人，其中就包括亨特家的数量众多又不听话的孩子们。

刘易斯娶了漂亮且出身高贵的阿格尼丝·杰维斯（Agnes Jervis）。1850年他们四个儿子中最小的夭折了，而一个月之后刘易斯夫人就又生了一个男孩埃德蒙，他的父亲是桑顿·亨特。刘易斯让新生的孩子随了他的姓。这个决定遵守了他和阿格尼丝约定的一套性自由的准则。

两年后当阿格尼丝又生下一个亨特的孩子之后，刘易斯不得不接受他的婚姻已经名存实亡了。尽管这样，他还是一位父亲，还是要供养自己的妻儿，以及妻子和别的男人生的孩子，因为一旦丈夫容忍妻子通奸之后，法律就不允许离婚了。刘易斯没有和人说起过他的状况——知道这件事情的人不多。 137

刘易斯有玛丽安和斯宾塞两个人都没有的优势：他在格林威治的伯尼博士学校接受了古典教育，还念过一段时间医学院，这一经历唤起了他对科学的兴趣。他的博学和敏捷使他可以进入多种文学领域：戏剧写作、小说和评论。在一篇关于《简·爱》的敏锐的书评里，他辨认出了在小说深处驱动故事的自传元素，而夏洛蒂·勃朗特也很乐意与他通信——但后来两人闹翻了，因为刘易斯更偏爱简·奥斯丁，他还批评夏洛蒂的下一部、也是女性主义色彩更加明显的小说《雪莉》是一部女人写成的缺陷作品。之后，当盖斯凯尔夫人在她的《夏洛蒂·勃朗特的一生》（*Life of Charlotte Brontë*）中记录这一场纷争的时候，刘易斯不明智地告诉她说，在最高的成就方面，女性无法和男性匹敌。这套说辞是用来对付侵入男性领域的女性的常用手段之一，不过刘易斯这样的男人会愿意为几位女士破例。在《领导者》上一篇没有署名的关于《维莱特》（*Villette*）的书评里，刘易斯还是继续承认了夏洛蒂写作的力量。

1853 年 3 月，在刘易斯发表了赞美《维莱特》的书评之后，他和夏洛蒂在一个聚会上相遇了。夏洛蒂不让盖斯凯尔夫人告诉她谁是刘易斯；她想要自己把他认出来，结果刘易斯一进门她就把他认了出来。一见到他的脸，夏洛蒂的愤怒几乎就融化成了泪水，因为他看上去“神奇地”像她已经去世的妹妹艾米莉。他长着“她的眼睛，和她一样的鼻子，一样稍微有点大的嘴，一样的前额，甚至有时还有一样的表情”。那天晚上他大部分时间都和她坐在一起，听她说话，然后却向玛丽安描述她是一位“小个子、容貌平常、土气的病怏怏的老处女”。这也意味着刘易斯并没能像其他人曾做到的那样激起夏洛蒂眼中的光芒和她的全部尖刻的魅力。

玛丽安无视了“容貌平常”和“土气”，因为她被《维莱特》深深地打动了，“一本比《简·爱》还要神奇的书。这本书甚至有一种几乎是超自然的力量”。小说的主人公露西·斯诺打破了对相貌平常的土气外省女人的通常印象。当她被问到“你是谁?”的时候，她诚实地回答说:“我是一个越过越好的人。”

138 这本书给出了女性主义在模仿主流秩序之外的另一种模型。夏洛蒂·勃朗特想象了一位少有的能够按照自己想要的方式成长的女性，从内向外慢慢地成长，由此可以释放一种不同的主动性和热情，成长为和陈规截然不同的道德存在。女性应该成为什么样的人？即使夏洛蒂·勃朗特也没有准备好明确的回答。“暂停。暂停”，小说如此结尾，让这个问题成为留待未来回答的开放问题。而这就是乔治·艾略特将要回答的问题。

玛丽安主动向刘易斯提出要写《维莱特》的书评，结果却因为他对盖斯凯尔夫人的《鲁斯》（*Ruth*）“令人不满”的偏袒大失所望。在玛丽安看来，盖斯凯尔夫人不能描绘真实生活的“中间色”（half tints）。

玛丽安自己就是个中间色的生物。观察力敏锐的贝西·帕克斯被玛丽安深深地触动过，因为玛丽安会坐在她面前，直直地看向她的双眼，然后从中找到一丝傲慢。与此同时，玛丽安也说过对一位朋友的爱会让她无视任何缺点。

玛丽安的确是无私的，她无偿地支持了查普曼，强迫自己抽身的时候还在体贴地为斯宾塞着想。“自我中心”——如果我们把它叫野心的话就好理解了——是她整个青年时期都试图战胜的心魔，然而在一场家庭危机中，野心胜出了。1852 年 12 月，她姐姐克里斯的丈夫查尔斯·克拉克（Charles Clark），一位四十岁出头的医生，突然去世了，抛下妻子和六个孩子。玛丽安回到家乡帮忙，在那里她判断，既然克里斯可以不用付房租使用她们哥哥所有的一幢房子，那么她的情况就还不是那么糟糕。玛丽安匆匆返回伦敦这件事激怒了艾萨克。她如此描述他们之间的争吵：

> 我和克里斯都一致认为，综合考虑，我回到伦敦更明智——我再多待一周也不会给她带来什么明显的好处，而同时我还失去了做其他事情的时间。然而，艾萨克却非常生气，因为他发现我没有和他商量就准备要离开了，于是就和我大吵了一架，最后说他期望我将“永远不会求他要任何东西”——而鉴于我从来没有那么做过，这么说就和我说再也不会接受他的善意一样多余。

玛丽安把她哥哥描绘成了维多利亚时代的父权漫画肖像，这个 139
形象从此流传了下来（还被他们后来的分歧所强化了）。但事实就是艾萨克要独自应对克里斯的不幸对日常生活的冲击。

还有一件事让玛丽安充满了负罪感。自古以来，惯例就是未婚的姐妹——因为她没有自己的生活——应该出手相助。1853 年 3 月的时候这种责任变得非常紧迫，克里斯告诉玛丽安她为把孩子们送去孤儿院这个建议“痛苦万分”。玛丽安短暂考虑过“我们”应该把克里斯的大儿子——他当时不可能超过十四岁——送到澳大利亚去这个主意。很明显，玛丽安想要自己出钱或者帮着出钱完成这个计划。或者说她是不是应该和克里斯还有她全家一起过去，帮他们安好家然后再回来？

事实摊开来讲是这样：克里斯一年有大约一百镑的收入（来自出售她丈夫医疗诊所的收益），同时要养六个孩子；玛丽安一年有两百镑的收入，没有人需要她供养。玛丽安应该和克里斯一起生活然后共享自己的收入吗？这样每个人都有足够的经济来源了。但是这也意味着玛丽安到现在为止取得的一切都要终结了。这种绝望感冲垮了她，触发了她对自己成功逃离的外省生活的怨气。在写给卡拉的密信里，情绪爆发的她用了平时不会使用的字眼："丑陋"的外省人和"无知的老顽固"。后来，乔治·艾略特会通过米德尔马契镇上一个又一个的场景来展现这一切。这是一个位于英格兰中部的虚构小镇，那里人们目光狭隘，死气沉沉，他们阻挠了多萝西娅，一位乡绅的理想主义妻子，也抵制了利德盖特医生，一位理想主义的医生。他们两个人都试图用各自的方式给小镇带来变革。

"……和她（克里斯）一起住在那个丑陋的地方与无知的老顽固为伍是我绝对不可能做的。那会是道德窒息……然而我也不敢承担经济责任，把她从艾萨克家和那里附带的财务上的优越条件里带走。"

然后，非常符合玛丽安性格的是当她冷静下来之后，她明白了
140 哥哥其实比他愤怒时候表现出来的样子要好。她谴责了自己：

然而这看起来是多么虚伪，我这个号召为人献身的人可以在这里过得舒舒服服，而那里有一大家人，只要我能够放弃我

的自我中心，我几乎可以给他们需要的一切。更别说我在其他方向能够完成的工作是多么不值一提！

在讨论了这个矛盾之后，她紧跟着就向卡拉交代了到底是什么在吸引着她回到伦敦。那就是她正在享用“一剂又一剂令人愉悦的傻事”，主要是和刘易斯先生一起。玛丽安在1853年3月18日针对刘易斯的《维莱特》书评说的“令人不满”这个词将会是她给他最后的负面评价。从3月28日开始，她的语气就有了明显的变化。他们度过了一个愉快的晚上，那天“刘易斯，一如既往，温柔又有趣。他已经赢得了我的喜欢，尽管我自己一开始对他有偏见”。

在和斯宾塞退回到了稳定朋友关系的时候，在她不毁掉自己就不能让家人满意的当口，一位热切倾慕她的人出现了——而且不是那种她通常会喜欢的高人一等的饱学之士。在她连续爱上不能爱她的人之后，一位准备好爱她的人出现了。这段时间，当斯宾塞来拜访她的时候，他有时会和他“优秀的朋友”刘易斯先生一起。有一次，当斯宾塞起身离开的时候，刘易斯说他要留下来。

玛丽安向莎拉评论说：“刘易斯先生特别的善良体贴，而且在遭受了我的不少刻薄评论之后赢得了我的尊重。”他“比他看上去的样子要好得多——轻浮的面具之下躲着一个有感情和良知的人”。

感情和良知。很明显，此时玛丽安已经知道了。我猜就是在这段时间——在四月去法国剧场看戏和罗西尼的《威廉·退尔》（*William Tell*）演出之间——刘易斯坦白了他的处境：被法律困死在阿格尼丝以及她和她情人生的孩子身旁。现在阿格尼丝和亨特的第三个孩子也要出生了，而亨特的妻子也几乎同时要生产了。刘易斯单单选择了向玛丽安吐露这个秘密。从现在开始，玛丽安对刘易斯的“刻薄评论”都融化成了对这个受伤男人的善意的感激之情。

作为一位剧作家和剧评人，刘易斯可以带玛丽安去剧院的后
141 台参观，而他也带着她去了他生活的幕后。在某种意义上，幕后也是乔治·艾略特将带领小说前往的地方，远离狄更斯式的怪诞情节剧[*]，进入内心生活的正剧。从很多方面来看这种小说是由《维莱特》开创的。在这本小说里，身在国外的一位英国女教师的日常生活之下，涌动的是女性强烈但隐秘的欲望。当玛丽安和刘易斯一起去看法国女演员拉谢尔[†]出演的《阿德里安娜·勒库夫勒》（*Adrienne Lecouvreur*）的时候，这样的欲望正萦绕在她脑海中。在《维莱特》里拉谢尔被叫做瓦实提（Vashti）[‡]，当露西·斯诺看到自己熟知的欲望被暴露在舞台之上时，她既感到了吸引又感到了恐惧。《维莱特》提出了关于女性欲望的问题：一位正派的女性可以多明确地表达自己的真实感情？

欲望本身并不是问题，因为《维莱特》非常清楚地指出了欲望存在于女人的天性之中；问题在于她的伴侣会鼓励怎样的行为。在小说里，任何与淑女形象不符的直率都会让剧院里坐在露西·斯诺旁边的王子般的绅士退却。

我们所能确定的就是在1853年6月的一个周六晚上，刘易斯坐在玛丽安身边，当时她正希望能够看到——也非常失望地没有看到——夏洛蒂·勃朗特在拉谢尔身上见证过的洪流一般的情感。那天空气里是否也满是没有付诸行动的欲望呢？

---

* 即melodrama，情节起伏、人物形象刻板夸张的戏剧，通常描述道德高尚的人遭受苦难最终获得回报的故事，在十九世纪英国非常流行。——译注

† 拉谢尔·菲利克斯（Rachel Félix），人称拉谢尔小姐。

‡ 《圣经·以斯帖记》中国王叛逆的妻子。

从 1853 年初开始，玛丽安就想要离开在斯特兰德大街的生活。当她评价自己的工作“不值一提”时，她到底是什么意思呢？玛丽安同时担任着策划编辑和文字编辑。她也想要更多的隐私，减少对查普曼的依赖。查普曼恳求玛丽安一直留到《评论》的四月号出版之后。她对查普曼的承诺很难打破；如果她离开了，《评论》会声望大跌。

在那之前，一位繁忙的编辑需要保护自己的时间。1853 年的 142
玛丽安忙到无法顾及自己的社交责任。她甚至拿社交拜访开起了玩笑。“我有的时候会好奇你是不是指望我像个基督徒一样回访，并返还你给我的礼遇，”她和贝西开玩笑说，“或者是我们俩都非常清楚，我就是个异教徒和法外之徒。”

玛丽安最后要等到 1853 年 11 月才能从斯特兰德街的查普曼家搬到海德公园旁剑桥街 21 号的独立住处里。在那里，她终于远离了查普曼的经济纠纷和家庭矛盾，也摆脱了无偿的苦工，不过很可能查普曼免除了她的房租来作为给她的报酬。玛丽安现在每月要付九镑的房租。查普曼付了她五十镑翻译路德维希·费尔巴哈（Ludwig Feuerbach）《基督教的本质》（*The Essence of Christianity*）：一页两先令——玛丽安觉得这点钱少得可笑，但是她需要这笔收入。在接下来的八个月里她一边抱怨头疼一边辛苦地翻译着。然而同时她也发现，她在属于自己的房间里“异常舒适”，她也很高兴再也不用通过查普曼寻找社交生活了。常常有客人来拜访她，包括查普曼本人、可靠的赫伯特·斯宾塞、哈利雅特·马蒂诺，当然还有刘易斯。

在那个十一月，当刘易斯去剑桥发现自己的书《传记体哲学史》（*A Biographical History of Philosophy*，第二版刚刚出版）大受学生欢迎的时候，玛丽安对他的好感愈发加深了。在接下来的几个月里，刘易斯为了维持阿格尼丝的生活废寝忘食地工作——亨特没有出钱抚养过他的三个孩子——结果他患上了头疼和耳鸣。卡莱尔发现了这两群同母异父孩子的区别，而且他并没有对此守口如瓶：亨特的孩子发色深；刘易斯的孩子发色浅。阿格尼丝的父亲，斯温芬·杰维斯（Swynfen Jerivs）（一位在英格兰和威尔士交界地区有田产的上流社会议员）似乎也不愿给予任何帮助。责任都落在了刘易斯身上，而他除了自己作为作家的收入，没有任何经济来源。可以想象，这种看不到尽头的压力加重了他的症状，把他的身体推到了崩溃的边缘。这可以解释为什么他的医生要命令他从1854年的五月中旬开始休假两个月。当刘易斯离开伦敦住在乡下朋友家的时候，他在《领导者》上的专栏和书评是玛丽安代写的。

143 无所事事并不适合刘易斯——他并没有因此好转。让他感兴趣的是写作歌德传记的计划（源自一篇他为《威斯敏斯特评论》写的关于歌德和科学的文章）。这部传记需要去魏玛做研究，而且玛丽安想要和他一起去，帮他翻译希望引用的德语文段。1854年7月，在玛丽安翻译的费尔巴哈著作出版之时（她出的书里唯一一本在扉页上署着她的真名玛丽安·埃文斯的），她和刘易斯做了一个将要改变他们余生的决定：他们将要一起前往魏玛。

“我在准备前往‘拉巴塞库尔’[*]。”玛丽安跟莎拉只说了这么多。在她准备出发的时候，她扮演起了准备乘船出国的孤独的露西·斯诺。只有借给她一百镑的布雷以及查普曼知道她不会独自上路。

1854年7月20日，夏末的夜色降临之时，玛丽安永远地关上了

---

* 夏洛蒂·勃朗特在《维莱特》里给比利时的化名。

她在剑桥街21号住处的大门。她拎着一个旅行包，用另一只手拦了一辆出租马车。车夫把她送到了圣凯瑟琳码头，然后她登上了雷文斯本号，一艘前往安特卫普的新式快速蒸汽船。那时已经是晚上十一点多了。只有她一个人站在那里——一个其他的旅客也没看到。

二十分钟过去了。恐惧上涌。会不会出了什么事阻止了刘易斯和她一起离开？

然后玛丽安看到他的脸出现在黑暗中，她在日记里写道，“越过行李员的肩头寻找我”。很快他们就顺着泰晤士河而下。两个人整晚都在甲板上，手挽着手踱步直到看见早晨两三点东方破晓的晨光，此时蒸汽船正沿着斯海尔德河北行。她看到了“第一缕淡淡的晨曦反射在如镜的河面”，然后太阳升起，“照亮了河两岸还在梦中的比利时”。

就如同四十年前玛丽·戈德温在那个七月的早上在加来上岸一样，这一天的黎明也标志着新生的开始。横渡英吉利海峡标志着从独自一人的生活跨越到两人为伴的生活。

两人朝魏玛行进的缓慢旅程的每一天都像是新婚旅行，和伴侣 144
分享着回“家”路上的风光和快乐。从他们第一天在安特卫普开始，家就是一起待在他们的房间里，推开窗户眺望“晚霞在斯海尔德河和河上的船只之上消融”；在布鲁塞尔的第五和第六天，分别是周二和周三，在正午的热浪中再度“融化”：“整个中午都躺着，融化在我们的床上”。第七天，玛丽安在“一阵狂喜”（rapture）中远望着环绕列日*河谷的青山。

---

* 比利时城市，下文的那慕尔也是。——译注

查普曼不认为刘易斯会一直忠诚下去。因为他“伦敦式”的尖刻的活泼，人们不认为刘易斯是一个女人的安全选择。玛丽安的女性主义者朋友们觉得他是个“追求感官之乐”的男人——这可不是什么好话。对她们来说这意味着不负责任的游戏人生。没有婚姻的法律保护，女性被抛弃的风险要高得多，此外还有意外怀孕的危险——当时大多数的妻子每隔一两年就要生一个孩子。当简·爱拒绝和还没有离婚的罗切斯特先生同居的时候，她考虑的正是这些风险。

你是个孤儿，罗切斯特提醒简。“谁会在意你做什么？”

简的反驳是，“**我**在意我自己”。罗切斯特先生和他法国情人的往事实在让人难放心。

玛丽安从一开始就拒绝了简的观点。她准备好了相信刘易斯，她还从欧洲大陆写信给查普曼，让他放心她没有看错。和玛丽·戈德温与雪莱私奔时那种毫不迟疑的年轻人的恣意任性不同，玛丽安的决定是对一个男人品性的成熟、深思熟虑的判断。两年后，玛丽安对芭芭拉·利·史密斯——一位被查普曼这个情场高手的把戏玩弄得团团转的年轻女士——吐露了刘易斯让她多么幸福。芭芭拉告诉了贝西·帕克斯，她说她们应该修正自己对刘易斯的看法了。

“玛丽安告诉我，在他们的婚姻关系里他一点也不追求感官享乐，非常体贴。”芭芭拉补充说他们还采取了避孕手段，不准备要孩子。

145 在避孕这个方面，这对恋人超前了半个世纪。我们可以记起，早在1815年拜伦就有“避孕套”了，但只有贵族才有钱购买它，主要还是为了保护男人免于性病的危险。和刘易斯与玛丽安开始共同生活时的预先计划相比，那时的人还不知道双方都需要保护，更别提避孕了。

书籍让他们的关系更为亲密。他们习惯每天读书给对方听，有的时候一连好几个小时。就像 1814 年动身去法国的玛丽·戈德温和雪莱一样，他们带了很多书。

火车载着他们先后去了布鲁塞尔、那慕尔和列日。在去科隆的路上，布拉邦特博士也坐到了他们的车厢里，还安排了大卫·施特劳斯第二天来他们住的酒店一起用早餐。因为遇到的这些人和事，两人融洽关系的魔力消失了。科隆是唯一一个玛丽安觉得“糟糕”（dismal）的地方。

“施特劳斯看起来是如此奇怪，总是垂头丧气，”玛丽安给布雷写信说，“而我不够好的德文又让我们无法了解更多彼此外貌之外的东西，偏偏我俩的长相又都是最好留给想象的那种。”

不是玛丽安的德语不够好。只是她还没有意识到，施特劳斯奇怪的举止可能只是一位单身女士和一个已婚男子共同生活必须面对的一切的预兆。

流言很早就开始播散了。渡过英吉利海峡的时候，在甲板上散步的玛丽安和刘易斯遇到了爱德华·诺埃尔（Edward Noel）。他是拜伦妻子的亲戚，也是布雷夫妻尤其是卡拉的密友。这个消息很快就传到了托马斯·伍尔纳（Thomas Woolner）耳朵里，这位雕塑家是拉斐尔前派的一员。伍尔纳厌恶苏格兰诗人威廉·贝尔·斯科特（William Bell Scott），而他是刘易斯的老朋友：“……混帐刘易斯和一个 XXX 跑路了”。是“婊子”吗？或者是别的更糟的词？伍尔纳管刘易斯和玛丽安叫“臭不可闻的人”。颅相学家乔治·库姆（George Combe）*后悔把玛丽安介绍给了自己的朋友们。玛丽安会做

---

* 苏格兰律师和颅相学家，1820 年他成立了爱丁堡颅相学会，艾略特是通过布雷与他相识的。——译注

出这样的事情，让库姆想要追问她的家族是不是有发疯的历史。卡莱尔带着责备的语气说起了一位把丈夫从他的妻子和孩子身边引诱走的“倔强的女士”。

146 虽然被污蔑他们“逃跑”的消息所震惊，玛丽安却表现得很大度。她给查普曼写信说，对她自己来说，她“完全不在意”，但是因为刘易斯并不这么想，她非常激动地为他辩护。

魏玛，考夫伽斯街62a号

1854年10月15日

……[他从妻子和家人身边逃跑]这种说法完全就是扭曲了真相，他一直在和他妻子通信，还在尽自己最大的努力供养她，同时再也没人会比他更担忧自己孩子未来的幸福了。

“逃跑”这个词用在我身上简直是好笑——我好奇我有什么需要逃避的东西。但是用在刘易斯先生身上它就更严肃了……他已经给卡莱尔和罗伯特·钱伯斯（Robert Chambers）写信了，尽他所能陈述了事实又不至于严重地指控他人……

我没有什么要抵赖或者隐藏的。我没有做任何其他人有权干涉的事情。我当然有来德国旅行的全部自由，也有和刘易斯先生一起旅行的自由。这边似乎没有人觉得我们在一起是什么令人震惊的事情……但是我不准备否认我现在的处境是非同寻常的。我已经考虑过我现在采取的行动的代价了，我已经做好准备接受我所有的朋友和我断交了，不会怀有任何厌恶和仇恨……

你充满感激的朋友

玛丽安·埃文斯

刘易斯考虑过回到伦敦去反驳“逃跑”的说法，但是他害怕这件麻烦事会危害他本就脆弱的健康。相反，他在魏玛做了两个决定。当他知道阿格尼丝很快就要生下亨特的第四个孩子之后，他决定要离婚了。这就意味着玛丽安在刘易斯决心和妻子分离之前就把自己交给了他，而这显示出玛丽安有多么彻底地相信他——或者她敢于冒多大的风险。

刘易斯的另一个决定就是尽快放弃《领导者》。未来他会以写 147
书作为主要的收入来源。玛丽安就在他身旁鼓励他做出这个决定。事实上刘易斯身边就有一位一流的编辑。此外，她还承诺用自己独立挣钱的能力分担刘易斯的重担。

另一场家庭危机比谣言对玛丽安的刺激更深。克里斯年约十四岁的二儿子退了学，被送去工作了。他很“不守规矩”，于是丢了工作；然后他又被送去当水手，可是几个月之后就淹死了。玛丽安不仅是因为关心克里斯才感到难过，也因为她负担不起——在各种意义上——牵扯到其中。她选择了支持刘易斯和需要他供养的人。也许她的借口是克里斯还有艾萨克可以依靠。

躺在她 7 月 20 号收拾好出门的包里的还有小说的一章草稿。它就像玛丽·戈德温和雪莱离开时携带的盒子一样，玛丽的目的是想要向他展示自己头脑的“成就”。玛丽安的小说在斯塔福德郡的一个村庄揭开序幕，这是埃文斯家此前的一两代人生活的地方。她还没能召唤出平凡生活和无人倾听的声音里的可能的戏剧冲突。他们在魏玛的三个月里，这部书稿就静静地躺在她的行李里。

他们期待看到的是宫廷周边的胜景，结果很惊讶地发现自己来到了一个“无聊的、没有生命力的小村”，那里有“粗糙、凌乱”的房子，瘦骨嶙峋的绵羊和唯一一家小书店。但是让他们高兴的是，他们发现担任魏玛宫廷剧院总监和乐长（这是巴赫曾经担任过的职务）的作曲家兼钢琴演奏大师弗朗兹·李斯特（Franz Liszt）正在魏玛。当他们去见李斯特的时候，他们见到了他的情人，波兰公主卡罗琳·楚塞恩–维特根斯坦（Carolyne zu Sayn-Wittgenstein），正是她劝说李斯特放弃给狂热的观众表演而专注在作曲上。她是个丰满的女人，牙齿发黑，早餐的时候穿着一件有橙色镶边的白袍，戴着有紫罗兰色饰边的帽子。

在李斯特演奏他的一首宗教幻想曲让来宾们着迷的时候，玛丽安就坐在可以看到李斯特的手在钢琴上翻飞的位置。“我人生中第一次见到了真正的灵感，”玛丽安在她的日记里写道，“我第一次听到了钢琴真正的音调。”玛丽安认为李斯特在表演的时候，看起来就像米开朗基罗画中的先知一样伟大，但是在平静的时候他的脸
148 有一种可以作为圣约翰模特的温柔。玛丽安在给贝西的信里把李斯特的相貌形容为神圣的丑陋，当“灵魂从中透出的时候，这是我最喜欢的一种相貌”。二十年后，李斯特会成为《丹尼尔·德隆达》（*Daniel Deronda*）中音乐家克勒斯莫的原型。在玛丽安克服了一开始的敬畏之后，她发现自己能够向李斯特阐述自己的观念和感受。

刘易斯来魏玛的主要目的是采访他能找到的所有见过歌德的人。其中包括魏玛艺术馆的馆长古斯塔夫·舍尔（Gustav Schöll），他编辑了歌德的书信集和散文集，而且满脑子都是关于歌德的准确信息；他还采访了歌德的最后一任秘书克劳特（Kräuter）。歌德的儿媳奥蒂莉（Ottilie）允许刘易斯进入了歌德的书房和卧室，这些房间一般是不向公众开放的。

与此同时，他们还必须养活阿格尼丝·刘易斯和她的六个孩子。刘易斯把自己还在从《领导者》领取的每月二十镑的专栏稿费

寄给他们，而玛丽安则非常感激查普曼给她提供了有报酬的工作。玛丽安为查普曼的《威斯敏斯特评论》十月号撰写了一篇文章，这也是她在 1854 年到 1856 年间发表的一系列精彩文章的第一篇。对付流言最好的办法就是过得幸福，而对玛丽安来说过得幸福就要充实头脑。

玛丽安精神之蛹里发生的变化在她的日记里一点痕迹都看不到。她的日记基本上只记录了她日常的行动：参观的景点和遇到的人。在她的书信里也看不出来，在信里她正忙着体会和反抗她被孤立的状态。这个变化隐藏在她某些文章的阴影里，不光体现在她对现实主义的接受上，对艺术进步的体察中，也体现在她效仿过去伟大女性的榜样拓展自己，蜕去了自己性别中的愚蠢之处。

她的变化和有一件事情不可能完全无关，那就是在玛丽安离开《威斯敏斯特评论》的工作之前，比肩达尔文的进化论学者托马斯·赫胥黎从他的探索航行中归来了，出现在了查普曼周一的沙龙里。作为编辑，玛丽安·埃文斯会把生物学出版物送给赫胥黎让他评论。那正是一个历史性的时刻，因为这些知识分子见证了一个会改变世界的观念的到来，那就是人类不是由一位神灵安放在地球上的，而是在漫长的地质时代中从低等生物进化而来。这就成了玛丽 149
安·埃文斯进一步发展她觉察到隐藏在自己身上可能性的科学基础。

玛丽安发现十七和十八世纪的法国女性比其他任何时代任何地方的女性都要前卫。她的文章《法国的女性：萨布莱夫人[*]》（‘Woman in France: Mme de Sablé’）探讨了社会各界的男性如何因为女性可以给予他们的充分理解而参加女性主办的沙龙。萨布莱夫

* 萨布莱侯爵夫人（1599—1678），法国女作家兼沙龙女主人。——译注

人是“一位男性不光是可以爱上的女性——他们还会拿她当他们的朋友、守密人还有参谋，不光分享他们的快乐和忧伤，也分享他们的思想和目标”。

通过这样的一位女性，玛丽安·埃文斯可以探索自己曾经对斯宾塞意味着什么，而且更重要的是她现在对刘易斯意味着什么。她设想的是真正头脑的结合，而在 1854 年 8 月的魏玛，从个人经验这个实验场出发展开写作，玛丽安召唤了一种女性赋权的形象。她单单挑选法国女性是因为她们在法国文化中不容置疑的重要性，还因为她们影响了一门可以将极端的感性与极端的简明合而为一的语言；而因为玛丽安最钦佩的是她们头脑的活跃灵动，我们也因此瞥到了在水面下游动的一种全新的生物，这不是栖息于浅滩的生物：这是一种结实的深海生物，更慢，下判断时更有耐心，同时还有广博的思想。

这样的生物想要浮出水面，她就必须从鱼群里游开。大多数女作者的书都只适合被扔掉，玛丽安·埃文斯就这样大胆地在《萨布莱夫人》一文里宣布。在她 1856 年的文章《女作家的傻小说》里，她对这些书更加不屑。书里之所以充满了那些虔诚的上流社会空话是因为“淑女们”不能表达出自己的本性和欲望。在牵涉到“人性的每一根纤维”的文学中，女性是有非常具体的东西可以贡献的。一位成熟的女性可以提炼出自己最微妙的精华：“同情心”（sympathy）。在这里玛丽安找到了她的关键词。一位冉冉升起的小说家隐藏在这篇文章之中。

查普曼对《萨布莱夫人》里影响深远的女性主义并不是很支持。他的确在十月号里刊出了这篇文章，但是他什么都没有说，而且有一段时间没有向玛丽安约过任何稿件。为了获得急需的收入，玛丽安再次转向了翻译。等他们十一月搬到柏林的时候，她翻译起了斯宾诺莎的《伦理学》(*Ethics*)。这项令人生畏的工作是从刘易斯 150
手里接过来的，他早前接受了翻译这本书的委托。

深埋玛丽安心中的写小说的愿望是不是她被权威小说批评家刘易斯吸引的原因呢？在她的箱子里还躺着那一幕可以写成小说的场景，有一天晚上她假作无心地跟刘易斯说，她碰巧把它带在了身边。玛丽安把小说读给了刘易斯听，从那之后他就鼓励她写小说试试看。这是至关重要的反馈，不再是阻挠或者摧残。这正是雪莱为玛丽·戈德温所做的，也是夏洛蒂为艾米莉·勃朗特所做的。

等到该回英国的时候，玛丽安对于即将面对的一切没有任何幻想。只要他们留在欧洲大陆，他们觉得自己在社交圈还是受人欢迎的。刘易斯有很多熟人，而且没有人因为他们公开同居就和他们断绝来往。但等他们回到英国之后，在意自己名声的女性就不能自由地拜访他们了。

当他们在 1855 年 3 月 14 日渡过英吉利海峡的时候，玛丽安开玩笑说一阵温和的晕船让她很高兴可以见到多佛海边的白崖。她在多佛的西德尼广场 1 号找到了住处，准备用“埃文斯小姐”的身份在那里住一阵，而刘易斯先行前往伦敦。玛丽安去找他的条件是他要阿格尼丝保证，她永远不会再希望作为他的妻子和他一起生活。

“不，永远不会。”阿格尼丝同意了。她还补充说，她“会很高兴看到她丈夫和埃文斯小姐结婚”。

其实，虽然法律不允许他们结婚，但是婚姻正是玛丽安必须要假装自己拥有的东西。在人前用另一位“刘易斯夫人”的身份介绍自己，意味着她没有把自己视作情人；这是一种永久的关系。尽管如此，我们只需要想象一下不停怀孕的阿格尼丝在伦敦作为刘易斯的合法妻子四处招摇的样子。明面上，她怀的是她丈夫的孩子。她和亨特的风流事还是一个秘密，表面上她看起来还是很体面。而和刘易斯先生同居的埃文斯小姐就不是这样了。

151 玛丽安清楚她的女性友人们不能给她写信了，所以安排了查普曼或者刘易斯帮她传递信件。与此同时，她出言表明自己接受了被孤立的状态，再次重申了她决心不会因为她们回避她而责怪以前的朋友。“我想让人明白，”她在 1857 年写道，“我将永远不会邀请任何没有要求我邀请的人来看我。”玛丽安是在强作镇定应对朋友们的离去，但是这么做的过程中她激怒了和她最亲近的人，卡拉·布雷和莎拉·亨内尔。

卡拉指责玛丽安太不把婚姻法律当回事了。玛丽安否认了。她是如此认真地对待她和刘易斯的关系，以至于她拒绝按照社交的潜规则来遮掩。假如她继续用“埃文斯小姐”的身份生活同时秘密地维持他们的关系，她就不会被孤立了。玛丽安坚决想要的两个人的共同生活需要极大的勇气。在维多利亚时代的故事里，“堕落的女性”只有在死去之时而且是在悔过中死去时才能重新获得同情。但玛丽安·埃文斯却想要作为“刘易斯夫人”快乐地生活下去。她觉得这才是自己的身份，她也要求别人如此称呼她。

在他们回到伦敦之后，新的“刘易斯夫人”和她的丈夫在伦敦城边的基尤附近找到了住处，她住在那里的时候无人来访。刘易斯每周进城一次，但是在接下来的几年里玛丽安只进过两次城：一次是为了工作，去见查普曼，另一次是去动物园，因为刘易斯当时在研究海洋生物学。她写道，“我没有谁可以去拜访。”于是开玩笑说，只好去拜访了软体动物。照她后来的说法，她当时是“和所谓的世界分割开了”。

虽然玛丽安可以不把荒谬的乔治·库姆当回事，她也可以忽略查普曼对她期待刘易斯忠诚的担忧，但她还是因为卡拉和莎拉受到的震惊而不安。她对她们的指责的恐惧让她通过查尔斯·布雷转交了为自己辩护的信件，以防她们指责她：她做好了失去自己朋友们的准备。

像爱自己的姐妹一样爱着玛丽安的卡拉和莎拉指责她不向她们吐露心声，只告诉了布雷先生。玛丽安无法给出让她们满意的解释。她的解释反而让事情更糟糕了，因为她说她告诉布雷先生的事情（关于阿格尼丝·刘易斯的私生子）是不适合让女性知道的。玛丽安想要让她们相信她是为了保护她们。自然，卡拉（她养大了自己丈夫的私生女）还有莎拉（一位活跃的女性主义者）又震惊又生 152
气。她们误以为玛丽安更在意布雷而不是她们，认为她是在“炫耀”自己对痛苦的克制，还以为她随时可以放弃自己最久、最亲密的朋友。玛丽安采用了当她父亲准备把她赶出家门时那种耐心宽容的语气。她越是用这种语气说话，两边的分歧就越大。玛丽安再表白自己对她们的爱和感激也没有用。在一份抗议信之后，卡拉一年都没有给她写过信。莎拉倒是保持了通信，然而让彼此的通信恢复到之前的亲密轨道上并不容易，莎拉觉得和她通信的是“一个书里的人，而不是那个我们了解并且爱过那么多年的玛丽安”。

新的刘易斯夫人几乎见不到这些老朋友，她也再没去过玫瑰山庄。那里成了一个只能在回忆里造访的地方。1855年圣诞节，当玛丽安去纳尼顿她姐姐家小住的时候，布雷邀请了她去做客。她带着受伤的生硬语气回答说，只有男主人发出邀请的时候她是不能去的。

玛丽安最初向哥哥和姐姐隐瞒了自己的情况。直到她和刘易斯的欧洲之行三年之后的 1857 年，她才写信告诉了哥哥。当时他们需要让管理玛丽安继承的财产的艾萨克把收入存入刘易斯的账户（强调她作为他妻子的身份）。尽管玛丽安解释她没有伤害到艾萨克，艾萨克还是一言不发地和她断绝了关系。让人难过的是，艾萨克还动用了自己对克里斯的权威——因为她是依靠他生活的寡妇——禁止她再和他们邪恶的妹妹有任何往来。

有三位女性站在了玛丽安这边。1855 年 5 月玛丽安去伦敦和刘易斯会合并暂时停留一段时间的时候，鲁法·亨内尔很快就去了他们位于贝斯沃特的维多利亚林荫台地 8 号的住处。下一个是贝西·帕克斯。她专程赶到了他们位于里士满郊区东欣村克拉伦斯路的新住所，她离开之后玛丽安“欣喜得容光焕发”，因为她是如此高兴能够见到这位朋友。不幸的是，贝西打听的是“埃文斯小姐”，玛丽安后来写信提醒她说自己没有在他们的住处使用真名字，因为这么做有被驱逐的危险。事实上，在那个月的月底她和刘易斯的确搬离了这个地方。很有可能女房东察觉到了有什么不对劲的地方。
153 他们在十月的时候搬到了里士满的帕克肖特 8 号。玛丽安很焦虑，不能刺激到他们友善的女房东。她警告了所有可能会来访的人，让他们千万不要找“埃文斯小姐”。

后来，芭芭拉·利·史密斯在刘易斯和玛丽安 1856 年夏天去威尔士的滕比时来和他们一起住了一个礼拜。玛丽安亲密地和芭芭拉说起她和刘易斯“体贴”的性爱，就发生在她被迫和几乎所有女性断绝了往来之后。

在玛丽安与社交界不通往来的那几年里，只有女性主义者们站在她身边。乔治·艾略特通常不被看作一位女性主义者，主要是因为她诚实到会批评女性。但是在 1856 年，玛丽安支持了就《已婚妇女财产法案》向议会组织请愿的英国女性主义者们，这个法案将允许妻子保留自己的收入而不是把钱全部上交给丈夫。玛丽安对莎拉说这么做会提升女性的地位和品性。“它是远远超越我们生活的长梯上的第一级。”

自从玛丽安 1852 年读过玛格丽特·富勒的回忆录之后，她就一直想写关于富勒的文章。她倾慕那颗不会贬低家庭日常关爱价值的“充满爱意的女性之心”。在玛丽安被社会孤立时期，她阅读了富勒更早的一本书，出版于 1843 年的《十九世纪的女性》（*Woman in the Nineteenth Century*）。

玛丽安在富勒身上看到了“强大又诚实的天性，拒绝夸大女性的道德和智力才能，同时又冷静地恳求去除人为施加的限制，这样女性天生的潜能才可能有充分发展的空间”。

同时她还读了玛丽·沃斯通克拉夫特的《女权辩护》。她发现这本书在维多利亚时代的英国并不好找。她读这本书的时候惊讶地发现，沃斯通克拉夫特对蠢女人的不耐烦“特别严肃，严厉地充满道德感”。

玛丽·雪莱是作为女儿兼继承者的身份回望沃斯通克拉夫特的，而玛丽安·埃文斯则回望的是那个对虚荣心驱使下的女性无聊举止和狡猾的勾心斗角充满批判的沃斯通克拉夫特。正如玛丽安总结的，沃斯通克拉夫特希望的是女性能够彻底吸收知识从而获得品性的成长。在玛丽安和泰勒夫人的讨论中，她坚持了这种不客气的论调：“‘赋予女性选举权’只是很小的一点进步，而细微的进步是最好的，因为女性还配不上比现在男人给她的好得多的处境。” 154

这么说很严苛，但沃斯通克拉夫特和富勒都见到过臣服于不讲理妻子的男性。玛丽安也对这种无知的狭隘表示遗憾，正如她在

《玛格丽特·富勒和玛丽·沃斯通克拉夫特》（‘Margaret Fuller and Mary Wollstonecraft’）一文里写的：“至于顽固这个问题，不讲理智的动物是生物里最难控制的。”乔治·艾略特会在《米德尔马契》里通过描写罗莎蒙德·温奇更详细地表达这个观点。罗莎蒙德是一位目光短浅的妻子，她阻碍了自己的丈夫，这成为令他无法把自己的医学远见付诸实践的原因之一。正如玛丽安在这篇文章里说的，当女性自身无法控制自己的弱点的时候，她的弱点就会**控制**她。无数有才华男子的成年生活就浪费在了日常的辛劳里，目的只是让一位“除了像神龛里的圣母玩偶一样坐在自己客厅里外，一无是处的”妻子维持“体面生活”。

和玛丽安不同，许多维多利亚时代的女性主义者都让自己的政治诉求和沃斯通克拉夫特保持了距离，因为她们不愿意让女性问题和关于她私生活的谣言扯上关系，这些谣言是编造出来诋毁沃斯通克拉夫特的革命性观点的。其实沃斯通克拉夫特是一位天生庄重的女性，她让像约翰逊博士和威廉·戈德温这样的男性都印象深刻，但是皮特（Pitt）*的宣传机器把她污蔑成了一个荡妇。女性，包括女作家，都对她敬而远之。体面对十九世纪女性主义的政治诉求尤其重要，毕竟这一运动的焦点旨在扫清性别平等的法律障碍。

而对塑造体面的形象来说，欲望可以说是毫无益处。对第一代女性主义者来说，有欲望是断然不行的，她们大多一生未婚。哈利雅特·马蒂诺因为露西·斯诺火热的性情和夏洛蒂·勃朗特断绝了关系。但玛丽安·埃文斯没有忘记如果斯宾塞对她不忠她就必须去“死”的个人经验。乔治·艾略特在《丹尼尔·德隆达》里回顾了这

---

* 小威廉·皮特，英国历史上最年轻的首相，1783 年 24 岁即担任首相一直到 1801 年。——译注

样的绝望，她安排女歌手米拉在河中浸湿了自己的斗篷准备自杀。在这个场景里，艾略特也回望了玛丽·沃斯通克拉夫特在1795年10月一个雨夜的所作所为，在吉尔伯特·伊姆雷抛弃她之后，她在泰晤士河边浸湿了自己的衣服，想让自己在水里沉得更快。米拉和玛丽一样都被救了回来；两个人都活下来，认识了一个好男人，并且向世界展示了她们所有的潜能。

§

玛丽安从1855年10月一直到1859年2月之间的独处，反倒让 155
她在工作上收获了很多成果。她每天有固定的日程：8点30分吃早饭；一个人读书到10点；写作写到1点30分；散步到4点；5点晚饭，然后每天晚上朗读3个小时。就和玛丽·雪莱一样，阅读带来的思想上的拓展驱动了她的写作。

与此同时她继续在帮助刘易斯。从他们两人会师开始，他的写作事业就蒸蒸日上。《歌德》（*Goethe*）收到了很好的评论，而等到1856年2月玛丽安终于完成了她的斯宾诺莎翻译（以刘易斯的名义）的时候，刘易斯已经转而研究海洋生物学了。刘易斯从事第一手研究的动因是赫胥黎不留情面的评论，他批评刘易斯只是一位“书本科学家”（book scientist）。1856年的春天，我们可以惊奇地看到玛丽安把双脚垂到伊尔弗勒科姆海边的岩池里。拎着自己的裙子不让它沾水，玛丽安和刘易斯一起收集标本，采集软体动物、环节动物和植虫类，他们把标本装进摆满房间各个角落的玻璃罐和试管里。接下来刘易斯用他们买的显微镜仔细研究这些生物，此外，每天早上他们都要急着起床检查夜里有什么发展（或者死亡）。就这样，她说，“我们似乎学到了大量的新知识”。

在一次离开海边去德文郡的森林漫步途中，玛丽安注意到了灌木丛中的一条毛虫，它“正在经历自己生命中的过渡时期，幸福地对过渡一无所知”。

玛丽安对芭芭拉·利·史密斯说，沉浸在动物学里干扰了她的工作。但动物学不正是其中的一部分——一出和她自己的过渡期生活共存的进化叙事吗？那年夏天接近尾声的时候，在滕比，刘易斯又一次力劝她写小说，然后，在 9 月 22 号那天，她尝试着张开了翅膀。飞快地，带着对一种新媒介的非凡掌控，她振翅高飞进入了她第一篇小说《阿莫斯·巴顿牧师的悲惨命运》（‘The Sad Fortunes of the Revd Amos Barton’）里。

这个故事圈定了一块她将会占据的领地：她将不再从神学的角度，而是从他们的日常生活来看待乡村牧师们，就像简·奥斯丁所
156 做的那样。她会把荷兰绘画的日常生活主题应用到一系列的《牧师生活图景》（*Scenes of Clerical Life*）中。她无视了“女士们”，那些愚蠢女性小说家的读者的期望：没有上流社会的浪漫故事，没有赚人眼泪的情节起伏，没有虚伪的虔诚，没有极端的贫穷。相反，她关注的焦点是家庭生活：好心但才能平庸的牧师（以她童年生活的希尔维斯卡顿的约翰·格威瑟［John Gwyther］牧师*的人生为原型）；在第七次妊娠里健康日益恶化的充满爱心的母亲；还有对孩子们写实的描写，从焦虑的大女儿帕蒂到家里最小的两个男孩迪基和查比，他们对米利的手的温柔触碰有所反应，但却不能明白他们母亲

* 在阿莫斯·巴顿身上认出了自己的约翰·格威瑟牧师是玛丽安童年时的本地牧师。他和阿莫斯一样不受欢迎，既因为他坚持的福音派主张，也因为他对教区里一位新来的信众产生了爱慕，一位“伯爵夫人”。

的痛苦，最后还有那个红彤彤的、只活了几个小时的七个月就出生了的早产儿。他死了之后紧跟着就是米利的死亡和葬礼。玛丽安让读者在米利身上感觉到的不是温顺的家中天使，而是超越其上的自然的善良。

这有可能是从玛丽安 1855 年初在柏林时开始就一直在自己头脑里思考的问题。当时她提出给《威斯敏斯特评论》写一篇题为《理想女性》（‘Ideals of Womankind’）的文章，她告诉查普曼，这是一个她想要讨论的题目。她塑造的米利·巴顿是活跃的女性主义者在家庭生活里的对应物，也符合沃斯通克拉夫特对家庭之爱的坚持。最后读者脑海中挥之不去的，是那个失去了米利的迟钝之人的痛苦。

刘易斯还有玛丽安都不确定她能不能承受米利去世那一幕的情感冲击。当她写到故事这部分的时候，刘易斯躲到了伦敦，留她一个人在家，看看她能写出什么。等刘易斯那天晚上深夜一回家，玛丽安就把这一幕朗读给他听。他们两个人都哭了；然后他走过来吻了她，他说：“你的悲情感染力比你的幽默还要厉害。”

他们的关系不仅仅只是夫妻。对玛丽安来说，刘易斯是一位导师：他的科学洞见是刺激她想要投身现实主义的动因。更重要的是刘易斯热情的反馈：他欣然接受了玛丽安敏锐的情感体察，这种敏锐打开了她作为作家的听觉，让她听到了“寂静背后的咆哮”。

刘易斯把这篇故事推介给了著名的爱丁堡出版商约翰·布莱克 157
伍德（John Blackwood），他的父亲创立了《布莱克伍德杂志》（正是玛丽亚·勃朗特废寝忘食地阅读的那本杂志）。刘易斯那时已经是“杂志”的撰稿人了，这本杂志最近刚刚刊登了他的《海滨研究》（*Seaside Studies*）的第一部分。刘易斯没有泄露玛丽安的名字，也没有提及她是女性这件事。他谎称他在代表一位缺乏自信的朋友，并且在说到这位朋友的时候用的是“他”。

布莱克伍德是个谨慎的苏格兰人。他习惯评价一份稿件“还行”，然后说他会再读一遍以确保他不会被初次阅读误导。他非常生硬地恭喜了这位作者“配得上获得出版和稿费的荣誉”；但同时他也认为故事用孩子们的命运结尾是个“缺陷”（defect）。布莱克伍德说这是一个“差劲”（lame）的尾声，他没有看到每一个孩子的丧亲之痛和他们的生活，如何把他们母亲为人忽视的劳作的生命力延续到未来。

作者的自信受到了打击。刘易斯向布莱克伍德解释说他的朋友“异常敏感，而且不像大多数作者，他更关心作品的优劣而不是能否发表——他等待了这么久才冒险尝试便可以证明。因而他更害怕失败而非籍籍无名。”布莱克伍德的冷漠没有给这位作者足够多继续下去的鼓励。刘易斯不得不解释说，“这种害羞、容易退缩但是又有野心的性格是你必须要考虑到的。”

布莱克伍德非常成熟地明白了暗示。他的语气变得温和起来。他承认，他的妻子喜爱孩子们的角色。其他人则不以为然。一位布莱克伍德信任的参谋认为这位作者可能是一位科学家，“不是一位熟练的作家”，而且故事里描写了太多抽泣的、脏兮兮的鼻子。

虽然受到了刺激，但玛丽安还是为自己的现实主义辩护了。她的科学知识和大多数“熟练的作家”一样肤浅，她说。但她不同意科学的精准和艺术是不能共存的。那些不喜欢荷兰绘画朴素的诚实的人是不可能喜欢上这个画派的任何一幅作品的。

《阿莫斯》的第一部分于 1857 年 1 月在《布莱克伍德杂志》上刊出，刘易斯为自己“破壳的雏鸡”洋洋得意。玛丽安的作品是匿名发表的（这和“杂志”其他所有撰稿人一样），而且读者们不光

断定作者是一位男性，还几乎肯定他是一位神职人员。玛丽安写信 158
向布莱克伍德保证《图景》的第二个故事很快就能写好，信的落款是“阿莫斯·巴顿的作者”。同时，1857 年的 2 月 4 号，玛丽安选了一个假名，然后乔治·艾略特就诞生了。“乔治”是和乔治·亨利·刘易斯一起破壳而出的双胞胎，而“艾略特”则完全是随便挑的。这个男性的假身份让她能够自由地讨论她之前从来不敢在写作里触及的问题：女性隐秘的欲望。

在《吉尔福尔先生的爱情故事》（‘Mr Gilfil’s Love Story’）里，一个男人的故事之下再次隐藏了一个关于女性没有实现的自然潜能的问题。来自玛丽安故乡的沃里克郡读者立刻就能认出伯纳德·吉尔平·埃布德尔（Bernard Gilpin Ebdell）牧师，他也是希尔维斯卡顿的牧师。他的中间名很明显是“吉尔福尔”的出处。埃布德尔娶了一个煤矿工人的女儿莎拉·希尔顿，她由纽迪盖特夫人教育大并且培养成为一位歌手。小说里并没有写这位矿工的女儿，而是虚构了一位意大利妻子，卡泰丽娜·萨尔蒂，而她的故事——隐藏在她丈夫的爱情故事里——在她早亡之后三十年才为人所知。我们先见到的是一位年迈的牧师，他过着单身的生活，但他家楼上有一间锁起来的房间，那是一间女士的房间，里面还有上个世纪的遗物——一个樱桃红的蝴蝶结和褪色的黑蕾丝。这位老人喝着掺水的金酒，他的烟斗往外撒着烟灰，再加上楼上的遗物，这一切都没告诉我们太多信息。教区居民的人间喜剧在他周围上演，在闲言碎语和回忆的碎片里有一个长着一双大大的黑眼睛的外国人，她眼里是对自己当下的生活心不在焉的无神表情。

吉尔福尔把他的过去锁了起来。只有故事的叙述者才能带我们回到一个女孩对另一个男人没有得到回应的满腔热情中去。这个故事可以读作对欲望的毁灭性的警示，但乔治·艾略特，就和克莱尔·克莱蒙一样，期待着读者能够进入社会道德准则所压抑的东西里去。

艾略特对读者同情心的掌控——把一个女人沉默的人生戏剧通
159 过一位老人对自己坚韧爱情的沉默回忆传达出来——让这个故事成为叙述一段亲密层层展开的杰作。艾略特为亨利·詹姆斯的内心戏剧——无法言说之物的张力——奠定了基础。

卡泰丽娜还是个孩子的时候就被一对英国乡绅地主夫妻，克里斯托弗·谢弗利尔爵士和他的夫人收养（他们的原型是罗杰·纽迪盖特爵士和夫人，他们的侄子和继承人任命了乔治·艾略特的父亲担任他的地产管理人）。谢弗利尔庄园完全照搬了宏大的阿伯里庄园，自然乔治·艾略特孩提时期的经历让她对这个地方很熟悉。一个虚构的侄子兼继承人、刻意摆出一副优雅又弱不禁风样子的怀布罗上尉，对卡泰丽娜（人们都管她叫蒂娜）大献殷勤，让她爱上了他。当他被要求和一位出身高贵的富有小姐结婚的时候，他要蒂娜忘掉他们之间的柔情蜜意。但她无法割舍自己的爱恋。而让这一切更加艰难的是她必须把一切都隐藏起来。怀布罗的未婚妻、性格霸道的阿什尔小姐，还有她头脑狭隘的母亲一起住进了庄园，而对蒂娜来说，目睹种种背叛的举动无异于折磨，但她必须设法不让人看出来自己的痛苦。独自一人困坐在房间里，她把一条手绢撕得粉碎，还面对着窗玻璃紧紧地咬着牙关。

乔治·艾略特描绘了强迫一个人违背自己的内心是多么有破坏性的事。蒂娜说不出口的深情的重压就像夏洛蒂·勃朗特在她的小说里重现的她对埃热先生的感情一样（最令人痛苦的一幕是在《雪莉》里，当时举止得体的卡罗琳·赫尔斯通觉得自己好像手里攥着一只蝎子）。乔治·艾略特公开了蒂娜时刻不休的痛苦，袒露了没有一位维多利亚淑女敢大声说出来的情感。

蒂娜作为歌手的天分是一种华丽的表达方式，但它只能持续一首咏叹调的长度，而且在她情敌的阶级和财富面前，它就什么都不是了。对她的恩主来说，蒂娜的歌声够格作为起居室的娱乐——仅此而已。克里斯托弗爵士会满怀爱意地管她叫“小猴子”；其实她也就是一只耍把戏的猴子。她不比宠物自由多少——就是别人的财产。她的主人克里斯托弗爵士有权把她转让给吉尔福尔先生。她知道吉尔福尔是多好的人，但她对怀布罗的爱是永恒的。在这样一项安排里，没有人想过这个女孩可能会有自己的想法。如果她真的有，那也肯定只是女人的喜怒无常而已。只要她想一想自己欠恩主的情义就会让她继续听命行事了。

这种行为准则造就了蒂娜温顺、感恩的举止。因为她早就内化 160
了这条准则，当她发现自己无法控制对怀布罗的愤怒的时候，她感到难过万分。他则用套话来回避自己的脆弱：女人都是轻浮的生物，她们可以轻易地从一个男人转向另一个男人的怀抱，全看谁能给她们好处。

当蒂娜不肯配合这套方便的说辞的时候，怀布罗就将其强加在她身上，促使克里斯托弗爵士把蒂娜嫁给了吉尔福尔。强迫的婚姻是对蒂娜感情最后的背叛。事实上，试图保护蒂娜的只有未来的新郎吉尔福尔。

吉尔福尔的同情心是一条提示，它提醒读者设身处地去想象一个无力到疯狂甚至是想要杀人的愤怒女孩被权力压迫的后果。约翰·布莱克伍德没有看懂这条提示，他表示吉尔福尔的忠诚对“一位品性方正的男人”来说太“卑微”了。乔治·艾略特拒绝修改这一点，她向布莱克伍德解释了在这场悲剧里，每一个角色的行为从心理上来说都是不可避免的，吉尔福尔的忠诚不会有回报，而蒂娜和怀布罗之间的冲突会上升到对他们两个人来说都是致命的程度。

让小说的冲突更为剧烈的是，怀布罗不是个恶人。他软弱无力到承受不起爱欲的悸动。蒂娜是因为他性格里的温柔才一直被他吸引的；她想要唤回这种尚存的温柔，但这种温柔也没有强大到能够反抗同样压迫着他的社会期望。他对蒂娜的喜欢是出自真心的，但他太在意自保所以无法全身心地去爱。

随着怀布罗对蒂娜侮辱得越来越多，愤怒把她逼到了崩溃的边缘。她担心自己快要维持不住自己的附庸身份所要求的礼貌感恩的表象了。这让我想起了《小杜丽》（*Little Dorrit*，1855—1857 年之间连载）里被收养的孤儿泰蒂柯伦的愤怒。狄更斯明示了愤怒是一种不可接受的情绪。他明白泰蒂柯伦有她自己无法控制的情绪，但他邀请我们一起摇头叹息。他没有像乔治·艾略特洞察蒂娜的灵魂一样深究这些情绪。

在怀布罗死于心衰之后，蒂娜看起来像是要忘记这一切继续生活了。她嫁给了善良的吉尔福尔先生——他给了她一种生活——但这只是假象而已。伤透了心，没有了生存的意志，她在生孩子的时候死去，而小说则让我们理解了这个结局是如何的无法避免。

161 性格温和的约翰·布莱克伍德被蒂娜杀气腾腾的怒火吓退了。他尤其反对蒂娜从谢弗利尔庄园的古董武器藏品里抓起一把“匕首”[*]的一幕。他想要蒂娜只是梦到这么做，以此来为她保留一丝“尊严”。

---

* 匕首应该是 dagger 但是布莱克伍德误写作了 dadger。——译注

在回复里，乔治·艾略特忍不住嘲讽了“dadger”。她写道，“如果把真实发生的场景替换成梦境的话，我的故事就完了。”她希望能够承认人性中真实存在的前后矛盾之处*，也拒绝改变蒂娜的想法。“我们中有许多人都有理由知道，即使被自己的整个天性保护不会犯下罪行的人，也会有感到犯罪冲动的时候，所以我无法不去希望我的卡泰丽娜不会因此失去我所有读者的同情。”

我的卡泰丽娜：“我的”透露了艾略特与这个人物的亲密。后来，艾略特会说她在《牧师生活图景》里做了她以后再也不会尝试的事情。如果说她是在揭开一个女人的欲望，而且如果我们想知道她为什么再也不会用如此疯狂的方式写作这个主题了，答案肯定就在她 1852 年到 1854 年之间放弃的东西里：她对斯宾塞无果的渴望。在《吉尔福尔》里，乔治·艾略特既重新激活了这种痛苦，又让它和她自己的经历保持了距离，她的办法是把卡泰丽娜塑造成非英国人，至少按出身不是。尽管如此，让蒂娜似火激情燃烧的，是一位英国女人在 1852 年 7 月的热浪里蹿升的体温，当时斯宾塞给她送来的只有“大块大块的冰”。

斯宾塞和怀布罗都分外担心自己的健康：怀布罗心脏不好，而斯宾塞总觉得自己神经衰弱。他们的性格很也相似：不冷不热近乎冷漠。玛丽安·埃文斯注意到了斯宾塞的“巨大的冰川”。而斯宾塞终身未婚的事实证实了她感到的冷淡是源于他自身而不是所谓的她缺乏吸引力这一点。当然，如果斯宾塞沉浸在对生病的担忧里而没有能力寻求性爱，这肯定完全是他的责任。

在艾略特写给斯宾塞的理智恳求中，异常扎眼的“死”说明了

---

* 乔治·艾略特会同意爱默生的观点：“愚蠢的一致是头脑狭隘之人的魔障”。这同样适用于前面提到过的她关于“中间色”的看法。

很多。她自己经历过的值得去死的爱情让她进入蒂娜致命的爱情里。但是，和蒂娜不同的是艾略特拯救了自己，先是通过工作，然
162 后是慢慢地摸索着和另一个最初并没有吸引她或者给她留下好感的男人缔结了纽带。这不是什么轻松的转变；它绝对算得上是一场感情的奇迹。

艾略特能够让自己学会欣赏刘易斯的善良和忠诚。但一位不如她成熟和理智的女性可能就没救了，比如蒂娜。在刘易斯身上，艾略特最终找到的是一位广有人脉的导师，这是异常幸运的——这是帮助她小说创作起飞的跑道——但它不是她不得不抛在身后的狂野情愫。

在创作了蒂娜之后，乔治·艾略特承认了自己对狂野的认同——这个特征和她后来变成的睿智女性形象格格不入。此时，她在为刚刚出版的《夏洛蒂·勃朗特的一生》中关于艾米莉·勃朗特的描写感动不已。“艾米莉尤其让我着迷，”她向盖斯凯尔夫人坦白，“可能是因为我对狮子和野兽有一种热情，而她的力量、光彩和狂野就像一头野兽一样。”我把这看作是一个蜕变之后的生物对自己过去形态的最后一次回望。

蜕变的代价就是家人。艾萨克·埃文斯一直因为把妹妹逐出自己的生活而名声不佳。通过自己的律师确认了她没有合法结婚之后，艾萨克马上和妹妹断绝了关系，这一决定似乎只是自觉高尚的从众行为，他这一举动也因为《弗洛斯河上的磨坊》里玛吉·塔利弗对她庸俗哥哥的悲切渴望而定格在人们心中。然而现实中，兄妹之间的矛盾远在艾萨克和艾略特断绝关系之前就在逐渐积累了。

我们应该记得这种矛盾最初的征兆是当玛丽安·埃文斯 1850 年

从日内瓦回来之后，她在自己哥哥家里感觉什么都不对。接下来又有一系列的家庭危机，但她都对它们置之不理，没有伸出援手。第一次是当克里斯的丈夫去世的时候，玛丽安溜回伦敦，这激怒了艾萨克。然后，在克里斯的二儿子 1854 年淹死的时候，玛丽安却在魏玛，把自己的全部——包括她的收入——都给了刘易斯。尽管觉得自己不能两边都照顾到的负罪感让玛丽安为自己姐姐的苦难而不是他们在伦敦越传越广的丑闻更难过。而在玛丽安书写蒂娜爱情的危机之时，另一个同样紧迫的家庭危机在 1857 年的 3 月到 4 月之间找上了她。

她从艾萨克那里听说克里斯家里爆发了斑疹伤寒。漂亮的八岁金发女孩弗朗西斯（范妮）在 3 月 26 号病死了。一个更小的孩子，凯特，还有克里斯自己和她们的仆人都病势沉重。玛丽安此时正在写《吉尔福尔》的结尾，这篇小说马上就需要寄给她的出版商了。这种工作上的承诺在她看来“更加重要”，然而即使在她 4 月 8 日写完了《吉尔福尔》之后，她也没有考虑停止协助刘易斯的海洋生物研究，当时他们在西西里群岛最大的岛屿圣玛丽岛——她觉得自己相隔太远没法及时赶到姐姐身边。所以当阳光在字面意义上一直照耀在玛丽安身上时，克里斯的危机，她说，是“我心头的一道阴影”。

4 月 16 日，当从艾萨克那里听说克里斯和凯特的病情有所好转但还没有脱离危险的时候，她请求艾萨克先从她下半年的遗产收入里预支十五镑给克里斯，这样她可以带着凯特“离开那个疫病的温床”。她还在信里夹带了一张给克里斯的便条，署名是“玛丽安·埃文斯”。

这个名字很重要。在她和刘易斯同居将近三年之后，她还是想向她家人隐瞒这件事情。但对自己的真实境况保密就意味她又一次要直面一位未婚姨妈需要负责照顾病人的社会期望。这一次玛丽安没有收到她哥哥的任何回复。

所以当她终于在 1857 年 5 月 26 日从泽西岛的戈里（又是一处刘易斯进行研究的海滨之地）给艾萨克写信解释自己境况变化的时候，他们之间早就彼此疏远了。她写道：“我敢说你知道这件事肯定会很惊讶，但我希望你不会难过，我已经改了我的姓氏，而且找到了在这个世界上照顾我的人了。”她给出的没有去照顾克里斯的理由之一就是她自己“非常脆弱”的健康，而海边的空气对她有好处。并且她现在宣称自己“全然不知（克里斯的）病有多严重”。

这些借口听起来无力得出奇。对一个富有同情心的女人而言，她对自己哥哥和姐姐的疏远看起来和她的性格完全不符。可能的线索之一就是玛丽安需要她轻描淡写地称为“认可”的东西，实际上
164 她指的是一种强烈得多的东西：家人由衷的肯定。有没有可能当她和家人在一起的时候，她就会失去那个可以有效地反抗家人把她视作“自然的次品”的自我？如果是这样，她就必须保持距离。也许害怕也是一个原因：一个法外之徒对被拉回亲人关系网络的恐惧。

即使在和一度拯救过她的布雷夫妇之间，他们越来越远的距离也在 1857 年显露无疑，卡拉想知道在她们疏远的这三年里，她朋友的容貌发生了什么改变。

“毫无疑问更老也更丑了，”玛丽安回复说，“但应该不会带着不好的表情，因为我从来没遇到任何会唤起我的坏脾气或者不满的东西——你知道这两样东西永远都是做好了准备有一点苗头就会显露出来的——我有的一切，唤起的都是我的爱和感激。”

后来卡拉邀请了玛丽安去常青藤小屋做客，那是亨内尔夫人和

莎拉的家，布雷夫妇在遇到经济困难之后也搬到了那里。玛丽安再一次找了个借口没有前往。她只是寄了一张照片（摄于 1858 年 2 月 26 日），上面写着“给我的姐妹卡拉和莎拉”。就这样，她断开了自己和英格兰中部的联系，只在回忆里再回到那里。

维多利亚时代的男人并不忌讳流泪。刘易斯为米利·巴顿的苦难大哭，而乔治·艾略特则把这件事广为传播。她对刘易斯流露的感情很骄傲，将其视作自己的突破：这是确认她能够感动自己读者的信号。一位名叫阿尔弗雷德·史密斯（Alfred Smith）的伦敦讲师告诉布莱克伍德，他为了《阿莫斯·巴顿》“痛哭流涕”（blubbed）。时年四十岁的史密斯也同样很骄傲于他还有如此多的眼泪可以流。乔治·艾略特自己也喜欢哭泣。她和刘易斯一起为巴顿夫人病逝的一幕痛哭。而当一位女布道士黛娜·莫里斯（Dinah Morris）受到神启的话在《亚当·比德》里喷涌而出的时候，艾略特又哭了，她流下了“滚烫的眼泪”。

艾略特把这本小说看作“我婶婶的故事”。在她十七岁的时候，伊丽莎白·埃文斯给她讲了一个杀害自己的婴儿而且拒绝认罪的女孩的故事，艾略特被“深深地打动了”。她婶婶和那个女孩待在一起，在她被处死的前夜整夜都为她祈祷，直到那个“可怜人”哭出声来，承认了自己的罪行为止。

她的侄女从来没有和人提过这起发生在 1802 年的谋杀案，直到她 1856 年 12 月把这个故事讲给刘易斯听，他建议她用死刑之前监狱中的场景为高潮写一本小说。虽然她婶婶说的是一个粗鄙、无 165
知的女孩，乔治·艾略特把她重塑为赫蒂·索雷尔，一位农夫的侄女，漂亮因而有点虚荣，她快乐地在一家体面人家开的乳品场里工作，后来被乡绅唐尼索恩不当真地求爱勾引。怀孕之后，她离开了家但却无处可去，等到她生下孩子之后，社会对她的孤立让她难以承受。把孩子除掉是一个很诱人的摆脱困境的方法。她不想杀掉孩子；她只是在树林里放下了一个包裹，然后强迫自己不去听孩子的哭声。

与之形成对比的是《红字》（*The Scarlet Letter*, 1851）里的海斯特·白兰，她即使被整个清教徒社区孤立也坚持不放弃自己的孩子。赫蒂（Hetty）这个名字太像海斯特（Hester）了，不可能完全是个巧合（她的情人亚瑟·唐尼索恩的名字也很像海斯特的情人亚瑟·丁梅斯代尔，当牧师的他也站在当地社会的顶层），同时乔治·艾略特也的确非常崇拜霍桑（Hawthorne）的小说。对在美国的海斯特来说，十七世纪的波士顿之外不远就是边疆，那里给了她一个逃离被社会抛弃的困境的机会。对在英格兰的海蒂来说，没有可以逃离社会的地方；每一条路都通向干草坡村和永远的耻辱。

1857 年 10 月，在玛丽·安遇到伊丽莎白·埃文斯二十年之后，她用受她婶婶启发的场景开始了《亚当·比德》：一位年轻女子在户外向乡下人布道。当她把这个场景朗读给刘易斯听的时候，他大为感动，力劝她把黛娜作为小说的中心人物。最后，当赫蒂被关进监狱的时候，黛娜会帮助她在死前找到自己的灵魂。

这部小说对读者非同一般的效果宛如灵魂对灵魂的触动，当穿着朴素的黑裙，戴着整洁的贵格派小帽的黛娜攀上一辆马车开始布道的时候，“她的眼睛里没有锐利的东西；它们看上去是在散发爱而不是在观察；它们是那种液体般的样子，这让人知道她的头脑里满是它急于分享的东西，而不是在关注外界的事物……她没有像她听过的其他人那样布道，而是直接凭自己的情感发言……”

黛娜的能言善辩里的“女性敏感”和对自己会犯错的听众的同类情谊结合在一起，就好像艾略特婶婶“爱的精神”跳动的脉搏在小说家艾略特身上表达了出来——就好像在黛娜的声音里，艾略特找到了自己身为一个作家的志业。

1859 年初《亚当 · 比德》出版的时候，乔治 · 艾略特发现了 166
名声是多么无足轻重；重要的是看到读者们被感动到觉得自己发生了转变。有很多人像简 · 卡莱尔一样“诚挚”地感动了，“对整个人类充满了同情”。同样的情感也在狄更斯心中涌起，他告诉乔治 · 艾略特，《亚当 · 比德》标志了他生命里的“一个时代”。然后，出人意料地，赫伯特 · 斯宾塞，这个艾略特很久以前调笑过他“巨大的冰川”的人，宣布他罕见地被打动了。后来，当斯宾塞想禁掉伦敦图书馆里所有小说的时候，他把乔治 · 艾略特的小说排除在外——它们给予的情感治愈比它们作为小说的体裁分类更重要。

《亚当 · 比德》成了本畅销书。乔治 · 艾略特成了人人皆知的名字，然而乔治 · 艾略特到底是谁依旧是个谜。艾略特甚至比夏洛蒂 · 勃朗特保护自己科勒 · 贝尔的身份还要坚决地保护着自己的笔名。科勒 · 贝尔的某些书名明确地指出她小说的中心是对女性形象的描绘——《简 · 爱》《雪莉》*——而乔治 · 艾略特则把自己的男性身份延伸到了她小说的标题里。《阿莫斯 · 巴顿》《吉尔福尔先生》《亚当 · 比德》还有《丹尼尔 · 德隆达》，在某种程度上都是对描写女性的掩护：米利 · 巴顿、卡泰丽娜 · 萨尔蒂、黛娜 · 莫里斯、赫

---

* 勃朗特的第一本小说《教授》（原名为《主人》）是一个例外。学者克莱尔 · 哈曼（Claire Harman）认为，当夏洛蒂把她弟弟布兰韦尔关于兄弟之争的故事（《羊毛涨价了》）里的场景移植到了小说的开头，夏洛蒂在“试图确立一种更有力、更男性化的声音”，使得这本小说看起来不像女性的作品，同时也干扰读者，防止他们注意到小说的自传内核（第 200 页）。

蒂·索雷尔还有格温德琳·哈里斯。“玛吉妹妹”是《弗洛斯河上的磨坊》写作时的题目，她始终是小说的焦点，但却从最后的标题里消失了。这个策略让乔治·艾略特获得了巨大的读者群。1859 年初《亚当·比德》被广为称赞，甚至还受到了维多利亚女王的嘉许。如果读者们知道作者的真实身份，围绕着埃文斯小姐身边的丑闻也许会让这种大规模的接受从一开始就不可能。接着在那一年晚些时候，艾略特的男性形象被揭穿了。

赫伯特·斯宾塞是唯一一个乔治·艾略特透露过自己是《牧师生活图景》和《亚当·比德》作者的人。但斯宾塞在查普曼的试探下泄了密——而后者可不是个会守秘密的人。一旦乔治·艾略特被人知道是个女人，《雅典娜神庙》（*Athenaeum*）杂志的主编威廉·赫普沃斯·迪克逊（William Hepworth Dixon）就发起了攻击，他宣称
167 《亚当·比德》就是“一位有着没有受过教育的道德天性的聪明女人都可能会写出来的故事……一位相当固执的女士，天生有用来炫耀的丰沛的多愁善感，和滔滔不绝的虔诚话。”有的人说她在塑造黛娜的时候只不过是在抄袭她的婶婶；另一些人则说她不过是在学舌农人妻子波伊泽夫人*言简意赅的警句而已。刘易斯不停地警告布莱克伍德，乔治·艾略特对别人的轻视非常敏感，这样的话可能让这位作者停止写作。

尽管如此，“对自己的人类同胞说话的志业”已经诞生了，只要艾略特还活着，它就不会离开她。心中充满了“深深的、无声的快乐”，艾略特给自己唱了一曲无声的圣母颂。而对公众而言，她的道德声音的抚慰，它唤起的情绪让人无法想象再把她看作边缘

---

* 《亚当·比德》中的人物。——译注

人。《亚当·比德》是一本拯救了艾略特声誉的书。刘易斯为她谈妥的大笔稿费，再加上未来出的书可以收获更多的收入的预期，使得艾略特和刘易斯可以搬回伦敦，在位于旺兹沃思的霍利小屋里有了他们自己的家。这是应该感到满足和安全的时刻，但家庭危机再一次抬起了头。

虽然克里斯从斑疹伤寒里恢复过来了，她之后又因为肺结核病重。1859 年 3 月，在她去世前两个月，克里斯后悔了自己的沉默——艾萨克强加的沉默。来自她快病死姐姐的一份充满爱意的道歉信“犁碎”（ploughed up）了玛丽安的心。尽管如此，她也没有去看望克里斯，即使从伦敦到考文垂坐火车只需要两个半小时。她这一次的借口是妻子的责任。她和刘易斯找不到一个可以帮他们解除家务烦恼的仆人。刘易斯先生，她宣称，“坚决”反对艾略特把他和他们现在的仆人留在一起两天这个安排。

“离开家是个可怕的牺牲。”她是这么告诉布雷的，同时也告诉他自己没有办法顺路去看他们。两天之后就要回伦敦的紧迫，她解释说，“会阻止任何对昔日愉快的再续。在五年里从不分离而且只能在彼此身上找到所有的幸福的人，就有点像连体婴儿一样，其他人是不太可能容忍甚至相信他们对彼此的依赖的”。

克里斯去世之后，她妹妹出钱把她的两个女儿送去了利奇菲尔德的一所寄宿学校。她没有收养她们，也和这些孤儿一直保持着距离。去学校看她们一次就是她能做到的全部了。收到年龄大一点的 168
女孩艾米莉的“可爱”信件让她松了口气，乔治·艾略特认为十四岁的她就已经可以照顾她的小妹凯特了。因为她自己整个童年都是在寄宿学校度过的，艾略特可能没有意识到孩子们需要什么。

人们通常会赞赏艾略特对刘易斯三个儿子的慷慨，但她提及最小的儿子伯蒂时说他是“蠢笨”而且多病的。她没有把自己的同情延伸这个男孩身上，他不快乐地成长在一个破碎的家庭里，并且他的生母还忙于照料自己的第二个家庭。没有发生的事情和的确发生了的事情一样可以告诉我们很多：这位继母并没有出面劝说刘易斯让伯蒂来自己父亲的家里恢复健康；相反，伯蒂要去瑞士的一所寄宿学校，和他的哥哥们在一起。乔治·艾略特作为一位作家日益增长的收入可以帮助付学费。但那些孩子在大多数的假期里都不能回到英国。当他们的父亲大约一年一次去瑞士看望他们的时候，表现得像他们父亲期望的一样高兴。但是，他们有没有想家，他们是不是被剥夺了养育和照料，我们不得而知。社会对男子气概的要求（和一种以罗马帝国模式为基础的帝国主义思维有关）不容许他们抱怨。

当时正是艾略特写作的高产期，为了做到这点她必须要保护自己的时间和隐私。责任感可能以很多种方式倾覆一位维多利亚时代女性的个人理想。当弗洛伦斯·南丁格尔从克里米亚回到英国，计划把护理变成一种职业的时候，她的病床保护她逃脱了社会责任，一如孤立的处境保护了乔治·艾略特一样。

鉴于她常常发作的头痛和抑郁，要获得她所获得的成就，艾略特必须把自己的情感能量保留给工作和刘易斯，他对她的工作至关重要，作为她的经纪人四处奔走，同时还给了她，用她自己的话说，“可以刺激我自身天性健康活动的完美的爱和同情”。

公众对《亚当·比德》的欢迎让艾略特高兴自己生到了这个世界上。成功给了她勇气去探索作为那个曾经看起来“没前途的女
169 孩”的个人经验。她现在已有经足够的自信来通过小说的媒介重温

自己曾称之为“可怕痛苦”的过去。《弗洛斯河上的磨坊》（1860）里满是她自己的回忆。这本小说讲述了一个不合群的聪明女孩的故事，她和自己头脑狭隘的母亲、她母亲排外的家族，还有圣奥格镇的外省社会都格格不入。这就是上一代人生活的英格兰中部，也就是乔治·艾略特的皮尔斯阿姨，小说里谴责不愿意从众的玛吉的“格莱格阿姨”的时代。就像乔治·艾略特自己一样，玛吉·塔利弗被那种抛开了过去的人对旧日的渴望困扰，同时，这样的人也“被他们心中最坚韧的纤维捆绑在”那些统治了自己童年的亲人身上，亲人的一举一动都刺痛着他们。

玛吉的父亲管她叫他的“小丫头”，这正是罗伯特·埃文斯给玛丽·安的爱称。玛吉跟她“有点蠢”的哥哥汤姆相比头脑更聪明，虽然塔利弗先生对此很骄傲，但他清楚，聪明的头脑对成年女性没什么用。“她还是个孩子的时候没什么坏处，但一个聪明过头的女人比长尾巴羊好不到哪去——她又不会因为那样就卖更多的钱。”

塔利弗夫人不同意。“不，她还是个孩子的时候就不是好事了，塔利弗先生，因为聪明劲都变成淘气了……在河边到处乱跑，就像个野人一样。”

这个任性的孩子被人说看起来像个吉普赛人，于是孤独又渴望被人理解的她离家出走加入吉普赛人，天真地希望可以找到一个能够欣赏她本性的不同的环境。结果吉普赛人看到的只是玛吉和他们的不同：一个他们可以大胆下手的、不知道自己在做什么的中产阶级女孩。

玛吉总是一副衣冠不整的样子。她常常会为强加于女孩身上的消极生气，因为女孩们会被要求头发卷成小卷安静地坐着。烦透了母亲一直恳求她收拾一下自己蓬松头发的唠叨，玛吉干脆把头发剪掉了——这可真是解决梳妆打扮这个麻烦的捷径。

当玛吉去汤姆收费昂贵的私人教师那里看望他的时候，谁都不能否认她的聪明，但那位私人教师想方设法地贬低聪明的女孩；她们的聪明被说成是肤浅。

乔治·艾略特是在牛津或者剑桥的第一所学院向女性敞开大门
170 的九年之前描写玛吉的处境的。玛吉能做什么呢——这是作者本人也被迫面对过的问题。玛吉又是一位有可能超越女性界限的人：精力旺盛，有时充满反抗精神，有时能言善辩。

玛吉·塔利弗多少成了1860年代那些想要上进却在家庭之外又找不到出路的女性的小众偶像。其中就包括艾米莉·狄金森和她住在隔壁的嫂嫂苏珊·狄金森（Susan Dickinson）。聪明但受到限制的玛吉废寝忘食地读书，而苏珊想要的和玛吉想要的一样：内里有“更多”东西的书籍。当苏珊在她位于阿姆赫斯特的家里举办沙龙的时候，其中的一位成员在听说了《亚当·比德》作者不道德的行为之后拒绝阅读这本书。反叛的苏珊在1860年给艾米莉买了这本小说，然后两个人都买了《弗洛斯河上的磨坊》。他们的朋友，报人萨姆·鲍尔斯（他在1860年代初发表了几首艾米莉的诗），朗读了他最喜欢的一段：“在任何能够理解这个问题的人看来，欲望和责任之间游移的关系这个大问题都是模糊不清的。”艾米莉·狄金森把一幅乔治·艾略特的照片挂到了她房间的墙上（同时挂上去的还有伊丽莎白·巴雷特·勃朗宁[Elizabeth Barrett Browning]）。私底下，她用玛吉挑剔的婶婶“格莱格阿姨”的名字来称呼自己父亲爱管闲事的妹妹伊丽莎白。

玛吉的另一个追随者是亨利·詹姆斯充满活力的表妹明尼·坦普尔（Minny Temple）。这又是一位渴望丰富的生活、不肯被驯服的诚实女性，她力陈“让我们无畏地相信自己全部的内心”。我很好奇 1861 年十六岁的明尼，照亨利的哥哥威廉的说法，用“一只破坏者的手”剪去自己头发的时候，她是否真的是在模仿玛吉。威廉·詹姆斯（William James）、詹姆斯夫人，爱丽丝·詹姆斯（Alice James）和明尼的教师都不赞同她的特立独行，但亨利却把她当作“一场自然的实验”来观察。她会成为詹姆斯笔下的“反抗她命运”的美国女孩的原型。追随乔治·艾略特的脚步，詹姆斯也被“一种**伟大天性**”的可能所吸引。

当亨利·詹姆斯 1869 年启程前往英国的时候，明尼要求他代她亲吻乔治·艾略特。因为肺结核卧床的明尼读起了《弗洛斯河上的磨坊》。这本书让她对乔治·艾略特有了“一种不可抑制的钦佩和热爱”。“我能看出来她能理解**慷慨**女性的性格，那就是一位相信慷慨的女性，而且是一位必须做到自己想要的，否则什么都不算的女性，而且还是一位感觉敏锐的女性，不管实际上要完成的这件事情有多困难。”

成年之后，玛吉无法回应残疾男子菲利普·韦克姆对她的爱 171
意，他是一位能够把她当作有“宏大灵魂”的人来对待的潜在导师。相反，她和自己表妹的追求者斯蒂芬·格斯特私奔了。他们并没有跑出多远，玛吉就因为自己良心上的痛苦折返了。这样的道德抉择却并没有得到圣奥格镇的居民的体谅，他们孤立了她。

玛丽·雪莱和乔治·艾略特都发现，当女性孤立自己的同性的时候，她们比男性更加固执和狠毒。玛丽·雪莱只能在她的日记里私下表达这一点，而乔治·艾略特却用她新近获得的自信声音公开发出了对“全世界的太太们”无法克制的讽刺：她在小说里写了题为“圣奥格人民做出裁决”的一章。和玛丽安·埃文斯在多佛和里士满离群索居的地方所写的平静的信——她在信里用克制的语气说她接受自己所遭遇的一切——形成强烈对比的是，在小说的屏风之后发言的乔治·艾略特可以怒斥搬弄是非者的愚蠢。对头脑狭隘的人来说，最后的关键不是玛吉做了什么；关键在于她结婚了还是没结婚。“玛吉回来了……却没有丈夫，她落到了那种人尽皆知的错误会引人走入的耻辱和孤独的状态里；而全世界的太太们，凭着那赐给她们用来保全社会的高贵天性，一下就看出了塔利弗小姐的行为是……可憎的！”

最执意不愿原谅玛吉的是她哥哥，她人生最初时光的伴侣。汤姆告诉玛吉她和自己再也没关系了。最终兄妹在河水泛滥时和解了，拉着手淹死在洪水中：“在死亡里他们没有分离”，他们的墓碑上这么写道。对有些人来说，这个结尾太灾难性；而对另一些人来说，玛吉必须沉入水底，因为在彼时彼地，她天生的聪明才智和道德品性是没有未来的。但那些被兄妹之情感动的人也会被这个充满着乔治·艾略特自己过去的反向故事所打动——那些本可能发生的事情：和童年生活的场景没有中断的亲密关系，以及一个没有离开家乡的妹妹。

乔治·艾略特感动读者的伟大力量来自于她过去体会过的情感：她经历过的不能言说的热情；她婶婶的慈爱精神；以及作为社会边缘人的痛苦。

她在《织工马南》（*Silas Marner*, 1861）里创造的守财奴是又一
172 个生活在社会边缘的人。这部小说就像《圣经》里的寓言一样。马南囤积黄金，但自私的贪婪把他和他周围的人割裂开了。然后另外一种黄金进入了他的生命：一头金发的婴儿埃皮。她被人放在他门口，而他对这个孩子日益增长的爱就像一个奇迹一样：它改变了他

整个人。乔治·艾略特幼时的圣经阅读融入了她新的人文主义信仰中：“一种完全人性的理想的善”。

人文主义是艾略特所处时代的两大先进观念之一。当雪莱重复玛丽·沃斯通克拉夫特的长女芳妮的观点，认为诗人是人类未经承认的立法者的时候，他为诗人攫取了新的权威。乔治·艾略特把这一观念挪移到了小说上：一种深刻的精神重生。想象——有想象力的同情——将会替代恶意、报复和贪婪这些低级的敌对情绪。

另一个先进观念是进化。《物种起源》在1859年出版。人们早就知道达尔文并没有发明进化这个概念；这个概念的历史也早于他的爷爷伊拉斯谟·达尔文（Erasmus Darwin），可以一直追溯到亚里士多德，他把自然定义为变化，与静止相区分。但一个完成变态的生物依旧会保留它先天的组成成分。如果我们把这个观点平移到人类身上——就把它叫作传记吧——那么在玛丽安进入了她社会弃儿这个蛹的时候，当莎拉·亨内尔说自己在给一个陌生人写信时，玛丽安为什么会反驳说自己一直就是如此就不难明白了。

如果我们跟随玛丽安年轻时在查普曼家表现出来的“反抗者”性格，还有与之相符合的、那个要和一位已婚男子共命运的社会反叛者形象，她为什么要把自己的名字改成“刘易斯夫人”，然后再改成“乔治·艾略特”呢？很简单，我认为这是出于她被人接受的需要。在她的日记和信件里，她反复承认过对“认可”的渴望，一种在边缘人身上非常让人可以理解的渴望——尽管她也谴责自己的“自我中心”。她的小说传达的观念是要无私，是要克制自我中心，尤其是在《米德尔马契》里。

乔治·艾略特带领我们进入了一位失望的妻子多萝西娅·卡苏朋的沉默挣扎里，看着她抵抗对她丈夫的一阵阵厌恶。而在她如此

挣扎的时候，她磨练精进了一位出生在错误时间和地点的潜在的圣特蕾莎*所需要的同情心。作为一位困在沉闷的外省生活里渴望智
173 识进步的年轻女性，多萝西娅却能大度地怜悯她陷入日常平庸的丈夫。而他朦胧地意识到了自己妻子进化中的头脑和品性，甚至在死后还伸出他的“死亡之手”来阻挠她。

弗吉尼亚·伍尔夫说过一句名言，那就是《米德尔马契》是给成年人的小说：平庸之人的权力游戏——眼界狭隘的学者卡苏朋；一无是处的儿子弗雷德·文西；他的妹妹罗莎蒙德，一位被宠坏了的妻子；庄园主布鲁克先生，他什么都不为自己的佃农做，但却想要投身政治；还有富裕的、爱操纵人的老费瑟斯通——所有这些人都和照料老费瑟斯通的能干的玛丽·高思以及真挚乐于助人的多萝西娅的品德形成了对比，而她们两人都是身处社会边缘的品格高尚的人。在没有投票权、而且教育只属于出身好的男人的时代，她们没有获得权力——自我延续的公共权力——的机会。作为边缘人她们成了另一种不屑于显示自身的权力；她们让我们相信这是有可能的，事实上它已经存在了。当乔治·艾略特告诉我们多萝西娅不为人知的善行的时候，伊丽莎白·埃文斯那已经离世的声音就继续打动着从过去到现在的所有读者。这种边缘人的道德帮助乔治·艾略特抵抗了“警句人”的威胁。她说，按照教条生活，把自己包裹在现成的格言里，就是“压制来自日益增长的洞察力的启迪”。

因为黛娜和多萝西娅的洞见，艾略特本人最后被人视作睿智的天使，但自然的，和她们相比，她自己还远远不及，就如在她和艾

* 十六世纪西班牙的圣特蕾莎，她在反宗教改革中起了重要作用，在书中被多萝西娅视作自己的偶像。——译注

萨克、克里斯还有和那些依赖她、她却只能尽到有限的责任的孤儿的关系里可以看到的一样。

在刘易斯和她自己的财富的帮助下——出版商乔治·史密斯为她最让人读不下去的小说《萝莫拉》（*Romola*）整整付了七千镑——艾略特继续在帮助她三个继子的同时，与他们保持着让自己舒服的距离。1859 年，在她离开魏玛五年之后，他们被告知了她和他们父亲的关系，之后他们保持了友好的信件往来。可怜的伯蒂努力表达自己想说的话而他的拼写也不怎么好；他明白他的信看起来会有多么的言语贫乏。乔治·艾略特很满意儿子们准备好称呼她母亲（Mutter），同时用妈妈（Mama）来称呼他们的生母。艾略特1860 年第一次在伯尔尼见到了他们，那是在她和刘易斯去意大利的路上。他们决定让立刻对母亲表现出热情的长子查理毕业后住在家里，而同样马上要从学校毕业的二儿子索恩尼则要在伯尔尼过完夏 174
天。令人难过的是，三个儿子里最有志向也最有趣的索恩尼，以为他和兄弟们可以陪伴父亲和母亲一起去意大利，但那是不可能的。他只是九月在伦敦待了三天，然后刘易斯就把他送到了在爱丁堡的寄宿家庭家里，他要在那里准备印度公务员考试。他通过了两门但第三门失败了。

与此同时查理被安排在了邮政局工作，而伯蒂则在霍夫威尔[*]的学校里又待了三年。当他终于在 1863 年 5 月回家的时候，玛丽安说，“我们要被男孩子们淹没了”。十月索恩尼被送到了纳塔尔[†]，计划是让他从事农业（刘易斯夫妇认为在殖民地从事农业一定更容

---

* 瑞士村庄名，位于明兴布赫塞附近。这里的学校是由教育家菲利普·曼纽埃尔·范·费伦堡创立的。——译注

† 英国在南非的殖民地，成立于 1843 年，现为南非的夸祖鲁－纳塔尔省。——译注

易），然后伯蒂也去加入了他哥哥。他们的农场失败了，父母给他们的钱慢慢地耗光了。

必须要说明的是，两个小儿子一直身处远方这样的安排符合英帝国鼎盛时期对男性的期待。但不能否认的是他们两个都很年轻就去世了。索恩尼 1869 年回家，拖了六个月之后去世了。这是他唯一在这个家里住过的时间。乔治·艾略特觉得这很难忍受。当索恩尼下楼的时候她觉得烦心，虽然她的确帮助雇来的护士照顾他，而且索恩尼去世的时候她也在他身边。

伯蒂继续在纳塔尔挣扎，他违反父亲的意愿和一位年轻姑娘结了婚，然后陷入了和索恩尼类似的衰弱之中。说他看起来就像过去那个他的鬼魂一样的消息的确传到了伦敦，但是没人说起过让他回来。1875 年，他在德班看医生的时候孤独地去世了，而她的妻子当时正在生他的第二个孩子。乔治·艾略特说（毫无疑问她也这么相信），在这件事上她没有需要自责的地方，因为她和刘易斯都认为一个气候宜人的殖民地给了伯蒂“他能够得到的唯一美好前途”。

艾略特对刘易斯的依恋意味着当他在 1878 年的十到十一月间患上了大肠癌的时候，她几乎完全崩溃了。就在那时，亨利·詹姆斯来拜访并想留下一本他的新书《欧洲人》（*The European*），结果刘易斯把书扔了回去，边扔边说“走开，走开”——他决意要保护乔治·艾略特，让她不必在他们一起经历痛苦的时候还要分心评论一
175 本书。两周后刘易斯去世了，艾略特把自己关在家里，一连嚎哭了好几天；见人对她来说成了种挑战。其中就包括了“那些非洲人”：伯蒂年轻的寡妇和他的两个孩子（名字是玛丽安和乔治）；他们不请自来地到了伦敦。告诉他们不能（像他们希望的那样）和她一起生活，这让艾略特很痛苦。刘易斯每年给他们寄两百镑，而且他们

一直需要有人供养。她唯一欢迎的访客就是她长期信任的朋友兼财务顾问约翰·瓦尔特·克罗斯（John Walter Cross），她开玩笑地管他叫“侄子”。来自一位帅气的支持者的求婚对艾略特来说是一种安慰。

只要她还和刘易斯同居，她哥哥就不会和她来往。对艾萨克来说，他妹妹的名望并不能抹消她犯的错。他一直保持沉默，从1857年到1880年——二十三年——直到1880年，时年六十岁的艾略特嫁给了忠诚的约翰·克罗斯，一位四十几岁的单身汉。和克罗斯关系最紧密的是他的母亲，而她在刘易斯去世之后九天也去世了。

所以哀痛应当是其中的部分原因：两个失去了亲人的人在彼此身上找到了一些慰藉。然而不可避免的，艾略特陷入了怀疑的煎熬。1879年12月17日，她把艾米莉·勃朗特的诗《回忆》（‘Remembrance’）抄到了自己的日记里。唯一的爱人已经“成为地下冰冷的尸体”，但是当失去爱人的痛苦被证明“无力毁灭”的时候，诗中的叙述者学到了“生存可以如何被珍惜，/ 呵护和喂养”。然而重要的是，新获得的爱，“没有喜悦的帮助”。

这都是可以理解的，但乔治·艾略特的新婚姻有种奇怪、不真实的感觉。这种感觉不在于她重新振作的愿望，也不是在年龄的差异，甚至也不是她改写自己人生的冲动，就好像她在之前的三次叛逆举动里做的那样：当她拒绝去教堂的时候；当她离开英格兰中部去伦敦追求机遇，同时也疏离了家人的要求的时候；当她无视法律和风俗与刘易斯私奔的时候。这些行动的前期都是秘密的；而不论她事后说了什么，哪怕私下记在日记里，多多少少都是有所掩饰的。她提到克罗斯的次数少得奇怪。

让我觉得不真实的地方在于她这场婚姻是多么传统，首先让我

奇怪的是在汉诺威广场时髦的圣乔治教堂里举行的婚礼。在长达四分之一个世纪都无法被人接受为已婚女人之后，这段婚姻就好像一
176 场她和“体面”的恋爱。对乔治·艾略特来说，修复和她哥哥的关系很重要，而因为这场合法而且高调的婚姻，艾萨克·埃文斯同意祝她幸福。乔治·艾略特的语气非常谨慎，而艾萨克的则正式得僵硬。就好像兄妹两人是在唱一曲和解的咏叹调，试图跨越他们的隔阂，却依旧分隔在两边。他们生硬的交流完全比不上《弗洛斯河上的磨坊》里虚构的感人结尾。

然后是乔治·艾略特在威尼斯的蜜月和 1880 年 6 月 16 日发生的那件无法解释的事情，克罗斯先生从窗户里跳出或者跌了出来，不得不找人把他从大运河里捞起来。据说他生病了。“神志不清”，克罗斯夫人是这么说的。一场“噩梦”，克罗斯先生是这么说的。那些在威尼斯见过他们的人都保持着尊敬的沉默。

乔治·艾略特继续用“我亲爱的丈夫”来称呼克罗斯，但我的感觉是——在没有事实证据的情况下，没法更确定地说——这场婚姻让她和他一样不安。她作为解惑天使的声音会引发人崇拜的依恋——克罗斯并不是唯一的一个——但在共处一室的亲密里，他肯定会发现他的新妻子还有更多的方面，不止是那些激起了他的保护欲的善意和脆弱。我们已经见证过她火热的天性，而她 1856 年向芭芭拉·利·史密斯坦白的话也清楚地证明了，作为爱人的刘易斯是有足够自信来做到“体贴”的。这个 1850 年代的委婉用词是值得琢磨的。我的猜测是尽管他表面上表现出开放轻浮的样子，刘易斯在性事上非常体贴，愿意鼓励一个女人去表达不一定和他自己相同的欲望，并按照她的节奏来控制自己。相反，“没有感官享乐”和“体贴”并不意味着没有性。关于性的密语让我想起了艾略特笔

下那头苍白公鹿的形象，这头公鹿是在卡苏朋家里，绣在热切期盼的多萝西娅房间里的一块挂毯上，在那里她会发现自己成了他未能满足的妻子。

乔治·艾略特从威尼斯近乎灾难的经历返回英国之后，她的身体就一直不是很好。这对夫妻搬进了位于切尼路 4 号的一幢宽敞美丽、俯瞰泰晤士河的大房子。然后，在搬家之后不久，这场婚姻就以乔治·艾略特 1880 年 12 月感染风寒去世而告终。

§

我们知道等待像普罗米修斯一样反叛的外省女孩的命运是什么。177
渴望知识或者艺术或者说出自己欲望的机会，她们处处碰壁。乔治·艾略特充分挖掘了这个故事——这差点就是她自己的故事——在卡泰丽娜·萨尔蒂的故事里，在她激越的歌声和被压制的话语之间；在爱读书的玛吉·塔利弗的故事里，她被紧紧地和她世俗的哥哥捆在一起；在多萝西娅·卡苏朋的故事里，那位英格兰中部平原的圣特蕾莎，她最后只是个“一无所成的女创始人”；最后在骄傲的格温德琳·哈里斯的故事里，她被暴虐的格朗古变成了婚姻中的受害者。对维多利亚时代的人们来说，婚内强奸还是不存在的概念，但格温德琳遭受的家庭暴力和《呼啸山庄》里伊莎贝拉在希刺克厉夫手下遭受的伤害，都暗示了存在这样的事情。

乔治·艾略特的写作源自她幸运地获得的解放。玛吉就是那个被她留在身后的外省自我，一位眼中“满是不满足的聪明和不满足的、恳求的热情”的姑娘，她渴望“能给她的灵魂带来家一般感觉的东西”。这里有一种个人经历的对位，就好像克莱尔·克莱蒙不为人知的忍受之于玛丽·雪莱的公共成就一般。乔治·艾略特笔下挫败的女性，就是如果她没能变成解惑天使"乔治·艾略特"的话，她自己可能度过的人生。人们总是忍不住想讲一个美好的童话故事：平凡的女孩赢得了名誉和财富。布雷喜欢这样讲，说艾略特是没有受过教育的农夫的女儿，艾略特为了维护父亲的名声不接受这样的描述。但更真实的问题应该是：艾略特自己讲述的是一个怎样的故事？真正的挑战，在她眼中，在于她的天性能不能由内而外地舒展开。

和勃朗特家的孩子们不一样，艾略特花了很久才敢创作小说。和玛丽·雪莱也不一样，她并非成长在书香门第，在她小的时候，她的眼前也不是一直有一位成就斐然的模范，挂在戈德温书房里的沃斯通克拉夫特肖像（现在收藏在国家肖像美术馆）。乔治·艾略特三十好几才读到了《女权辩护》。就是在那个时候她才接受了沃斯通克拉夫特的挑战：女性必须要拓展自己来配得上获得权利。没有人比她更清楚她需要拓展多远。艾略特并非生来就是个天才。她是成长为一个天才的。

第四章

演说家

奥利芙·施赖纳

Orator

在一个空荡荡的房间里，一个女人用她的笔在戳碰记忆。拉下 179
的百叶窗隔离着阳光，也在夜里隔离着她窗下守卫的声音。周遭“太暗了，连书写这个肢体动作都很艰难”。未来的读者们将会明白，她必须要“摧毁她对不公的愤慨”，才能继续写作。

在戒严令的限制下，她想要重写一本书，这本书她花费了多年心血，却在士兵抢掠她在约翰内斯堡的家时被烧毁。她收到的报告上说手稿已无法挽救了：前一半被烧光，剩下的被烧焦——纸张一碰就碎。九个月以来她已把这件事抛在脑后，但在 1901 年 3 月这个与世隔绝的时刻，她对丢失作品的遗憾又搅动心绪。记忆将要复原的这部小书——她将称它为《女性与劳动》（*Woman and Labour*）——可以填满这段监禁和黑暗的时光。当夜晚来临时，戒令禁止使用蜡烛甚至点燃火柴，但一个信念却让她坚定地要从灰烬中解救出她对权威的挑战。

二十年前她曾独自坐在另一个房间里，无边无际的非洲草原向地平线处伸展。在那里，同样地满怀决心，她的笔纵横纸上，完成了小说《一个非洲农场的故事》。她曾带着它来到伦敦，手稿塞在雨衣里，走进伦敦的一个又一个出版社。查普曼与霍尔（Chapman
180 & Hall），这个曾经拒绝了她另一部小说的出版商，在他们的一个读者，小说家乔治·梅瑞迪斯（George Meredith）的建议下接受了这本《非洲农场》。这个狄更斯、萨克雷、安东尼·特罗洛普（Anthony Trollope）的出版商，只付给了这个名不见经传的殖民地作家十八英镑，与之形成反差的，是乔治·亨利·刘易斯为同样名不见经传的乔治·艾略特的《牧师生活图景》（*Scenes of Clerical Life*）中的每个故事，都谈下了几百镑的稿酬。

查普曼与霍尔唯一的编辑建议是，小说的女主人公要嫁给引诱她的人，不然的话“铁路书籍经销商史密斯公司将不会把它放上他们的货架”。

作者拒绝了这个建议。她是正确的，因为像格莱斯顿、王尔德和萧伯纳这样的政治和文学界名人对《非洲农场》都赞赏有加。工人们喜欢它对那些卑微者的关怀，女人们喜欢它对压迫的愤怒。它的道德视野有《圣经》式的吸引力。灵魂苏醒了的文盲牧羊男孩沃尔多和孤女林德尔在持续受难：沃尔多沉默地忍受，而林德尔被迫发出了一个从未被耳闻的声音。她并不是一个解惑天使。她变成了一个无畏的发言者，抗拒权威，并拒绝嫁给一个卑劣的男人，即使他是她孩子的父亲。

尽管这部小说充满勇气，但它仍然以拉尔夫·艾恩（Ralph Iron）这个男性笔名发表。就像艾利斯、库勒、阿克顿·贝尔以及乔治·艾略特一样，一个在1883年发表作品的女性如果想要获得对她作品毫无偏见的解读，那么她仍然需要隐藏她的性别。《一个非洲农场的故事》卖出了九万七千本，接下来她又写了几乎卖出了同样多本[*]并被翻译到多个国家的女权主义作品《梦》（*Dreams*）。但是这个笔名她并没有使用多久。随着十九世纪九十年代新女性运动的兴起，作者的女性身份反而变成了一个优势。

多年之后，当她回到位于英属开普殖民地北部小村庄的家里时，这个在黑暗中写作的女人已是一个驰名世界的名人。当帝国的军队在这个遥远的地方遇到她，他们向总指挥基齐纳（Kitchener）爵士发了电报，“奥利芙·施赖纳在这里”。

她身上发生的任何事都注定会被英国媒体报道。于是总指挥回了电报说，“别动那个女人”。

§

她出生的地方最初是一个在巴苏陀兰边境，名为维藤伯根的传 181
教站。和艾米莉·勃朗特一样，奥利芙·施赖纳是属于她自己土地的生灵，她的父亲也是一个福音派传教士——一个身在异乡的陌生人。

作为一个德国人，他的名字戈特劳布——爱上帝之人——将他与自己的鞋匠家庭出身划开界限，并引他走上了一条不同的道路。他首先在巴塞尔，之后又在伦敦的教会传教社接受传教士训练。[†]在固执、争辩、决裂之后，戈特劳布·施赖纳在二十二岁那年加入了伦敦传教社。

---

* 九万本。

† 这个协会在伍尔夫的家族历史上有一定地位。她的曾外祖父约翰·韦恩是它的创建者之一，而韦恩的儿子亨利·韦恩，在戈特劳布·施赖纳加入教会传教社的时候正是它的荣誉秘书长。

接下来的两个举动稳固了他的未来：他加入了英国国籍，并在1837年迎娶了一个才艺过人的伦敦姑娘，她出身于由医生和神职人员组成的林德尔家族。十八岁的丽贝卡·布罗姆·林德尔*还太年轻，因此当她嫁给这个有着灰蓝色双眼和宽阔肩膀，额前聚生卷发的身无分文的外国人时，她并不知道自己将要承担的是什么。他天使般的歌喉所暗示出的魅力可能让人误以为他是个比实际情况更好的人。他们共同的宗教语言也让她忽略了那些在不同语言转换间丢失的东西。

丽贝卡已故的父亲、魅力十足的塞缪尔·林德尔（Samuel Lyndall）神父，是一个有加尔文宗倾向的新教徒，他曾经主持过伦敦城欧朱瑞街的一个教堂。据说他生性古怪，眼中充满激情，并倾心于“被强力言说的，强大的真相”。这是与乔治·艾略特散播仁爱之心的传教士姑妈不同的一种宗教异见者。加尔文主义留下了它的印记：对罪和负罪感的迷恋，对享乐的否定，以及相信堕落需要通过体罚的方式从儿童身上被剔除。奥利芙·施赖纳的写作中也提到过这个
182 或那个“小”孩子遭受这种自以为是的施虐。塞缪尔·林德尔的父亲曾经因为他在一个星期天骑驴而鞭打他。这个“手里拿着马鞭”的形象也是奥利芙对她曾外祖父的全部认知。作为一个被愤怒充满的孩子，她编出了一个有关她外公最大的哥哥，“可怜的詹姆斯叔叔”的故事——他在学校被打，回家后也被打，于是他逃走去了海边，从此杳无音讯。

但是塞缪尔·林德尔却成长为和他父亲一样严厉的人。一个孩

* 布罗姆（Blom）这个名字，或者是布鲁姆（Blum），在北欧很常见，特别是在犹太人中。人们普遍认为奥利芙·施赖纳有一张犹太人的面孔，她的母亲也一样，特别是在一张她老年时的照片里。但目前为止还没有证据证明这一点。

子会仅仅因为在礼拜天大笑，就被关到霍克斯顿的那个阴暗顶楼上去，靠面包和水度过一天。但塞缪尔却对他这个在暮年生下的女儿丽贝卡温存有余。她在讲坛上坐在他身后，敢在他布道时去挠他的长丝袜。她还会把吃剩的面包皮塞到他的盘子下面。他温柔地对待这个长着深色大眼睛，和他面容酷似的孩子。

戈特劳布在到达英国之前曾在梦中见过一张有着深色大眼睛的美丽女人的脸庞。塞缪尔·林德尔的遗孀有时会邀请外国学生去家中进餐，戈特劳布便是其中之一。面对墙上塞缪尔的肖像，戈特劳布惊奇地看到了他梦中的脸庞。那晚恰好丽贝卡外出，但等她回来时，戈特劳布已准备娶她为妻。有深色双眸的她身材矮小，深色的卷发歪歪系在脑袋一侧，时髦地挽着。她热爱阅读、音乐和花卉画。

在婚礼上，她穿着浅灰色绸缎并把新娘惯用的花朵别在帽子下面。当他们在默菲尔德教区的礼拜室里签名时，牧师却觉得应该把花环取下来。花朵是轻浮之物，不适合一个传教士的妻子。

丽贝卡带着一本满是道别赠言的册子离开了英格兰，但对在非洲边境等待她的一切却毫无概念。在那里，二十岁的她在凯特河边灌木丛生的山区里生下了她的第一个孩子。他们离医生很远。她无知的丈夫，在协助这次生产时，叫来了一个没受过训练的部落接生婆。这次经历也教会了丽贝卡：从此再也不要经历这个场景。

在奥利芙出生之前，这家人乘着一辆牛车缓慢朝北行进，并停
在了一片石山中间没有树木的平原上。他们为什么要停下来？丽贝 183
卡问道。答案是，她的丈夫突发奇想，要在荒野中建立一个传教教会。

丽贝卡看到这个地方便哭了起来，戈特劳布却还愉快地为了纪

念他在瑞士的小径和花丛中的快乐而称它为巴塞尔。这片干涸的沙地平原可能对于一个隐士来说可以接受，但是戈特劳布还有妻子和孩子。奥利芙从她的哥哥姐姐们那里听说，父亲为他们建造了一间屋顶用棍子绑在一起的房子。房檐太低了，让它看上去就像一个立在地上的屋顶。赤裸的男人们在附近舞蹈。一头狮子把这里选作把头放在爪子上打盹的地点。

施赖纳一家继续前行。三个孩子夭折了：阿尔伯特刚出生不久就死了，接下来是五岁的奥利弗（Oliver）和两岁的埃米尔——最后两个都死在 1854 年，前后相隔不超过六个月。埃米尔死时丽贝卡正怀着她的第九个孩子。她来来回回地走动，婴儿在 1855 年 3 月 24 日出生后，她以她死去的孩子们给这个新生的孩子命名：奥利芙·艾米丽·阿尔伯蒂娜·施赖纳。这个三重的名字充斥着施赖纳夫妇的悲痛，而他们也仿佛疏远着她，就好像她无法替代她的哥哥们。直到长大些后，她才开始能怜悯她的父母。

父亲对她来说是一个圣洁无邪的人，他的“孩童之心”使他并不适合成年人的身份。他从一个职位换到另一个，从伦敦传教社的工作换到了卫理公会派传教社，并在职位规则禁止的情况下去做生意，丢掉了职位之后生意也失败了。他的妻子为他的布道缺乏学识而感到遗憾，但奥利芙却将他看作一个不谙世事的追梦人（在《非洲农场》中被塑造成奥托这个角色）。当涉及皈依者时，戈特劳布十分强调出席与仪式：受洗，坚振礼和基督教婚姻。他给这些信仰的外部标识逐个打勾——这是一个传教士必须要玩的数字游戏。

戈特劳布在孩童之心以外，对女儿最重要的影响，就是他的道德勇气。当一个逃跑的奴隶遍体鳞伤鲜血直流地出现时，他拒绝将她送回到她的主人那里。她的主人来索取自己的财产，用来福枪直指着戈特劳布的胸膛并威胁要开枪。但最后戈特劳布用卖羊赚来的钱买下了莎拉，把她留在了自己家里。

但戒律都在丽贝卡这边。 184

一个天气晴朗的日子，在门边悠荡的奥利芙说："啊，外面天气真好。"

当地人说的"啊"（Ag），嘴巴张开并且在喉咙深处发一个听上去像摩擦音的"g"音，是"哦"的一种被禁止的说法。丽贝卡认为几乎要闭着嘴说话才是得体的（与此同时，狄更斯笔下的小杜丽在被训练成一个淑女的过程中，被教导要重复念一些词语以便让她的唇型呈玫瑰花蕾状：盘子，葡萄，漂亮，仆人）。因为发出了一个不文雅的声音——这是这个女孩融入了殖民地社会常态的标志——奥利芙的妈妈用树枝结成的鞭子打了她。她从未忘记这次挨打。它让她充满忿恨，怒气直接延伸到了上帝身上。自那之后，她会虚构出小孩的纯真与殴打相遇的场景。在她的小说中，施虐者将他们自己的缺陷或堕落发泄在仰赖他们为生的人身上：孩子、妻子和黑皮肤的工人们。

奥利芙倒并没有一直抓着她母亲的严苛不放。恰恰相反，她认为母亲是一个被婚姻阻挠了的"天才"。丽贝卡的女儿认为她可以成为一个辩护人、神职人员或医生。她观察到自己的母亲是如何热情地阅读医学书籍。奥利芙将她比作一架从未被演奏过却被锁上，充当饭桌的大钢琴。从头到尾它都带着一种它本可以有其他功用的意味。艾米莉·狄金森在一行诗中提炼了这种命运："被出生——被迎娶——被裹尸——在一天之中"。而奥利芙想要反抗的，正是这种叙事。

还是个孩子的奥利芙曾问过一个巴索托女人，她是否相信上帝。

她曾经听说过白人的上帝，这个女人回答说，但她不相信他。

“为什么？”

“因为她们说他是善的，但如果他是善的，他怎么会创造了女人？”

然后她倾吐了自己被压迫的苦闷。奥利芙看到另一个部落的女人被她丈夫殴打（她的合法所有者用牛买了她），然后她默默地拾
185 起她的孩子，把它绑在她流血的后背上，回去继续工作。这样的女人是听天由命的——世界本来就是如此。

§

让她早早丧失信仰的，最直接的催化剂是1864年她小妹妹艾丽（海伦）的死亡。

奥利芙和幼小的艾丽之间有特别的纽带，这在一个母亲的注意力被多方牵挂的大家庭里十分普遍。奥利芙日后会将这个孩子看作完美曾的确存在的佐证。她在艾丽下葬之前和她的尸体睡在一起。她将自己未完成的小说《从人到人》（*From Man to Man*）献给“我已故的妹妹小艾丽，当我九岁时，她十八个月大，‘你不知你的生命 / 为他人的信仰带来了怎样的争端’”。在这个小说的前言《孩童之日》（‘The Child’s Day’）里*，五个孩子中名叫丽贝卡的卡鲁†小孩——奥利芙自己的“化身”——被后屋里她一个新生妹妹（双

* 奥利芙·施赖纳把《孩童之日》给包括她母亲、弟弟威尔和朋友们在内的许多人传阅过。她认为这是她最好的作品。她是一口气把它写完的。

† 卡鲁，指南非特有的一种半沙漠化的高地平原。——译注

胞胎之一）的尸体吓到了，她发现这个婴儿时，她的手已经冰凉。小丽贝卡受到了仆人不耐烦的对待，因为她无法理解小孩子的感受，但与这感受相似的，是在《一个非洲农场的故事》里，那个沉思的孩子沃尔多的感觉，他在某个时刻意识到了生命的有限。

如果说乔治·艾略特在她被社会遗弃的年月里发展出一种理性的同情心（她告诉我们，这需要对像玛吉·塔利弗专制的姑妈，或者多萝西娅·卡苏朋反应迟钝的丈夫这类人也保有一种难能可贵的公平态度），奥利芙·施赖纳在孩童时代就有了同情心；她对受害者有天然的怜悯。在这点上，她自己证实了在《弗兰肯斯坦》和《呼啸山庄》中被检验的信条，那就是人的本性在被腐化堕落之前是善的。

在她的童年时代，同情心之于她是一种叛教式的情感，这情感中无法容纳一个会决定让无辜者无端死亡的上帝。她还反对基督教对动物作为有感觉力的生物毫无关怀。但是，即使奥利芙在她早熟的十岁便开始丧失宗教信仰，她仍然能够在山上宝训的非暴力信息里得到宽慰。但是她的母亲对此却并不满意。

十二岁时，当她的父母没钱养活她时，她被送到了克拉多克 186
（一个在东开普地区干燥内陆的卡鲁小镇）的十字街，和她的哥哥提奥一起住。这个房子有牛粪铺的地板和黄色的木板屋顶，厨房根据乡村惯例被刷成了绿松石色以便驱蝇。姐姐艾蒂（亨利埃塔）管家。从外形上看，艾蒂和奥利芙分别继承了父母的不同长相：艾蒂肤色白皙，宽脸盘，是十分瓦格纳式的；小五岁的奥利芙瘦小，有容光焕发的黝黑，像她们的母亲。

提奥（提奥菲鲁斯·林德尔·施赖纳）有着林德尔家严肃的相貌，他有一张像他出生地的石头一般坚硬的脸庞——奥利芙是这样认为的。他在履行职责的路上看不到任何障碍。奥利芙拒绝去做礼拜，这触怒了不能理解她的哥哥和姐姐。奥利芙坚守自己的立场，就像在考文垂的玛丽·安·埃文斯一样，但随后她又为了家庭和睦而让步了。为了打发礼拜的时间，她会像一个小孩看叶子一样盯着自己的手，把它当成新奇的事物。她把这叫做“真正地看东西”，像一个小孩子那样，不带任何“像帷幕一样挡在孩子和外部世界之间的先见想法”的干扰。她日后对雪莱的解读也向她证明了这一点：“天才的人都是孩童一般的”，而且“天才不发明，只观察”！

提奥是克拉多克政府资助学校的校长，而艾蒂为女孩创办了一所学校。所以奥利芙在十二岁到十五岁期间可能接受了一些学校教育。这是可以想象的，因为这不需要她父母出任何钱。她后来说她的教育没有花一分钱——她的意思是，作为一个女孩，她和她兄弟们获得的教育形成了强烈的对比。她最大的哥哥弗莱德被送去了英国的寄宿学校。她最小的弟弟威尔，曾和她一起住在克拉多克，但后来被送走，最终去了剑桥大学。*

在接下来的几年里，奥利芙被送到一个又一个哥哥姐姐家里。她几乎再也没有和父母住在一起过。她保存下来的最早的信件是给她已婚的大姐凯瑟琳·芬德雷的，她住在弗雷泽堡，一个位于开普西边的村镇里。这些信件语气谨慎、平静，表达感情并且无所要
187 求。她的二姐爱丽丝也在弗雷泽堡，并嫁给了富有的海明先生，她曾一次次地收留奥利芙，但每次都没有持续很长时间。这两个姐姐都一直在怀孕，生下来的孩子很多都死了。爱丽丝生过十六个孩子，只有四个活过了童年。不足为奇的是，她四十多岁就去世了。

---

* 威廉·菲利浦·施赖纳后来在 1898 年接替罗兹，成为开普殖民地的总理。

而凯瑟琳因为悲伤而发疯，在精神病院结束了自己的生命。姐姐们并没有为奥利芙提供一个家。

在弗雷泽堡，这个黑发披肩的女孩在海明家长长的门廊上来回踱步。她总是在寻找这种能让她“来回踱步的地方”，不管当她是一个三岁的小孩时，在传教士家里过道的椰衣地垫上，一边踱步一边编着故事，还是当她成为一个十八岁的年轻女子时，在那个小镇的场景里，双手紧握在背后，步履中踩踱着沉默的野心。这两点间的运动，平稳而不躁动，构成了她整个人生的智性模板。

在这死气沉沉的殖民地行省里，一个善思考的女子所经历的极端的精神孤寂和一个时代以前在英国中部地区的玛丽·安·埃文斯相仿。奥利芙在乔治·艾略特的自传体小说中认出了自己：“我爱《弗洛斯河上的磨坊》”，她说。在那些她被迫四处奔波并被剥夺了正式教育权利的年月里，她读着达尔文（《人类的由来》[*The Descent of Man*]），密尔（《政治经济学原理》[*Principles of Political Economy*]），和《耶稣传》（未署名的玛丽·安·埃文斯译自德语）——这本书也让她对耶稣作为一个“对他人十分温存”的“充满爱意的人类灵魂”而产生兴趣。

1871 年 6 月，当她住在与世隔绝的巴索托兰的姑妈家里时，一个陌生人在一个冬日的雨夜敲门寻求庇护。他是威利·伯特拉姆（Willie Bertram），他的父亲是戈特劳布·施赖纳在维特伯根传教站的前任传教士。伯特拉姆借给她赫伯特·斯宾塞的《第一原理》（*First Principles*）。于是奥利芙彻夜不眠，在篝火前热切地阅读他关于进化论的思想。

“我一直以为那本书之于我就好像是基督教突然降临于黑暗的罗马帝国”，她后来在《非洲农场》中让一个陌生人把这本书送给 188

年轻的男孩沃尔多时说道。如此的相遇确实如同《圣经》中陌生人在荒野中的相遇。她的母亲教会了她阅读，但她更渴望的却是知识。

十六岁时，奥利芙在纽拉实（后来的金伯利）的钻石矿地区和提奥以及艾蒂会合。这个环境粗砺的地区将是她未来两年的据点：这个采矿营地有着拥挤的“矿坑”和“营区”、种族主义的冲突、酒精和疾病。某个新年的第一天，当烈日洒在被踩践过的土地上，奥利芙成了当时少数没有生病在床的人之一。痢疾肆虐，*但这些糟糕的卫生条件并没有阻挠她，因为纽拉实正是她开始写作的地方。妓女和暴力，这些写作材料唾手可得，她吸收着鲜活的生命力。尽管听上去很奇怪，但晚上在这些杂乱蔓延、乌烟瘴气的帐篷之间迷路，却并不会给她和姐姐艾蒂带来危险。淑女的外表和举止足够为她们提供保护，正如玛丽·金斯利（Mary Kingsley）†的束身内衣和维多利亚时期的伞裙会让她在西非的旅途中全程安全无阻一样。

提奥渴望找到一块巨大的钻石来改变家族的命运。他友善地告诉奥利芙，如果事成，他会把她送去美国的女子学院读书。奥利芙想要学习医学，这是为了实现她母亲没能利用的天赋。“这是我人生的重大愿望，”奥利芙对她最年长的姐姐袒露心声，“并且我希望它会注定在某一天实现，而不是像我们诸多愿望一样，最终都落空了”。当时，塞西尔·约翰·罗兹（Cecil John Rhodes）也在和他们同样的地方。后来罗兹占有了足够多的钻石，并接手了戴比尔斯矿业公司，开启了让他跻身世界首富的财富之路，但这次挖钻对奥利芙的家人来说，最终确实是落空了。

* 十九世纪八十年代，我的曾曾祖父在约翰内斯堡类似的情形下死于痢疾。

† 维多利亚时期著名的女探险家。——译注

为了糊口，奥利芙开始做家庭教师。当她和多德雷赫特的罗宾森一家商讨薪水时，她才只有十六岁。“他们希望我像家人一样和他们住在一起，但我更倾向于达成某种确定的正式安排，”她说，189
“我认为这才是最好的。”她坚持一年要三十镑，这在 1871 年是极少的一笔钱。一个世纪以前，玛丽·沃斯通克拉夫特在考克郡做家庭教师时一年就可以挣四十镑。

尽管罗宾森一家友善有余，但她感到自己毫无价值，希望离开。“但去哪里我现在还不知道，”她对她的姐姐凯瑟琳哭诉道，“我现在感到特别焦虑、痛苦，并且心烦意乱……我对这种总是要继续前进但不知前方在哪里的人生感到彻头彻尾的厌倦。”她不能求助于她贫困潦倒的父母，她的两个姐姐也无一能够回应她的哭诉。

就在这时，一个陌生人出现并张开了他的双臂，她于是不出意料地投入了他的怀抱。在罗宾森家里她遇到了一位名为尤里乌斯·高（Julius Gau）的德国移民。在 1872 年冬天的短暂相识之后，他们在八月初一起出发，准备前往东边几百英里的赫尔佐格，并向住在那里的奥利芙的父母宣告他们订婚的消息。和一个男人独自旅行并且过夜，并不是行为端正的女孩的作为。乔治·艾略特在《弗洛斯河上的磨坊》里曾写过一个相似的场景，玛吉与斯蒂芬·格斯特一同离开但她独自返回——这也就意味着，她被毁掉了。年长奥利芙十岁的高应该对此了如指掌。而奥利芙只有十七岁，渴求生活的她天真地轻信了高，尽管他对何时结婚的说法是模糊的：可能会在一月，他告诉她，但也可能被推迟一年或更久。他诱人的计划是将她带到英格兰去，但他并没说在那里他将会做些什么。

到达施赖纳夫妇那里不久后，高就离开了。当奥利芙用平淡的语气通知她最年长的姐姐自己订婚的消息时，她说自己“头痛”。丽贝卡一定警告了她的女儿让她不要声张，因为奥利芙提到了小镇上流言蜚语的危险。随后便是沉默。这明显是个掩饰，但事实是：订婚被取消了。是不是当上保险公司经理的高看到奥利芙父母的贫困后丧失了兴趣？或者是高仅凭承诺本身就已经获得了自己所有想要的东西？《非洲农场》的女主人公关于性方面的背叛有如下的评论：“一个男人的爱是烧橄榄木的火焰。它每时每刻都在向更高处
190 跳跃：它咆哮，它熊熊燃烧，它射出红色的火苗；它威胁要缠绕你并吞噬你……你责备着自己的冷漠与缺少回应。但第二天当你要去暖暖手时，却只看到了一团灰烬！”

接下来的几个月里，奥利芙低调地和父母住在一起，直到提奥在 1872 年底邀请她回纽拉实。自此之后的许多年里，奥利芙都憎恶婚姻，并将她的憎恶在《非洲农场》里戏剧化地表达了出来，她让林德尔断然拒绝了那个诱骗她的陌生人的求婚。

十八岁时，她曾和一个部落女人有过对话，这个女人证实了她的观点：

> 她是一个我除了“天才”之外想不到用其他词语来描述的女人。她用我从未从任何其他女人口中听到过的流畅而尖锐的语言描绘了她这一种族女性的境况；女人的劳作，女性成长的苦恼，以及封闭她人生的局限，多妻制和压迫下她的苦难；所有的这一切她都用一种绝无仅有的激情与烈度在描绘着；但是……对那些不可避免的事物，她态度严峻，几乎是威严地接受；人生和她的种族的境况就是如此。

在之后的两年里，她在纽拉实与弗雷泽堡她富裕的姐姐爱丽丝家之间辗转。接下来，由于她并没有计划，奥利芙再次求助于她的父母——尽管她知道他们贫穷到无法收留她。那时十九岁的她在去开普敦的船上有了自杀的念头。但有一天，当她读到爱默生让人振奋的短文《论自立》（‘Self-Reliance’）时，她被解救了。正如同被放逐的玛丽·雪莱一样，她在书籍中找到了养料。

她的船停在了阿尔戈海湾（伊丽莎白港），从那里她又经过四天的陆上旅程到达了她父母家。在这次行程中她有水喝但并没有钱买食物。当她终于到达父母家时，他们却对她冷漠以待。尝试吞咽很艰难，而突然她感到呼吸都困难。这可能是她第一次哮喘发作。

戈特劳布和丽贝卡他们自己都没有足够食物，几乎全部靠他们 191
年长孩子们的施舍生活。父亲还穿着一个儿子的旧衣服。奥利芙为自己给他们增添负担而羞愧，因此她必须接受她能找到的任何一份工作；于是十九岁时她去为维克利先生工作了，他是北边的小村镇库尔斯堡的一名小商店店主、拍卖商和当地报纸的编辑。

在给她母亲的信里，奥利芙汇报了她住在一个漂亮的房子里，这里有宽敞的房间以及两个仆人。她没有抱怨，但她对日常工作的记录体现出了维克利夫妇从清早到深夜对她的压榨。早餐之前她需要完成家务；接下来要教孩子们到一点钟，随后要迅速换上外衣陪维克利先生去店里，工作到太阳落山——这是一天中最艰难的部分——然后飞快地吃一顿晚餐，孩子们要被哄睡，接着和维克利夫人做家务缝补一直到晚上十点半，一天的工作才算结束。她根本没有任何时间读书或写作。维克利夫人上午会在店里工作，奥利芙于是需要监督仆人（以及他们对婴儿的照看），并且在教课的同时做更多的针线活。婴儿和大一点的孩子们得了囊虫病，奥利芙的任务里又加上了照顾病人。

后来她把库尔斯堡回忆成世界上最邪恶的地方。但我怀疑这种反常的厌恶并不是因为苛刻的工时；她平静地记录了关于工作的事情。是一些其他的事情强迫她突然离开。

我们必须记住她是多么美丽，闪烁的深色双眼，丝滑的深色发丝闪着橄榄色的光泽。一张维克利家的照片上展示了苍白无力、有着薄薄发卷的维克利夫人。奥利芙未经计划的离开如此决绝，她甚至宁可放弃工资，暗示维克利先生曾想要占这个住在他家的热情女孩的便宜。法律、警察和社会观念都倾向于责备受害者，并且奥利芙在高的那次事件之后，始终在保护自己的名声。于是她朝姐姐凯瑟琳要了车费。没有这个钱，她告诉凯瑟琳，她不知道自己接下来会怎么样。

拯救奥利芙的，是一封给住在克拉多克四十英里以南荒野中一个荷兰人家的推荐信：克里斯蒂安·克里斯多费尔·福切
192 （Christiaan Christoffel Fouché）先生，他在克莱因*加纳港务农，他的女儿们需要一个家庭教师。

在这里，奥利芙渐渐了解到了一种生活方式，后来她将其作为《非洲农场》的蓝本。这是自给自足的，是野性的，远离文明；颠簸的石子路（直到现在依旧）粗糙，几乎令人生畏，鲜有人来作客。拜访也几乎没有——只有当有小孩出生时，福切夫妇才会为了洗礼而长途跋涉到克拉多克。1875 年间，奥利芙在一间有着独立外门的单坡小屋里，继续创作她的第一本小说《乌迪内》（*Undine*）（生前并未发表）。房顶漏雨极其严重，有时她甚至要撑伞写作，她

---

* “克莱因”原意是“小的”，但在这个背景中指的是大加纳港的一个附属农场，归奥利芙·施赖纳的朋友埃尔利达·卡伍德夫人所有。

因此对凯瑟琳给的一件旧雨衣感激不已。农舍位于山一边的高处，面向其他灌木丛生的山脉，无论过去还是现在，肉眼可见之处都杳无人烟。* 如果你和奥利芙一样坚持要洗衣服，那么你需要去户外的山泉中洗。她喜欢裸体躺在岩石上晒日光浴；“没有什么比一块岩石更让人宁静舒适了”，她宣称。除了在赤裸、全知的阳光下伸展的山脉和绵延不绝的矮灌木之外，没有人能看到她。像艾米莉·勃朗特一样，这个女人被永恒的景色塑造。

那是她人生中最快乐的时光。这一家人好客并尊敬他人；他们的女儿们善良多情，其中年纪最大的是个严肃的学习者；她们在英语上进步迅速。在经历了维克利家之后，这里的工作量较轻，每天只有五到六个小时，然后她就可以自由“研究”了。

福切夫妇想要留下她，但是给她的工资太少了：一年只有三十镑。她沮丧地想着她需要攒钱到八十岁才有机会去美国。于是当她许诺的工作期限结束，她找到了一份薪水更高的工作，给一个荷兰归正会牧师转行的农场主的女儿们做家庭教师——但只做了一年，因为当福切一家搬到克拉多克东北部温特贝格山区的来利克鲁农场 193
之后，他们又用五十五镑一年的薪水把她吸引了回来。这些农场更加偏远。路上依然是几乎无法想象的荒蛮，干枯多刺的灌木绵延数里至地平线。

独处适合奥利芙·施赖纳。二十岁过后几年是她小说创作最高产的时光。她的小说中最引人入胜之处在于一种坦率，这仿佛来自一个在草原中苏醒的灵魂。从这样遥远的地方发声，她能自由地表

---

* 克莱因加纳港的农舍现今已被摧毁，但是加纳港仍在。从克莱因加纳港的地点看不到加纳港，因为两点之间是山脉。直到今天仍然归属于凯伍德家族的加纳港，现在是一个狩猎小屋。

达出她急迫想要说出的关于残忍与不公的一切。她将声音赋予那些无法发声的人，孩童或女性，她响亮的言语释放出一种被压抑的力量。

她曾听说过或者学习过的一些荷兰语词汇和表达进入了她的写作。她总是保持着一种孤儿或无家可归的流浪者般的存在状态，在乡村景致里创造着想象中的家园。一些雇主害怕奥利芙的自由思考会危及到她的工作。但与之相反，福切夫妇可以同时既虔诚又宽容。

她越来越喜欢孩子们，于是她们的父母邀请她做他们新生儿的教母。这件事让我们知道了她在这家人心中的地位，这对于一个维多利亚时期的家庭教师来说很罕见——我们能记起夏洛蒂·勃朗特做家庭教师时被安置在仆人的楼层。而在来利克鲁，这个家庭教师可以在书本中生活；当她小说的页数逐渐增加时，她已不想和世上的任何人交换位置了。

一天，她遇到了一个在分娩的混血种*妓女，她躺在树篱后面，一个两岁的孩子看着她。奥利芙协助了她生产。这个插曲可能是那部她从1876年开始写的小说《从人到人》†的来源。这个小说讲了两姐妹的故事：其中一个，波蒂，被勾引并被抛弃后以卖淫为生；丽贝卡则作贱自己嫁给了一个让仆人怀孕的浪荡公子。丽贝卡在他不知道孩子是谁的情况下抚养了他黑皮肤的儿子，故事的高潮是一场
194 对峙，在这场对峙中他指责妻子把一个有色的杂种小孩带到了他体面的家里。

她在做家庭教师期间还写了《一个非洲农场的故事》。小说中

* 混血种，不同于更东部和北部地区的讲班图语的有色人种。

† 更早一些的题目是“圣人与罪人”（Saints and Sinners）。于1926年她死后发表。

的林德尔童年时和一个荷兰女人以及她的表姐艾姆住在一起，但作为一个善于思考的人，她是孤独的。当女孩们愚蠢的监护人桑尼姑姑把艾姆的头按在自己膝盖上并来回抽打孩子的脸时，林德尔暗暗下了决心，当她长大变得强大以后，“我将会憎恨一切有权力的事物，并会帮助一切弱小的事物”。她身边的人看到了她的力量却不能理解。她就像童年时的简·爱：她们都是要依靠无情的监护人的孤女，都处在弱小的位置。

当小说中的林德尔长大成人后，她告诉男人们，一个真实的女人不是他们想当然认为的那样。“男人们好像地球，而我们仿佛月亮；我们总是将一面呈现给他们，他们便以为我们并没有另一面，因为他们看不到——但是是有的。”绝大多数女性都被一种训练她们“表像”的教育扭曲了。那些女子精修学校毁掉了女孩子们，因此她们“不再去使用”的一切将会“退化”。（约翰·斯图尔特·密尔，施赖纳的偶像之一，曾说过同样的话：不被需要的品质，想必是智性与行动力，会被抛弃直至停止发展。）林德尔戳穿了一个英国殖民者格里高利·罗斯的假面：他忸怩作态，自欺欺人且软弱无能，靠苍白无力的关于爱和权威的言语支撑。接下来还有那个“陌生人”。她宁可死去也不愿让自己屈服于这样一个男人的权威，尽管他在身体上吸引着她。

> “如果你确实爱我，”他问她，“那你为什么不嫁给我？”
>
> “因为如果和你结婚一年，我就会清醒起来……你将我的一部分天性唤起，但还有更高的一部分你一无所知，也从未触及。如果我嫁给你，那么之后这部分将会出现并愈发坚定，于是我就会永远恨你，就像我现在不时会感到的那样。”

当她写这部小说时，年轻的奥利芙意识到它的情欲和它所呈现
195 的危险。仅仅通过和高之间羞耻的小插曲她就发现了——在这个时代和地方——如果一个女人要满足欲望，即使只是显得有欲望，她便会被束缚，无法作为一个自由思想者继续生活。她在《非洲农场》中将这矛盾戏剧化地展开。

这部小说更关注人物的塑造而非情节。尽管我们从林德尔的童年读到她成人，但这并不是一般类型的成长小说，因为外部世界并不重要。最接近它的先例是《圣经》，其中的人物成为道德争辩与寓言中的角色，故事变成由一个先知的声音传递的启示与呼吁。《非洲农场》通过一个幸灾乐祸的残忍骗子波拿巴·布兰金斯，揭露了一种巨大到近乎可笑的邪恶；并通过林德尔的诱奸者“陌生人”揭露了另一种——诱人的、隐秘的、有教养的邪恶。这部小说是寓言式的，草原是为坚韧与堕落的人物设置的背景。

施赖纳探讨了农场周围黑人员工被迫的堕落，以及与之相应的，他们的雇佣者的堕落，那个荷兰太太甚至不如一只没脑子的动物，身上堆满肥肉；还有黑人妻子轻易的堕落，因为她的丈夫用牛头（罗波拉*）买下了她，更有甚者，当他踢打她时，她对他的依赖并没有减少，同样没有减少的，还有他走过草原时那无声的自傲。

但是，非凡的善却藏在这一切之中。这里有怀上了私生子的林德尔，还有她灵魂的兄弟、不谙世事的沃尔多，他是另一位思考者，一生都从事各种低贱的工作，被忽视，被嘲讽，时而被布兰金斯恶劣地抽打，时而烂醉如泥。林德尔和沃尔多，这两人更多是被草原而并非被人类所塑造，因此距我们十分遥远。他们的确宣告自

---

* 南非本土祖鲁语和豪萨语中，专指买妻子用的牛。——译注

己的思想，但却并不与我们建立亲密的认同。《呼啸山庄》里，丁耐莉倾诉的声音与读者为友，但林德尔更像是从容不迫地对未来讲话。

她着重讲女人的命运：对沃尔多，作为一种启示；对格里高利·罗斯，作为一个他无法企及的声音；对她的诱拐者，带着坚定的鄙视。我们不能指望一个在这平淡无奇的殖民地发出的这样的声音，会被她周遭的人听见。但这情形反而解放了她，让她能越过他们去发声。最令人印象深刻的是她想象出两性之间可能存在的理想关系，那是基于一种名为“考科威特”的鸟类的“交织的情歌”，这是施赖纳在草原上听到的声音。

1880 年在来利克鲁，她每天早上天还没亮就开始修改《非洲农 196
场》，她对它极度不确定。她需要控制自己将它扔进农场水塘里的冲动。接下来，在二十六岁时，她做了一个重大决定：离开殖民地去英国。正如她对她的家人（他们贡献了她的旅费）所说的，她的目的不只是出版。她还想实现长久以来做医生的愿望。由于她拿不出接受医学培训的费用，她决心要做一个护士，并找到了一个在爱丁堡皇家医院受训的机会。

但事与愿违。在爱丁堡只待了四五天她就犯了哮喘，于是她最年长的哥哥，已经在伊斯特伯恩做了学校校长的弗莱德把她接走。她将会像依赖“爸爸”一样依赖他。

她转而去听了伦敦女子医学院的讲座。这个医学院在 1874 年成立，创建者有最早的女医生索菲亚·杰克斯布雷克（Sophia Jex-Blake），伊丽莎白·加瑞特·安德森（Elizabeth Garrett Anderson）和伊丽莎白·布莱克威尔（Elizabeth Blackwell），以及托马斯·赫胥黎。两年之后英国国会通过了一项议案，决定无视性别限制，为所有合格毕业生颁发执照。

八十年前的 1796 年，当二十一岁的简·奥斯丁威胁说，如果她独自一人在伦敦，她就要成为一个医生时，她一定是在开玩笑。现在，女性的职业前景在敞开，这都要归功于先进女性们的努力：贵格会的女权主义者和废奴主义者柳克丽霞·莫特；知识分子记者玛格丽特·富勒，她是乔治·艾略特的偶像；以及那些打破了医学建制封闭大门的女性，这从弗洛伦斯·南丁格尔在克里米亚战争中改革部队在病号区失职开始。

不幸的是，哮喘再次侵袭奥利芙，于是弗莱德建议她坚持写作（并慷慨地提供给她一年五十镑的生活费）。她这部小说是关于一个决心要依靠自己去寻找并生活的破局者，在 1883 年由对它没抱多大希望的查普曼和霍尔公司出版。“这里批评家们友善的反应让我十分惊讶”，她在一封热情洋溢的回信中写道，对方是一个叫霭理士的年轻人，是她的出版商将他迷人的来信转交给了奥利芙。“敬爱的先生”，她写道，“这个故事里有太多的道德说教了”，但是她想让他知道，他“表达出的共情”带给了她愉悦。没过多久，这个从穷乡僻壤来的作家便被伦敦的自由思想、社会主义和乌托邦团体们迷住了。

197 未来的性心理学家霭理士第一次看到奥利芙时，她“双手摊在腿上端坐着，美丽的头颅和大大的深色双眼，同时具有表现力和洞察力”。她身材矮小——只有五英尺 *——有敏捷灵活的嘴、热切的神色和生机勃勃的双眼，眼角细长。深色的卷发在窄窄的额头前

---

* 约 152 厘米。——译注

被剪成高高的刘海儿，剩下的头发掖到耳后。她的身型看上去柔软圆润；并没有被包裹在规矩的、边缘坚硬的紧身胸衣里，用内衣的骨架把胸部推高，挤压腰部来凸显臀部。她是支持女装革新的一类人，她更可能穿着的是宽松的衣服、罩衣、无袖连衣裙和围裙来让自己自由呼吸。

霭理士当时在伦敦是一名医学学生，奥利芙在十九世纪八十年代的大部分时间也都在伦敦。他是一个名叫新生命协会的改革小组的成员，并成了于1884年创立的费边社的早期成员，社团的创始人还有比翠丝·波特（Beatrice Potter，后来的比翠丝·韦伯）、萧伯纳，和诗人爱德华·卡彭特（Edward Carpenter）。他们激进的社会主义思想是马克思主义革命之外的另一种选择，也是日后工党的前身。

1884年5月19日，当霭理士为了将她护送到激进协会（一个推崇道德自由的思想者小团体）的一次集会而来到她门前时，她隐隐有些失望，因为他看起来“满身阴郁”。但尽管如此，一种亲密的友谊滋生了：霭理士很欣赏他在她身上看到的毅力；而她也同样为他高超的判断力而兴奋。她称他作“我的另一个自我”。而他告诉她，他想要看到她“取得巨大的成就”。

1885年的夏天，考试一结束两人一起到波尔山上（在峰区的沃克斯沃斯）度假。她知道乔治·艾略特在少女时代探访过沃克斯沃斯，并与《亚当·比德》里传教士的原型——她的姑妈相遇。听说伊丽莎白·埃文斯“长眠于此”，这令奥利芙着迷。

爱德华·艾威林（Edward Aveling）和卡尔·马克思的小女儿艾琳娜·马克思（Eleanor Marx）的到来破坏了这次假期。他们在没有结婚的情况下度着蜜月。塔茜（艾琳娜的昵称）和奥利芙·施赖纳 198

在 1882 年迅速成为朋友，这还是在《非洲农场》出版之前，但艾威林是个骗子、寄生虫和花花公子，他把塔茜拖进了一场长期的通奸中，直到她最后自杀（艾威林曾有一个长期分居的妻子，在她死后，他用假名再婚却没有告诉塔茜）。

奥利芙和艾威林在一起时感到隐隐的“恐慌”。她对霭理士倾诉说，“每次我看到他，这种恐惧都在增长”，她每天都要看到艾威林。“我爱她，但是**他**让我很不愉快，”她继续说道，“他太自私了，但这也并不能完全解释我的恐惧。”

曾经有关于奥利芙和霭理士的闲言碎语，但他们的关系无法被打上任何标签。她不想和他接吻，她也如是告诉他，但他们之间有一种放松而宽慰的肢体亲密。作为一个移居国外的单身女性，当她感到孤独时，她渴望他在她的床上，她甚至可以告诉他这一点而无须担心任何性方面的风险。霭理士的笔记中说，她对自己天性中的性欲表现得异常坦率。她倾诉了自己关于性爱的惶恐：这是一种让她感到丧失尊严的恐惧，性欲激发让她感到自己像个妓女。她谈到了雇主们对她的吸引力，他们的勾引以及她强烈的欲望，这其中包括她对灵魂伴侣的渴望。

和霭理士一起时，他们之间有一种恋爱般的亲密，这不需要，或者无法完全通过性来表达。想要在友谊和爱抚之间划一道明确的界限是不可能的。霭理士同时是一个知己、一种宽慰，兼医学调查员和治疗师。奥利芙自十二岁起就成为孤儿，她渴求“温存的”慈爱。霭理士提供给她一种温柔的、甚至是母性般的爱，而她给他的也几乎相同。

她被那些能够跨越性别常规的英国男人所吸引：除霭理士外还有爱德华·卡彭特，他是一名公开的同性恋者；以及同样重要的，数学家卡尔·皮尔森（Karl Pearson），他是伦敦大学学院的教授，曾把自己的一篇关于女性的天性与潜力的论文寄给了她。在八十年代中期，他们都是一个社团的成员，皮尔森和施赖纳希望用玛丽·沃斯通克拉夫特来命名它，称为“沃斯通克拉夫特社团”，但其他人都叫它“男人和女人社团”。施赖纳的行为是有远见卓识的，姿态是强有力的；她的深色双眼在讲话时炯炯有神。她说，玛丽·沃斯通克拉夫特“是我们中的一员”。沃斯通克拉夫特“知晓一切”：
她曾经预见了性别的转变，“那伟大的性别的变化正发生在我们身 199
上”。而两性似乎仍然是一个谜团：“它们最深处的本质究竟是什么……未来的时代将要去解开这个谜。”

她的雄辩介入了社团成员间严肃而热切的思索商议。她对沃斯通克拉夫特如何在嫁给戈德温之后还成功保留了她自己的独立性充满好奇。

1886 年 5 月，一个出版商联系了奥利芙·施赖纳，要她为《女权辩护》发表一百周年纪念版（将在 1892 年出版）写序。她转而联系了皮尔森，希望他可以合作。“她是最伟大的英国女性，在有关性和性关系的问题上，她在一百年前就看到了今天也仅有少部分人能看到的、整个世界要在三百年后才能看到的东西。”

那个五月，在拜访伯恩茅斯时，她听说沃斯通克拉夫特和戈德温就和他们的女儿一起葬在附近圣彼得教堂的墓地。施赖纳热爱雪莱的诗歌，于是她去了克赖斯特彻奇修道院瞻仰他和玛丽·雪莱的纪念碑。但令她失望的是，她看到了一尊大理石刻的尸体躺在一个被理想化了的玛丽的腿上。珀西爵士和雪莱夫人是以米开朗基罗的《圣母怜子像》为原型，委托了这座被美化的雕像。

200 “那个死去的东西让人毛骨悚然，”奥利芙抗议道，“雪莱不能死；他从未死去。‘我会改变但不会死亡。’”她想到了雪莱的云雀，甚至外面的蓝天都比那雕像能“更多地代表他的存在。”

她让皮尔森借给她《女权辩护》以及戈德温关于玛丽·沃斯通克拉夫特的回忆录。她承认自己“对她最大的兴趣在于她的人生”。

她把本来只是一篇序言的作品扩成了一篇洋洋洒洒的对戈德温回忆录的评论；接下来，正如她和皮尔森圈子里的一员菲尔波特夫人透露的，这篇文章又被扩充成“我对于男人和女人这个问题的思考的全部要义”。这样一项任务所涉及的范畴之广让她惊讶。施赖纳和沃斯通克拉夫特太相似了：两人都同情她们的母亲；两人都曾因为婚姻对女性的损害而拒绝结婚；两人都如此直率，她们的写作近乎演说；两人都致力于女性独立但同时又宣扬女性家庭抚育的传统；两人都习惯于强烈、有时甚至是破坏性的感情。

施赖纳相信，一个反抗自己命运的独立女性想要找到一个合适的伴侣并不容易。在 1886 年 1 月，她拒绝了她的医生——杰出的医师赫雷肖·布莱恩·唐金（Horatio Bryan Donkin）的求婚，* 她认为，“我必须要自由，你知道，我一定要是‘自由的’。”这个旅居海外的年轻女性对一位英国绅士的拒绝很不寻常，这好像亨利·詹姆斯当时出版的一部小说中的人物：心怀抱负的伊莎贝尔·阿切来自纽约北部的阿尔巴尼，她想要为她的人生开辟一条新的自由道路，因此拒绝了善良友好但传统的沃伯顿老爷。

施赖纳对唐金的求爱表现出了焦虑，这也能说明他其实有相当

---

* 赫雷肖·布莱恩·唐金（后来的赫雷肖爵士）是一名内科医生、心理学家以及马克思和恩格斯共同的朋友。他被任命为监狱医疗特派员，并对犯人的心理有极大的兴趣。

大的吸引力。这样一桩婚姻让她不仅能够随时得到医疗保障，也让她从此不会再居无定所。有可能是对自由的渴望阻止了她，但我认为更多是由于她对皮尔森的感情，而对方对此并没有回应。

在他们的关系里，她努力去保持一种有限的、智性的友谊，201
他想从她那里得到的也只有这些，而后来他连这个也不想要了。她在给他的接连不断的长信中，不停地调整自己的位置——声称作为一个作家，她需要他们之间智性的火花去激发她的写作。施赖纳把她被灵感激发的小说《从人到人》的大纲寄给皮尔森。她将妓女的卖淫与婚姻中的卖淫联系起来，想要对女性的命运产生影响。但没有皮尔森的支持她似乎就无法实现这个宏大的想法。遗憾的是，她将这种需要表达成了一个动情的恳求，衬得皮尔森的理智格外令人尴尬。

皮尔森退缩了。由于他的情感缺乏，她把她的需要和对他的责备不太成功地伴装成了挑逗。

他误解了她，于是她回击了。她想要的绝对不是“性爱”。

是她申辩得太多，因而欲盖弥彰了么？我想，她确实有一种强烈的欲望，既包括身体也包括精神。同时还有一种孤儿式的需要在乞求他人的注意力。

奥利芙是在1885年6月遇到皮尔森的，这正是她的“爸爸”弗莱德抽离他的感情的时候。几个月前，他已经明显不想再拜访奥利芙。“如果他能来看我，对我再温柔一点，我想我可以活下去并逐渐好起来。”她对霭理士倾诉道。她的哥哥虽然继续每年支持她一笔钱，但这位学校校长强烈反感《非洲农场》中那个反叛的未婚母亲形象。1885年7月，弗莱德要求他妹妹不要再联系他。

这个情形是奥利芙孩提时代经历的痛苦的一次重演，提奥在她早早丧失信仰之后也收回了他的情感。两个哥哥，都是学校校长，都反对了一种尽管并不传统但实际是高尚的道德立场。奥利芙的境遇就像玛丽·戈德温的父亲对她的否定，以及乔治·艾略特的父亲和后来哥哥对她的否定一样。这是一种抹除行为：通过否定他们之间的联系、否定这些女性本身存在的印记，兄长与父亲们擦除了一个家族身上可见的污点。他们强迫家里的其他人也要服从：玛丽·戈德温的姐姐芳妮和乔治·艾略特的姐姐克里斯，两人都不得不依靠着家里的男人们。家里的姐妹们尝试过但并未能看住她们行
202 为不端的姐妹，而这种断裂的关系也不能被治愈。因此长大后的姐妹和女儿们都要从家庭之外寻求依恋与向导。

奥利芙渴望和智高一筹的皮尔森长期保持亲近。乔治·艾略特对赫伯特·斯宾塞也有同样的期许。这其中有一种相似的、独立与依赖之间的相互作用，但却在她们接触的男人身上引发了截然不同的反应：皮尔森的撤退和斯宾塞不可撼动的友谊，好运的乔治·艾略特还找到了另一个人刘易斯。奥利芙却并没有如此幸运。

当奥利芙偶然在大英博物馆撞见皮尔斯和一个名叫考伯夫人的女人时（也是男人与女人社团的一员），她嫉妒得几乎发疯。她的直觉并不是完全没有根据的，因为皮尔森最终确实娶了考伯夫人的一个亲戚。

奥利芙在接下来的三年里独自生活在阴影之中，大部分时间都在意大利海滨的阿莱索。她希望更温暖的气候可以缓和她的哮喘病，而弗莱德定时的生活补助也让这成为可能。这些年间，她心情过于低落，无法完成她关于玛丽·沃斯通克拉夫特的作品，也无法完成她构想的对《从人到人》的修订。回到伦敦后，她在雨中站在伦敦大学学院外，但皮尔森却杳无踪影。那年年末，也就是 1889

年10月，她在一种死寂般的麻木状态中起航回到非洲。

1890年3月，她来到一片两侧山峦起伏的宽广平原。马奇斯方丹（Matjiesfontein）是一片近期才被画到了地图上的干燥地带，位于开普敦以北两百英里的卡鲁地区，有益于缓解肺部疾病。到了夜晚，群星肉眼可见。没有树木，只有低矮的灌木散落在被炙烤的黄土和奇异的小山丘上。没有农场，没有家宅，只有铁路主干线和一间旅店，以及一排小平房在车站后面跨过一小截路的地方。其中一间房子是她的：一扇大门，一小段过道通往有壁炉的客厅，一间卧室，后面是一间厨房外加盥洗室。她所有餐食都是从一步之隔以外
的车站茶室里购买的——标准的饭菜：咖啡、鸡蛋、面包、红皮的 203
甜奶酪，偶尔还有本地的香肠、羊肉、荷兰牛奶塔以及西开普地区的橙子。

每天的重大事件就是两趟火车经过。每天早晨，从开普敦一路北上至金伯利和约翰内斯堡钻石金矿，火车会停留半小时，让乘客活动筋骨和吃早餐。晚上会有另一辆车在一天两宿的千里回程途中经过这里。晚上的那趟火车维系了她和公共生活之间的纽带：一包她的作品——被她称作《梦》的非洲寓言中的一篇——会在第二天早晨乘车到达开普敦。这一切感染着她："这种文明和那未被驯服的野性自由的结合体；这贫瘠的山脉和荒芜的卡鲁和铁路车站"。

孤独的诗意激发了她的声音。和乔治·艾略特一样，她对未来的展望总是与对过去的呼唤并存。两人都感到，她们最深处的血肉都是如此紧紧地抓住那些形塑了她们的地方。记忆的潮水将我们带到乔治·艾略特的英格兰中部："我记得，"在《弗洛斯河上的磨坊》的开篇，叙述者重复道，"我记得那些低垂的柳树"。她回忆起

的是古老英国乡村的每一寸肌理，它们都在《牧师生活图景》《亚当·比德》和《弗洛斯河上的磨坊》中被永远定格。这是弗吉尼亚·伍尔夫会理解的方式，“乔治·艾略特允许自己拥有的唯一一种浪漫——就是回望过往的浪漫”。

同样的，施赖纳所展望的女性崛起的梦想也被安放在过往的风景之中：平坦的黄土伸展至遥远的地平线，凶残的非洲热浪缓慢地灼烧着皮肤，被炙烤着的多刺灌木丛，让鼻孔干燥的沙土。这才是她要回归的地方，而不是殖民地城镇或者西开普地区青葱繁茂的山谷。

清早太阳刚刚升起，山顶还是暗紫色时，她就会坐在窗下写作。然后她会戴上帽子出门散步。“当我走在卡鲁上时，我感到一种狂野的兴奋与自由”，她在给霭理士的信中写到她在马奇斯方丹的第一个早晨时如是说。

在伦敦作为名人的时光结束后，她选择定居的地点明显有些反常，这不仅仅是因为她哮喘病的需要，同时也符合我们常在某些独
204 特女性的人生中看到的模式，她们让自己处于没有嘈杂人声的偏远地带：艾米莉·狄金森写道，“灵魂选择它自己的伴侣 / 并关上门”，抑或是艺术家格温·约翰（Gwen John）独自在法国的默东，表达着“对一种更加深入内心的生活的欲望”。

正如艾米莉·勃朗特需要回到约克郡的旷野中去，施赖纳需要回到非洲平原上。这并不只是在逃离皮尔森的伤害；这也是恢复写作的必要条件。而她的写作也正要从这个地方的荒芜中汲取力量。她将自然本身援引为佐证：平原是支撑了她自我发现的土地。“这风景的作用，”她说，“是让人沉默、强大、自给自足。这一切都如此赤裸，岩石和灌木，每一丛灌木都与其他的分开，独自站立，无依无靠”。在这里她将完成短篇集《梦》(1890)。

她用犹如神示般的预言和圣经的韵律为丧失信仰的读者们创造出一部可以替代《圣经》的经文。其中的一个梦《猎人》（‘The Hunter’）是《出埃及记》的一个变奏，她重写了摩西和圣灵在西奈山上对话，那时山下的众人在祭拜一头金制的牛犊，而他接下来死在了通往应许之地的途中——进入的大门是为其他人准备的。施赖纳的故事是一个猎人的寓言，他在湖面上看见一只银色的大鸟飞过头顶的倒影。这是一只从未有人见过的生灵，名为“真相”。为了寻找“真相”，猎人必须要度过无尽的长夜并翻过一座山。他用尽最后一丝力气在岩石上挖出踏脚的洞，以待未来的追寻者能爬得更高。当他死去时，一片银色的羽毛从“真相”鸟身上落下来。赫伯特·斯宾塞（他的《第一原理》曾震撼了年轻的奥利芙·施赖纳）被《猎人》深深感动，并让人在他弥留之际把这个故事读给他听。

《沙漠中的三个梦》（‘Three Dreams in A Desert’）后来将被在霍洛威监狱绝食的妇女参政论者高声朗读。康斯坦斯·利顿（Constance Lytton）说，在女子监狱里，这个故事听上去完全不像个寓言，而更像是“我们旅程的基础铁路指南”。在2015年的电影《妇女参政论者》（*Suffragette*）中，《梦》是其中那个年轻女工的《圣经》，她发现自己被一种使命所吸引。

名为《僧侣之妻》（‘The Buddhist Priest’s Wife’，1891—92）的故事是在皮尔森事件之后她对于性别差异的沉思。其中一个独立的单身女性认定了一种立场，她认为找到一个合适的伴侣是不可能的。她对自己的爱慕缄口不言，并让自己远离了男人们错失的、与 205
她的思想真正结合的机会。这个故事给女性的教训就是不要有任何期待。当然这种隐忍是自愿的，但如果一个女人想要保持她的自尊，其实她也并没有其他办法。*

1892 年 12 月，就在她创作了这份无奈地顺从命运的宣言之后，她去和她的老朋友，在加纳港的凯伍德夫人住在一起，而就在那里，她遇到了凯伍德的邻居，这位邻居在克拉多克南部的同一区域经营着克兰茨农场。

她看到一个强壮的二十九岁的年轻男人，穿着马裤和马靴。塞缪尔·克朗怀特（“克朗”）的周身洋溢着一种户外生活的活力，他精瘦、灵活，有浓密的黑发和短络腮胡。他说他只需要一颗子弹就可以打死一只羚羊。他看上去像是她笔下猎人的化身，仿佛她的小说将他写得活了过来。他很紧张、顽固，但他关于女性权利的进步观点让她惊讶。这是一个开明的男人和读者——事实上，他很欣赏《非洲农场》，他还为此给她写过信。他对像奥利芙这样被剥夺了高等教育机会的思想者的作品充满热情。同时他还有强壮黝黑的双臂（她留有一张他挽起袖子的照片）。

她并没有坠入爱河，但不得不考虑是否要嫁给克朗怀特先生。和夏洛蒂·勃朗特与玛丽·安·埃文斯一样，她们都考虑过是否可以接受这样的男性，他们的智力无法与她们等同，但他们单方面的爱慕却能给她们安慰。1893 年奥利芙回到英格兰并思考着这件事。她曾经向皮尔森倾诉她是多么强烈地想要一个孩子，但自己已经接近一个几乎不能实现这个想法的年纪。现在这里有一个散发着青春活力的强有力的求爱者——他外表迷人，尽管他不是戈德温，但他显然热爱读书，是一个思考者，而且尊敬她。最终她同意嫁给

---

* 美国作家康斯坦斯·费尼莫尔·伍尔森（Constance Fenimore Woolson）在十九世纪八九十年代初关于单身女性的故事里也有同样的立场；以及二十世纪末，安妮塔·布鲁克纳（Anita Brookner）小说中也有同样孤寂、隐忍的女性。

克朗。

1894 年 2 月的婚礼平淡无奇。她穿着一件灰色的裙子，两人去了风景宜人的米德伯格村镇的注册办公室，她当时就住在那里。他 206
们的结婚证缩小了两人年龄的差异：克朗的年龄写着三十一岁，但是他实际三十岁；奥利芙的年龄写成了三十七岁，但实际她比这个年龄大一岁。他注册的职业是农场主；她的职业是空白。有一件时至今日都依然很罕见的事，那就是他随了她著名的姓氏：克朗·克朗怀特-施赖纳是一个能与她的盛名和谐相处的男人。

他们没有度蜜月。在简短的仪式之后，他们就上路了，在大概七点半时到达了克兰茨农场，即使在夏天，天应该也已经黑了。奥利芙很高兴地看到农舍干净整洁，客厅的桌上有烤鸡。长长的白色农舍坐落在一个无遮挡的峭壁上，陡峭的山崖直降到下面的大鱼河，河里有岩石和芦苇。第二天早上他们爬坡下到河边（这看上去极其危险），并在河中的一块岩石上拍了照：在一张照片里，克朗穿着背带裤和衬衫独自站着，双手插在紧身裤的口袋里；在另一张照片里，他修干净了下巴和浓密的八字胡，坐在身着凌乱围裙的奥利芙旁边，她手插在腰间，在她的新家显得气定神闲，好像她一直都住在这里。为了拍照，她摘下了她的遮阳帽。她喜欢在这里游 207
泳，河水在夏季很平静——更像是平稳的大水池而不是流水。那天，二月的炎炎烈日之下，克朗用一辆有遮挡的双轮车载着她环绕广阔的农场。这里有鸵鸟和他珍爱的安哥拉山羊，就在远处牧场里巴菲尔山的山脚下。一天，克朗为了和她一起爬山暂停了工作，几小时后，他们登上山顶，看到了遥远的群山之巅。这景色让奥莉芙如此愉悦，她决心死后要长眠此地。

他们之间的差异，一旦被激发出来，就是难以调和的，但这并不会分离他们。奥利芙将克朗视为一个简单直接的人，他一门心思地朝前方的光亮进发，而相反的是她自己左顾右盼的本能，她是能“闪烁照亮到周边一切的侧光”。她开玩笑说自己是如何生来便没有“表皮”。她的敏感与克朗的粗野相冲突，但私下里他也是温柔的。她特别强调“温柔”，因为她知道，她的朋友们会因为她嫁给了一个专横跋扈的男人而惊讶，但是他关于自我发展有着强烈的想法。克朗的侄子说他训练自己的心智就好像在一台古斯塔夫·赞德机器（当时流行的一种训练二头肌的瑞典器械）上一样。

在克兰茨农场，她的哮喘更严重了。这是一件让人遗憾的事，因为他们之间平等的关系从离开这里之后，就再也没有如此平衡过。几个月之后，克朗就放弃了农场，他们搬去了金伯利，买下了一座漂亮的家宅和三英亩地。对克朗来说，放弃他的鸵鸟和安哥拉山羊是痛苦的，他在职业上的妥协给了奥利芙·施赖纳压力，他之所以娶了一个作家是希望她能够创作作品。而她“伟大”的作品《从人到人》，以及那本从在八十年代和皮尔森的讨论中诞生的“性别之书”都总是处在未完成的状态。即使这样，在他们非常期盼的孩子夭折时，克朗还是在悲痛的阴影下，用他“如此平静而坚强的面容”支撑了她。她将永远无法忘记她的孩子那双严肃的眼睛。

1895 年 5 月 1 日，孩子在出生后的那个清晨死去。克朗手托着这个双目紧闭的孩子到阳光下为她拍照：她裹在长长的白色袍子里
208 仍然形容良好。奥利芙的悲伤挥之不去。两周之后，在奥利芙给她姐姐艾蒂的信中，她透露出孩子死亡的原因是疏于照顾。她相信如果她姐姐在身边，孩子可能会被救活。但她选择不再为此纠结，而是去怀念她与孩子曾有过的亲近。

家宅

1895 年 5 月 16 日

我亲爱的艾蒂老姐，

我把我小宝贝的三张照片寄给你……这只是用克朗的小型手动柯达相机拍的，但我只有这些了。艾蒂，如果我的小宝贝出生时你在这里，我现在应该还和她在一起……这只是对你一个人说的。我不想让任何人为我这个美丽圣洁的小生命而产生一分一秒的悲伤；她现在去了，但某一天我会给你写信，告诉你一切。她活了十六个小时……我有那么多的母乳给她……母乳都浸湿了盖在我胸上的布而流下来。我有足够给两个婴儿的奶水。你还记得我们小时候玩假扮生小孩的游戏吗？我躺在这里常常想起你……人们常说“忘了吧”，但他们不知道无法忘却才是一种快乐：在我有生之年，我将一直感到那个小小的死去的身体躺在我怀里，抚慰着我。

她告诉一个朋友：“克朗和我都不敢向对方诉说我们心中的一切。有些念头会深埋在我们的心里，被我们带进坟墓。”

孩子的死亡也可能另有原因：这个新生儿体重异常，八斤七两——几乎是正常体重的两倍。考虑到这样的大小（通常和母亲患糖尿病有关）外加在家中生产，分娩是很艰难的；奥利芙在氯仿的麻醉下昏迷了两个小时一刻钟，因此不能用力推，同时医用钳子撕扯她太狠了，让她一个月之后还无法坐起。如果分娩时用了如此大的外力，那么孩子可能有分娩损伤。

她决定让“宝贝”在未来的某一天和她一起葬在巴菲尔山上， 209
但与此同时却无法承受自己亲手埋葬她。十几年之后，当她和克朗暂时分居时，她给他写信说道，如果她死了，他将会在她床尾的一个盒子里找到那个婴儿。她并没有解释盒子里的是不是一个实在的身体，以及她怎么会出现在那里。她最珍爱的作品《从人到人》最终题献给了两个婴孩：她的妹妹艾丽和“我唯一的女儿”。

起初，当奥利芙刚回到南非时，她被罗兹的充沛精力所吸引，但作为开普殖民地的总理，他在1891年对“皮鞭”或鞭刑法案的支持让她怒火中烧。这个法案提议，白人雇主可以出于一些小罪鞭打黑人，这些罪包括违抗命令、旷工，或者骑主人的马。* 尽管法案没有得到多数票通过，但是罗兹的立法胜利（其中包括剥夺开普黑人的投票权）成了种族隔离制度的前身。1892年那张著名的“罗兹巨人”漫画描绘了这个种族主义大亨从开普到开罗横跨非洲的情形。从那时起，施赖纳不再与罗兹讲话。他赞美《非洲农场》为“一部深刻的天才作品”，并希望和她对话。但她拒绝了这个邀请，还在九十年代他到马奇斯方丹时把他挡在门外。

1895年，奥利芙被罗兹在詹姆森突袭（Jameson Raid）中的共谋震惊，这次突袭试图夺取布尔人遍地黄金的德兰士瓦共和国。但是他溃败了。罗兹在接下来的问讯中逃脱了谴责，因为他的同谋、殖民地国务卿约瑟夫·张伯伦（Joseph Chamberlain）介入此事。凡是牵连到罗兹、张伯伦、英国内阁官员和贵族的电报都顺利消失
210 了。施赖纳却持续发现腐败的蛀虫，这都是得益于罗兹身边的那些马屁精们，用她的话说，他们在“跪舔他脚下的灰尘”。

她在1897年那个不太受欢迎的寓言《马肖纳兰的士兵彼得·豪

* 这个时候罗兹正在讨好布尔人，因为他对他们拥有的东西有自己的算计。

基特》（*Trooper Peter Halket of Mashonaland*）里，指控了罗兹手下英属南非公司的人，他们使用暴力镇压将被命名为罗德西亚的一块新殖民地人民的反抗。这片土地的原住民，恩德贝莱人和绍纳人，阻挡了罗兹用帝国的镰刀割开整个非洲大陆的梦想。施赖纳在第一版中用一幅卷首画表明了她记录现实的意图：照片上三个裸体的黑人男性被吊在布拉瓦约外的一棵“绞刑树”上。其中一个人的脖子可怕地脱臼了，而罗兹的手下就站在旁边，洋洋得意地斜顶着帽子，嘴里叼着烟斗，毫无愧意地守着他们的作品。这是一幅骇人的影像，一个女性将它放在书中是史无前例的，这也曝光了那类残暴行径——为了保护白人淑女们，她们一般看不到的那一类。这便是殖民行径的暴力现实。与此同时，在英格兰，罗兹却正因为建设帝国而饱受赞扬，并受邀到牛津大学接受荣誉学位。

奥利芙和克朗没有发表《彼得·豪基特》的手稿，而是把它带到了伦敦。罗兹恰巧和他们乘了同一艘船，他让男仆搜查了他们的舱屋。小说出版之后，罗兹散布谣言说奥利芙写这个故事是由德兰士瓦共和国资助的。

她告诉她的朋友、德兰士瓦的司法部长扬·史末资（Jan Smuts），“在罗兹和他的人散布的所有关于我的谎言中，对我伤害最大的是他在英格兰散布谣言说，我写《彼得·豪基特》是因为收了德兰士瓦政府四千镑。**这直接损害了我过去和未来作品的用意和价值**”。

罗兹仍然想得到德兰士瓦，于是他大肆宣扬住在那里的英国人和其他外国人受到的委屈。施赖纳目睹着由罗兹带领的“吸饱了血的资本家们”在煽动战争。她把他们叫作“追金子的野狗”。在给一家美国报纸的信中，她谴责那条“为了塞满几个人的口袋而谋杀一个国家”的政策。

开普总督阿尔弗莱德·米尔纳（Alfred Milner）爵士和罗兹狼
211 狈为奸。奥利芙·施赖纳谴责米尔纳发给伦敦的报告荒谬至极。他
断言非洲有推翻英国的计划，并因此指控布尔共和国（几乎全部被
英领地包围）会威胁到世界和平。奥利芙起初起草了一份十六页的
对米尔纳的声讨，但接下来她放弃了声讨，进而采取了更审慎的方
式。她反而送给米尔纳一本书，是先前的总督乔治·格雷（George
Grey）爵士的传记。她恳请他看看一位前辈是怎样做到不失去殖民
地对他的信任的。但她对米尔纳的期待过高了。运气没有站在她
这边。

§

奥利芙和克朗一起住在金伯利时，她提到他时始终是充满爱意的语气，但当她忙于自己的国际事业时，克朗又能做些什么呢？她的写作带来了一些收入，但要想让他履行更大的责任还远远不够。他对妻子健康的照顾和对他寡居母亲和未婚妹妹的责任相冲突，他还要考虑自己死后她们的生活来源。于是他决心要在约翰内斯堡做一名律师。奥利芙并不想去那里，但她一定理解克朗，他需要一个属于自己的未来。

她厌恶约翰内斯堡，“这个在我们甜美纯净的非洲草原上冒出来的可怕的地狱。一座迷恋诱惑、金子和邪恶的城市——充斥着马车、宫殿、妓院、赌场”。事实证明，想要找到一家不介意他的穿着而接受他的公司很困难。后来他终于找到了工作，但在他取得资格前，一个月也只能挣十五镑。在这期间他仍然要依靠妻子生活，他因此为她那些总是即将完成但还是没发表的“伟大的书

籍”感到恼怒——那些野心勃勃地想要改变世界的书，她还一直在不停修改。

她的哥哥弗莱德自从她结婚后便停止了每年对她的资助。尽管《非洲农场》还有版税入账，但并不多——奥利芙说，如果查普曼和霍尔能对她公平些，她这时肯定已经很富裕了。但接下来又冒出一笔出人意料的索款：波士顿的利特尔布朗公司（Little, Brown）在和她的美国出版商罗伯特兄弟（Roberts Brothers）合并后向她索要
四十七镑。如果她不交付这笔钱，利特尔布朗就威胁说要把她的 212
《南非散记》（*Stray Thoughts on South Africa*）不加修订地出版。她让她姐姐的丈夫出面解决此事，但他没有成功。*

她和克朗在约翰内斯堡安顿下来之后，她面临着另一个更棘手的索求。约翰内斯堡成了她婆婆眼中的福地。克朗的母亲计划带上她的女儿搬到贝里亚庄园的樱草台二号和他们同住，至少要住一个夏天。克朗怀特夫人还提议让克朗的两个兄弟也住进那里。接待克朗的一大家亲戚将会毁掉奥利芙作为一个作家的生活。和刘易斯不同（他不允许儿子们因家务需要去打扰乔治·艾略特的写作），克朗希望为他的家人们提供一个住所。所以拒绝这件事的负担落到了奥利芙身上。

她告诉伊丽莎白港一所女子学校的校长贝蒂·莫泰诺（Betty Molteno）说，她确实需要说“不”。这是为了解释她不能邀请贝蒂和她的同伴格林小姐来家里做客的原因——因为如果她邀请朋友来家里，“老太太”会被冒犯。奥利芙认为她的婆婆无法认识到“别人

---

* 罗伯特·海明那时住在约翰内斯堡。他曾经做过一段时间律师，然后在约翰内斯堡公立图书馆做图书管理员。艾米丽·狄金森是出版公司合并的另一受害者：由罗伯特兄弟公司出版的她的作品从此绝版，因为她的诗集《信件》（*Letters*）没能盈利。

也有自己的生活要过”。她无法不意识到“全家人都对我的存在感到伤脑筋”。

在这个尴尬的时刻，她怀孕了。在她给霭理士的信中，她对婚姻生活的描述并不和谐。当克朗结束了在办公室繁忙的一天回到他们的住所时，他吃完晚饭就会去读书，因此，“我在这里过着奇怪的孤独生活，几乎看不到一个人，也不能和人说话…… 我从未有过如此孤独的生活，因为童年时我还有大自然，在欧洲我有朋友们”。

克朗的职业道路被战前准备终结了。他的法律公司面临倒闭。由于经济紧张，他们离开了约翰内斯堡，搬去和克朗的一个亲戚爱
213 德华·怀特同住，他住在卡鲁上的一个农场卡利克鲁夫。这是他们离开城市的其中一个缘由，另一个缘由是奥利芙在流产后有心脏和呼吸问题需要休养。农场很偏远，从主干线德阿尔站北边最近的火车站克朗凯尔站出发，坐马车往西还要走十个小时。

在干燥的卡鲁上，她感到自己“在天堂”，充满能量和斗志。天堂可以自由地呼吸，傍晚时疾驰穿过草原，在渐暗的天空下观看小山丘清晰的轮廓，抬起头能仰望灿烂的星光，以及随意使用宿主家的书房。随着状态渐有起色，她完成了一篇有关女性问题的短文，由两部分组成，纽约的月刊《大都会》在 1899 年 11 月和 12 月发表了它。她收到了一百镑，这对于她和克朗的生活至关重要。

这篇短文很有可能来自于她的“性别之书”，她把那些手稿打包捆好留在了樱草台，打算有朝一日还要回去。但是英国士兵在 1899 年 10 月 13 日挡住了他们的去路。两天前战争爆发了。回约翰内斯堡的路被阻断，从此之后，她的人生也发生了转向。

在卡利克鲁夫，她与杨·史末资的友谊转化成了一种政治上的

同盟。当克朗和奥利芙搬到约翰内斯堡时，史末资曾问他们是否需要他提供什么帮助。奥利芙机智地回复说：“如果能在争斗中为德兰士瓦政府提供帮助，我将十分荣幸。”一个灵光一现的事后想法是去提出一个交易：史末资其实能为她做的一件事，便是将市民的妻女们视为共和国的“支柱”而赋予她们投票权。

她曾在比勒陀利亚拜访过史末资，并很喜爱他的夫人埃西。从她身上她看到了传统布尔女人的坚强与新女性的文明与优雅。史末资夫妇邀请克朗怀特－施赖纳夫妇在即将来临的战争期间和他们同住，但奥利芙认为比勒陀利亚对她的哮喘不宜。“……感谢你们友 214
好的邀请，”她在给埃西·史末资的信中写道，“如果我去了只会给每个人添麻烦。”

1899 年 9 月 24 日，战争爆发的十七天前，仍在卡利克鲁夫的奥利芙·施赖纳向史末资提出了一个有趣的请求。她说《纽约邮报》（*New York Post*）提供给她一份每月一百一十镑的前线通讯员的工作。她想要代表“我方”，并问了史末资两个问题：第一，“德兰士瓦当局是否会给我获取信息的设备，以及和民兵一起去前线的机会”；第二，她在这条下面着重划线强调，“你认为我最好先去哪里？”她指出，如果健康允许，她已准备好去任何地方，并且重复了这个问题：“如果可以告诉我在哪里我最有用，我将能发挥自己最大的作用。”

史末资用预先安排好的密码给她发电报，只说了两个字：“好的”（这是她所期待的对第一个问题的回答），以及她将去的地方的名字。她承诺会保密。“你给我的任何信息都一定会被严格保密。”

另外，她还谨慎地要了一封信，上面有需要他或者奥兰治自由邦前主席（时任德兰士瓦共和国国务卿）弗朗西斯·赖茨清晰的签名[*]。这封信必须能证明她的身份，以防某些不知情的布尔人把她和克朗误认作“红脖子”——对英国人的蔑称。

她唯一担心的是克朗。她对他的了解警告着她，她最好独自行动。他过于有攻击性，并且心直口快，对于她所承担的任务来说，他不是一个安全的搭档。如果克朗和她一起的话，她认为他会被枪击。同时她对于克朗的政治信念不够坚定也直言不讳。“如果我因为自己如此深信的使命牺牲，我不会介意，因为这算是死得其所。但我不觉得他应该为了这个使命死去，因为即使他赞同这项事业，这之于他也并不像之于我一般性命攸关”。

史末资的电报给出了他的应允。她将会去前线加入布尔人的队伍。但当她去看医生时，医生证实了她在流产之前就有心脏病：左心室比过去更肥大了。因此，她不能作为战地记者去四处游荡，但
215 她找到了另外两种行动方式：发表抗议演讲，以及在殖民地北部边境驻守一个独立的岗位，这是为了提前准备给帝国军队的一个不客气的惊喜：游击战阶段，史末资将带领一支最神出鬼没的突击队。

§

施赖纳第一次发现自己演讲的声音是在开普殖民地东部的村镇格拉夫雷乃，当时那里的人群把她从一个民众集会上呼唤了出来。就在 1900 年 5 月 31 日，英国部队在这一天进攻了殖民地北部的两个布尔人的独立共和国。她的哮喘和呼吸困难让她肩膀耸起，但完全没有妨碍她的言语。她用拳头在她面前的铁轨上打着拍子。亲战

* 赖茨属于家族关系，他是奥利芙疼爱的弟弟威尔·施赖纳妻子弗朗西丝（法恩）的父亲。

的报纸报道说，这个姿势不合妇道。淑女应该让她们戴着手套的双手保持近身或紧握。一个淑女不应该提高音量引起别人注意。如果她大声了，就会被说成是“尖叫”，不管她的音色多么低沉。尽管她是作为“一个作家而并非演说者”对人群讲话，她所说的全都切中要点。“我们认识到，我们在南非的朋友们需要我们的帮助，因此我们必须提供。”“帮助”一词很小心地避开了叛国的倾向。她并非在煽动暴力，但她姿态中那种克制的狂热点燃了人群。

她用英语演讲，宣告了她与自己国人相对立的立场。大部分讲荷兰语的民众欢呼雀跃。

六月初，在夺取了约翰内斯堡后，英国人向比勒陀利亚继续进发。“我们在进军比勒陀利亚－比勒陀利亚－比勒陀利亚”，这是当时流行的歌曲。* 奥利芙的弟弟威尔·施赖纳（开普总理）的政府在双方中间保持中立，于是战争进入白热化时他必须辞职。但他的姐姐决定，是时候不去在乎那些“畏畏缩缩的”政客们了。“女人们必须要行动，”她说，“如果在过去的九个月里，是我们这些愚蠢的女人在领导这个国家，那也不会比男人领导得更糟糕。”

她作为演说家的事业在她独自生活的六个月里腾飞了。在这期 216
间，克朗在丢掉工作后，代替他的妻子去英国执行一项反战宣讲的任务。这个任务对他格外棘手，因为他没有奥利芙那种以死抗争的奉献意志，而且他亲英的家庭也没有在背后支持他。那次持久的巡回演讲让他情绪低落：那些冷嘲热讽起哄的侵略主义者（战争狂们）削弱了他的信心。他在 1900 年 7 月回家之后明显沧桑了许多，

* 二十世纪四十年代，童年时代的我会听到我的姑妈伊莎贝尔在钢琴上弹奏这个曲调，怀旧地唱着歌。她的丈夫，也就是我的叔公，由于战争打响，他还是个很小的孩子时就离开了德兰士瓦。

在开普敦的郊区莫布雷和他的母亲住了好几个月。与此同时，奥利芙走上了自己的路。

一个战争通讯员为伦敦的《每日纪事》(*Daily Chronicle*)报道了 1900 年 7 月 9 日她在开普敦伯格街的大都会礼堂，面对和平示威的一千五百人发表的演讲。他看到了一个个头矮小、棕色双眼的女人在周围沉默的期待中起身演讲。他说，尽管她站立不动，她的言辞就仿佛“白热化的愤怒熔化成的洪流”，直指那些“为了满足个人私欲和野心而发动了战争的男人们”。像罗兹这样的投机者才是英国真正的敌人，他们败坏了英国正派的国民性格：“现今英国士兵烧毁的每一个农舍，都将会是最终照亮大英帝国灭亡的火把”。她所指的是基齐纳爵士最新的战争策略，他要烧掉所有抵抗帝国统治的布尔家庭的农场。最终，有多达三万间的房舍被烧毁。被转移到“集中营”的女人和孩子们因为营养不良和疾病死去。基齐纳使用了美国南北战争中的制胜战术：舍曼将军毁掉敌方供给的举措。基齐纳派部队不仅烧毁家宅，还摧毁农产品并杀死牲畜。被残害的动物被扔在草原上等死。

烧毁农场的新闻传到了英国。曾在伦敦的女王礼堂组织过一次大规模妇女反战抗议的艾米丽·霍布豪斯(Emily Hobhouse)感到了一种使命的召唤，她要去帮助贫困的布尔妇女和儿童。1900 年 9 月，她开始筹集救济款。

就在这个至关重要的时刻，9 月 16 日，在英国强占了第二个布
217 尔人共和国德兰士瓦的十六天后，施赖纳来到了汉诺威。它就在英国部队的主要驻点，铁路枢纽德阿尔以东坐火车两小时的地方。布尔战争在某种意义上是一场铁路战争，在广袤无际渺无人烟的卡鲁上，铁路沿线的炮楼对通信和供给至关重要。建立于 1854 年的

汉诺威（这个名字表明殖民地对汉诺威王朝继位的服从），由大概五十六栋简单的单层房屋构成，与黑人和有色人种都隔离开。施赖纳从未来过这里，而且不认识任何人。她为什么选择住在这个暴露在烈日之下的地点，原因并不明朗。

她给出的一个合理理由是她的哮喘：到达时她称海拔五千英尺以上的干燥空气更有益她的健康。她喜欢春季的气候，还没有太热，开花的树木散布在几条石子街道两旁。但是，在这个海拔上，有同样干燥空气的地方还有许多。

她特别搬到这个主干线铁路上朝北距英军营地只有两英里的小镇，是否另有目的？这条东西走向的战略线路是为了运输士兵、武器和设备，也是一个容易被袭击的目标，紧邻已被官方占领的自由邦边界。尽管汉诺威在 1900 年 9 月看上去很沉寂，但它在三个月之后将变成军事热点。我想到了奥利芙对史末资提出的随他调遣的提议，以及她对另一个布尔领导人，维南·马兰（Wynand Malan）的信任，他的突击队将会突袭汉诺威的毗邻地区。

在这个阶段，如果奥利芙想要帮助仍然在开普边境另一端的布尔人，那么她也会把这个想法藏在心中，不留任何文字证据。要做一个帝国统治的“叛徒”是要冒死刑风险的。这不是个说着玩儿的威胁。英国已经处决了大概五十四个被称作“开普叛徒”的人，处决前他们在市集被公开宣判，这是在警告那些被强迫出席的市民们。像奥利芙一样，许多人都和布尔人有联系。

与此同时，在 10 月 12 日，她将自由言论的权利推到了风口浪尖。她从汉诺威寄出了一封信，在东开普的东萨默塞特，这封“信”将在战争开始的周年纪念日在一场被广泛报道的妇女抗议中被高声朗读。她有意将言语远播到村镇之外：这个世界都必将听

218 到。这封“信”将书信这一传统上的女性体裁带进了政治讲演领域，而传统上这是男人们的领地。

当她回忆起自己在英国生活的八年以及“那些和我有着深情厚谊的男男女女”，她也直面了自己一度和殖民地许多其他人怀有过同样的信念：英国人身上公正的一面会制约“更卑鄙和更趋炎附势的一面”。她想说的其实是，一大群英国人恰恰相反，让自己更卑鄙的部分占了上风，她首先点了罗兹，以及约瑟夫·张伯伦和阿尔弗莱德·米尔纳的名字。那么，她责问道，大多数公正的英国人怎么能在此情形下无动于衷，眼见着“私人住宅被烧毁，女人和小孩在荒野中无家可归，为的是通过伤害‘布尔’男人们的情感来让他们无力拿起武器而无法继续作战”？

布尔女人试图在她们的农场被烧后躲避英国人。她们躲在草原上，过着艰难的生活，直到这些“不良分子”被基齐纳的铁丝网圈起来。在营地的男人们只要放下他们的枪，他们在野地里营养不良的妻儿就会获得更好的食物。儿童的性命对于有军事目的的人来说无关痛痒。基齐纳不会意识到枯槁母亲的婴儿会需要奶水。一张当时的法国漫画上画着一个母亲干瘪的乳房绝望地垂在濒死和已经死去的孩子们头上。痢疾和伤寒肆虐。在这些集中营里死去的人中，有两万两千人不满十六岁：这个数字可以和那些在与他们分开的、条件更差的集中营死去的黑人小孩数量相比。

当有良知的英国人纷纷发起抗议时，基齐纳的回答是“文明的国家”在战争期间也不得不做这样的事。正是这种伪善，施赖纳说，摧毁了她对母国的依恋，和许多讲英语的人一样，她曾称那片土地为“家园”。

“现在英国已经死了。”她对聚集在东萨默塞特的妇女们宣称。

这个迭句中私人的声音托起了她的动人辞采。“但是对我来说，是我挚爱的英国已经死去。”

布尔人抵抗英国是一回事，但自己的英国母亲会把罗兹的照片 219
框摆在她椅边，又完全是另一回事。奥利芙的哥哥提奥和姐姐艾蒂也坚决站在帝国一方。因此，奥利芙·施赖纳和英国对抗，也是在让自己和这些家庭成员分道扬镳。罗兹因为收到了奥利芙八十岁的母亲一封支持他的电报而洋洋得意。在开普敦基地，他还在一次宣战演讲中朗读了这封电报。

奥利芙·施赖纳的演讲回顾了“乔治三世和他趋炎附势的大臣们的错误，因为他们想用武力摧毁美国殖民地人民想要独立和自治的本能”。她诧异于为什么英国还要这样让自己“落入无良之人的手中，在他们的引领下骑在弱小但坚强的两国人民脖子上，致力于摧毁他们的生命，同时急切的双手又去掠夺他们的金子和土地。”

施赖纳这次悠长而响亮的反对母国的演讲，比她第一次为英国侵略的受害者寻求“帮助”的讲台亮相影响更大，并进一步锤炼了她在开普敦时激奋人心的言辞。这是一个成功的文学作家，在女性听众的面前，让一种失落的艺术复活：讲演的艺术，在古代和中世纪操演，那时修辞和演讲术还是高等教育的一个学科。她重新唤起了这种对口头表达的关注，同时她也是使用我们语言写作的最好的书信作者之一，她的特别之处是将私人信件变成了一种公共表达工具和一种政治的形式——很像古罗马人所为，以及 1898 年左拉的书信《我控诉》(*J'Accuse*，旨在揭露德雷福斯事件中高层的腐败和反犹主义)。

和左拉一样，施赖纳写了一封公开信，这是一封写给全世界的信，也被如是报道了。讲演的元素也曾在她的小说和寓言故事中出现。和雪莱一样，她是一个有着开阔的政治远见，富有想象力的作家。[*]远见和写作也是相得益彰。

220 施赖纳和罗兹是在南部非洲之外仅有的两个能唤起注意的公众人物。对盎格鲁－撒克逊民族的优越感含情脉脉的罗兹有财力去支撑他的帝国主义，但是身无分文的施赖纳却因她讲演和“书信”文字而拥有更强大的力量。

11 月 10 日，她为在帕尔的一次妇女和平集会撰写了一封讲演书信，她也参加了 12 日 6 日的雨天在开普敦附近村镇沃斯特举行的一次各类人群的集合抗议。心脏病引起的短暂昏厥让她无法发言，于是，再一次，同行的克朗替她讲话。一个亲战报纸上的漫画刊登了她抖动雨伞的样子。克朗支持布尔人的立场让他面临很大压力，他的亲戚们都为此责备她，于是他没有和她一起回汉诺威。她也并不确定他们这次分离是暂时还是永久。

12 月 14 日她到达汉诺威，并强烈地意识到她现在是孑然一身了。接下来的一晚（是一个星期日），最早的两支从自治邦来的布尔突击队穿过了开普边境的奥兰治河。其中一个突击队突袭了汉诺威和更大的米德伯格中间的区域。这些突袭的计划是秘密的，因此它们成功打了个出其不意：在德阿尔广大的英国营地以南的重要铁路桥被摧毁，向北的电报线也被切断。

奥利芙·施赖纳回汉诺威的时间点，让人不禁怀疑她是否是敌军进军殖民地计划的同谋。她带着钢铁般的信心说道，“战争还没有结束”。

---

* 1886 年的 4 月，奥利芙·施赖纳送给她母亲一本雪莱的《书信》。这是 1882 年爱德华·加奈特（Edward Garnett）编辑的，卷首画是蒂娜·威廉斯（Dina Williams）的一幅水彩（1840），她是爱德华·威廉斯（同雪莱一同溺水而死）的艺术家女儿。

§

一千个英国士兵攻占了汉诺威，他们的指挥官德莱尔上校（de Lisle）来到了奥利芙所住的小镇旅馆门前。讯问持续了两个小时。她意识到那些侵略主义者一直在敦促英国人对她采取行动，而她也直截了当地说，“以叛国罪逮捕我吧”。

德莱尔以一个指控开始了他的审讯。他问她是否在召唤共和国 221
的民兵进攻开普？

他们小心翼翼地评断施赖纳的回答。她没有否认自己站在布尔共和国一方的立场。她反而告诉德莱尔，如果她能以自己在集市广场被他的士兵处决为代价来换取共和国的独立，她会那样做的。她知道，和一个明事理的英国人交流，坦诚相待是最佳方式。事后，德莱尔对当时也在场的市长评价道，他喜欢直言不讳的人。

即便如此，施赖纳还是为了自我保护，说她反对在殖民地的“战争”，她强调说，因为“**流血牺牲太恐怖了**”。

这并不是一个纯粹策略性的谎言；战争的确让她惊骇。但是她没有说的是（而且我们也不得而知），她会不会支持除了军队理解的“战争”之外的行动：并不是全面的进攻，当然也不是指强占或对平民造成伤害，但是这些行动的目的是给英国人带来无尽的麻烦。这个强大的军队都穿戴着高头盔和亮军靴，还有修剪亮丽的马队需要每日的饲料，他们不会希望被困在这个看似绝域的地方，无限度地整装待命下去。

“最终，女性的精神会为德兰士瓦和自由邦再次赢得独立”，奥利芙借此机会开导着德莱尔。当女人们有如此的精神时，她们是不会被征服的。

“哦，是啊！”他沉思着，来回斟酌着这个念头。“女人们真是可怕。她们无所畏惧。”

在审讯之后，奥利芙在汉诺威的地位发生了改变。旅店里的侵略主义者对她怒目而视。当她向他们道早安时，他们无视她。她收到了恐吓信和侮辱的卡片。从这个时刻开始，人们都在回避她，不只是那些侵略主义者，还有讲荷兰语的社群。一个英国士兵告诉一个荷兰小孩，奥利芙·施赖纳在教唆布尔人，与之相关的公告也出现了。每当她穿过街道看见人们都成群地坐在门口时，被排斥的境遇就让她几近落泪。

孤寂对于之前那个远在偏僻农场的年轻家庭女教师来说曾是一
222 件幸事。但在汉诺威却是不同的：在这里，她被孤立的境况是违背意愿的。在其他任何地方，特别是英国，她都有密友。她充足的友爱让她天生擅长获得友情。她还习惯了被追捧，尽管她从未主动追求这点。作为一个名人，她曾经是受讲荷兰语的居民欢迎的。但是当英国的部队到达时，她曾住在英国这件事让她变得可疑。传闻说，是她的英国背景给她带来了特殊的待遇。

1901 年 1 月 18 日，奥利芙离开了旅店，搬到了镇子东北角的一个房间里。为什么她要离开一个提供饮食的旅店而搬进一间一切需要自理的空房间呢？一个显而易见的答案是，旅店强迫她离开；她后来说，如果有寄宿公寓愿意接受她的话，她自己更愿意去寄宿公寓而不是租一个房间。她并没有意愿去自己擦地板或取水。这类工作都是仆人做的，而且她说，奇怪的是，竟然连“土著人”都“抵制”她这样一个格外同情他们被剥削境遇的女人。有可能他们是被她禁忌的身份吓到了，更何况不管怎样，他们都可以在英军那里找到别的工作，特别是作为持枪的夜间守卫。

由于信件被审查，真实的消息少得可怜。但在汉诺威有一个至关重要的事实，那就是成群带着木髓头盔的士兵已站在了居民的门口：开始是一千人，接下来极速增长，因为两万强大的帝国轻骑兵在远方出现并已来到邻近区域。另外一个事实是：对“叛乱者”宣判的死刑。所有身处不同阵营的本地人都不能被看见和一个给敌方办事的女人在一起。作为被排斥者，奥利芙最终只能依靠她的狗内塔才能获得感情安慰，因为它“几乎是个人类了”。

由于被迫困在她的房间里，她买了一条毯子，一盏可以做饭的煤油灯，两个盘子和一个洗涤盆。屋里还有一个衣架以及两个打包箱可以充作家具。她没有离开汉诺威的许可证。她被禁止读报纸（被隔绝信息），并且每天只能为了取水离开她的房间一次。有关她所处困境的消息确实传到了伦敦，包括赫伯特·斯宾塞在内的同情者们为她贡献了一百五十镑的捐款。

奥利芙的房间安静地位于镇子边缘，没有什么显眼的标记，面对着草原。这是瘦弱且温柔的阿莱塔·维尔荣（Aletta Viljoen）小姐
建造的房子里的一个角落房间，她也身患哮喘。她的哥哥在附近农 223
场放牧，七岁的侄子德克与她作伴。房间本身狭小不舒适，窗户不进光，但它的窗外是房子北面的大片区域，那是自由邦的方向 。这片草原并不像它看上去的那样荒芜。远处的小山丘后面传来英国加农炮的声音。

铁丝网环绕着汉诺威，走动是被禁止的。但是奥利芙应该已经在之前的三个月里（从 1900 年 9 月中旬到 12 月期间）侦查过这片地带，她是否有目的，我们不得而知。她在 1901 年 1 月的一封要求基齐纳爵士和她见面半小时的信中也没有暗示更多的信息。她

说，最小的野鸭子也比一只从外地来的最大的天鹅要更了解自己的小湖。她的诱饵是自己可以告诉基齐纳一些信息，但是她的目的永远都是为那些被他变成了战俘的妇女儿童们说话。

当月下旬，艾米丽·霍布豪斯乘着一列装满铺盖、衣服和食物的火车，开始了她去往“集中营”的旅程。1901 年 5 月她回到英国，在政府和公众面前，她呈递了对那里非人境遇的报告。

当她在 1901 年 10 月再次来到南非时，军队以军事管制为由将她遣返回国，作为还击。霍布豪斯继续写作了《战争的锐气以及它的跌落》（*The Brunt of War and where it fell*）。军方由于被后方的不利观点激怒，处决了一个报道过集中营内死亡规模的平民律师，他曾是德兰士瓦共和国的检察官。

就这样，言论自由变成了叛国。施赖纳观察到，对于六千英里以外的统治者们来说，以英国的名义做出在英国国内绝不会被原谅的恶行是何等容易。鉴于大英帝国是以罗马帝国为模板的，施赖纳在当时重读吉本的《罗马帝国衰亡史》也十分恰当。

游击战在 1901 年 1 月变得更加激烈了，由于维南·马兰的突击队，用她的话说是“棋高一着”。她喜欢他对强烈激情的克制，她
224 和他曾接近到她可以注意到他下垂的左眼。他有如此的胆略，他可以挑选侦察兵，给他们咖啡喝，再将他们毫发无损地送回汉诺威。他在这个地区活动了有一年半时间，直到他被捕（对他来说是幸运的，因为几天之后战争就结束了）。

在一次突袭后，菲利浦斯镇（汉诺威北部）的居民听到布尔人在小山丘上唱赞美诗，他们的声音穿透雾气和雨水。“这是一群奇怪的人，”施赖纳评价道，“世界对他们的了解是多么少。”

当史末资的突击队在克拉多克东北部游荡时，他的一个手下向

他指出了那个孤独的农场，来利克鲁，就是在那里，施赖纳完成了《一个非洲农场的故事》。史末资想，她是多么热爱那“凶狠、令人生畏的”景色，这“催生了她热烈的灵魂”。在这个时刻，他感到与她十分亲近，他知道和自己不同的是，她这时是孤身一人，“可能在监禁中”。当他在多年之后记起这个场景时，他将奥利芙·施赖纳比作了艾米莉·勃朗特。两人都是神职人员的女儿，两人都是独来独往，两人都与她们所生活的土地融为一体；当施赖纳在英国时，她曾有冲动将脸贴在约克郡的高沼地上躺下，因为她认为那很像南非的草原。她早年的人生让史末资想起了他最爱的书《呼啸山庄》。

随着突袭不断朝殖民地四面扩散，军方的愤怒在滋长。根据英国的观点，他们已经赢得了战争：这里战争指的是作为训练有素的方阵向比勒陀利亚进军，向自由邦进军，并为王室征服这些地方。但是现在，游击队正在伏击军队和火车，随后飞奔回草原，躲进高高叠起露出地面的岩石中间。在施赖纳房间后面的院子里有许多机枪射击口，房屋的西边是一个仓房。在那面空墙上到现在还有机枪射击口，直指一条从施赖莱纳曾经住过的草原边缘通向镇子中心的石子路。居民们听到从装甲火车上传来的枪声和总计有一百人的守卫的声音，他们喊道：“谁在那里？”

一天晚上，施赖纳听到多达六个守卫在她的窗下交谈。对他们来说，她大概是一个擅自涉足战争事务并难以管控的女人，但他们大抵并没有把她作为攻击目标；整个地方都事态紧张，可能面临着未知的袭击。

袭击在 2 月 25 日至 26 日的晚上来临。一列火车脱轨并冲进了 225
大概离汉诺威二十公里的塔伊勃氏。部队选择要惩罚正在农场外围建筑里熟睡的汉诺威人，尽管是军方自己把他们派到那里去收饲料的。施赖纳知道他们是无辜的，于是迫切想要介入此事。她想要联系最高总指挥的企图失败了，联系过去曾是可靠资源的公众舆论这条路也同样被阻隔。让她失望的是，三个汉诺威人在 3 月 19 日被行刑队处决。这次严重的不义行为让她感到了巨大的、难以解释的痛苦，只能说，对她来讲，这次事件带来的恐怖甚于集中营。我的猜测是这其中有某种愧疚感。执行这次蓄意破坏的正是维南·马兰的突击队。

她在军事管制下的困境似乎并没有被南非当地的许多人所知。在开普敦，一群希望组织一个国际女性和平联盟的女人们在海滨街上的一个房子里聚集起来（这是一座优雅的建于十八世纪早期的房子，属于玛丽·库普曼-德威茨 [Marie Koopmans-de Wet]，现在是一个国家纪念馆）。她们选举未出席的奥利芙·施赖纳为委员会委员。亲战的媒体对她的缺席感到好奇。为什么施赖纳从政治事务中消失了？一家报纸给出了答案：她像一只反叛的母鸡，由于“执意要在主人的花园里啄食”而被“绑起来了”。

只要战争还在进行，她和许多和平主义者、女权主义者以及知识分子朋友们的联系就都被迫切断，她也因接受军队的审查而中断了对公众言说。尽管施赖纳暂时被压制了声音，但她却将目光投向了未来。她早就希望能够探索，她的性别能为社会做出什么样的贡献。

《女性与劳动》的主要目的并不是要呼吁人们认可“我们性别领域内的所有劳动”，就像《女权辩护》并不是主要关乎权利一样。两本书都梦想着一个女性必须要通过努力实现的未来：这并不仅仅是用和男性同等的劳动获得同等的薪水，或者是靠家务活动（如育儿）来获得地位，而是在遥远的未来承担最重要的任务——给战争画上句号。尽管人们对母亲的劳动毫不在意，但战争会耗损这些靠母亲的劳动创造的生命。施赖纳号召她的女性同胞去为她们拥有的“发放生命的权力”而采取行动。女性的直觉和作为母亲与养育者的实践，能从多大程度上为公众的利益所用？ 226

施赖纳并没有提倡模仿男性这种更简单的方式。她也并不关注女王或者其他的特例。她把给《女权辩护》一百周年纪念版未完成的序言融进了《女性与劳动》中。她和玛丽·沃斯通克拉夫特都想要探寻女性经验的独特之处，并同样怀揣着要建立一个不同世界的愿景。她们的思考因其大胆和自信而是预言式的，目光超越了当下的即时目标。施赖纳一直相信，“女性争取投票权，以及独立和教育这些问题，都只是大问题中的一个部分，还有更深层次的一些东西”。

她宣称，一个女人不可貌相，并创作了一个寓言来解释这点。很久以前人们找到了一粒鸟蛋，当它被孵化之后，人们把雏鸟的脚绑起来不让它飞走。他们接下来争辩这是一只什么鸟：这会是一只天生会水的水禽吗？或者是一只天生会四处啄食的谷仓禽类？它的翅膀是用来飞的吗？这只鸟整了整它翅膀上的羽毛，抬头看着它从未去过的天空：“这只‘鸟’知道它要做什么，因为它是一只小鹰！”

约翰·斯图尔特·密尔曾经探讨过同一个关于天生禀赋的问题。他承认，一个男人不会了解一个女性的本性，除非他和一个值得了解的女性交谈，并且他身上没有什么会让她害怕展现出她的自我。他又补充说，“几乎没什么能比这些条件的结合更少见了”。

如此的结合在玛丽·沃斯通克拉夫特敲开戈德温的大门寻求建

议时曾经发生过。作为曾经的牧师，他是一个热情提供建议的顾问，而她是敬仰他智慧的众人之一。接下来，正如我们看到的，是雪莱和玛丽·戈德温的结合，她在他面前展现出了最独特的自我；还有夏洛蒂·勃朗特在布鲁塞尔和她的老师埃热先生的互动，这是罗切斯特先生对简·爱鼓励的现实版本，他要求她“和我自然地相
227 处，因为我发现自己不可能和你墨守成规相处”。我们还看到了那对“连体双胞胎”：乔治·亨利·刘易斯和那个从这次结合中产生的乔治·艾略特。所有的这些男人，尽管他们各不相同，但都有足够的自信去鼓励一个女人做她真实的自己。

施赖纳反对那种对原始社会才有用的蛮力，同时还有那些投机者，她把他们定义为一类会糟践社会的“低智”男性。她反而需要那种“和过去主导的男性类型最不一样”的男人。他的特质会被有洞察力的人所拥护：智性活动、敏锐的思考、自控力以及其他非“搏斗式”的特征，这些特征也会存在于成熟的女人身上。

施赖纳的妇女参政论者朋友康斯坦斯·利顿女士是她理想女性类型的化身，她将坚强的意志与温柔融为一体。这位朋友后来把自己假装成一个工人阶级女性，因此也遭受了监狱中的强迫进食，目的是不因为自己有一个曾是伯爵和印度总督的父亲而从监狱豁免。

施赖纳的声音构成了一条从玛丽·沃斯通克拉夫特一路延续到乔治·艾略特的锁链中的一环，前者的标志是“温柔”，而后者是“同情心”。从 1894 年起，人们发现有一类“新女性”开始涌现，并且她们还在不断进化，而施赖纳曾在十年前以《非洲农场》中的那类女性角色引领着这条女性发展的道路。但是，和沃斯通克拉夫特和乔治·艾略特一样，她并没有对女性的弱点心慈手软：假装的愚蠢，面对趾高气昂的畜生以及他们过于简单的意识形态时的软

弱，以及将“寄生”作为一种职业。施赖纳看透了懒惰的妻子们为了容易获取男性庇护而刻意培养自己的无助。我们知道，她将那种交出自己身体以换取男性施舍的妻子等同于妓女。

施赖纳预见到，她的想法在未来可能会变得显而易见。她并没有要求得到特别的关注，但我们能感到她对我们要“继续前进”的关切；还有她从未来获得安慰的感人方式：“一切我渴望成为、但未曾是的，都给我安慰”。她的声音从容不迫地穿越时间，抵达我们当下： 228

> 我想对在我们之后世世代代的男人们和女人们说——“你们会因为这斗争如此激情澎湃、成果却如此微小而倍感惊讶……但你们永远不会知道，其实是因为想到了你们，以及为了你们，我们才做出如此的奋斗，并实现了我们所能实现的微小成果；是因为想到了你们更大的成就和更丰富的人生，我们才会在我们自己的无能中得到慰藉。

这些话让她的讯息击穿了拉下的百叶窗，传入黑夜，在窗外，月亮将它的光亮泼洒在广阔孤寂的平原上。其中最让人心潮澎湃的时刻，无疑是在呼吁女性反抗，最终在某个遥远的未来取缔战争的“兽性与疯狂”。

她在 1901 年 3 月这个“战争横行”的时刻开始写这本书并不只是一个巧合，这个月恰巧是远处的军队上级下令处决那三个汉诺威人的时候，他们临死前还在抗辩自己无辜。她要介入此事的企图失败了，这让她很困惑。她以一种前所未有的方式被禁言，因此我想，军言让她失声的权力，导致她决心要联合自身性别的所有人。

《女性与劳动》是一封她向铁丝网外面伸出手，写给未来的政治“书信”，这被她的决心所激励，她决心去鼓舞一种能与战争相对抗的力量：所有女性的同盟，她们“有史以来一直在以巨大的代价制造着战争中最原始的弹药”——人的身体。

她目睹着英国士兵重伤和垂死的身体被送到汉诺威。“这么多母亲的儿子！这么多年轻的身体被带到这个世界上，只是为了躺在这里！……这么多婴儿的嘴曾从母亲的乳房获得生命，最终只是带着呆滞的眼睛、肿胀的脸庞和青紫色一动不动张着的嘴唇躺在这里”，而这一切都是为了能让他们的长眠之地卡鲁的灌木更加葱郁，或者能让沙土闪烁着铮铮白骨的光亮。“如果没有一个不可撼动的缘由，这一切不应如此！”

她对几乎所有发动战争的卑劣原因一清二楚：为了让少数的有钱人获得更多利益，必须有人要去送死。她知道女人并没有在道德上比男人更高尚；即使她们知道人命的代价，她们也可以被“引
229 诱”而去支持战争。战争中爱国的那一面只是个幌子——当 1900 年 12 月 8 日，罗伯茨爵士（基齐纳的前任指挥官）启程回英国之前在开普敦的阿德莱街上像一个获胜者一般游行时，她就在场。她想要剥下那种自命不凡的男子汉形象和那些操练过的秩序井然的队列，去揭露士兵们造成的混乱和毁灭。

“任何军号的光亮和旗帜”都不应该“引诱女性陷入草菅人命的癫狂，或者为那本来只能被称为谋杀的、蓄意夺取他人性命的行径贴金。”

她的演说（因为这读起来像是演说辞）中充斥着寓言，正符合她传教士女儿的身份。例如，她说一个镇子被敌人进攻，居民们把一切东西都扔在了街垒上去阻挡对方的攻势。他们会把雕像堆上

去，但是对雕塑家来说，他制作的雕像并不是没有价值的。那么每一个母亲都是这样一个创造者，她强调说。“男人们的身体是我们女性的艺术作品。”

她在唤醒她的同类。她曾怀疑过自己隐约望见的，那些未来的女性形象会是真实的吗？抑或“这一切只是一个梦？”她作为一个被排斥的人，所承受的东西不比玛丽·雪莱和乔治·艾略特少。她告诉自己，为了未来的无数个世代，这一切都是值得的。

《女性与劳动》有多少是在汉诺威完成的，我们不得而知。它要再过十年才会出版。她勇气的另一面是踌躇——她会无休无止地修改她最珍爱的作品。而她的疾病也格外加重了她的犹豫不决。

1901 年 5 月初，她听到在英国的哥哥弗莱德去世的消息后，因哮喘晕倒。他死于 5 月 7 日，一切都是突然发生的。电报两天后抵达汉诺威。此时她孤身一人，远离家庭，为世所不容，她想要大声嚎叫，“好像我能疯狂地呼唤他”，而她在这时却发现自己难以呼吸。

当地的指挥官戈戴（Gedye）上校听说她遭受病魔侵袭，表现出了礼貌和关切。他为克朗提供了一张来探访的通行证，并给了奥利芙许可，让她可以使用蜡烛并在市集广场上活动。那年冬天她得到了去探访她年迈的英国母亲的许可。挤在一起的汉诺威居民们更大声地私下埋怨她：她利用了她的英国身份，她们说，去骗取了这些特别照顾。在她那个作为无主之地的房间里，一些从汉诺威路的 230
火车站来到这里的英国军官曾在临近战争结束时来拜访过她，他们的“教养”对她的孤寂是一种安慰。

是奥利芙·施赖纳改变立场了吗？还是她自相矛盾？我认为她在对受害者的同情上（在这个时候是对布尔人）是坚决地始终如

一，她还一直把帝国主义的贪婪和那些将她与母国紧紧联系起来的历史纽带区分对待。在战争之前，许多她认识的最亲近的人都是英国人，她如是告诉霭理士。“并且这还不包括一大批已经死去的人，从莎士比亚、弥尔顿、雪莱、达尔文、乔治·艾略特到布朗宁。”她认为最糟的那类英国男人或女人是那些“言辞虚伪的伪君子”，但在最好的英国性格中有“那种可以消除私人利益的不寻常的力量，这的确是极其罕见的”。

在她来到汉诺威一年后，克朗在1901年9月再一次与她会合。尽管他们同居一室，但她有坚决的战争时期的立场，他也在家庭反对的情况下无法忠实于她，这让两人的态度变得更加强硬而渐渐分道扬镳。

她在1902年的5月说，“当一个人生活中所有的希望都泯灭时，我们会更加紧紧抓住自然。好像一切最终都要变成孩提时代的样子”。

即使战争在那个月结束，那是1902年的5月31日，她仍然是一个局外人。汉诺威街上没有人同她讲话。“土著人”继续抵制她。我想奥利芙清楚，克朗曾因为娶一个激进分子为妻做出了多大的牺牲。现在克朗的计划是重新树立自己的身份和信心，在这样一个地方去运用他的法律和行政能力，这里战败的人们孤立无助，同样无助的还有那些站在英国一方的“土著人”，相较于在荷兰人手下受罪的班图人、科伊人和闪族人，他们妄想着英国人会领导一个不那么种族主义的政权。克朗在汉诺威的中心集市广场对面鲁普街上的一个小办公室里，成立了一个地产和律师事务所。

231 那里有许多重建的工作要做，但是几乎没人付得起钱。1903年，克朗当选为开普国会议员。克朗怀特－施赖纳夫妇在汉诺威的格蕾丝街买了一栋房子，和奥利芙过去的房间的在同一个街区，但朝向远离草原的另一面，并且建在一个游廊上，让她可以在一天的写作后走来走去凉快一下。尽管这个游廊面向镇子，但没有人朝她这个方向看。她从未感到如此孤独，周围全都是心胸狭隘的人，他们只会谈论衣服和仆人。战败的人们关闭记忆，蜷缩进了日常琐事的掩护之下。

从 1907 年起，克朗在德阿尔经营他的事务所，这个废弃的军队基地（仍然布满战争的残骸）已自称为一个镇子了。它一直就只是一个铁路枢纽，一个有着灰尘、苍蝇和夏日高温（在树荫下都有 110 度）的地方。1907 年底，奥利芙和克朗会合，他们起初住在位于她称之为“营地”边缘的一间屋子，后来到了格伦德林街 9 号的一栋有带柱子门廊的房子里。同样孤独的模式持续着，两人都沉浸于他们的工作。克朗开始打高尔夫。

她继续为局外人辩护：为反犹主义的受害者（在 1905 年《关于犹太人的一封信》[‘A Letter on the Jew’] 中），以及为在 1901 年新建立的南非联邦被剥夺了权力的大多数黑人。另外，女性的使命成了《女性与劳动》的主题。这本书最终在 1911 年写成。这个出版时间有重大的意义，因为就在她 1910 年底校对此书之前，在女性历史上发生了一件大事：1910 年 11 月 18 日的“黑色星期五”，一个妇女社会与政治联盟（WSPU）* 在下议院的代表（她们自称为“妇女的议会”）遭遇警察和男性旁观者的暴力，他们拧捏女性的胸部，撩起她们的裙子，猥亵她们并将其打倒在地。《女性与劳

* 建立于 1903 年的妇女与社会政治联盟，是妇女参政论者的武力侧枝。

动》继《梦》之后成了妇女参政论者的圣书。维拉·布瑞坦（Vera Brittain）说它成了妇女运动中的圣经。

但施赖纳 1912 年从妇女参政联合会中辞职。她长期不满于她们和男性平等的平台实质上隔离了有色人种女性。从这时起她的事
232 业便开始走下坡路。克朗越来越因为她无法完成那些“伟大的”著作而感到不满，这些书本应该为他的牺牲带来经济上的补偿。他们之间的疏远在他和菲尔波特夫人发生婚外情时达到顶点，她是奥利芙在伦敦皮尔森的圈子里认识的人。从 1913 年起，当奥利芙再次在英国定居时，她已和克朗分居。

第一次世界大战的来临让奥利芙在一系列政治事件之后对人性的失望达到顶峰：俄国的大屠杀、南非联邦的种族主义宪法，她预先料到了这一场浩劫，就好像一辆从山顶一路滚下来的马车；争取投票权运动中隐藏的种族主义以及其目光短浅的对男性的模仿。奥利芙谴责“夸张的”潘克赫斯特（Pankhurst）夫人，她认为她支持战争只是为了自己能留在镁光灯下，尽管她一直和她的女儿、和平主义者希尔维亚关系紧密。她声援有良知的反战者，并指责甘地和非国大遣送军队的行为。当史末资在 1917 年到达时，她陪他去了法国处理战争事务，事后他回忆他们之间的争辩，以及她如何恳请他停止屠杀。“我反对这场战争，”她在 1918 年说，“因为我预见到它要在未来许多代人中造成的邪恶。”

她的德国姓氏让她在伦敦的寄宿公寓里并不受欢迎，这是她在汉诺威时局外人境遇的重演。糟糕的食物、燃料的短缺以及在地铁里的呼吸困难进一步毁坏了她的健康。战争年代让她未老先衰。

1920 年，在她六十五岁时，克朗来到伦敦。他们已经有七年没见过对方，克朗也几乎认不出他的妻子。尽管他对菲尔波特夫人的

拜访让她心痛，但他坚持说，她没有理由不信任他。他们没有住到一起，克朗也没有改变他周游世界的退休计划。

1920 年 8 月，她乘船回开普敦，想要在她的同胞中间结束她的生命。她在树木茂盛的南边城郊找到了一间旅馆里的小房间，但这感觉并不像在非洲，因为她渴望回到草原上去。她在 11 月 1 日夜里去世，手里拿着一本书。她和自己的小女儿以及小狗内塔一起葬在巴菲尔科普。

§

如果奥利芙·施赖纳主要因为她的女权主义而被铭记，那么她 233
的女权主义是独立于任何政党路线之外的。她的核心气质是预言式的。每个见过她的人都被她的言辞所吸引。英国工党领导人凯尔·哈迪（Keir Hardie，他的政党是第一个支持妇女投票权的，而且可能是唯一一个曾被和平主义者领导过的政党）曾旅行数百英里到汉诺威来听她的看法，同样这样做过的还有在德阿尔拜访过她的弗莱德（Fred）和艾米琳·佩蒂克－劳伦斯（Emmeline Pethick-Lawrence），他们是妇女社会与政治联盟会刊的编辑。艾米丽·霍布豪斯也曾经在布尔战争期间和一个反战同仁去过德阿尔，并在这个乌烟瘴气的地方待了四天。在那里，奥利芙好像被“包裹在沉默之中”，而接下来滔滔不绝地发表讲演，其流利程度是霍布豪斯未从任何其他女人口中耳闻过的。

她属于一代找到了自己公众声音的女性。她的声音里有一种回响，它来自一个知名作家透过她毫无掩饰的灵魂在对读者的灵魂讲话。这声音仿佛来自最遥远的荒野之中而传递到他们那里，它来自那渺无人烟的草原，来自那种几乎没有被人类居住毁坏过的景致。她关于未来女性的理想就好像是从一片从未被标识过的土地上传来的讯息，那是一个所有人都知道存在，但还仍未目睹的地方。

第五章

探索者：弗吉尼亚·伍尔夫

Explorer

身后三十年，弗吉尼亚·伍尔夫声名鹊起。随着妇女解放运动 235
在二十世纪七十年代的兴起，新一代的读者为她在公众面前的声音所鼓舞：在 1928 年面对剑桥女学生的讲座结集《一间自己的房间》（*A Room of One's Own*）中，伍尔夫详述了女性屈居人下的历史；十年后，在《三个基尼金币》（*Three Guineas*）中，伍尔夫的口吻更辛辣了，就仿佛她是议会反对党的领袖，为消除工资差距和实现职业平等的权利据理力争。与此同时，她的同性恋倾向，还有在小说《奥兰多》（*Orlando*）中对改换性别的赞颂，在她的时代都是离经叛道的，却正益发得到接受，让越来越多的人找到了共鸣。她的大胆无疑帮我们改变了世界的面貌，而时间的流逝又让她离我们更近了。我们读她就如同揽镜自照，找到了我们在当下的位置。这个超前于时代的弗吉尼亚·伍尔夫是我们都了解的，然而与此同时，她还明白自己在多大程度上得益于那些生活在投票权之前的女性。在回溯她们身上潜藏的那些未经定义、未曾命名的力量时，她发现了什么？

她一路沿着湮没无名的前辈之路，踏着她们生涯记载之中的空白走来。1882 年 1 月 24 日是她的生日。她生于乔治·艾略特去世后的一年，活在二十世纪的上半叶：她一边名列十九世纪的女性中
236 间，另一边又身处有机会受到更好教育的年轻女性之中。这样的处境让我想听到她的声音，因为她的写作捕捉到了那些历经嬗变的女性前辈的经历，并以此发问：女性真正的本质是什么？我希望将《三个基尼金币》呈现为一部汲取了艾米莉·勃朗特不屈的精神，旨在大胆变革世界的作品。同时，我还希望了解她如何看待自身的古怪和疯癫，这也是因为批评家们为排挤她而使用的那个娇滴滴、病怏怏、与真实世界脱节的淑女形象已经不再奏效了。

英国政府在 1928 年通过了《平等选举法案》（Equal Franchise Act），所有年满二十一岁的公民自此拥有了平等的投票权。她来到剑桥的格顿和纽纳姆（Newnham）两个女子学院，与新获或即将获得投票权的学生们交谈。在她看来，她们是一类顽强的物种：她们在勉强像样的餐厅里凑合吞下梅干和蛋奶酱，在剑桥的男子学院里流淌了几百年的陈酿和香喷喷的肉酱与她们无缘。

她对剑桥熟悉得很；家族中的所有男性都上过剑桥，堂姐凯瑟琳·斯蒂芬（Katharine Stephen）还曾在 1911 至 1920 年担任纽纳姆学院的院长，这不过是八年前的事。凯瑟琳的父亲是詹姆斯·菲兹詹姆斯·斯蒂芬（James Fitzjames Stephen），一名严厉的“绞刑法官”。在弗吉尼亚的描述里，这位大她一辈的堂姐是个猜不透的人，“奇怪地不带一点口音”，帽子总是拉下来遮住眼睛。她的鞋看上去像个木雕；好似密闭的龟壳，简直不能想象里面的脚。

凯瑟琳·斯蒂芬终身未婚。当时对未婚女儿的期许是让她待在家里为家人服务，但她不主张女权的父亲却被她说服，允许她出门

工作。十九世纪八十年代中期，三十岁的凯瑟琳成了纽纳姆学院的副院长阿斯娜·克劳（Athena Clough）的秘书，而这位古典学家克劳则是第一任院长安·杰迈玛·克劳（Anne Jemima Clough）的侄女。1888 年，纽纳姆学院建成了一座图书馆，凯瑟琳·斯蒂芬成了图书馆员。

1923 年，凯瑟琳去世前一年，弗吉尼亚拜访了这位住在南肯星顿的堂姐。斯蒂芬小姐坐在那里，就好像“她是没有关节、不会活动的一整块”。她对弗吉尼亚说，临死的时候，她会交待清洁女仆烧毁她自二十一岁开始记录的、一整排码得齐齐的日记。她说这些话的时候，带着一种“沉静的睿智”。

这种决意消灭自我的做法让同是日记作家的弗吉尼亚印象深
刻。然而回顾往事时，她想起其实还有另一层强加于堂姐的外部力
量迫使她隐形。凯瑟琳的叔叔、剑桥教授莱斯利·斯蒂芬曾在她来 237
伦敦赴午宴时冷落她。而他的女儿弗吉尼亚并没有忘记在肯星顿家
里的饭桌上发生的事。斯蒂芬兄弟都是剑桥大学的资深教授，而剑
桥大学在那时及之后的几十年里（直到伍尔夫去世后）都一直拒绝
为女性颁发学位，尽管学校的确容忍她们在单独辟出的学院里受些
高等教育。

在这些女性不受重视的日子里，莱斯利·斯蒂芬在家里教育弗吉尼亚。能与这位造诣极深的读者、作家与编辑每天早上绕肯星顿花园的圆湖散步，边走边探讨所读的书籍，这对她有极大的益处。然而，他只把儿子们送去剑桥读书，弗吉尼亚只能尽其所能在家里自学古希腊语。二十岁时的弗吉尼亚像玛丽·戈德温、玛丽·安·埃文斯一样，决心掌握这门专供男性学习的语言。她请格顿学院的第一代毕业生简妮特·凯斯（Janet Case）做自己的家庭教

师。弗吉尼亚用希腊语阅读欧里庇得斯（Euripides），并为厄勒克特拉（Electra）英雄般的独立气质所吸引，认为她“凛冽壮丽”。在她看来，艾米莉·勃朗特就是英国的厄勒克特拉。

莱斯利·斯蒂芬是个充满矛盾的人物，很接近弗吉尼亚·伍尔夫《到灯塔去》（*To the Lighthouse*）中的拉姆齐先生。他在思想上拥有无畏的坦荡，但同时，他并不喜欢有想法的女性，也正出于这个原因，少女时代的弗吉尼亚从未向父亲展示过自己的创作。他在提起“吉尼娅”会当作家时，也会加上一句，“淑女们写写东西还挺不错”。他根本不知道她作为作家的真正能量。

他攀登过阿尔卑斯山。在《斯雷克峰》（‘The Schrekhorn’）一诗中，托马斯·哈代（Thomas Hardy）就曾将他瘦削的身姿比作阿尔卑斯群峰之中的一座。1887 年，莱斯利·斯蒂芬在南非的克拉伦斯见到了奥利芙·施赖纳。他被她的黑眼睛迷住了，但她犀利的谈吐“惹恼”了他。不——他对妻子说——哪怕《一个非洲农场的故事》再受欢迎，施赖纳小姐“也不是我欣赏的那类年轻姑娘”。

然而他把最伤人的冷水都泼给了自己的妹妹，卡罗琳·艾米莉亚·斯蒂芬（Caroline Emelia Stephen）。她是改宗的贵格派教徒，也是一位神学家。在教友派（Society of Friends）中，女性享有平等
238 的表达信念的权利，卡罗琳·斯蒂芬也因此出版了三部著作，其中最著名的是出版于 1890 年并三度再版的《贵格派阵地》（*Quaker Strongholds*）。这部著作是贵格派精神的集大成者，其中也包含她的侄女弗吉尼亚日后主张的和平主义思想。然而，尽管卡罗琳·斯蒂芬小姐和她两位著名的兄长（两人都封了爵）一样伶俐而雄辩，但在莱斯利看来，她不过就是那个忙着写“小书”的“傻米莉”。

然而，1904 年，当二十二岁的弗吉尼亚在父亲去世后精神崩

溃时，收留她的正是这个“傻米莉”。她自己在五年后去世；在遗嘱里，她指定由两位未婚的侄女弗吉尼亚和凯瑟琳每人继承 2500 镑的遗产。一点小钱，只比乔治·艾略特从她父亲那里继承的多了五百镑，而这些钱已能支持艾略特在伦敦成为一名作家。斯蒂芬小姐象征性地给了弗吉尼亚已婚的姐姐瓦妮莎·贝尔（Vanessa Bell）和弟弟阿德里安·斯蒂芬（Adrian Stephen）每人一百英镑。这份来自姑母的遗产让她的作家生涯变得可能——她在 1928 年对学生听众们如是说。[*]她补充说，这笔钱比投票权对她的意义更大，同时，这也是她著名的那句“一位写作的女性需要每年五百镑和隐私——也就是一间自己的房间”的由来。

然而这个答案仅仅能部分地解决她竭力付诸语言的问题：她一边发问，一边用男性对女性的荒唐定义逗女学生们发笑，一边自由坦率地表达自己的愤怒。然而在她为出版整理这些讲稿时，她承认自己无法解决“什么是女性真实的本质这个重大问题”。她说，这个问题接下来一百年都不会有答案，直到女性在政界和其他行业中也经受过考验。一百年过去了，到了我们该面对这个问题的时候了。

乔治·艾略特曾经断言，只要女性的潜力无法被精准地测定，因为她们的生活处处受阻，那么她们身上的潜力就必定时刻成为问
题。“同时，”她说，“其中的不定性也永远存在。” 239

身为下一代女性的弗吉尼亚·伍尔夫重拾了“不定性”这个问

* 这些在剑桥的讲稿后来结集成为《一间自己的房间》，出版于 1929 年。在这里，伍尔夫将姑母化名为住在孟买的“玛丽·伯顿”。除了来自姑母的遗产外，伍尔夫也继承了父亲的遗产，这些遗赠的总额为九千英镑，这样她每年的收入就达到四百英镑。相比之下，乔治·艾略特开始写作时，每年只有两百镑的收入。

题，并认为它将带我们走到比简单的权利政治更远的地方。伍尔夫在乔治·艾略特的女主人公这里看到了“世代缄默的……古老的女性意识”，它洋溢着“对她们不能确知的东西的渴望，那或许与人类存在的诸多事实都不相容的东西”。

没有人比她更了解乔治·艾略特：1919 年，为准备艾略特百年诞辰而阅读约翰·克罗斯的艾略特传记时，伍尔夫这样对自己说。没有人比她更清楚上一代的玛吉·塔利弗们面临的困境。她关注那些不能自我表达的女性，而这或许也来自她的亲身经历。当她以小说的笔法在《到灯塔去》（1927）中描绘自己的维多利亚式家庭时，也在日记中记下这样的想法：如果父亲活得再长些——这样的可能确实存在——那么她可能就没有书了。多么意外：没有书了。那个我们认识的作家弗吉尼亚·伍尔夫可能就不存在了。就像她向剑桥的学生举出的例子，一个假设出来的莎士比亚的妹妹：写作天赋和与它相悖的女性传统责任撕扯着她，“她肯定会精神失常”，或生活在社会边缘，被妖魔化，遭到无情的嘲讽。

1927 年，在剑桥讲座的一年之前，弗吉尼亚·伍尔夫谈到“天赋异禀、看得见的成果却少得可怜”的简·卡莱尔（Jane Carlyle）。她援引了卡莱尔的朋友、十九世纪中期的小说家杰拉尔丁·朱斯伯里（Geraldine Jewsbury）安慰简的话——她告诉简她们不是失败者：“我们存在，就表明了女性的一类尚未得到体认的发展。这类发展迄今还不存在一条现成的通道……我们之后还将有后来人，她们将比我们更迫近女性的本质之最圆满的状态。”

弗吉尼亚·伍尔夫处世和写作的方式都很大胆，在她的同代人眼中也显得古怪。一天晚上，在穿过罗素广场时，她看到“人类的处境简直怪异极了”，又感到“走在大地上的我是那么奇怪”。

这种奇怪之感有时会表现为性情上的古怪——这类古怪十分 240
契合英国人的幽默感，也有助于体现一种真性情。但我认为弗吉尼亚·伍尔夫的古怪还更奇异一些——与进化的前沿息息相关。

以引领小说创新为业的弗吉尼亚“迫近着那圆满的状态”。她告诉学生自己四处行走，对未经言说的人生、那“逼人缄默的压力”时刻保持警觉。她走过之处，旁人盯着她看，低声笑着捅捅对方。这不只因为她不穿二十年代流行的那种鲜艳时髦的款式——她穿的可能是件皱巴巴的灰裙子，像只“小象”——也因为她那睁大的、猫头鹰般的眼睛里奇异而令人不安的内容，还有她轻轻拖着脚步时似乎出神的样子。每天下午在伦敦街道上的漫步让她对过去的感知更敏锐了，为让她第二天早上要写的内容打开了思路。

这座城市像一块未被开垦的处女地一样召唤着她。她是一个“躁动的寻觅者”，喜爱想象一段发现之旅，或想象水下潜动的形体长着怎样的鱼鳍。“为什么生活中就没有发现呢？”她在日记中写，“就是那可以伸手触碰，说‘这就是了’的东西？……我强烈地、吃惊地感到那其中非有什么东西不可……”

1928 年 10 月，她对纽纳姆和格顿学院的女学生们表示，语言将是她们面临的难题。未来的人们需要的词汇，“我们目前连音节都还没摸着”。新的词汇必须“乘着两翼诞生”。然而，当词汇阙如的时候，沉默必须铿然作响。千万不能像她和姐姐被训练的那样，为了取悦那些坐在海德公园门街的会客厅里那些年迈的维多利亚绅士，就用延续对话的茶桌闲谈淹没了她们本应作响的沉默。

在她的第一部小说《远航》（*The Voyage Out*）中，弗吉尼亚让一个男性角色预测了女性在六代人之后的崛起。在驶往南美的一艘轮船上，未经世事的少女雷切尔·文雷斯想象着一类深海生物，一个一到水面就会爆炸的“深水怪物”。这海怪只存在于眼与耳都无法触及的地带：它是极度濒危的物种，然而哪怕再危险，感受到这种另类的存在都是刺激的。凝视深水区、寻觅未知的存在方式：这就
241 是伍尔夫想象中的边缘地带，而她终生都行走其间。这也无异于行走在疯癫的边缘。

古怪与疯癫的边界在哪里？

弗吉尼亚还是个孩子时，在跨过小水洼时就会不住地想，“真奇怪——我是什么啊！”从儿时起，她就感到人生是“怪极了的一件事”。她感受的怪异反过来又映照了她自身的古怪；越是古怪，她精神的孤独就越深。其中的危险——那被她和家人称作“发疯”的一次次发作——威胁着要摧毁一切所得。最让她害怕、让她的心充满忐忑和恐慌的，是被关进精神病院。在这样的时刻里，她比其他那些冒险的女性都显得更疏离：不管是被父亲赶出家门的玛丽·戈德温，还是人们在十九世纪五十年代敬而远之的“刘易斯夫人”，或是在戒严之下失去自由的奥利芙·施赖纳。她和她们一样，都在写作中找到了灵魂结成的果实。“一般来说，崩溃之后我都会突然迸发，”她说，“这是让我挺过来的东西——从心理学上讲这些崩溃也有好处——人在崩溃的时候，躺在床上，能够神游到最远、最陌生的地方。”

§

弗吉尼亚第一次崩溃是在十五岁。这次崩溃发生在一次重大打击之后：她同母异父的姐姐斯黛拉（Stella）在二十八岁时去世

了。斯黛拉和她的两兄弟乔治与杰拉德·达科沃斯（George and Gerald Duckworth）都是弗吉尼亚的母亲第一次婚姻所生。弗吉尼亚的母亲朱莉亚（Julia）在1895年早逝后，斯黛拉接过了母亲的位置，照顾她母亲与博学的莱斯利·斯蒂芬的第二段婚姻里的四个子女。她为弗吉尼亚和阿德里安这两个最小的孩子洗澡，去精神病院看望继父的孩子劳拉·斯蒂芬（Laura Stephen），又抚慰继父失去妻子的悲痛——她自己则在紧闭的门背后承受着这份悲痛，不让年幼的孩子们看到。

母亲活着的时候，斯黛拉一度排斥婚姻。她与母亲亲近极了。朱莉亚·斯蒂芬的死让她也不想活了，至少在敏锐的弗吉尼亚看起来是这样：她觉得斯黛拉很美，她弯弯的漂亮头发就像春天路边开出的峨参花。她的皮肤没有血色，随着时间推移，穿着黑裙子的她 242 显得益发苍白。弗吉尼亚曾陪斯黛拉一起到伊丽莎白·加瑞特·安德森医生——也是英国的第一位女医生——那里问诊。斯黛拉对担心她的妹妹说，自己不过是小小的心烦（fidgets）而已（这是他们家族对精神紧张的委婉称呼）。

之后，斯黛拉对母亲的遗愿妥协了：母亲生前希望她接受杰克·希尔斯（Jack Hills）的求婚。这位最猛烈追求斯黛拉的男士毕业于伊顿公学和牛津的贝利奥尔学院，他的父母居住在北部的一座城堡里。杰克人不错，就是有点倔，人们对他感到的往往是尊敬而非热爱——有点像乔治·艾略特笔下的吉尔福尔先生。多年后，在《到灯塔去》中，弗吉尼亚·伍尔夫用被动式谈到了斯黛拉的命运：普鲁·拉姆齐“出”嫁了（given）。

据伍尔夫写于1897年的第一本日记记载，斯黛拉出发度蜜月那天，弗吉尼亚把自己的雨伞“拦腰”折断，“使着性子、怒气冲天地上了床”。斯黛拉回来那天，弗吉尼亚自己开始“心烦”了，斯黛拉就让弗吉尼亚待在身边。这样，很快怀孕的斯黛拉也有伴了：弗吉尼亚带来了有如母亲照料一般的慰藉。斯黛拉感觉好点时，两姐妹就绕着海德公园里的蛇形湖兜风，更多的时候，斯黛拉倚在沙发上，弗吉尼亚坐在她身边。七月时她整夜待在那里，睡在杰克的更衣室里，斯黛拉轻抚她直到她睡着。第二天早餐前，看上去精神焕发的她穿着睡衣来看望妹妹。她只来了一小会儿。弗吉尼亚在日记中写道："我再也没见到过她"。

三天后，两位新医生决定为斯黛拉做腹膜炎手术，但病人没能走下手术台。已知的事实只有这些。没有人受得了谈论这件事。弗吉尼亚的日记读起来痛苦极了：杰克带着她和姐姐瓦妮莎去海格特公墓看望埋葬在那里的斯黛拉——她的坟挨在母亲旁边，坟墓上铺着凋零的花。

死亡的事实就好像背叛了斯黛拉带来的生活希望。"我受到了打击，这是死亡的第二记重击；我皱巴巴地，坐在残破的茧上，翅膀还粘在一起。"

六个月后，就在她十六岁生日之前，她在日记中表示自己需要犀牛那么厚的皮才能活下去，"而这是我没有的"。

雪上加霜的是，失去了母亲和斯黛拉之后，剩下的两姐妹还要面临家中的男性对她们的攻击。莱斯利·斯蒂芬因为家务账目的
243 事对瓦妮莎大发雷霆，而瓦妮莎站在一旁，沉默不语。更糟糕的是，同母异父的兄弟乔治·达科沃斯还对两姐妹动手动脚。弗吉尼亚在回忆录俱乐部的一份记录中写到了这一幕：乔治常蹑手蹑脚走进她的卧室，在她惊醒时扑到她身上，嘴里喊着"亲爱的"。这样的行为被解释为过火的兄弟之爱。这样一个恶毒的捕猎者却能在别人——甚至他自己——的眼中显得像个好心肠的保护神：两姐妹

在他的诱导下还不时对他寄予信任。乔治的侵犯是弗吉尼亚童年遭遇的续篇：在她还是个可以被抱到桌上的孩子时，就遭受过来自另一位同母异父的成年哥哥杰拉德的虐待。两姐妹不发一言，结成了“守口如瓶的密盟”：在海德公园门街22号家中后院的玻璃房内，瓦妮莎画画，弗吉尼亚则朗读萨克雷和乔治·艾略特的作品。

她们在海德公园门街住的最后几年——1897年至1904年——并不快乐。弗吉尼亚用“做希腊奴隶的那些年”描述这段日子。只想画画和写作的斯蒂芬姐妹并不情愿与乔治·达科沃斯一同参加社交舞会。她们上马车之前，他常常仔细打量她们的外表，看哪里不符合社会准则。他对穿衣得体十分执着，在马甲的下面也要衬一片布，好让马甲底下出现一条一尘不染的白边。没有人邀请弗吉尼亚一起跳舞，于是在一次舞会上，她钻到一片窗帘背后读丁尼生。冷眼旁观的弗吉尼亚惊讶于上流社会女孩在婚姻市场中的心机。八点钟的晚宴铃一响，她们就全冒出来了。

父亲在1904年的辞世让事情更糟了。她出现了幻听：爱德华七世国王亵渎语言，鸟儿唱着希腊文。5月10日，她从窗子跳了下去。

弗吉尼亚称自己的病为疯了（madness）。我们无法完全复原她的语气，但从这直率中，我们能感受到她用一丝微妙的风趣轻蔑着那些倚赖粗略诊断的人。能指代“疯癫”的词无一不是贬义的，但毫无疑问，德莱顿（Dryden）那句名言在这里适用：“伟大的心灵必然接近疯癫”。同样适用的，还有查尔斯·兰姆关于大智慧与小聪明之间阶梯的区分。* 从弗吉尼亚的祖父詹姆斯·斯蒂芬爵士起，他们 244

* 出自《论真正天才的精神正常》（‘On the Sanity of True Genius’，1826）。与他合著《莎士比亚故事集》（由威廉·戈德温的青少年图书馆出版）的姐姐玛丽·兰姆（Mary Lamb）也曾阵发疯癫。男性悲伤地带着姐姐或者妹妹走进精神病院是伦敦的常见景象。

就有一类家族倾向：斯蒂芬爵士因自己的“痴狂”（moonstruck）向妻子道歉。身为殖民地次官，斯蒂芬爵士对殖民事务焦虑到几近“精神失常”。

在那时，人们通常认为生性敏感者不适合担当公职，女性尤甚。但约翰·斯图尔特·密尔反驳了这一老生常谈：他坚信正是这种品质造就了“大演说家、伟大的布道者，以及那些弘扬道德力量的杰出人士”。詹姆斯·斯蒂芬自幼就能感知语言的律动，脑中常充溢着“丰富的辞藻”。“只要需要，我就能不费吹灰之力组织好这些词句”，他对妻子说。在起草反奴隶制的议会法案后，他在工作中遭受了巨大的压力，犯了女儿称之为“严重的神经症”的疾病。

弗吉尼亚将这种“黑色忧郁”归因于斯蒂芬家族的苏格兰血统：她认为苏格兰人“骨子里”就带着忧郁，这种忧郁“在我们有的人身上就变成了疯癫”。斯蒂芬爵士的儿子莱斯利·斯蒂芬把自己的精神问题叫作“熊皮武士的狂飙”——这其中也能看到他们家族倾向的影子。* 弗吉尼亚与父亲比其他孩子都要亲近，她也无法像姐姐瓦妮莎一样，对父亲采取坚硬冰冷的抗拒态度。父亲塑造了她的品味，在他生命将尽的时候，她也常常说起他的可爱之处。“与他在一起——哪怕触碰一下他的手——都是最精妙的感受”，她在父亲去世后如是说。“他太敏锐了，这一点上没有人能跟他相比。”

---

* 即“berserker fits”。Berserker 一词来自古代北欧传说，由苏格兰作家司各特引入英文，指那些披着熊皮、拥有熊罴般的力量，上战场后几乎不受控制地疯狂杀敌的武士。——译注

维多利亚时代后期，心理健康方面的医学建制主要由莫兹利（Maudsley）和萨维奇（Savage）两位医生领导，后者还是这个领域标准教科书的作者。他是斯蒂芬家的家庭医生，也是治疗弗吉尼亚的医生之一。这些医生们建议女性——这个柔弱的性别——不要接受高等教育，这其中也包括弗吉尼亚在闺房里学习希腊语这类自我教育。根据这些医生的规定，如果女孩被允许在家自学，缺乏社会历练加之自负就会有伤于她的女性本分，从而让她精神失常。

她少女时期的医生们打探出她有间自己的屋子，并在那里自学和工作——仿佛隐私本身就是反抗之举。

直到后来，她才有勇气公开谈论这件事：背离艺术作品中女性 245
低人一等的形象，这本身就意味着男性无法想象的精神“折磨”。虽然“疯癫”无法得到解释，但“折磨”这个词的确表明那种逼人就范的力量使人崩溃。

这也解释了为什么她为了坚守自我要潜藏得那么深。即便是当她成为著名小说家几十年后，她还在日记中写道，“为了写作，我必须保持私密、隐身，尽可能地潜藏起来”。她在《论患病》（‘On Being Ill’）一文中还称患病是与顺民相区隔的“行为”：“我们是一伙法外之徒”。

1904年的那场病尽管很严重，但持续的时间并不长。她并没有被关进精神病院；相反，她被送到了赫特福德郡的韦尔文，和斯黛拉的贵格派朋友维奥莱特·狄金森（Violet Dickinson）一起待了三个月——弗吉尼亚一直叫她“我的维奥莱特”。她比弗吉尼亚大十七岁，当时也只有四十岁，未婚。她短暂地担任过巴斯市的政务会主席，特别关心患有精神疾病且有犯罪记录的女性。看着这位朋友把脸扭成好笑的一团让弗吉尼亚觉得有趣极了。维奥莱特是奥克兰勋爵“毛手毛脚”的孙女，她个子高（六英尺二英寸）[*]，富有同情心，许多朋友都离不开她。

1904 年，维奥莱特开始照看弗吉尼亚，但此时，她们之间开始于斯黛拉过世之际的浪漫的友谊（romantic friendship）已经持续了六年。弗吉尼亚的信中洋溢着“温柔”一词，字里行间跳动着情欲的挑逗。她“温柔地忆起卧室里的一次长长的拥抱”，在一封信的末尾也写“我将温柔地舔舐你”，但她流露最多的还是婴孩般的需要。她的孩子气让我们很难将这段情谊看成一段性关系。和维奥莱特在一起时，她扮演的是“沙袋鼠”——软软的小鼻子一皱一皱，抽抽嗒嗒的小宝宝：“你想不想让小沙袋鼠用鼻子蹭蹭你的胸？”她问。那么，维奥莱特是只长着大口袋的母袋鼠吗？弗吉尼亚在此时和此后都倾向于爱上年长的、对她宠爱有加的女性。

1904 年 10 月，弗吉尼亚来到了剑桥，与另一位贵格派教徒、
246 姑姑卡罗琳·艾米莉亚·斯蒂芬同住。[†]尽管她想念姐姐瓦妮莎和托比（Thoby）、阿德里安两兄弟——他们都在布卢姆斯伯里安了新家——但她也渐渐觉得栖息地（The Perch）“是我理想的静养处”。

她的姑姑相信“从生活表面向深处的撤退必将带来助益与力量”。在此后的余生里，每当弗吉尼亚预感到崩溃——不管是头痛、焦虑、失眠——撤退就将成为她预防崩溃的办法。在姑姑的著作中，撤退在精神层面并不等同于放弃；相反，关闭公众声音的喧嚣，就是找回个体的完整性，以及随之而来的心灵的安宁。

斯蒂芬小姐常用她上层圈子里互相讲的一句俏皮话来平复紧张

---

* 约合 1.88 米。——译注

† 卡罗琳的父亲詹姆斯·斯蒂芬爵士曾是剑桥的荣誉历史教授；不应将他与卡罗琳的哥哥、法官詹姆斯·菲兹詹姆斯·斯蒂芬混淆。

的情绪：“哦，亲爱的，别拔高了。”

她的侄女和她一同参加贵格派的集会，并且想记下这些经历。有一天，弗吉尼亚和姑姑聊了“差不多九个小时；（她）把一切的精神体验都倒了出来。她终其一生都倾听着内心的声音”。

她姑姑信任“内心的见证”；相对于那些似乎印证着医生警告的、癫狂的声音，这似乎是更健全的一条出路。后来，弗吉尼亚将向另一位小说家杰拉德·布勒南（Gerald Brenan）坦承，“精神失常”对于她就好像“宗教对于某些人”，其实也能为她带来一些收获。再后来，当她在杰作《海浪》绚烂的终章中用艺术对抗死亡时，她“癫狂之际”的笔端也跌跌撞撞地追随着不停前驱的幻听之声。在这里，疯癫和艺术的交融自然与进入公众表达的内心声音相关。这部作品倚赖的是诗性独白的艺术；它让外在的生活与情节蜕去，好让人聆听三男三女六个人的声音。他们带我们经历一代人的人生。

卡罗琳·斯蒂芬自己在1875年就经历过一次崩溃。这次崩溃发生之时，她已经尽了社会期待她应尽的义务，也就是她身为待在家的未婚女儿所期许自己承担的角色：照料病危的母亲，并在同一年里照顾丧妻的兄弟莱斯利和他的孩子。她明白在她称之为“病态的内省力”——这种内省力也通向痛苦的“洗礼”——之中蕴含着什么危险。她发现存在一连串真相，它们太深刻而拒绝定义，只能经由死亡得到发现。卡罗琳·斯蒂芬已经做好准备说出自己的确想死
这句话，这种思路也符合弗吉尼亚·伍尔夫的自杀倾向。在《达洛 247
卫夫人》（*Mrs Dalloway*）中关于自杀者塞普蒂默斯·沃伦·史密斯的一些删去的片段中，她也暗示了通过死亡与死者相会的想法。

说卡罗琳·斯蒂芬激发了弗吉尼亚的这些观点并非完全符实，

因为这些想法早已是弗吉尼亚的一部分，但她为弗吉尼亚提供了一个舒适的空间，同时，可以想见，在弗吉尼亚开始为发表而写作时，这位作家姑姑的榜样一定也激励着她。

正是与姑母同住期间，1904 年 11 月，弗吉尼亚第一次提起笔，开始专事写作。维奥莱特把她引荐给一份名为《卫士》（*The Guardian*）的教会报纸的女性副刊编辑，这位编辑随即向她约了稿。弗吉尼亚选取的主题，是前往霍沃思的勃朗特一家教区牧师住宅的朝圣之旅。她来到那看起来再普通不过的约克郡小村子，有点不安地想，不知她的"朋友"夏洛蒂·勃朗特是否还和从前一样。在牧师住宅里，她瞥向楼梯边上的长方形凹室：艾米莉·勃朗特会把她的烈犬"守护者"带回这儿并拴好，还会在它睡到她床上时揍它。陡峭的街道上，在位于一家银行以北的博物馆里，她"欣喜若狂"地看到了一张橡木小凳，"艾米莉独自来到高沼地上跋涉的时候总带着它，她坐在上面，不是写作就是在思索"。

在这段静养的日子里，弗吉尼亚也在父亲的传记作家 F. W. 麦特兰（F. W. Maitland）的邀请下写了一篇描述父亲的文字，以供发表。麦特兰是剑桥的教师，他和一群朋友都常和莱斯利·斯蒂芬一道徒步旅行（"周日远足"）。对她来说，提炼出父亲身上她最渴望保留的部分——也就是父亲为孩子们读诗的声音——毋宁说也有助于康复："他躺在椅子里，眼睛闭着，口中吐出美丽的词句，我们只感到他说的不仅是丁尼生，或华兹华斯，而是他自己感受到、了解到的东西。也是因为这个缘故，在我心里，许多伟大的英语诗歌似乎现在都与父亲难解难分；我透过它们不仅听到了他的声音，还多少能听到他的教导，他的信仰"。这从心底涌出的两句为父亲做见

证的话，以及它们传递出的情感、优美的韵律，都当得起她未来的 248
伟大。我们不需要谁来告诉我们她写下这些时精神完全正常。

她绝少提起姑母，提到的时候也常语带嘲弄。莱斯利·斯蒂芬允许孩子们在谈话中轻视他们的姑母。卡罗琳·斯蒂芬并不唯权威是从，也不向牧师们低头。“进入女性神职部门”——这是她的原话——解放了她的语言，让它从被指派的权力的“弃用”（disuse）之中“自然”地流泻出来。

“权力的弃用”，这个文雅而低调的词将她与两场政治运动联系起来。虽然贵格派的信仰让她站在了异见者一边，但对权力的挑战则让她跻身斯蒂芬族中克拉珀姆（Clapham）教派的亲属之列——十九世纪初致力于从内部改革国教教会的新教福音派教士。卡罗琳·斯蒂芬的祖父詹姆斯·斯蒂芬一世是一位苏格兰律师，曾亲赴西印度群岛考察奴隶的生存状况。回程途中，他加入了包括威廉·威伯福斯（William Wilberforce）在内的一群奴隶制的反对者。威伯福斯住在伦敦南部克拉珀姆教区的牧师长约翰·韦恩家附近，而约翰·韦恩则是卡罗琳·斯蒂芬的外祖父、弗吉尼亚的外曾祖父。他们两位，连同史密斯家族的先祖（与乔治·艾略特走得很近的芭芭拉·利·史密斯，与她的姑表姐弗洛伦斯·南丁格尔都是议员威廉·史密斯的孙女），都是废奴主义的核心成员，也都经常走上布道坛或者发表议会演说。他们成功地在1807年废除了奴隶贸易。他们之后的一代人中，詹姆斯的儿子詹姆斯爵士（卡罗琳·艾米莉亚的父亲，弗吉尼亚的祖父）挫败了负隅顽抗的奴隶主，在1833年起草了在整个帝国范围内废除奴隶制的法案。先祖们的反抗之声也影响了家族中的女性。弗吉尼亚就曾自豪地宣称，从本性上讲，“瓦妮莎和我都是探索者、改革者、革命者”。

而在“女性问题”上，她们的姑母之所谓“弃用”的权力在汉弗莱·沃德夫人（Mrs Humphrey Ward）* 的主张里找到了归宿：比起那些仅仅关注投票问题的女性，沃德夫人提供的是另一种选择。斯蒂芬小姐签字支持了《反对妇女投票权的呼吁》（1889），这也表明她主张不同的方案。在有的人看来，这无异于一种保守力量的反扑，但对另一些人来说，这类主张蕴含着对女性的“公共作
249 用”更高的追求。卡罗琳·斯蒂芬成立了妇女收容所，被她引为同道中人的还有嫂子朱莉亚·斯蒂芬（弗吉尼亚的母亲曾是志愿护士，也撰写过一本关于病房管理的书籍）、奥克塔维娅·希尔（Octavia Hill，曾协助成立保护名胜古迹的国民信托）、比翠丝·波特（后随夫姓韦伯，是社会主义的先驱），和伊丽莎白·华兹华斯（Elizabeth Wordsworth，牛津大学首个女子学院玛格丽特夫人学堂的建院院长）。

这样一来，这位弗吉尼亚·斯蒂芬的长辈就置身一百零四位英国中上阶层的女性中间。这些出身执政阶层、行政部门、大学教员家庭的女性掀起了一场愈演愈烈的运动（到 1914 年已经有四万两千名女性参与），她们对抗的则是五万名女性投票权的支持者：她们预言——事实也不出她们意料——一旦女性获得投票权，女性投票权的支持者将在既存的政党里驱逐女性的声音。在她们眼中，议会是一个与她们气质迥异的辩论社，里面谈论的全是部队、海军、矿井、铁路。这场运动中的改革派或“前进派”放弃了好战分子那些人云亦云、将女性拖入个体奋斗和互相争斗的目标，反对派们则认为，女性与开明男性的潜在贡献是发扬利他主义精神和道德，以制约基于武力的公共力量。

---

* 即玛丽·奥古斯塔·阿诺德（Mary Augusta Arnold），是马修·阿诺德（Matthew Arnold）的侄女，以汉弗莱·沃德夫人的笔名创作小说。她反对妇女投票权。——译注

位于这场论战核心的，是关于女性本质的问题：反对派们倾向于“真”女性，而非“新”女性。这正是弗吉尼亚成年之时正在进行的讨论。在1907年一篇关于《女性与政治》（‘Women and Politics’）的文章，与1909年刊于《反女性投票权评论》（*Anti-Suffrage Review*）的一篇文章中，卡罗琳·斯蒂芬都倡议在议会中设立“第三议院”。在她的构想中，这个独立的、提供咨询建议的议院由只经女性选举出的、睿智而富有阅历的女性组成。斯蒂芬小姐第一次说出这样的话：“我们应当在国事中听到真正属于女性的声音——而平等投票权…… 永远无法让我们听到这类声音。”

弗吉尼亚·伍尔夫着重强调了姑母的遗产对她的影响：她对剑桥的学生们宣称这份遗产“为她打开了一片天”。或许她强调得有点过分了，但姑母对她未来的馈赠却不止于金钱。尽管卡罗琳·斯蒂芬的运动惜败于政党政治，但弗吉尼亚·伍尔夫的作品却为这类对女性使命的不同理解注入了新的活力。在为姑母撰写的讣告中，弗吉尼亚赞美了她“如宏大构想般和谐的一生”。

斯蒂芬姐妹开始在布卢姆斯伯里的戈登广场46号着手工作的 250
时候，心中也有她们自己的宏大构想。写作和绘画是第一位的：不去舞会了，也不戴白手套，不为晚宴穿盛装。取而代之的，是在喝可可的时候说些“不足为外人道的体己话”，或者和哥哥托比的剑桥好友们聊到深夜。她们唯一的监护人就是格尔思，她们的牧羊犬。一整排母亲的照片从墙上俯视着大厅，这些照片都出自母亲的姨母、先锋摄影家朱丽亚·玛格丽特·卡梅隆（Julia Margaret Cameron）之手。这些照片的对面是卡梅隆镜头下的丁尼生（这张照片的另一个名字是“脏和尚”）、达尔文、赫舍尔（Hershel）、洛厄尔（Lowell）、梅瑞狄斯（Meredith），还有勃朗宁（深色的毯子裹着他，衬出他整齐的美髯）。

随着另一桩家庭悲剧的发生，她们与托比的朋友们也变得越发亲密了：1906年，高大而自信的托比在去君士坦丁堡的路上感染了伤寒，随即去世。一年后，瓦妮莎嫁给了托比的朋友克莱夫·贝尔（Clive Bell）。弗吉尼亚认为自己爱上了托比的另一个朋友，也就是后来成为传记作家的利顿·斯特雷奇。他在1909年2月向她求婚，但就连他表白的时候，她都察觉出了他身为同性恋的不自在。她第二天就放他走了。

斯特雷奇建议伦纳德·伍尔夫替他出马。

“你一定得娶弗吉尼亚。”他在信里写道。她是唯一一个有脑子的女孩。“她存在，这就是个奇迹。”

1909年8月，利顿向伦纳德形容了一番弗吉尼亚：她“年轻、狂放、爱提问、不满足、渴望恋爱”。

伦纳德欣然回应。“你觉得弗吉尼亚会考虑我吗？”他写道。“如果她接受，就给我发电报。我坐下一班船回家。”

关于伦纳德·伍尔夫的种种传说引发了弗吉尼亚的好奇心：他曾是哥哥托比的剑桥交友圈中的人，但现在远在锡兰。在托比的描述中他是个避世者，对着世界挥舞着拳头，去了丛林就再也不回来了。她同时还有其他追求者，其中还包括姐姐的丈夫克莱夫·贝尔。在布卢姆斯伯里的聚会上，她用天马行空的幻想逗朋友们开心。比如利顿应该是穿着蓝色长筒袜的威尼斯王子，一边躺着，一
251 边把他一条细长的腿架在空中。她的风趣让大家觉得她在事实方面靠不住，但在这些聚会之外她是严肃的：她重拾了对十七岁时父亲从伦敦图书馆为她带回的一本书的热情。那本书是理查·哈克

卢特（Richard Hakluyt）的《航海全书》（*The Principal Navigations, Voyages, Traffiques and Discoveries of the English Nation*）。（弗吉尼亚·伍尔夫的首部小说题为《远航》并非巧合。）

她自己的探索欲并非主要出于采集事实的冲动，而是一个刻意回避现成定义的见证者对意义的找寻。写下《V小姐谜案》（*The Mysterious Case of Miss V.*, 1906）的几页时，弗吉尼亚·斯蒂芬二十四岁。文中的侦探或是间谍叙述者怎么也捉不住行迹飘渺的V小姐。她的人生轻快地掠过，不为人所知。在她死后，侦探留下一个问题：人是否可能"追捕影子"？

对于一个女性不为人知的生活来说，这是一个至关重要的问题，就好比低地水域里的那个濒危的水怪。侦破案件的第一步，是注意到这种生命形态的确存在。

V小姐并不像一个实体：她是个飞逝的影子，比神秘更神秘——"影子"这个词不断重现，就像鼓面上持续的敲击。这是一段无人留意的人生的影子。V小姐用谈论天气填补着对话的空白，却丝毫不透露她是谁。她的死讯似乎合上了一页空白，但这空白不断激荡着，就好像敦促人们"去看看她……看她是否活过，并和她说话"。这无异于对着鬼魂说话。作者借用了歇洛克·福尔摩斯的用词，称之为一桩"谜案"。弗吉尼亚·斯蒂芬的确对V小姐展开了探案，哪怕探案的方式只是围绕她的缺席打转（正如在"一战"后的小说《雅各的房间》[*Jacob's Room*]中，她将围绕雅各·弗兰德斯的缺席展开写作。代表"一战"后失落一代的雅各，在来到自己人生的主场之前，就已经在弗兰德斯的战场上阵亡了）。

作为小说家的弗吉尼亚有一次自问究竟在写什么，而她犹疑的回答是挽歌（elegy）。失落和求知的努力的确是她笔下反复出现的戏剧冲突，然而对逝者足迹的追寻也变成了故事本身。这些逝者并不是伟大的男性，也不能进入她父亲创立的《国家传记辞典》（*Dictionary of National Biography*）。在厢房中静候着的是与这些相抗衡的故事，关于那些阴翳中（in the shade）的人生里未经验证的潜力和可能性。“阴翳中”——这组词唤起两姐妹在烛光下互诉衷肠的一幕：在 1906 年的一篇故事中，弗吉尼亚想象着两姐妹菲利丝和罗莎蒙德的对话，同一年又想象一位十五世纪的母亲和她的女儿在玫瑰战争期间寻找藏身之所，躲避士兵的暴行。* 接着，在 1909 年，
252 她想象了一位作品无法流传后世的、上一代女作家的生活。她把题为《小说家回忆录》（‘Memoirs of a Novelist’）的后一篇故事提交给父亲曾担任编辑的文学刊物《谷山》（*Cornhill*）。作品被退稿了。

1910 年，在一阵危险的疯癫发病期间，她被关进位于特威克纳姆的一处私立疗养院。她痛恨这个地方：红绿斑驳的丑陋墙皮，“永远以默祷结束谈话的”管理员琼·托马斯（Jean Thomas）小姐，和病人一样低智的、滔滔不绝谈论皇室家族的护理人员。一个瓦妮莎以为是杀人狂的人竟是个护士。

“二十九岁，没结婚，是个失败者，没孩子，还精神不正常，不是个作家”——1911 年 6 月，弗吉尼亚对姐姐抱怨着。

就在这样的人生低谷里，伦纳德·伍尔夫出场了。

就在同一个月，1911 年 6 月，伦纳德从他服务了七年的殖民部的岗位上告假返英。这时，他已经是南锡兰汉班托塔地区的助理长官，在审判室的审讯中也担任地方执法官。他是犹太裔律师西

* 见《琼·马丁小姐的日记》。——译注

德尼·伍尔夫（Sidney Woolf）的儿子；他的父亲富有道德感，以先知弥迦的话作为自己的格言：公正处事，爱宽恕，跟着主谦卑地行走。西德尼·伍尔夫正当盛年就去世了，抛下了妻子——生于荷兰的玛丽·德容（Marie de Jongh）——和九个孩子，还有一点点钱。聪明又懂事的伦纳德拿着古典学奖学金去了圣保罗学校，接着又去了剑桥大学的圣三一学院。就在那里，在托比·斯蒂芬的房间里，他曾见过来拜访哥哥的、冷傲而美丽的斯蒂芬姐妹，穿着白衣，举着阳伞。

现在，伦纳德从东方回来了。他发现两姐妹已经属于一个致力于打破维多利亚时期禁忌的文艺团体，在有各色人等但女性拥有平等地位的场合，无所顾忌地说出“精液”和她们严肃地称之为“交配”的这些词——在斯蒂芬姐妹在场的时候，人们很难不把女性当成平等的人对待。1911 年 7 月，伦纳德和贝尔夫妇在戈登广场 46
号一同用餐时，弗吉尼亚随后也到场了。她看见的是托比生前的朋 253
友，这让她对他有兄长之感，尽管伦纳德在身体样貌上都与托比十分不同：他深色皮肤，细瘦身材，长着一双热切的蓝眼睛和像鹰一样的侧脸。他笑起来，好像那只鹰忽然腾空。

他立刻就觉得在布卢姆斯伯里十分放松，也开始与弗吉尼亚频繁见面；弗吉尼亚这时已经和弟弟阿德里安搬到了菲茨罗伊广场。她邀请他以朋友身份到她在萨塞克斯的菲尔小镇租的房子里过一个周末。

1911 年的后半年，伦纳德搬进了弗吉尼亚位于布卢姆斯伯里的布伦瑞克广场 38 号的一栋合住房的顶层。他们的三餐都是苏菲烹饪的——在海德公园门街时期她就是斯蒂芬一家的厨师。五花八门的同住者都是他们小团体中的朋友，其中也包括经济学家约翰·梅纳德·凯恩斯。一个没有女伴监护的年轻女孩独自和男性朋友同住：这类群居生活的实验在当时可谓惊世骇俗。

伦纳德·伍尔夫就在这时决定追求弗吉尼亚，即便这意味着告假结束还要继续滞留英国。他将因此失去锡兰的职位，没有收入的伦纳德因此冒了巨大的风险，因为即便弗吉尼亚听他说完了求婚的事，她也对此不置可否，有时也显得十分淡漠。之前与同母异父兄弟间的事让她有理由对男性性欲保持十二分小心，并且她也拒绝了一些追求者——通通是背景与她类似的剑桥毕业生。

在朝夕相处了解伦纳德的这段日子里，伍尔夫考验的主要是两点上的一致：他们本人，还有他们的小说。弗吉尼亚·伍尔夫在她最伟大的短篇小说《拉宾和拉宾诺娃》（*Lappin and Lapinova*）中就回顾了这段不确定的日子。故事讲述了一个孤女新娘的命运：她这个人物就好像用一双大眼睛凝视你的林中小兽，既顽皮又让人捉摸不透。她轻快地穿过夜间的灌木丛，旋即揭示了自己的身份：她是“拉宾诺娃”，她垂下的爪子让她活像一只野兔，*就像《天鹅湖》中奥黛特翅膀般向后展开的双臂让她看起来像天鹅一样。

1911 年，佳吉列夫（Diaghilev）把俄罗斯芭蕾带到了伦敦，他们的演出剧目中就有《天鹅湖》在林间的第二幕。†瓦斯拉夫·尼金斯基（Vaslav Nijinsky）扮演的齐格弗里德王子在野外遇见了神秘的天鹅——她在白天被迫变成天鹅，只在晚上才恢复人形，变回与宫
254 廷里那些千人一面的女人们全不相同的她自己——他爱上了她。

据伦纳德·伍尔夫在自传中的回忆，正是在这伦敦的首个演出

* lapin 是法语中的“兔”。——译注

† 米哈伊尔·福金（Michel Fokine）修改了列夫·伊万诺夫–佩蒂帕（Lev Ivanov-Petipa）的编舞，玛蒂尔德·克谢辛斯卡娅（Mathilde Kschessinska）扮演白天鹅。

季上，俄罗斯芭蕾“占据了伦敦时尚圈和知识界的中心”。“我们一晚接着一晚地聚集在科文特花园，为一种新的艺术目眩神迷”，而世上他最喜欢的人们也全在那儿，和他一样深受打动。“我从没在任何舞台上见到过比山鲁佐德、狂欢节、天鹅湖和其他经典作品更完美、更令人激动的东西。”根据伦纳德日记的记载，他在 12 月 7 日看了天鹅湖，又在 1912 年 6 月 24 日与弗吉尼亚一起重温了一遍。

拉宾诺娃的故事情节就取自在夜晚的林间发现真相和变身的几幕。在这里，一个女性展露出她真实的本质，而一位正直的男性“拉宾国王”将找到她，发现她。在远离尘嚣的蜜月里，拉宾诺娃向新郎展示了她是谁：“真实的罗瑟琳”，这个名字让人想起那个被放逐到阿登森林的年轻女孩，一个想尽办法活下去的孤儿。*

婚姻的成败不仅取决于新郎是否愿在两人独处时承认新娘“真实”的自我，还取决于他是否愿将这样的了解带入蜜月之后两人的日常生活。这是至关重要的爱的考验，但后果既然无法预知，新娘就不得不冒险：在位于她自然栖居地之外的丈夫的世界里，她是否能够活下来？这是弗吉尼亚的问题。

两人都很成熟，都明白谁也无法确知婚姻场景中的自己会是什么样，于是如何评价对方的小说就成了对两人是否合拍的更有把握的考验。1912 年 3 月，弗吉尼亚·斯蒂芬朗读了当时还未发表的《远航》中的段落。伦纳德觉得她写得好极了。

年轻姑娘蕾切尔·文雷斯自她的“远航”中慢慢浮现，但在她的轮廓尚未成型时就死去了。伦纳德·伍尔夫此时正撰写他的第一部关于锡兰的小说《丛林中的村庄》（*The Village in the Jungle*）。殖民

---

* 见莎士比亚《皆大欢喜》。——译注

法庭触及不到名叫巴本的一位僧伽罗农民诚实正直的品格，但身为被告的巴本又理解不了英国的司法，最后正是这司法制度终结了他的生命。丛林贯穿整部小说，它有吞噬林中空地的力量，也作为隐喻象征着司法的错乱。故事表明，不管英国统治有多么好的出发
255 点，它仍不可能穿透被统治者的丛林，这类统治因此是肤浅的，在某种意义上也是荒唐的。（《丛林中的村庄》也证明殖民部失去了它最有思想的一位地方执法官。）

于是两个作家发现他们的领地相接了，正如拉宾和拉宾诺娃虽然“彼此截然相反”，但两人的领地仍然相接。拉宾诺娃的栖息地是个“荒凉、神秘的地方”，她“大多在月光下”漫步其间，而拉宾国王则“统治着忙碌的兔子世界”。

在 1912 年 4 月末，正当弗吉尼亚还犹豫不决时，伦纳德承认了自己“有许多像动物一样讨厌的习性”，尤其是有强烈的性欲。他重复说，“我有缺点，有恶习，也有兽性，但尽管这样，我还是坚信你应该嫁给我，爱上我——”

从这里浮现了一种动物语言，让他们在属于两人自己的世界里亲密无间，于是弗吉尼亚心甘情愿地嫁给了伦纳德。她有时是只爱开屏的羽翼斑斓的大鸟，大多数时候是只名叫“大野兽”的山魈（一种西非的大狒狒），而伦纳德多数情况下是只獴（他是山魈的手下，伍尔夫亲热地叫他“我机敏又勇敢的獴獴”）。不久后，在 1912 年 8 月 10 日，两人结婚了，在结婚之前及之后，他们在情书里都
256 用动物的身份和对方说话。山魈大夸自己的腹部和后臀保养得多么好，邀请獴来参观。毕恭毕敬的獴鼓起勇气在山魈面前打开一份法律合约，好让山魈在他不在的时候遵守一些规则。这些都是伦纳德·伍尔夫针对精神疾病的预防措施：不让她过分激动，每天早上

喝一整杯牛奶，来例假时就在沙发上休息，“要明智”“要快乐”。

在这段恋情中，个性激发着无穷的兴趣。他们远不像团体中的其他人那么无拘无束。分离让他们痛苦。他们的通信表达着乏味和渴望：“没有你，一切都无聊得吓人”，弗吉尼亚抱怨道。伦纳德在圣三一学院的室友撒克逊·西德尼-特纳（Saxon Sydney-Turner）在他们在乡下租住的小屋——位于萨塞克斯郡的阿什汉姆——陪伴她，但“在有了属于我的热情的、凶猛的、可爱极了的獴獴之后”，他简直显得像只驯顺的小猫。

婚姻对弗吉尼亚来说至关重要：倒不是因为从现实来讲，伦纳德为她提供了保护，而是因为婚姻本身就是成为艺术家路上的又一挑战，因为成为艺术家就需要在私密生活里也保持创造力。他是个朋友，像刘易斯对乔治·艾略特那样的平等身份，而非雪莱相对于玛丽那样的导师。她则是相信不应只把创造力留给工作的那类作家，她给丈夫的信就能表明她在日常的行为中投注了多少语言能力。很明显，弗吉尼亚塑造角色的天赋在这场婚姻中无处不在。不那么显而易见的则是伦纳德对作为艺术家的弗吉尼亚的助益，尤其是在她对公正行为的处理方面。

在她的小说中，公正的情感是公正行为的基础，情感越公正，行为就越人道。在她看来，行为就是充满爱的善意举动，比如拉姆齐夫人为守灯塔人患髋关节结核的儿子织一双棕色的长袜。世俗眼中的行为——法律行为、帝国行为、战争行为、经济行为——在她眼中不管多么天花乱坠，多么趾高气扬，也都是些一文不值的东西，甚至更糟。这是伦纳德·伍尔夫在第一本小说中提出的基本想 257

法，后来被他的妻子采纳了。

尽管弗吉尼亚和伦纳德·伍尔夫一致认为那类公共行为徒劳无益，也都对未知之物有敏锐的察觉，但他们的作品刻画爱的方式有些不同。伦纳德着眼的是身体的行为，弗吉尼亚关注的则是微妙的默契。

在早期为卡莱尔夫妇的情书集撰写的一篇未署名的书评中，弗吉尼亚看出，“我们看到的越多，能用标签归类的就越少”，“我们读到的越多，我们对定义的信赖就越少”。要以本来面目看待伍尔夫夫妇的婚姻（他们幽默地用“Woolves”，而不是通常的 Woolfs 书写两人姓氏的复数），关键就是充分理解两人通过语言建立起来的默契，并把 1912 至 1915 年间两个人可怕的试炼阶段当作一段次要的时期分开对待——弗吉尼亚后来将这段时期称为两人正式婚姻的“序曲”。

直到 1913 年夏天的一场精神崩溃之前，他们都设法继续着两人的游戏。弗吉尼亚逼自己待在特威克纳姆的疗养院期间，獴要求山魈做“安静待在草窝里的一只勇敢的动物”，他自己则为她唱一首山魈之歌。歌的开头是：

> 我真地爱啊
> 我真地爱

然而爱人的语言哪怕再强有力地维系两人的感情，在分歧面前也无济于事。两只小动物的调情游戏一方面释放了弗吉尼亚的情欲挑逗，但另一方面也与睡美人的神话发生了冲突：一位英雄穿过密林来到熟睡的公主身边，而他必须用一吻唤醒公主，并以此赢得尊敬。伦纳德·伍尔夫第一次亲吻弗吉尼亚时，是弗吉尼亚答应他求婚的一刻。她告诉他自己感觉“像块石头”。这种情况太普遍了，因此也不会让人多虑。实际上，弗吉尼亚的父亲接触她母亲朱莉亚时，朱莉亚就坦承自己的“冷感”：失去第一个丈夫之后，她丧失了“正常的热情”。莱斯利·斯蒂芬有分寸地作出了回应：他宽慰朱莉亚不必做不想做的事。威廉·戈德温在玛丽·沃斯通克拉夫特最初没有热情时也采取了相似的做法。他镇静地对她讲话，确认了他们的结合这个事实。

在很多方面上，伦纳德·伍尔夫都类似这些男性，但也并不完 258
全和他们一样。他容易不耐烦、情绪低落，同时对女性的欲望很上心——或许太上心了。弗吉尼亚的确感到性的狂喜被人们夸大了，并且承认失去童贞完全没有改变她：“我或许还能是斯（蒂芬）小姐”。然而她从萨默塞特、西班牙和意大利写来的信都确认了她对两人结合的信心。他们成为了永远的“一对一的伴侣”。

她在信中显得心满意足，很放松，并不为“干扰床上正事”的小蚊子所困扰，直到婚后一个月，他们还在西班牙时，她忽然意识到自己让伦纳德失望了，并且也意识到他准备在作品里宣布这件事。9月4日，他正写作新小说的第一章，这一章探讨的是一位艺术家女性卡米拉（对爱）无动于衷的问题：犹太主人公哈里渴望着卡米拉，他热爱她但没有得到回应。众所周知，《聪慧的处女们》（*The Wise Virgins*）是一本真人真事改写的小说，而卡米拉就是作者妻子的写照。我们不可能获知她在当时对这部创作之中的作品知道多少、又猜到多少，但伦纳德的失落是明摆着的。他们一回到伦敦，就一起去拜访了瓦妮莎，寻求关于性高潮的建议。

瓦妮莎断言妹妹属于无可救药的性冷淡。伦纳德·伍尔夫把她的断言也写进了小说题为“凯瑟琳对妹妹的看法”的一章。小说中，凯瑟琳警告哈利，哪怕只是试着唤起卡米拉的性欲，对他们两人都是危险的。凯瑟琳认为她的妹妹不该与任何人结婚，她飘摇的生命唯一的出路就是早早夭折。

伦纳德·伍尔夫没想过——或许也并不知道——瓦妮莎这样想尽管出于关心，但很大程度上也是报复妹妹与自己丈夫在婚后头几年的调情：而他们的婚姻并不长久。可以想见当时并没有对象的弗吉尼亚如何一心想着自己的需求，心怀对姐姐的嫉妒之情，争着引起克莱夫·贝尔的注意：她的确惹到了瓦妮莎。

贝尔打趣弗吉尼亚那“翡翠色的沉睡的热情”；他们惯于“卿卿我我”。她与伦纳德订婚时，贝尔说他永远会抱着一个念头：他比她的丈夫更爱她。她并没觉得受到冒犯。贝尔的不忠本就说明，他不能为弗吉尼亚带来她与伦纳德的那种关系。

259 贝尔的调情一度鼓舞了这个经常宣称自己比不上姐姐的妹妹，但同样重要或者说更重要的，是贝尔对她小说早期草稿的鼓励。“你是第一个觉得我会写得好的人”，她在十年后提醒他这一点。在一段时间内他都扮演了导师的角色，质疑她对“影子”的偏爱，而我们如果回想一下雪莱和刘易斯给出的指导，就知道这样一个角色对一个正在崛起的作家有着不可低估的益处。在玛丽·戈德温和弗吉尼亚·斯蒂芬这里，我们看到这条路可以是多么的一意孤行：如果她们要怀抱着仍然未经验证的渴望，逆着一切不利于她们的力量斩获成功，那么某种程度上的自私就是必须的。玛丽·戈德温对雪莱第一段婚姻的孩子不管不顾。乔治·艾略特与刘易斯的儿子们保持距离。更让人难以接受的，是施赖纳公然拒绝收留她丈夫的母亲，而弗吉尼亚·斯蒂芬对瓦妮莎·贝尔要依靠她儿子的父亲这一点毫不理会。

弗吉尼亚嫉妒姐姐做了母亲。她与伦纳德订婚时，希望第二年就能有个孩子。她的朋友维奥莱特·狄金森送她一个摇篮时她很高兴。她最后没能有孩子是伦纳德在咨询过医生后的单方决定。

能够嫁给开明又忠诚的伦纳德·伍尔夫，这对弗吉尼亚来说是一场胜利。鉴于她的“疯癫”、乔治·达科沃斯的性侵和她与女性（比如“我的维奥莱特”）的情史，大家会觉得她的胜利出人意料。对于一个借由自己创造出的角色质疑标签和分类的年轻女性，这些都是她身上的不确定因素。1911 至 1912 年间，在瓦妮莎·贝尔于弗吉尼亚婚前不久创作那幅弗吉尼亚·斯蒂芬没有面目的肖像时，她表现的就是那个始终不为人所知的女性。伦纳德·伍尔夫在刻画卡米拉以为弗吉尼亚作像的时候，也追寻着她神秘而飘忽的特性。她正像哈克卢特笔下的漫游者——他就是这么直白地表明卡米拉与弗吉尼亚的相似。“她的生命是场冒险，是在人生的不同经历之间游走的快乐：它们因偶然和不断的变动而永远是新的经历。”

卡米拉是个学习艺术的女孩，人们都说她更适合写作；像弗吉尼亚一样，她也来自充满自信的中上阶层，在背景上比来自城郊、性情阴郁的哈利·戴维斯高过一头。对神秘的卡米拉的追求让他尝到了他从未体验过的一种爱。究竟怎么才能让这浪漫的爱和男性的 260
性欲和平相处？哈利眼中的卡米拉正如伦纳德·伍尔夫眼中的弗吉尼亚，“像一座小山覆盖着贞洁的初雪”。

弗吉尼亚性冷淡的标签持续了整个二十世纪，她承认自己在性方面的失败，这也加固了人们对她的这一印象。她向薇塔·萨克维尔-韦斯特（Vita Sackville-West）宣布这一点，或在西班牙向杰拉德·布勒南吐露这件事时，期待的也许是他们的反驳。既然“性冷淡”批评的是无法回应男性需求的一类女性，那么它本身也需要受到质疑。我们现在活在一个人们广泛接受多种亲热方式的时代，其中颇有一些方式是简单化的标签所不能概括的。

在《聪慧的处女们》中，哈利想要“男性想要的东西，某种猛烈的爱……一种把人连在一起、焊在一起的火焰”。他想到原始女性主动来到男人山洞中的场景：她们来是为了占有，也是为了被占有，为了生育他的孩子。爱和性对他来说是不同的范畴。擅长爱的卡米拉只“朦胧地知道、朦胧地感到他的意思。但她，一个未婚女性，并没有办法了解这种渴望”。

“或许你生来就不会说出‘我爱你’”，哈利在一封给卡米拉的信中写道。

她在回信中表示赞同。“我无法献出自己。热情让我冰冷。”

一个男人该如何读解处女对于婚姻的犹疑？性的结合和婚姻的其他要求会损害一个有天赋的女性的独立、自由，以及其中蕴藏的潜力吗？

“婚姻中的很多东西都让我畏缩，”卡米拉对哈利说，“它似乎是把女性关了起来，关在门外。我不要被生活的琐细和成规捆住。一定有什么出路。人一定要过自己的生活。”

《聪慧的处女们》创作于女性投票权运动方兴未艾时。哈利宣布自己“支持女性投票权”，而伦纳德·伍尔夫称女性主义为“一切有识之士的信仰和原则”。他一边琢磨着一个爱冒险又绝非头脑空空的、非同寻常的处女，一边也想象着她的“远航”。不管伦纳德·伍尔夫的小说在性方面对弗吉尼亚作何评述，它最引人入胜的地方，在于它敏锐地感知到了女性真正的本质中那些出离、奇特，而又孤独的部分。

大多数女性总会在人生的某个阶段听到男性的发问：女人究竟要什么。这是个尴尬的问题，往往还是个设问句。它的语气常常暗示“女人真的知道她们要什么吗”。我还没听过有哪个女人说她想要许多男性觉得她想要的东西：身型，肌肉，权力，良好的自我感觉。如果是把这些当作能提升她公众形象的标志，那么它们或许还可以接受，但在人格缺席的情况下，这些并不能使她满足。不，在女性私下的交谈中，她们一致认为自己想要的是让人懂得她们心目中那个真实的自己（也许这也是男人想要的）。在《呼啸山庄》中，凯瑟琳·恩萧对希刺克厉夫有好感，因为他了解她独特的性情，并和她是一路人，而没有哪个传统的绅士能做到这一点。哈利身上有希刺克厉夫的影子：他不合群，有着局外人清醒的觉察，还拥有一种阴郁的能量。哈利的这种能量来自他的犹太血统，是一种相知**相认**（know）的需要——在希伯来圣经中，这个词用来诗性地表达性的结合。同样，像希刺克厉夫一样，哈利闭上眼睛娶了一个传统的女孩，也因此失去了自己的灵魂。这也是伦纳德与哈利的不同之处：他有胆量去面对这个出离而奇特的弗吉尼亚并了解她。尽管他下定了决心，但他不曾也没法预见他不能立刻解决的、两人的差异。这部小说是他固执的一面的产物，但这种品质作为让他锲而不舍的力量，毋宁说也是一种美德。 261

伦纳德在 1913 年春完成小说全稿的时候，弗吉尼亚的精神状况恶化了。她被关在了可怕的特威克纳姆，这期间，她向伦纳德提出分开。

“我最亲爱的人，”他在 1913 年 8 月 3 日回了信，“如果我**做了**任何委屈你的事，任何让你不高兴的事，你都会跟我说的，对吗？”

没有证据表明接下来发生了什么，除了伦纳德·伍尔夫在 1913

年 9 月 30 日的一则一贯简明的日记，称弗吉尼亚对他“坦白”了。他没有记录弗吉尼亚坦白了什么，但有可能说得并不多，因为这场谈话没有带来多少慰藉。她“晚上狂躁极了”，他写道。

整个这段时间里，他们都以某种方式通过《聪慧的处女们》和《远航》相互对话，这时他们也按下两本书的出版，不让它们达
262 到付印的终稿状态。伦纳德的卡米拉就好像在与弗吉尼亚的蕾切尔谈心，告诉她自己终究没法结婚。问题的症结在于卡米拉向哈利坦白的：她没法交出自己。如果是这样，那么问题就不出在哈利，而出在这一类女性身上。弗吉尼亚给伦纳德的信同样坚称她有“错”——她把精神崩溃的责任揽到自己身上（因为有病史，她也不得不如此）。然而精神崩溃本身就可以是一种交流的方式，同样起到交流作用的，是围绕着“错”这个词无声胜有声的沉默。她没法反对伦纳德出版《聪慧的处女们》，鉴于这本书符合布卢姆斯伯里所推崇的坦诚原则。

伦纳德的大姐贝拉·伍尔夫（Bella Woolf）却无所顾忌地反对这本书。在 1913 年 8 月阅读了书稿后，她十分反感哈利，并告诉伦纳德她觉得哈利“加倍呈现了”他身上“最坏的品质”：他是个“没教养的小兽”。哈利“盘腿而坐，盯着地毯，脸上那种不满足、不自在、近乎痛苦的神色”，堪称伦纳德精准的自画像。

弗吉尼亚从特威克纳姆出来后情况很糟糕。伦纳德把她带回萨默塞特的“耕犁旅店”：他们就是从这里开始两人的蜜月旅行的，她从前在这里时也很快乐。但这次却是场灾难。在回伦敦的一路上，他都生怕她从火车窗子跳出去。

1913 年 9 月，他们接受了亨利·黑德（Henry Head）爵士的心理咨询。黑德爵士是一位刚把亨利·詹姆斯“送下地狱”的精神医生。

弗吉尼亚·伍尔夫回到家就吞服了过量的佛罗那（安眠药）。洗胃很及时，接下来的一年里她似乎康复了。接着，在1914年10月，出版商埃德温·阿诺德（Edwin Arnold）出版了《聪慧的处女们》。

三个月后的1915年1月中旬，弗吉尼亚被允许阅读这本书了。现在的她必须面对的事实是，在这所有人都能读到的白纸黑字里，有和伦纳德的情书，还有和山魈与獴的求爱游戏相矛盾的东西。她在日记里克制地评论道，这本书在一些方面非常好，在另一些方面很糟。两周后她就崩溃了。这是她一生中四到五次发作中最厉害的一次，并且只有这一次她拒不接受伦纳德。

人们都想在这本书和她的崩溃之间建立联系，但由于以下两点 263
原因，这样的联系并不完全成立。首先，当时的实际情景要更复杂。她寄给丈夫的充满爱意的信件和基于他形象创作的两个小说人物（《夜与日》里离经叛道的律师拉尔夫·丹厄姆和《海浪》中的外来者路易斯）洗脱了伦纳德的罪过：这是一个能够对女性身上的“暗夜”予以回应的男性——这黑夜阴暗、无形，却又在她的性情里渐渐聚焦定格。这样一个男人是“不可或缺”的，这不光因为他照顾着她，更是因为他懂得她。真实的伦纳德身上既有富有创造力的一面，也有不好相处的一面。他对下属粗暴得令人捏把汗，并且性情中有一种爱挑人毛病的固执习气，而妻子则以那些不仅是说笑的笑话回应他，比如把他的房间叫作“刺猬厅”。哈利·戴维斯的身上能找到伦纳德·伍尔夫阴郁的坏脾气，但找不到他充满表现力的热情。然而这种热情存在于伍尔夫夫妇的婚姻之中，同样存在的，还有对女性想象力的细腻体察。

同时，在伦纳德的小说里，“冷”不过是没有男伴的单身女性（书中称她们为“处女”）众多形象的一个侧面。书名本身就设定了一个“聪慧的”处女。比起新约中“聪慧的处女们”，书中的角色更丰满，因为新约中的形象强调的是责任，而非处女之身——“聪慧的处女们”为灯添上油，“愚笨的处女们”则不会想着这么去做。这类狭隘的女性形象样本把女人看作一个承担某些功能的空壳，而在与众不同的卡米拉面前，这样的形象黯然失色了。她反对哈利把“老处女”看作下巴生着长毛、浑身干瘪的怪物这种粗鄙的想法。卡米拉表明相比于已婚的“奶牛”，一个单身女性可以多么自由。哈利无时无刻不记着她敏感的额头，柔软而肉感的双唇，明亮、悲伤又清高的双眼。整部小说基于一种生存状态的模糊性，而并非女性生理的那一层膜。

尽管哈利让一个粗蠢的处女怀了孕，并因此毁了自己的生活，但他总念着那个聪慧的处女，以及她与《远航》相呼应的、与女性未知的潜力有关的问题。伦纳德·伍尔夫所构思的这个有缺点的、迷茫的男主人公让我们确信，有个人**的确**想了解这个问题的答案。

弗吉尼亚崩溃的另一个原因与《聪慧的处女们》完全无关，而
264 是 1915 年 3 月即将出版的《远航》。此时与此后，用作者的真名发表作品（这是她这代女性作家的新做法）带来的曝光压力都令她病倒。在 1928 年面对剑桥的学生时，弗吉尼亚·伍尔夫就努力向下一代传达过去的女性一度经受的压力：“库勒·贝尔（夏洛蒂·勃朗特的化名），乔治·艾略特，乔治·桑，她们都徒劳地想借使用男性名字的办法来遮蔽自己，而她们的作品都证明她们是内心挣扎的受害者。这样一来她们就致敬了传统，而这种憎恨女性抛头露面的传统哪怕不是由男性灌输，也是他们纵容和鼓励的（伯里克利就说过，女性首要的荣耀是不被他人谈论；但他自己却是一个被人频繁挂在嘴边的人）”。

避免在公共场合被谈论的传统要追溯到更远，追溯至匿名出版作品的简·奥斯丁。我们能想到的还有玛丽·雪莱：尽管她需要写作带来的收入，但她很熟悉那“用黑夜和默默无闻的身份包裹住自己的欲望”，而不想进入印刷品，成为“**男性**注目的对象”。

整个 1915 年，弗吉尼亚需要两名护士的照料。有记载说她表现得很狂躁，这让我很难相信，除非她在激烈对抗来自他人的强迫。把她放在曾经侵犯过她的乔治·达科沃斯家里是个错误。他提出把她挪到位于达林里奇广场的住所可能听上去是好意，也是不费一分一毫就把她从回到特威克纳姆的命运解救出来的一个方案，但她在那儿的时候拒绝吃东西，还有迹象表明她被强行喂饭：二十公斤的体重增长绝不可能是耐心地一口口进食的结果。

1915 年 5 月末，伦纳德称弗吉尼亚变得“对我非常暴躁”，并在自 6 月 20 日起的一个月拒绝见他。到了八月，她恢复到可以坐轮椅出门，伦纳德被允许推着她逛邱园。他继续根据自己的判断竭尽所能帮助她，也就是遵从我们今天看来十分无知、弗吉尼亚当时也有理由拒绝相信的医学建议。

在这之后，她是如何再次接纳伦纳德的呢？

在旁观者看来，她只是康复了，出乎所有人的意料。但康复一 265
定也催生了一些希望：希望那些未经言明的严重分歧得到弥合。疯癫是有的，伦纳德在内的一些人把它归为躁郁症，但如果一种诊断看不到她超乎常人的复原力（她也称“我拥有康复的能力——这一点是我自己考验过的”），那么这种诊断必然是不够的。同样，如果一种诊断无法透过失控的表现看到普遍的性别差异，尤其是由女性潜藏的欲望导致的两性分歧，那么这样的诊断也是不够的：这是

1931 年，弗吉尼亚在面对来自全国女性服务联盟的另一群女性听众演讲时提出的问题。* 她描绘一个渔妇抛出钓钩的场景，欲望的鱼沿着银色的水流溜走，理智拉回了鱼线。她浮上水面，“愤怒又失望地大口喘息”。她说，男人还没做好准备听女人要告诉他们的事。

伦纳德挽救婚姻的办法是继续做他们的动物游戏，并且坚称在他们的分歧之下还埋藏着更深的热情。“我亲爱的，”他写道，“我爱你美丽的躯体上每一根羽毛。”这些动物书信和她的某篇日记都表明，婚姻也曾多少为她带来过身体的愉悦。1917 年 11 月 10 日，在沮丧的一天过后，他们在夜晚的炉火边重获了“幻觉”，“兴高采烈地持续到了睡觉前，然后像两个滑稽小丑一样结束了这一天”。弗吉尼亚康复后不久，他们也变得“快乐极了”。

弗吉尼亚挽救婚姻的办法是交出自己对健康的控制——鉴于她对医生的不信任甚至反感，走出这一步实属不易。在她开始康复的六个月后，她给伦纳德写来一封信让他宽心，修复关系的愿望在信里表现得很明显。写这封信时她在伦敦外围的里士满：很久之前，乔治·艾略特以“法外之徒”的身份在这里找到了容身之地，伦纳德和
266 弗吉尼亚现在也住在这里，好让弗吉尼亚远离布卢姆斯伯里的喧嚣。

霍加斯［公寓，里士满］

[1916 年]4 月 17 日周一

宝贝獴：

我就是想告诉你我是只多乖的小动物。我把每样事情都按顺序好好做了，再没有忘记过吃药。弗格森［医生］今天早上

* 它在女性获得投票权后取代了它的前身妇女社会政治联盟（WSPU）。

来了……他也见了克雷格[医生]，克雷格托他跟我说每天早上都得卧床，手边也总得有安眠药，在失眠最轻的时候也要吃——总的来说接下来两周都要特别小心。弗格森说我的脉搏和去年夏天很不一样了，不仅稳定多了，也强壮多了。我得去接着喷喷我的喉咙……

这些都是我的近况，但我躺着的时候就想着我的宝贝小动物，他确实让我生命里的每天每刻都比我能想到的所有可能性更快乐了。毫无疑问我深深地爱着你。我一直想你在做什么，我得停下来了——这让我特别想吻你……

明天看见你可爱的滑稽的脸会很开心。

旱獭们亲你

你的山魈

接着，在1916年夏天，她做出了一个更大的修补婚姻的动作：这次她构思了一部旨在与《聪慧的处女们》对话的小说。尽管这一对夫妇遇到的问题并不罕见，但他们处理问题的方式令人感佩，这并不光是因为他们成功了，还因为他们身为作家，能够通过作品之间的对话说出那些无法言说的东西。这并非普通的对话，不是心理学话语也不是婚姻咨询，而是用小说去探索、去创造一个更丰满的真相。如果《聪慧的处女们》是在与《远航》对话，称与冷淡的处女间的婚姻靠不住，那么弗吉尼亚觉得自己也能给出一个答案。从1916年起，也就是她面临终身疯癫的威胁之后的一年，她开始在一部新小说里探索积极的答案。这部小说就是《夜与日》。

小说从社会背景不同的一男一女的相遇写起：卡瑟琳·希尔贝里住在切尔西的切恩道，这是乔治·艾略特生命接近尾声时住的地

方，后来亨利·詹姆斯也住在这里（他们两位都是莱斯利·斯蒂芬
267 的朋友）。卡瑟琳是个极其体面的知识贵族，拥有精致的礼节和教养。受邀来喝茶的是个紧张的律师拉尔夫·丹厄姆，住在海格特一座吵闹的老房子里。他外来者的出言不逊很像哈利。小说作者探究了两人的差异，目的是展现出卡瑟琳不为人知的疏离、怪异，以及对一个郁郁寡欢的男性的好感——就好像凯瑟琳·恩萧和希刺克厉夫最后能够走到一起。

表面的、白昼（day）的场景采用的是理智的现实主义，像乔治·艾略特纪实风格的写法；夜（night）的部分更富有幽微的诗情，更像艾米莉·勃朗特。

弗吉尼亚·伍尔夫的日记和随笔带我们走进这阴影中的生活。1917年，伍尔夫在评论亨利·詹姆斯身后出版的自传时曾说过，“日光的照耀抹平了许多事物的面目，但在阴翳中它们就显现出来”。在她正在创作的这本书的题目里，首先出现的是“夜”，因为正是在夜里，卡瑟琳才能在楼上偷着做数学，远离她作为家中的女儿在茶桌上的角色。*数学标志着一种另类的存在方式：在肯辛顿的少女时期，瓦妮莎和弗吉尼亚就曾设想以此反抗她们既定的淑女道路。卡瑟琳在楼上的活动——她不为人所见的“夜”——与她白天里可见的楼下生活相背离。

在小说的大部分篇幅里，卡瑟琳一直是个分裂的人物。在她楼下的生活里，她与同样来自知识阶层的威廉·罗德尼订婚。他像利顿·斯特雷奇一样有点瘸，有种让人舒服的熟悉感，是个彬彬有礼的绅士。这样的婚姻会启动一种早早就被划出了清晰界限的人

---

* 戈登笔下的艾米莉·狄金森也如此。见林德尔·戈登著《艾米莉·狄金森传》（*Lives Like Loaded Guns: Emily Dickinson and Her Family's Feuds*）。——译注

生——那是在婚姻中失去自我的妻子们的传统轨迹。

卡瑟琳思索着那些在婚姻生活中一路“扮演”过来、以取悦丈夫的女性。为了填充谈话的沉默，妻子们调动着她们脑中储备的陈词滥调，而这些话“与她们私密的想法几乎毫无关系”。与不爱的人订婚或者结婚是否是“难免的，鉴于激情的存在只是旅游者从密林深处听来的无稽之谈”？婚姻又是否是“她为了得到自己所欲的，而必须穿过的拱门”？我将“所欲的”理解为实现她的天性的渴望，正如乔治·艾略特的多萝西娅在十八岁时嫁给了死气沉沉的卡苏朋，把他想象成通往知识王国的拱门。卡瑟琳也有这样的渴望。 268
“在这种时刻，她的天性的激流在又深又窄的河床里奔腾着。”*

《夜与日》在1918年完成，恰巧发生在三十岁以上的女性获得投票权前后。书中也有关于女性投票权支持者玛丽·达切（Mary Datchet）的一段平行剧情。身为一个自立的单身女性，玛丽得到了像拉尔夫·丹厄姆和威廉·罗德尼这样有知识的男性的尊重。她想要的是男人想要的东西；放在我们的时代，她是会开创女性平权运动之路的政治活动家。但我们如何理解那个更犹疑不决的卡瑟琳呢？

拉尔夫与她一同在伦敦的夜里散步时问过自己这个问题。“他眼前的是个什么样的女性？她行走在哪条路上，她的同伴又是谁？”

她给拉尔夫的答案难以捉摸：

> 拉尔夫：玛丽改变你的想法了吗？
>
> 卡瑟琳：那没有，我是说，我早就改变想法了。
>
> 拉尔夫：但她没能说服你为她们［女性投票权支持者］

* 此处及以下《夜与日》译文出自唐伊译《夜与日》，人民文学出版社2003年版，部分地方有改动。——译注

做事？

卡瑟琳：哎呀，那绝对不行。

答案藏在卡瑟琳未经明言的思绪里。夜里做数学在她这里既是字面也是比喻意义上的象征，象征着一个未知的量。卡瑟琳属于一类不模仿男性的、“无定形的”女性。在堂妹卡桑德拉看来，她好像“一个行走在我们这个世界之外的人”。

伍尔夫透过卡瑟琳回望那个羽翼未丰的弗吉尼亚·斯蒂芬：她在一个无法确知的 V 小姐，一段社会能接受、也符合她家庭职业背景的婚姻，和一段令人大跌眼镜的、嫁给“一文不名的犹太人”的婚姻之间徘徊。最后这个形容是向维奥莱特·狄金森和简妮特·凯斯这些单身朋友宣布与伦纳德·伍尔夫订婚时，弗吉尼亚开的玩笑。

她笔下的虚构人物卡瑟琳诱使读者把她看成作家中一个面貌模糊的女儿，但她对玛丽·达切重现权力政治的抵抗却的确是特别而匠心独运的。

269 在提到自己“天然认为议会十分荒唐”时，弗吉尼亚·伍尔夫也有着与卡瑟琳相近的冷漠。这是伦纳德·伍尔夫受邀代表工党时，她私下写在日记里的评论。她继续写道：“如果一个人不认为政治是一个精心策划的游戏，目的是让一群为了这项运动训练有素的男性保持状态，那么他就会陷入消沉；人有时就是会消沉。”她对权力游戏的轻视，在当下与在“一战”即将结束之际充斥尚武精神的战胜国里同样应景。她轻描淡写地对待女性的投票权：相比于被政客们延续了四年之久的屠杀，在这时赋予女性投票权简直不算什么。弗吉尼亚仿佛在说，她善思的角色或许比为投票权而奋斗的人们更为超前。

在小说的结尾处，卡瑟琳和丹厄姆在夜里来到一起，两个人乘公交车游走在伦敦城。“他们对未来有同感：这即将到来的世界宏大神秘，无尽地包含着那尚未显露的形态，将由他们为对方依次展开。”就这样，他们在迎面而来的影子里“无穷地探索着”。

这一幕让我想起拉宾和拉宾诺娃在深夜的丛林里的嬉戏。故事成稿的时间大约正是《夜与日》提交出版社的时间。我愿意相信这发生在俄罗斯芭蕾在1918—1919的演出季重返伦敦的这段时间。伦纳德和弗吉尼亚在各自的日记中都提到1918年11月28日周四这天在伦敦大剧院（Coliseum）看了“俄罗斯芭蕾舞”。演出的首席舞者是莉迪亚·罗珀科娃（Lydia Lopokova），她或许就是“拉宾诺娃”名字的由来。在《天鹅湖》里，阴翳的树林和灯火通明的宫廷互不相容。同样，拉宾诺娃心中的野兔也没法走进她在森林里结识的伴侣拉宾国王日复一日的庸常生活。回到忙碌的日间世界后，那个充满想象力的拉宾诺娃对他来说已经不存在了，于是她从黑暗中与他一同嬉戏的伙伴变成他射杀的猎物。*“死了”，他确认道，并把她当作一件战利品：一个充填了躯壳、双眼圆睁的野兔标本。

1915年的夏天，在她与伦纳德疏远时，弗吉尼亚本可能最终变
成这样一只疯野兔。如果她没能康复，那么也许她就会像同父异母 270

* 自1908年8月起，狩猎的场景就扎根在弗吉尼亚·伍尔夫的记忆里：这一幕来自瓦妮莎的来信。瓦妮莎和丈夫及他的家人在苏格兰参加一次射击聚会，并看到他猎杀了三只兔子。“可怜的毛茸茸的小动物。这完全超出了我的想象，这种杀戮的愿望——你是不是也没法想象？”

的姐姐劳拉·斯蒂芬一样，在精神病院里度过余生。*虽然《夜与日》庆祝了一个幸运的结局——卡瑟琳与能够“懂得”她的男性结合了——但《拉宾与拉宾诺娃》则是关于婚姻灾难的一个真实得可怕的黑色寓言。我想，弗吉尼亚·伍尔夫是从对疯癫劫后余生的清醒中构思出这个故事的。

在卡瑟琳和拉尔夫走到一起后，他们会对对方说些什么？我认为夜里的一段对话可以带我们走近作者设想中与伦纳德·伍尔夫的长期伴侣关系。卡瑟琳的矜持退缩“让她灵魂的一整片大陆都沉没在黑暗之中”，因此两人的亲密毋宁说也是一种暴露。“他所见的难道不是她从未向任何人披露的东西？而这些难道不是深邃极了，深到她一想到被他看见就几乎愕然吗？”

在《夜与日》中，卡瑟琳默默凝视拉尔夫，“那目光像是在询问她无法用言语表达的问题”。这样的要求比爱更多，更近似于一类“契约”。他们的爱又预示了另一段同声相求的关系：《海浪》中笨拙的罗达和澳大利亚商人路易斯——两个外来者，一对看似不可能却走到一起的爱人。

这些小说迷人地再创造了弗吉尼亚和伦纳德·伍尔夫面对分歧、共同战胜那本来可终结一段婚姻的困难的过程。他可以是不留情面的——犹太人的阴郁在她看来是自成一格的——但他懂得并且允准了她远航的性情。他的确希望她尽可能地写，写到她能触及的最远处，而她眼中的他则热爱正义，富有同情心，也有趣味。

---

* 没有人真正了解劳拉的病因，记载中只提到父亲对她在母亲突然离世后学习上的迟钝表现出不耐烦，而父亲再婚后，她表现出躁怒和不当的行为——在父亲新的家庭里，孩子们都聪明得太露锋芒，以至于她被边缘化了；或许继母的护士职业也让她受到了忽视。被关进精神病院则继续扭曲着她的形象和性情。

“我喜欢在戈登广场之后回到里士满，”她在日记里坦承，“我喜欢在谁也看不到的地方继续我们私密的生活。”

《夜与日》的结尾是弗吉尼亚·伍尔夫对自己嫁给一个“一文不
名的犹太人”的辩护。伦纳德把“卡米拉”塑造成太不受拘束、太 271
上流社会、太不犹太的一个女孩，那么，在这里伍尔夫就是在乐观地反唇相讥。她的小说构想了一种真正心灵的结合。这是一份来之不易的、对伦纳德无情的悲观主义的回答，把它写下来本身就是康复之举了。

然而，恢复神智的正常也意味着直面战争中世界的荒诞。曾经在布尔战争中用集中营消灭了成千上万的妇女儿童的基齐纳爵士现在是作战部的大臣，在战争中随意葬送着他手下将士的生命。正是他穿着军装、手指前方的海报被用来招募注定凶多吉少的士兵，“你的国家需要你”。

在堑壕战之中，为了区区几英尺土地的得失，英德两国彼此杀戮了两个国家整整一代年轻人。在弗吉尼亚康复之时，灾难性的索姆河战役尚未打响，征兵迫在眉睫，对出于良知的反战者（其中也包括布卢姆斯伯里团体的成员）的地方法庭审判也正在进行。伦纳德·伍尔夫不是个和平主义者，但他因双手颤抖被豁免了兵役。同时因为妻子的精神状况不佳，他上前线被认为可能让她陷入生命危险。

最后一位护士在1915年11月离开了。此后不久，在1916年1月23日，弗吉尼亚向负责女性合作运动的玛格丽特·卢埃林·戴维斯（Margaret Llewelyn Davies）去信，信中写道，“我正渐渐变得越来越女权主义，这都要感谢《泰晤士报》——我每天早饭时都读，然后惊异于这种荒谬的、男性虚构的假象怎么能存活一天又一天，而没有一个强健有力的女性把我们召集起来，带我们抗议、示威——是不是完全没有道理？我感到自己读的像是中部非洲某个稀奇古怪的部落的报道——而现在他们要给我们选票了”。最后一句话指的是潘克赫斯特夫人的预想：如果呼吁女性投票权者表态支持战争——也就是说，如果这些女性对数以百万计的人的牺牲点头——那么统治者就可能松口准许女性的投票权。

当弗吉尼亚和弟弟阿德里安一同走在萨塞克斯的街上，他们也能看到德国的战俘。阿德里安和其中“清瘦、绝望的一个”说话，
272 而她冲他笑，他因为哨兵不在也报以微笑。他似乎挺喜欢说话。战争的宣传将德国妖魔化为“匈人”（Huns），也就是野蛮人。“按道理讲，”她在日记里写道，“他和阿德里安应该在相互厮杀。”她思索着：阅读是军事训练的反面，后者让人无法想象作为人的“敌人”。“另一个人类身上存在生命，要意识到这件事的难度堪比在合上剧本的同时演出一部莎剧。杀死另一个人之所以简单，一定是因为人的想象力太贫弱了，无法想见别人的生命对对方来说意味着什么——意味着他身体里那尚未展开的一连串未来与过往的日子，以及其中无穷的可能性。”

早在1906年她的和平主义思想就在一个故事中表达过，这就是《琼·马丁小姐的日记》（*The Journal of Mistress Joan Martyn*）。在这部短篇小说里，一个女性历史学家寻找着关于玫瑰战争期间女性家庭生活的记载。她的和平主义思想在战后的三部小说中愈发显著。《雅各的房间》（1922）聚焦于一个男孩在战前的生活，而小说不断提醒我们这个孩子必将在佛兰德斯的战场上死去。这部小说是为在劫难逃的青年而作的一曲哀歌。在《达洛卫夫人》（1925）中，焦

点转向了前线战争致人发疯的后续影响（那时将这类反应称为“炮弹休克”，而它现在的名字是创伤后精神紧张障碍）。接着，在《到灯塔去》（1927）中，出生于维多利亚时代的安德鲁·拉姆齐也在盲目的第一次世界大战中战死了，而令人震惊的是，他的死亡只在括号中轻描淡写地被提及。与《战争与和平》等将战争看作人生一部分的其他书籍与电影作品不同，弗吉尼亚·伍尔夫认为战争不配成为作品的主题。她坚信对杀戮的观看与阅读都让人的心灵见惯流血事件，从而诱使人间接参与杀戮。这类作品佯装激发人们的愤慨，但这层薄薄的遮羞布掩盖了它们暗地里对感受力的磨损。

拒绝书写战争主题无异于采取一种政治立场，即抵抗主流群体爱国主义的“虚构”。《到灯塔去》独具匠心的中间部分正如维多利亚时代和现代之间的一条空白的连廊，包括安德鲁在内的个人的脸庞被时间的流逝吞噬了，而拉姆齐一家代表的文明也衰落了。预示安德鲁的毁灭的是荒诞的英雄主义：它是关于克里米亚战争的公众记忆，为他的父亲所支持，也为桂冠诗人所歌颂。“他们善骑又勇敢”，这是拉姆齐先生喜欢朗诵的句子；他为丁尼生对军事灾难的美化赞颂而激动不已，结果踉踉跄跄撞上了画家的画架，几乎把它撞倒了。

轻骑兵的冲锋是历史永远不会忘记的那类行动。但什么是历史 273
呢——弗吉尼亚·伍尔夫向纽纳姆和格顿学院的学生们发问。打开特里维廉（Trevelyan）的英格兰历史，她看到了百年战争、宗教冲突、西班牙舰队和众议院。历史选择的是暴烈的剧变，而不是一个维护着家庭秩序的小岛的母亲。在《琼·马丁小姐的日记》中，弗吉尼亚·伍尔夫虚构了一份被历史学家斥为毫无价值的文献记录：这份记录从玫瑰战争处移开目光，转而关注家庭生活。这份日记表明保卫她的国家的并非左冲右突的暴徒，而是像琼的母亲这样的女性：

> 她接着向我解释她的所有权理论［琼记录着］：在这些时代里，人如何像风急浪高的水面中央一个看护小岛的统治者；人如何必须在其上种植、耕耘……牢牢把海浪挡在外面；或许有一天海浪会平息，这片土地也就随时能成为新世界的一部分。这就是她梦想中英格兰的未来……

弗吉尼亚·伍尔夫的朋友梅纳德·凯恩斯在一战结束后的 1919 年从凡尔赛的所谓和会中归来。他幻灭了。弗吉尼亚听到他说，“这场可恨、可耻的盛会……男人们无耻地玩弄权术，不是为了欧洲甚至英格兰，而是为了他们在下一届选举后能够重返议会。”凯恩斯说，他们并非完全是恶人，也时而表现出“阵发的好意”，但没有人能够阻止强加于德国的惩罚条款——而正是这些条款为下一场世界大战的爆发铺平了道路。

伍尔夫夫妇一直想从事印刷业。1917 年，他们买了一台手摇石印机，并把它带回了位于里士满的霍加斯公寓。霍加斯出版社
274 就此诞生。他们的首选是那些将会永远流传的作品。他们的一号出版物是他们自己的《短篇两则》：弗吉尼亚·伍尔夫的《墙上的斑点》（‘A Mark on the Wall’）和伦纳德·伍尔夫的《三个犹太人》（‘Three Jews’）。他们出版的第二本书是《序曲》（*Prelude*）：它像是一幅饰带壁画，呈现了凯瑟琳·曼斯菲尔德（Katherine Mansfield）在新西兰的童年。第三部则是 T. S. 艾略特的《诗》（*Poems*）。他们

把原创性看得比销量更重要，于是弗吉尼亚·伍尔夫《邱园》（*Kew Gardens*，1919）纷涌而至的订单着实把他们吓了一跳。

有了霍加斯出版社，以更具实验性的形式发挥她的表达天赋就变得现实可行。在此之前，她一直把作品交给杰拉德·达科沃斯出版；现在，她告诉自己，比起为一千六百个读者写作，如果她愿意的话，现在只用为六个读者写作了。她没有点明这六个人都是谁，但他们应该是她小圈子里的同好（伦纳德、瓦妮莎、她曾经的导师克莱夫·贝尔、在《维多利亚时代四名人传》[*Eminent Victorians*]中以四篇秉笔直书的传记文章一炮打响的利顿·斯特雷奇、凯瑟琳·曼斯菲尔德，以及小说家 E. M. 福斯特）。福斯特对《夜与日》的评论一针见血。他说卡瑟琳·希尔贝里这个人物不够可爱，无法留住读者。他告诉弗吉尼亚她现在一定要创造出一个可爱的人物。她在《达洛卫夫人》里照做了，这本书也奠定了她杰出小说家的地位。

批评家在分析伍尔夫的作品全集时，往往在实验性明显变强的地方看到某种转变。但阴翳之下的人生之不可见的核心是自始至终都存在的，这个主题既催生了她的战后作品，也催生了最宜于表现她的探索的实验形式——以碎片化的叙事记录下空白、裂隙和让人欲罢不能的匆匆一瞥。这类形式本身就暗含一个问题：当被强加于一段人生的叙述被掀开，将有什么显露出来？达洛卫夫人在白天走过伦敦，感到永远地“出离，出离，孤身一人，远远地出离在海上”——在心灵的深处，她并不完全是表面上那个有求必应的、住在伦敦威斯敏斯特的女主人达洛卫夫人。议员理查·达洛卫的妻子是她寄身其中的外壳，规定了她的形状，但往日里的她——那个活泼的女孩——始终没有消失。

弗吉尼亚·伍尔夫带我们走过中年达洛卫夫人的一天一夜。从某种意义上说，她就是更成熟版本的拉宾诺娃，被统治“忙碌的兔
275 子世界”的丈夫左右。当克拉丽莎·达洛卫独自远离聚会上的宾客时，她想象着那个自杀了的、被战争弄疯的男人：这一幕并非偶然地发生在夜里。

她想象着哈雷街上的精神科医师布拉德肖医生带来的威胁：是他逼迫塞普蒂默斯从窗口跳下去，以此逃离被关押在精神病院的命运。达洛卫夫人看得出来，布拉德肖医生，她的客人，一个孜孜不倦向上爬的人，身上带着“隐约的恶”。午夜钟声敲响的时候，一种灰姑娘式的转变也发生了：达洛卫夫人褪下了她从属于丈夫的女主人—妻子的虚饰，而与一位无法在“一战”后继续生活的退役士兵默默交流。在公众人物一直设法忘记他们的同时，塞普蒂默斯·沃伦·史密斯一直与逝者生活在一起。他的特别之处，在于不与那种把侵略当善举的夸夸其谈同流合污，也拒绝自欺欺人地粉饰自己战时的服役，但这样一来，他也就被迫必须承认自己在四年的杀戮之后已经变得麻木不仁。困住他的是一种愧疚之感，尤其是对于他死去的指挥官伊万斯的愧疚：他穿过有倒钩的铁丝网朝他走来。

弗吉尼亚·伍尔夫最终从手稿中去掉了一句奇怪的话：“一个望向虚空的赤裸的灵魂自有它的独立性”，塞普蒂默斯想，而他“有继续试验这一点的愿望”，如果需要的话，为此而死也可以。她觉察到他把自己看作在生与死接合地带的一个探索者，他穿过“绿雾”，发现“死的人也曾活过”，而其他人也将跟随：“现在，通过进化，生者中的一些人也能进入这个世界”。*

* 这是删去的一句。

塞普蒂默斯用质疑的态度对待“战争”一词，而这是布拉德肖医生绝不允许的。这位退役士兵质疑开战的政治命令：这样的命令只能在人为的时钟时间下才能发生作用。大本钟敲响整点的时刻，钟声像铅环一样落下，让市民们各就其位。在小说中与之对比的是延展的时间，它将过去延伸到塞普蒂默斯和达洛卫夫人的当下：他们两人从未见面，但对失落的时间却拥有相似的感受。

在这一日一夜里，达洛卫夫人在夜里最黑暗的时刻出现了，这也是剧情的一个高潮。当她的思绪与一个拒绝自欺欺人的男性融于
一体，黑夜也遮蔽了她公众的面孔。这里的她是克拉丽莎——和她 276
曾经是的那个女孩是同一个人——而不是住在伦敦威斯敏斯特的妻子和女主人。这里的她是个情感生动的人，她的存在与塞普蒂默斯相呼应：他细腻的洞察力在公共生活中无人问津、不受承认。

与塞普蒂默斯不同，《到灯塔去》中的维多利亚时代母亲拉姆齐夫人接受了社会对她的要求。这让她过多地暴露在目光之下，过于符合家中天使的形象，以至于无法为她绘制一幅真实的肖像。因此，画家莉莉·布里斯科在一天夜里出其不意地拜访了这位天使。这也是弗吉尼亚·斯蒂芬摸索着接近母亲朱莉亚·斯蒂芬的尝试——这一尝试也与她对学生的建议相一致，即“通过我们的母亲思考过去”。（惊人的是，《时尚》杂志曾拍摄过她穿着母亲的维多利亚时代连衣裙的照片。这张照片发人深思：这件泡泡袖、沙沙作响的塔夫绸裙子很明显不属于她，那么穿上它的现代女性能否进入她维多利亚时期母亲的心灵世界？或许需要用和莉莉相同的办法，即如果要在画布上为拉姆齐夫人赋形，就一定要找到她的内核？）

277 莉莉与拉姆齐夫人单独坐在阴暗的卧室里，“想象着女性心灵的暗室里⋯⋯如何竖立着刻满神圣铭文的碑石，只要你把它们拼读出来，就会一切了然，但是它们永远不会被昭示，永远不会被公之于众。”*

这位女性心中刻着的铭文是一种掩藏的本性，一串 DNA，这让画家或作家欲罢不能。很久以前，玛丽·雪莱的秘密自我对她来说曾仿佛“封存的宝藏”，而夏洛蒂·勃朗特也察觉到隐藏在秘密编码中的一类天性：她们的用词都几乎一致。† 她笔下的女性主义人物雪莉（众所周知人物的原型是艾米莉）既展露又掩藏着她内在的自由，把它看作一块奇异的“碑刻”，“它神秘的光芒连我都极少允许自己投去一瞥”。即便是离经叛道的雪莉都极少察觉她内心中被严加防护的那些东西。

同样，拉姆齐夫人绝少察觉自己内心中那些未曾流露的部分——但画家还是嗅到了它。在她的一天结束，属于白天的工作都已做完之后，她独自坐在灯塔的光芒之下，灯塔的第三道灯光落在了那从未被读解过的铭文上。莉莉在画布上将它记录为“黑暗中的一个楔形的内核”。这一抽象的现代主义形状显露出了那“几乎未被归类”的事物。

弗吉尼亚·伍尔夫的目标是创造一类新的女性形象。她的主张类似于《尤利西斯》中拒绝服务主流文明的爱尔兰演说家，他心目中的样本是从西奈走来的摩西，手持“用法外之徒的语言刻写的”新的律令。

---

* 此处及以下的《到灯塔去》引文参考马爱农译《到灯塔去》，人民文学出版社 2003 年版，略有改动。——译注

† 见第二章。

我认为在莉莉与拉姆齐夫人在夜间无声胜有声的相遇中，弗吉尼亚·伍尔夫让自己的母亲走出了她顺从的叙述，并在这关于画家和画中人的一幕中注入了未曾言说的东西：智慧的疯癫所使用的法外之徒的语言。这里，她的母亲不仅从维多利亚女性的传统中得到解放，也从语言的机巧中解放了。

作者并非第一个挑战语言的人。艾米莉·狄金森对破折号的使用就是一个精彩的先例：她把人们司空见惯的词从字面上分开，让无法表述的事物的沉默充斥其中。

对沉默的使用可以追溯到《远航》，小说里的特伦斯·休伊特想 278
要书写“沉默，那人们不去言说的事情”。但他又追加道，他面对的“困难是巨大的”。1930 年，在一篇为女性合作化行会的工人阶级写作所写的序言中，弗吉尼亚·伍尔夫说，“她们的声音从现在才开始从沉默中浮现，变成半是明言的话语，而她们的生命仍然隐藏在全然的默默无闻之中。”

她让剑桥的学生们观察独处的女性，“在她们没有被异性乖戾无常的彩灯照亮的时候”。不论我们的领域是什么，不论是小说，传记，历史还是艺术，我们都可能捕捉到“那些未经记录的动作，那些未吐露的或半被吐露的词语”——它们像飞蛾在天花板上的影子一样显现。我们或许能摇动着触角，去留意“这百万年来都隐匿在石下的生命体”：她们形态迥异，或是谜一般的 V 小姐，或是在晚上做数学的卡瑟琳·希尔贝里，或是拉宾诺娃在月光照耀的树林里爱的嬉戏，或是灯塔的第三道灯光照出的拉姆齐夫人心中那“幽暗的内核”。

弗吉尼亚·伍尔夫早年对阴影的专注为她关注夜幕遮蔽下的密谈做好了准备。黑暗让在白日里隐身的创造性品质得以浮现出来。诚然，在白天里，拉姆齐夫人和达洛卫夫人这样的妻子们被夺去了权力，但如果有人在黑夜中看见她们，她们也的确显露出那未被体认也未曾命名的创造力。弗吉尼亚·伍尔夫相信“改变和成长的力量都只能封存在湮没无闻之中；同时，……如果我们想协助人类的心灵去创造，并防止它重蹈覆辙，那么我们就得尽可能地将它包裹在黑暗之中”。

就在弗吉尼亚重新将她在剑桥的讲座修订成《一间自己的房间》的同一年，1929年，她也写下一篇玛丽·沃斯通克拉夫特的传记性文字。这篇文章旨在为沃斯通克拉夫特的革新精神正名，洗
279 去十八世纪末在她身上印下的污名：诸多的传记将这位女性权利的先驱贬低为一个身患抑郁症的放荡女人，从而延续了她“不守规矩的女人”这一形象。弗吉尼亚·伍尔夫只用了区区三页就表明沃斯通克拉夫特是如何“一刀切入生活的嫩肉”，并表明她身上最重要的并非常见的抑郁，而是难得的大胆实验，“其中最成功的实验就是她与戈德温的关系”。这些也是弗吉尼亚·伍尔夫本人具有的品质。她一次又一次走出疾病的低谷；她不允许自己成为一个沉默的“病例”。

她的第二部女性主义论著《三个基尼金币》出版于1938年，即“二战”爆发的前一年。她得意地把自己看作一个破局者（Outsider）——她同时也是“破局者协会”的成员。这是一个秘密且匿名的女性组织，也有成为政党的潜力，成员的工作目的和她们的兄弟们几无二致：“自由，平等，和平”。但她们“采用自己的方法”单独行动，追随着那些拒绝武力、拒绝模仿男性的杰出女性的脚步。弗吉尼亚·伍尔夫也一度想要出版题为“破局者”的画册。

在《三个基尼金币》中，作为协会发言人的她勇敢地与代表执

政党的“先生”对峙。“先生”是一个讲究事实和逻辑的律师。* 她最有说服力的时候，则是将经文的权威——耶稣基督称男女两性在灵魂上并无差异——与教会后来才获得的权威相对比，尤其是英国国教会的神职人员在此前不久通过的决议，即禁止女性担任比执事这类低级神职更高的职位。这样的等级制度容不下任何像艾米莉·勃朗特这类在灵性方面天赋异禀的女性。要质疑这件事的荒诞，弗吉尼亚·伍尔夫只需点明这崇高声音的力量：

我的灵魂绝不怯懦 280
也不在风雨交加的世界里战栗
我看见天堂的光辉
同样耀眼的信仰佑我免遭恐惧

啊，我心中的上帝
全能的，永在的神！
生命——在我躯体内沉睡了，
而我——不死的生命——因你而充满力量！

在她与艾米莉·勃朗特的唱和中，弗吉尼亚·伍尔夫发出了她

---

* 她基于证据和严密逻辑的论证坚决极了，就好像她非得反驳男性的偏见不可，而对这一偏见最著名的总结，则是由医学领域说一不二的人物阿尔姆罗思·怀特（Almroth Wright）爵士在 1913 年做出的。他断言女性往往在证据不充分的情况下就做出结论，并且谴责她们“在智性上腐坏、受限”，认为这就是女性的第二性征。他的课不允许女性医学生参加。必须要说的是，他并不是唯一的老顽固。年轻的 T. S. 艾略特在 1914 年来到牛津。在寄回波士顿的家信中，他称在男子学院中看到来听课的女学生时震惊极了。

自己的声音：她感到自己是一个重要的破局者，是斯蒂芬家族先祖的后裔。为使《三个基尼金币》更具雄辩的力量，她来到伦敦的斯托克纽因顿拜访曾祖父的墓：这是一座镌刻着詹姆斯·斯蒂芬（1758—1832）的箱形墓，这几个字刻得“大而普通，我猜测他本人也是身形高大，相貌平凡”。墓碑上一段很长的铭文介绍了他与威廉·威伯福斯的关系。“这些都给了我新的动力”，她在日记中写道。

登上讲坛、发表意见的她也将破局者的外来者角色变成力量和反抗的泉源。即便是疾病也能为她所用。当健康之光变得微弱时，她说，我们就离开了正常的轨道；这就是构想独立的行动方案的契机。“生病能够连根拔起我们心中古老的、根深蒂固的橡树。”

以下是破局者协会的目标：

> 不要战争，不制弹药，也不对那些手持武器的人表示任何情感或政治上的支持。
>
> 用冷漠让斗士们自行退散。
>
> 工作来养活自己，戒除贪婪和剥削
>
> （芭芭拉·利·史密斯就是榜样，她用父亲一年三百镑的遗产建起了一座“外来者”学校，学生有男孩和女孩、天主教徒、犹太人，以及一切怀抱为主流教育所拒斥的信仰之人。）
>
> 反抗国内外的统治，也就是终结帝国主义。
>
> 281 呼吁平等收入，为母亲养育儿童这类没有收入的工作争取酬金。

这是无关个人权力的政治声音。因为她的祖国在过去拒绝为一半人提供教育、财产、收入和历史上的一席之地，弗吉尼亚·伍尔夫彻底与爱国主义划清了界线。

这部1938年6月出版的作品掀起了“轩然大波”：她接到了愤怒的来信、电话，和像“挺着角直撞过来的水牛”一样的评论者的暴怒。《维多利亚英格兰》(*Victorian England*)的作者扬(G. M. Young)就在《星期日泰晤士报》中发出了怒吼，“我真希望伍尔夫女士能安于她需要做一个局内人而非局外人的事实，让火花在爱德华七世时代女性主义被虫蛀空的羽毛和黯淡无光的流苏之间尽情地飞舞”。

激烈的争论一发而不可收拾。《泰晤士报文学增刊》称她为英格兰最杰出的政论小册子作家。贵格派教徒和女教师们在感谢信中为她叫好，同样叫好的还有隆达(Rhondda)子爵夫人(左翼女权周刊《时与潮》[*Time and Tide*]的创刊人)，她来信的署名是一位“心怀感激的局外人”。菲利帕·斯特雷奇也表示了支持(早在1907年她就组织了伦敦首次争取女性投票权的游行)。但同时，奎妮·利维斯在剑桥的期刊《细察》(*Scrutiny*)中诋毁了她：伍尔夫夫人让她的女同胞们失望了；她是“危险的”，说出了些“荒唐的言论”。

起初，书店不愿上架《三个基尼金币》。他们说读者不会购买与女性有关又这么富有争议的作品。*

“我觉得人们的怒火让销售量停滞了，不会再增长了”，弗吉尼亚对艾塞尔·史密斯(Ethel Smith)说。艾赛尔此前为女性投票权的支持者写了一首进行曲，并从霍洛威监狱的窗子挥舞着牙刷指挥这

* 而实际上卖出了八千本。

首歌。

在这整段时间里，弗吉尼亚都坐着不动，“冷静得像只稳坐于风暴中心的橡树里的蛤蟆”。她有自己的霍加斯出版社；这就是出版社的用处：自由地发出自己的声音，而不管公众的普遍看法。“我是个不可救药的局外人”，她坚称，尽管她的确感受到了敌意，在私下里也把扬叫作“一个做作的老学究……吃书灰的伪君子”（这也让人想到她父亲曾抱怨“干巴灰”向《国家传记辞典》的投稿）。

282 在不列颠之战中，德国轰炸机在夜里飞过伍尔夫夫妇在萨塞克斯罗德麦尔村的乡村度假屋。她对《三个基尼金币》中立场的坚持也体现在她最富独创性的散文之一，《空袭中思考和平》（‘Thoughts on Peace during an Air Raid’）中。这篇发表于 1940 年 8 月的文章将焦点从敌人那里移开，转而思索英国和德国人共有的侵略本能。她在《泰晤士报》中读到议会中的首位女性、阿斯特（Astor）子爵夫人的话：“有能力的女性被压制，因为男性心里有种无意识的希特勒主义”。

伍尔夫抓住了这个用词，并谴责了政治宣传的修辞：这类修辞只将疯狂的权力欲锁定于某一个人身上。不，她想，这是人类历史上一个普遍的问题。她留给后代的问题，是男人们一旦失去了枪，要用什么才能补偿他们。她大胆提出了她的解决方案：或许给持枪的人布置一个创造性的任务能解决这个难题。

女性主义的新浪潮反对愈演愈烈的家庭暴力，这场运动也复苏了弗吉尼亚·伍尔夫对“男性心里的希特勒主义”的反抗。占人类半数以上的女性是否能够集合起来，让武器变得非法，也让那些制作、销售武器，为了利润就牺牲人类生命的贪婪的怪物成为罪犯？

弗吉尼亚·伍尔夫在三十年代末援引的军火利润总额是三亿英镑。

她重新阐述了她祖先的废奴运动：我们都是被奴役的人，无论是为国籍还是为统制欲所奴役。“奴役”一词回荡在《空袭中思考和平》一文中。当然，当今社会中的工作奴隶也生活在同样的阴影之下。

1940 年，当德国的入侵一触即发时，伦纳德向有些不情愿的弗吉尼亚提出自杀。伦纳德的忧虑是有道理的：作为一个犹太人，他和妻子已经在希姆莱（Himmler）即刻逮捕的名单上了。

“等待没有意义”，伦纳德对弗吉尼亚说。他的第一个念头是烟熏窒息，于是他为此留存了一些汽油备用。“我们会紧闭车库门，在里面自杀。”1940 年 6 月，另一个替代方案出现了：伦纳德从弗吉尼亚的弟弟阿德里安那里拿到了一小瓶“保护性毒药”——致死剂量的吗啡。

“不，”弗吉尼亚对第一个自杀方案说，“我不想把自己了结在 283
车库里。我还想再活十年。书的想法和以前一样直冲进我的脑海，我得把它们写出来。”《幕间》（*Between the Acts*）就是在不列颠之战期间写成。罗德麦尔位于德国轰炸机前往伦敦的路线上，因此战斗机像鲨鱼一样在头顶前进。他们位于布卢姆斯伯里麦克伦堡广场的家遭到了轰炸，于是他们就永久搬到了罗德麦尔的蒙克小屋。有一天她回到伦敦，坐地铁去了神殿站，在轰炸后的废墟边徘徊。“一切完整的东西都被糟蹋了”，她在日记中写。

在《幕间》里，一部英国历史剧被搬到乡村大宅波因茨府的地界，在一群村民面前上演。剧作家拉特鲁布小姐就在村里生活，但她却是一个外人——当地人讥笑她是同性恋。她热切地想告诉观众，英格兰的过去——尤其是伊丽莎白时期和维多利亚时期——及其文学是真正的国宝。一幕接着一幕的故事背后穿梭着乔叟的朝圣者们，这也表明这些英格兰人物的连续性：当着观众涂口红的曼蕾莎夫人是乔叟笔下追猎男人的巴斯妇的现代版本。贯穿全剧的问题，则是英格兰的瑰宝能否存活下来。

有些时候，拉特鲁布小姐没法传达出这个意思，为挫败而难过的她就用指甲在树干上划出一道长长的印子。在这一试图触及草根观众的努力接近尾声时，弗吉尼亚自己也明确地感到了挫败。1941 年的前几个月，她开始抑郁起来，而伦纳德无论怎样宽慰都无济于事。

她在五十九岁结束生命的时候并没有疯。她害怕疯癫。她给伦纳德留下的信中体贴地表达了不想让他因为自己受罪的愿望。她向他保证，自己对他做过的一切都心怀感激。1941 年 3 月 28 日，她在衣袋里装上重的石头，走进罗德麦尔附近的欧塞河的湍流中。她的尸体在三周后被发现，但在这期间，包括伦纳德·伍尔夫、瓦妮莎·贝尔在内的所有家人都毫不怀疑她溺水自杀了。

霍加斯出版社在她去世后的 1941 年 7 月出版了《幕间》。

284 此后三十年，弗吉尼亚·伍尔夫声誉扫地。她被诋毁成一个神经质的病号，一个逃避现实生活的、势利的唯美主义者。她的密友福斯特和艾略特虽然声望极高，但严格来说都不曾为她的伟大声辩。在她身后十二年，《作家日记》（*A Writer's Diary*）出版了，但在序言中，伦纳德·伍尔夫为她正名的文字也为她遭到污名化的形象所局限。五十年后，一部名为《时时刻刻》（*The Hours*）的电影上映，其中的伍尔夫部分一开场就是对无人见证的一幕的再现：作家向河流深处走去。看啊！看！这一幕迫使我们观看，就好像这种死法是这段人生最重要的事实。

弗吉尼亚·伍尔夫在《传记的艺术》（'The Art of Biography'，1938）一文中就反击过这类做法：她说，比起"让我们的收藏匣里又多收入一条事实"，传记作家"能带给我们的要多得多"。传记作家带给我们的毋宁说是"创造性的事实；丰满的事实；充满暗示、余音不绝的事实"。

她的日记中就包含一个活泼的例子：1927 年 9 月 4 日，"快乐的精灵"在她早起时造访了她。这就是雪莱曾经拥抱的、在它离开时又哀叹不已的那个孤寂的、创造性的魂魄："你来得太少，太少了呵，快乐的精灵"。* 她记得一年前的 1926 年 9 月 30 日自己曾唱出这一句（"唱得调子那么凄惨，让我再也忘不掉了"）：那天，同一个精灵造访了她，她眼前第一次浮现了一个场景——"在宽广、空旷的洋面上，一片鱼鳍升了起来"。这成了她创作《海浪》（1931）的灵感。†"没有任何传记作家，"她补充说，"能猜到在 1926 年的夏末发生在我人生中的这个重要事件：然而传记作家假装能够了解人。"

人们抓住精神失常和自杀这点不放，因而掩去了弗吉尼亚·伍尔夫在三十年代发展出的说理之声，她的声音将二十年代的女性主义延伸为与权力本身的对抗。她不仅公然反对自吹自擂的修辞、军国主义、奖章和趾高气扬的荣誉感，还鄙视（1933 年和 1939 年要授予她的）荣誉学位，认为这不过是"做贩卖头脑生意的皮条客们分发的廉价小玩意儿"。同样地，她拒绝纷至沓来的公共荣誉——诸如 1933 年剑桥的克拉克讲席、1935 年的名誉勋位——因为"这

---

* 摘自雪莱的《歌：你来得太少，太少了》（'Song: Rarely, rarely, comest thou'）。

† 雪莱的《歌》接下来的几行或许与《海浪》有关："我爱海浪，风与风暴 / 我几乎爱自然的 / 一切，那或许 / 不为人的苦难玷污的一切。"

285 个社会烂透了”。她对公共生活的拒斥和艾米莉·勃朗特一样坚决而无畏。

在经济危机后的三十年代，她与那些失去权力的人站在一起，同时尝试着一种能向全国的人说话的声音。她的想法，是成为国民良心的仲裁者，国家宝藏的保护者这样的角色——而被她奉为宝藏的是文明，主要是书。在《斜塔》（‘The Leaning Tower’）*（1940年5月为布莱顿的工人教育协会而作的讲话）中，她劝说工人和女性——“普通人”“局外人”——联合起来：“我们不要把写作拱手让给那一小部分衣食无忧的年轻男性，让他们替我们完成；他们能给我们的不过是指甲盖那么大的、少得可怜的一点经验。”

她向工人教育协会的听众们发问：为什么雪莱夫妇、勃朗特一家这样的家庭能迅速成名？他们的爆发取决于什么条件？她承认我们无法解释“天才的萌生”，但她的确为她自己接受过的另一种教育申辩，而这种教育对工人也是可能的：阅读，聆听，讨论。

她身上最富启发的，是她与贵格派的姑母共同拥有的那类心灵世界：把内心之光看得至为重要，并且勇敢地支持和平主义的立场。在第二次世界大战之前的几年里，这种立场并不为梅纳德·凯恩斯、瓦妮莎的儿子昆丁·贝尔（Quentin Bell）及她身边一些其他人接受。她与霍加斯的一位作者、一度仰慕过她的薇塔·萨克维尔-韦斯特就为此争论不休，薇塔指责她“误导”读者，而弗吉尼亚对此耿耿于怀，认为这是指责她不诚实。一些朋友不再和她说

---

* 篇名戏仿了象牙塔的说法。在二十世纪三十年代，这一古典的说法已在过度使用中显得陈旧。“斜塔”或许指艺术与学术的自治在战时已风雨飘摇，同时，因“斜”也有政治立场之义，题目也或指在反对法西斯的战争中没有中立之说，知识分子已经不可能不采取立场。——译注

话，她的姐姐态度不明朗，伦纳德也不太热心。他告诉她《三个基尼金币》无法与那些小说相提并论。但她对反对声音满不在乎：“我尽力写出最好的作品，背面顶着墙让我感到最稳。这种感觉很奇怪，逆着时潮写作：无视时潮自然很难。然而我当然会这么做。”

而事实证明，在时潮退去后，她的和平主义思想将依旧存在；六十年代末反对越战的开明美国人在她这里找到了先声。她身后盛名的大潮就是在这里、在这时掀起的。

§

在我看来，她人生的意义不仅在于她所创作的伟大小说、随笔、 286
日记和书信，还在于她雄辩的演说之声：这是男性和女性都需要听到的声音。在打磨自己政治立场的同时，弗吉尼亚·伍尔夫也从对女性自身说话转变为与男性对话——她将他们称为“我们的兄弟”。

这是一个从阴影和沉默中走出的言说者的故事。她这一代的女性，生下来就没有投票权，不被允许接受正规教育，被培养成轻声说话、拥有完美茶桌礼仪的淑女；要让她大声对着公众说话需要巨大的决心。

1937—1938 年间，她在花园尽头的写作室召集破局者协会的成员。地面常发出裂响，声音喷薄而出（正如《泰晤士报文学增刊》所述，这是“划时代的”——如果我们对此作认真解读的话）。她在每个下午 2 点到 4 点间散步时，一种新的自由感常常围绕着她，“就像顶峰，矗立在丘陵之上数英里的高处”。她说，她从未这样在强烈的冲动下连珠炮似地讲话，完全不在乎自己会不会跌下文学的神坛。1938 年 4 月 28 日，她在完成《三个基尼金币》的终校后构想了一类投票权：不是为某个政党投票，而是投票反对整个权力体系。她走在了女性的前面，也走在此后的几代人前面，她感到自己“到死都拥有投票的权力，也挣脱了一切伪饰与欺骗”。

破局者协会

The Outsiders Society

破局者协会的成员占据人类的半数之多。弗吉尼亚·伍尔夫对 287
“协会”的坚持意味着一种联结；她推翻了那种对一个遗世独立的局外人或浪漫或凄惨的想象，转而提出一项共同的事业。

我喜欢这个想法。我们早就知道她们五人各自作为作家的伟大，但在这里，我们必须把她们当作群体看待。一个反复出现的问题把她们联结在一起。这些破局者不与我们残暴的世界和解；她们不通过模仿那些当权者去增进自身利益。相反，她们大声反对那些媚上的人：那些谄媚权贵及其虚饰和光荣的“泡沫”，而掩盖统治者造成的乱局的人。她们的声音反对武器和爱国主义。“因为，”这些局外人要说，“实际上，作为一个女性，我没有国家。作为女性我不想要国家。作为女性我的国家是全世界。”

“局外人”“法外之徒”“弃儿”：身为作家，这五位先驱利用她们与无论何时何地主流社会政治秩序间的疏离，将这些身份据为己有。这样宽阔的视野超越了政治；它意味着一颗有共情能力的心，被迫沉默的女性需要道德勇气才能将这些纳入公共表达。

我钦佩这些作家：她们不对人类大摇其头，哪怕她们一再面对暴力的重压：无论是经济侵略，家庭暴力，还是战争。暴力存在于弗兰肯斯坦创造的怪物身上——它随时能攻击那些吓坏了的人——也存在于呼啸山庄的复仇之恨当中。这些书向我们展现暴力如何源自狭隘的思维模式——自怜、责怪，或权力意志。

288 我的这些破局者是狭隘的反义词。可以说她们离群索居，但她们并不与书籍隔绝。我想到的，是玛丽·沃斯通克拉夫特坚信的通过阅读发展人格对于女性权利的重要性，还有那些鼓励女儿阅读的开明父亲带来的益处。这五位优秀女儿的人生告诉我们，书籍和智慧的谈话完全弥补了她们正式教育方面的缺失。

当然，作为局外人也有它的坏处。伦纳德·伍尔夫注意到在妻子沿街漫步，思考第二天的写作时，人们会捅捅对方或笑出声来。艾米莉·勃朗特和奥利芙·施赖纳也因穿着可笑而显得古怪。似乎她们两人谁也不穿紧身胸衣：十九世纪遵守社会礼仪的女士必须穿着这种胸衣，它把身体固定在直立的姿态，限制人的行动。我们知道布鲁塞尔的女学生们认为艾米莉不入时到可怜的地步，在奥利芙·施赖纳走过时也有男性冷嘲热讽。还是孩子的艾米莉·勃朗特在学校里无法适应，健康状况每况愈下；奥利芙·施赖纳在汉诺威被人回避时流泪了。她们都得承受别人的嘲弄：总有人斜眼瞟着与他们不同的人。心地狭隘的人举着把人照矮的镜子，这让女孩乔治·艾略特觉得自己是“自然造物的失败”。然而，这五位作家唤起了探索古怪性情的意志力，由此也让我们探索自己身上那看不见的自我。

一个女性应该有多自私？她应在何种程度上保留自己的时间和隐私——伍尔夫著名地称其为“一间自己的房间”？乔治·艾略特

容许自己在富有同情的道德楷模和艺术的要求之间无法两全。她没有像一个不从事写作的姨母或继母可能会做的那样，收留家中失怙的孩子。奥利芙·施赖纳则处在更为分裂的境地之中：她的丈夫逼迫她履行她身为作家无法承担的义务。

她们自然也有缺点。她们往往对自己性情更温顺的姐妹不够好：玛丽·戈德温对爱她的姐姐芳妮说了伤人的话；乔治·艾略特对她生病的姐姐克里斯不闻不问；弗吉尼亚·伍尔夫和姐姐的丈夫调情；奥利芙·施赖纳拒绝收留婆婆和小姑子；还有艾米莉·勃朗特在布鲁塞尔的不礼貌和宗教上的不宽容。但她们的确都勇于找到 289
属于她们的独特声音。

她们告诉我们什么？

这些女性所代表的、并带给读者的另一种可能性，是她们情感的特质：去充满“柔情”（tenderness）（这是玛丽·沃斯通克拉夫特所强调的）和“同情”（乔治·艾略特爱用的词）地走进他人的生活。一些人对这些有天然的感知，但对我们大多数人来说，这来自故事带给我们的同类之感。我们知道，除了父母之爱，另一种让小人儿沉迷的东西就是故事。让弗兰肯斯坦的怪物最具人性的就是他最初对故事的喜爱，以及在阅读时从他心中燃起的共情心。只有在共情心关闭，而自怜占据他的心灵时，他才变成一个怪物。

我们爱她们的书，这些书让我们贴近那些可堪信任且进化得更进一步的女性。在将《女性与劳动》题献给她最敬仰的女性投票权支持者康斯坦斯·利顿时，奥利芙·施赖纳使用了丁尼生的词句：“给她继续且将要存在的荣光”。严肃的声音穿过时间，切割出一条通往我们此在的隧道。我感到她们的存在——并非来自过去的幽魂，而是来自脉搏的跳动。在触及“自然的每一条纤维”的文学中，乔治·艾略特曾说过，一个女性总能提供一些特别的东西。“认为在文学里没有性别是个巨大的错误”，她坚称。“男女间的心理差异总有一些来自性别差异。”

她们的每一部著作都赞美家庭中的情感、倾听、共情和与长久的友谊相匹配的欲望形式——这些都是两性中那些开明的成员都已共同拥有的品质。

她们理解女性身上关于性的部分。她们自己生活中的欲望和在性方面的勇敢为她们的小说提供了素材。我钦佩她们在处理热烈的爱时展现出的性情，不仅在于乔治·艾略特借蒂娜·萨尔蒂展现的那种陨身不惜的热烈，也在于玛丽·雪莱对她和雪莱间关系的反思——她不无暗示地使用了“unveil”（袒露）一词，以表示她和他在一起时能自由地成为她感到自己所是的那个人。她，乔治·艾略特和弗吉尼亚·伍尔夫都向我们展示了被当作非同寻常的人看待的感受；她们选择了那些有意志、有力量、以非同寻常的方式满足女性的男性。

290 1929 年，弗吉尼亚·伍尔夫认为界定“女性真实的本质”是不可能的。她说，答案必须等到女性在政治和职业中得到检验后才能显现。然而即便是现在，在又过了一个世纪之后，答案仍然不确定。在我看来，这就是其中的原因：女性仍在寻找一个属于我们自己的、协和的声音。与此同时，我们望向这五位决意保持疏离、开拓女性独有领地的作家，也倾听那些敏于感知那未经言说的、“从沉默的另一侧传来的轰鸣”的人们。

引用来源

Sources

缩写

CB Charlotte Brontë

CBL *The Letters of Charlotte Brontë*, vols i–iii, ed. Margaret Smith (Oxford: Clarendon Press, 1995–2004) **CC** Claire Clairmont

CCJ *The Journals of Claire Clairmont*, ed. Marion Kingston Stocking (Cambridge, MA: Harvard University Press, 1968)

ClCor *The Clairmont Correspondence*, vols i–ii, ed. Marion Kingston Stocking (Baltimore: Johns Hopkins University Press, 1995)

EB Emily Brontë

***EBP*(H)** Emily Brontë, *The Complete Poems*, ed. C. W. Hatfield (New York: Columbia University Press, 1941)

***EBP*(G)** Emily Brontë, *The Complete Poems*, ed. Janet Gezari (Harmondsworth: Penguin Classics, 1992)

***EBP*(R)** *The Poems of Emily Brontë*, ed. Dennis Roper with Edward Chitham (Oxford: Clarendon Press, 1995)

EB/*WH* Emily Brontë, *Wuthering Heights*

GE George Eliot

GEJ *The Journals of George Eliot*, ed. Margaret Harris and Judith Johnston (Cambridge: CUP, 1998)

GEL *The George Eliot Letters*, ed. Gordon S. Haight (New Haven: Yale University Press; Oxford: OUP, 1954)

GESE George Eliot, *Selected Essays, Poems and Other Writings*, ed. with introduction by A. S. Byatt (London: Penguin Classics, 1990)

GESL *Selections from George Eliot's Letters*, ed. Gordon S. Haight (New Haven: Yale University Press, 1985)

GHL George Henry Lewes

LW Leonard Woolf

MW Mary Wollstonecraft

MWS Mary Wollstonecraft Shelley

MWS/*F* Mary Wollstonecraft Shelley, *Frankenstein or The Modern Prometheus: The 1818 Text*, ed. Marilyn Butler (London: Pickering, 1993; repr. for the World's Classics, OUP, 1994). Also published as the first volume of the eight-volume *The Novels and Selected Works of Mary Shelley*, ed. Nora Crook with Pamela Clemit, with introduction by Betty T. Bennett (London: Pickering, 1996)

MWSJ *The Journals of Mary Shelley*, ed. Paula R. Feldman and Diana Scott-Kilvert, 2 vols (repr. pb: Baltimore: Johns Hopkins University Press, 1980–8)

MWSL *The Letters of Mary Wollstonecraft Shelley*, i–iii, ed. Betty T. Bennett (Baltimore: Johns Hopkins University Press, 1995)

OS Olive Schreiner

OS/*AF* Olive Schreiner, *The Story of an African Farm*

***OSL*, i** Olive Schreiner, *Letters 1871–1899*, ed. Richard Rive (Oxford: OUP, 1988)

***OSL*, ii** Olive Schreiner, *The World's Great Question: Olive Schreiner's South African Letters 1889–1920*, ed. Liz Stanley and Andrea Salter (Cape Town: Van Riebeeck Society, 2014)

OS/OLP Olive Schreiner, Online Letters Project, ed. Liz Stanley and Andrea Salter

OS/*W&L* Olive Schreiner, *Woman and Labour* (Mineola: Dover Publications, 1998), a republication of the work originally published by Frederick A. Stokes Company, New York, in 1911.

PBS Percy Bysshe Shelley

PBSL *The Letters of Percy Bysshe Shelley,* 2 vols, ed. Frederick L. Jones (Oxford: Clarendon Press, 1964)

PBS/*SPP* Percy Bysshe Shelley, *Selected Poetry and Prose*, ed. Donald H. Reiman and

Neil Fraistat (New York: Norton Critical Edition, 2002, 2nd edition)

Seymour Miranda Seymour, *Mary Shelley* (London: John Murray, 2000)

VW Virginia Woolf

VW/*AROO* Virginia Woolf, *A Room of One's Own*

VW/*CSF* Virginia Woolf, *The Complete Shorter Fiction*, ed. Susan Dick (New York: Harvest/Harcourt, 1989, 2nd edition)

VWD *The Diary of Virginia Woolf,* 5 vols, ed. Anne Olivier Bell (London: Hogarth Press, 1977–84)

VWE *The Essays of Virginia Woolf,* ed. Andrew McNeillie (vols i–iv) and Stuart N. Clarke (vols v–vi) (London: Hogarth Press, 1986–2011)

VWL *The Letters of Virginia Woolf,* 6 vols, ed. Nigel Nicolson and Joanne Trautmann (London: Hogarth Press, 1975–80)

VW/*ND* Virginia Woolf, *Night and Day*

VW/*TG* Virginia Woolf, *Three Guineas*

WG William Godwin

前言

1 **"外在世界"和"内在世界"：**'To Imagination' (3 Sept 1844). Published in *Poems* (1846). *EBP*(R), 25.

2 **"我的灵魂绝不怯懦"：***EBP*(H), 243.

3 **待在家里：**艾米莉·狄金森很幸运。她的父亲免除了她的家务，让她可以在早上写作。诗人伊丽莎白·巴雷特（婚前的伊丽莎白·勃朗宁）在伦敦温波尔街的家中居住时，因为家人把她当作病人对待，所以也无须做家务，除此之外，这种自由在其他女性作家的家中是鲜见的。狄金森二十岁时曾求医于波士顿的一位有名的医生，有间接证据表明她也有身体疾病，这也是让她得到特殊对待、能够待在房间里的一个原因。

3 **没有母亲：**玛丽·戈德温的母亲在她十天的时候就去世了。勃朗特夫人在艾米莉三岁时去世。玛丽·安·伊万斯的母亲在她十七岁时去世，她整个童年时期一直在寄宿学校度过，从未提起过母亲。弗吉尼亚·伍尔夫的母亲在她十三岁时去世。施赖纳的母亲活到了八十多岁，但在孩子十二岁被送走后就没有再出现在她身边。

4 **"艺术的癫狂"：**'The Middle Years' (1893).

5 **"我必须说话"：***Jane Eyre* (1847), ch. 4.

第一章　天才

7　“一切就绪……”：*MWSJ*, 6. 雪莱的笔迹。起初，玛丽和雪莱合写一本日记。从1814年9月13日至7月28日的日记被修改过了，它们或许和一些通信的选段一起，于1817年12月出版，名为《在法国、瑞士、德国和荷兰部分地区的六周旅行史》。在此之后，《日记》都是玛丽一人写的。

7　“某种飞扬跋扈”：威廉·戈德温写给一位名为福德汉姆的陌生人，他在1811年11月13日问起他的女儿。Bodleian Library, Abinger Papers: Dep. b.214/3.

7　她心灵的作品：(30 July 1814), *MWSJ*, 8. 雪莱的笔记，他在记录玛丽对他承诺的事。

8　“我如此温柔而彻底地爱着他……”：(24 Jan 1815), *MWSL*, i, 9.

8　“柔软如女人”：(26 Apr 1823), *MWSJ*, 463. 她对他最好的描述都是在他去世后。对他的记忆让她将自己对他的认识升华了。

8　“贯通渗透”：(10 Nov 1822), *MWSJ*, i, 443.

8　“我神圣的雪莱”：*MWSL*, i, 253–4.

9　“你是谁？”“我知道但我不敢讲”：《致玛丽》, PBS/*SPP*, 104.《伊斯兰暴乱》（*The Revolt of Islam*）里的献词，1818年1月以这个题目发表，献给玛丽。雪莱拒绝用清楚的语句阐明他的意思，这在许多诗人身上都存在：艾米莉·勃朗特、艾米莉·迪金森、哈代和T. S. 艾略特（在《给普鲁弗洛克的情歌里》[‘Prufrock’]，他说，“想说清楚我的意思是不可能的”）。

9　“揭开”面纱“封存的宝藏”：(2 Oct 1822), *MWSJ*, 429–30.

9　他的声音为她喝彩：(7 Oct 1822), *MWSJ*, 436.

9　“精致的痛楚”：(8 Feb 1822), *MWSJ*, 396.

9　“天然的调制”：(7 Oct 1822), *MWSJ*, 436.

9　“带着无限的自由去交流”：((2 Oct 1822), *MWSJ*, 429.

9–10“古怪之处”“隐秘地呈现”“像一个栖居在遥远而荒蛮土地上的人”“最隐秘的灵魂”“一个令人愉悦的嗓音”：Essay ‘On Love’, PBS/*SPP*, 503–4.

10　“玛丽，看”：*MWSJ*, 7.

10　“对所有未来的邪恶毫无察觉”：(7 August 1814), *MWSJ*, 11. 雪莱的笔迹。

11　十五年后：MWS’s 1831 preface to MWS/*F*, republished in the Colburn and Bentley Standard Novels series. 玛丽的传记作者西摩有理由怀疑玛丽在前言中写的这个故事：“直到今天，玛丽对《弗兰肯斯坦》诞生的描述仍然被不加怀疑地引用。但是，她可以是一个很高超的骗子，如果她选择这样做的话。”

12 “一个我想到就会发怵的女人”：(27 Oct 1814), *MWSJ*, 40.

12 Clermont: By Regina Maria Roche.

15 雪莱振奋地发现：William St Clair 在描述雪莱出现时写了很好的一章。米兰达·西摩的传记《玛丽·雪莱》对这场复杂戏剧中的细枝末节很谨慎，因为真相是模糊不清的。她纳入了一些事实说明，我们很难知道1814年的前几个月里雪莱脑子里想的是什么。她还指出他的困惑可能已经离疯癫不远了。

16 “兴奋”的声音：霍格在为雪莱所做的传记中记录了这一场景，以及下文在玛丽母亲墓前的倾诉。*Shelley*, ii, 538.

16 “崇高”：PBS to Thomas Jefferson Hogg (4 Oct 1814), *PBSL*, i, 401–3.

16 婚姻不幸的蛛丝马迹：来源于克莱尔·克莱蒙晚年与雪莱的追随者Captain Edward Silsbee 的一次谈话。Silsbee Papers, Peabody Museum, Salem, Massachusetts.

16 所有顾虑：PBS to Thomas Jefferson Hogg (4 Oct 1814), *PBSL*, i, 401–3.“我左右摇摆，而且没有明确目标：我害怕会违背真正的责任。”但是他说玛丽驱散了这种不确定。

17 玛丽的头发：CCJ, 431. 据说是深红棕色的，但是在Pforzheimer Library 保存的一缕头发里没有红色。我想它看上去像栗色，但是克莱尔描述的会变的颜色是很可人的。西摩记录说，天花让她的头发失去了生机。

17 “名字”“胸怀抱负的孩子”：‘Dedication to Mary’ in ‘Laon and Cythna’, written at the end of the summer of 1817, revised as *The Revolt of Islam*, published Jan 1818 (the same month as MWS/*F*). PBS/*SPP*, 104.

18 “他疯了”：Godwin to John Taylor (27 Aug 1814), *PBSL*, i, 391 note 258.

18 邪恶：克莱尔告诉玛丽，戈德温说雪莱太美貌了，他这么邪恶真是令人遗憾。(23 March 1815), *MWSJ*, 72.

18 “这不能怪我……” To Harriet Shelley (14 July 1814), *PBSL*, i, 390.

19 戈德温7月25日给雪莱的信：仅作为摘录出现在售品目录上。St Clair 提到，这封信，与7月10日写给雪莱的另一封信出现在同一场拍卖会上，下落不明。Seymour, 581.

21 抹去她的存在：Isobel Dixon 提供了这一说法。

21 “我们回家后”“她躺在我的怀里”：(2 Aug 1814), *MWSJ*, 9.

22 “新物种中的第一个”：To sister Everina Wollstonecraft (7 Nov [1787]). *The Collected Letters of Mary Wollstonecraft*, ed. Janet Todd (London: Allen

Lane, 2003), 139–40.

22 《玛丽：一部小说》的写作目的：MW's prologue.

22 奔向未来：*Mary* (1788), ch. 4.

22 "我喘息的灵魂"：同上 , ch. 20

22 "那些有足够胆量……指责"：Thought to be letter to Mary Hays, c. April 1797, *Collected Letters*, 410.

22–3 MWS on the distress in the wake of war: *MWSJ*, 12. See also the war-ruined towns in MWS's novel *The Fortunes of Perkin Warbeck* (1830).

23 "暴力从此……"：*A Vindication of the Rights of Woman*, ch. 2.

23 "无可比拟"：MWS and PBS, *History of a Six Weeks Tour* (1817), 19.

23 玛丽拒绝用叶子擦干身体 : *Shelley and his Circle*, iii, 350. CC recalled this later. Not in the version of the journal published in *CCJ*.

24 "我想到了我爸爸"：同上 , 348. Not in *CCJ*.

24 "粗俗的中伤"：(21 Oct 1838), *MWSJ*, 554.

24 "精灵"和她自己的异类：(17 Nov 1822), *MWSJ*, 445.

25 "肮脏的动物""招人讨厌的爬虫""容易"：(28 Aug 1814), *MWSJ*, 20–1.

26 卢梭笔下卖弄风情的女性 : (9 Sept 1814), *CCJ,* 40. 在荷兰写她的故事时，克莱尔正在读《爱弥儿》。

26 克莱尔的《傻子》: *CCJ*, 40. More on her story in letter to Byron (Mar or Apr 1816), *ClCor*, 33.

27 坐在她母亲的坟冢前：On 22 Oct 1814.

27 公开的友谊：(15 Apr 1815), *MWSJ*, 75.

27 日记作为阅读记录：With very occasional entries by PBS. 就在 1814 年，简·奥斯丁通过她笔下榜样式的角色芳妮·普莱斯表达了同样的立场，她认为被良好指导的阅读"本身就一定是一种教育"（*Mansfield Park*, vol. i, ch. 2）。

28 "地下女子社群"：Shelley's entry in *MWSJ*, 32. 这比伍尔夫倡导的的由能够发展出女性被埋藏的真实个性的人们组成的"破局者社团"早了多年。参加下文第五章。

28–9 10 月 7 日有关"战栗"的记录：Shelley's record. *MWSJ*, 33.

29 解放"两个女继承人"：(30 Sept 1814), *MWSJ*, 30.

30 "在城里四处游逛"：*MWSJ*, 45.

30 "永恒"：*PBSL*, i, 416.

31 "惊吓骏马"：雪莱把《罗密欧与朱丽叶》中两个场景里的两行合并起来：

参见 III.ii.1 and II.ii.31. *PBSL*, 413.

31 “玛丽无数的拥抱”：PBS (29 Jan 1815), *MWSJ*, 61.

31 他的天才远胜于我：(2 Oct 1822), *MWSJ*, 429.

31 在创意方面更胜一筹：To Thomas Jefferson Hogg (4 Oct 1814), *PBSL*, i, 265.

31 加纳林演讲：*MWSJ*, 56.

33 雪莱对追捕的恐惧：A Godwinian drama in *Caleb Williams*.

33 克拉克医生：他的兄弟也是医生。

33 “许多事”：(13 Mar 1815), *MWSJ*, 69.“这些事”和《日记》里早先的那些缄口不言的记录是吻合的，这包括当玛丽在 1814 年 7 月 28 日停下马车去做“一些事”。

34 克莱尔在林茅斯：*Seymour*, 131–3, 136–7. 这段时间由于缺乏事实佐证，我们也可以认为克莱尔在这个阶段仍是无辜的。我们只知道从 1815 年 3 月起人们开始讨论克莱尔的离开，以及玛丽无法忍受她的存在，因此她拒绝回到斯基纳街的事情让玛丽十分难受。在克莱尔离开期间，雪莱在伦敦停留了更长的时间，在一边的玛丽害怕克莱尔会和他会合。Sunstein 认为她的担忧是对的。从 1815 年 10 月起，克莱尔和她哥哥去了都柏林。William St. Clair 给了我们另一个她去林茅斯的理由：沃斯通克拉夫特的一个姐姐毕肖普夫人拜访了戈德温，她说她的外甥女芳妮的名声被克莱尔的丑闻玷污了，如果克莱尔持续待在雪莱的家庭圈子里，那个芳妮未来就不可能有在学校做老师的机会。所以 St. Clair 把克莱尔在林茅斯的停留看成是一种社交隔离。

34–5 “你能够真诚而无偏见地评判吗……”：CC to Byron (Mar–Apr 1816), ClCor, 33. 这部写了一半的小说是穿插着零散地写的。

35 吉本对克莱尔小说的影响：克莱尔是引用了前六卷中有争议的一章（第 16 章）。

36 十分钟的幸福激情：CC in Moscow to Jane Williams in London (Dec 1826), *ClCor*, i, 241.

36 “我会永远记得……”：(16? Apr 1816), *ClCor*, i, 36.

37 雪莱如雨水般的声音：(Recalled 19 Oct 1822), *MWSJ*, 439. 在之前被描述为高到破音。在雪莱死后，玛丽住在拜伦住处附近热那亚的埃尔巴罗郊区，并听到了拜伦独特的声音。

38 克莱尔在 6 月 16 日的出现：这个掩饰的计划确保她的在场不会被提及。

38 “我把头放在枕头上”：Preface to 1831 edn of MWS/*F*.

39 “深深的亏欠之感”：MWS/*F*, ch.1.

39 “有爱的情感”：同上 , ch.3.

39 在夏蒙尼的直面：同上 ,ch.8.

39 在夏蒙尼上的憎恨：同上。那个怪物后来说：“所有人都憎恨这个可恶的……”

40 “悲惨地形单影只”：同上。

40 杰迈玛作为社会中被放逐的人：*The Wrongs of Woman*, chs 1 and 5.

40 那个生物藏在破屋子里：MWS/*F*, ch. 14.

40 “因为我发现这个世界抛弃了你们……”：(20 May 1816), *ClCor*, i, 49.

43 “可恶的像小说的玩意”：To Byron (19 November 1816), *ClCor*, i, 92.

43 “不幸生活”：(29 July–1 Aug 1816), *ClCor*, i, 58.

43 “我热心支持你的事业”：To MWS (3 Oct 1816), *ClCor*, i, 82.

44 “我已经下了很久的决心”：*ClCor*, i, 86.

44 “这三个女孩都同样地爱上了雪莱”：戈德温如是告诉吉斯伯恩夫人，她是玛丽在意大利的密友，并曾在玛丽和芳妮的母亲去世后照顾过她们：(9 July 1820), Gisborne, *Journals and Letters*, 39. 克莱尔在年老后的一次采访中也给出了同样的解释。Silsbee Papers, box 7, folder 2. Cited in *ClCor*, i, 88–9.

44 哈丽雅特认为雪莱是个“魔鬼”：据克莱尔 · 克莱蒙的回忆。Silsbee Papers, box 8, folder 4.

45 雪莱的过分幻想：Charles Clairmont to CC (17 Sept 1815), *ClCor*, 14–15. Passage noted by Charles E. Robinson, Introduction to *The Frankenstein Notebooks*, lxvi.

46 “我心灵家园”“预言”“你与我”：《致玛丽》中的献词 , 写于 1817 年的夏末 ,《拉昂与辛西娅》被修改为《伊斯兰叛乱》，与 MWS/*F*, Jan 1818. PBS/*SPP*, 101 同时期发表。

46 雪莱对《弗兰肯斯坦》的手稿恰切的修改：在 1996 年 Charles E. Robinson 出版了一个摹本版的玛丽 · 雪莱 1816 年至 1817 年的手稿小说（里面有雪莱笔迹的修改）。这个摹本被保存在 Bodleian Library, Oxford (Dep.c.477/1 and Dep.c.534/1-2)。就在同时，雪莱正在创作后来命名为《伊斯兰叛乱》的长诗，其中有富有同情心的女权主义领导人、性自由的表达，以及一场绝对和平主义的革命。

47 雪莱从未使用他可以去探望孩子的法律权利：St Clair, 420.

48 幽灵（doppelgänger）：Anne K. Mellor (54–5) 将玛丽和《弗兰肯斯坦》

中的时间线联系了起来，Charles E. Robinson 编辑的 *The Frankenstein Notebooks*,vii 中也是如此介绍。这个介绍为我们提供了一个很巧妙的观点：这个故事里的日期和玛丽自己的人生一致 (p. lxv)。这部小说开始于沃顿在 1796 年 1 月 11 日的信，这个日期是玛丽怀孕的日期，而这部小说结束于 1797 年 9 月 12 日沃顿的最后一封信；这是玛丽出生后的第 13 天，也就是她母亲去世后的 2 天。这是不是让这位作者（私下里）自己也是一个幽灵呢？

48 弗兰肯斯坦的流产：MWS/*F*, ch. 14. 法律教授 Carol Sanger 在 *About Abortion: Terminating Pregnancy in Twenty-First-Century America* (Cambridge, MA: Belknap Press of Harvard University, 2017) 里探寻了性别与法律的关系。

48 "这个被我毁掉的未完成的生物"：MWS/*F*, ch. 16. 弗兰肯斯坦在白日的光亮里目睹了这些，他在前一个黑夜的昏暗之中将这个生物的生命终结。

49 雪莱修改《弗兰肯斯坦》的结束语：*The Frankenstein Notebooks*, ii, 817.

49 雪莱把克莱尔的小说交给出版商：PBS to MWS (6 Oct 1817), *PBSL*, i, 561. Charles E. Robinson 认为，这本"小说"可能是克莱尔对 1816 年 6 月 16 日那次恐怖故事挑战赛的回应（她有可能在迪奥达蒂的事没有被当时的参与者提及，因为对她的丑闻掩饰计划可能必须要求这样）。

52 《弗兰肯斯坦》的发表日期：1 月 1 日是官方日期。事实上，这本书是在 1817 年发表。

53 雪莱小分队在巴尼迪卢卡山区：这段时间，雪莱写了一首叙事诗《罗瑟琳和海伦》，是关于两个由于信仰和行为被外逐的女人心中的孤寂。玛丽工整地抄写了一版。

53 给霍普纳夫人的信：From Pisa (10 Aug 1821), *MWSL*, i, 205–8. 这封信是拜伦转递的，所以留在他的史料文件里。

53 "最激烈的一次争吵"：(28 Feb 1819), *MWSJ*, 249. 如果当时的情形是 Sustein 描述的那般，那么是否还会有这样的争吵？她指出：雪莱秘密地收养了一个私生的婴儿（但不是他的），希望玛丽可能在走出婴儿克拉拉死亡的痛苦之后能够收养伊莱娜。

54 "庇护的小船"：(7 Oct 1922), *MWSJ*, 438.

54 《痛苦：一个片段》：别名是《痛苦的启用》(c. June 1819), *The Poems of Shelley*, ii, ed. Kelvin Everest and Geoffrey Matthews (Harlow: Longman, 2000), 703–5.

54 "爱……"：《被解放的普鲁米修斯》中的终篇。雪莱的题目拆解埃斯库罗斯的剧作《被缚的普罗米修斯》。

55 “去原谅那些……的错误”：PBS/SPP, 285–6.

56 玛蒂尔德：叙事者对她自己死亡的关注可以被追溯到理查德森的小说《克莱丽莎》，玛丽在她儿子死去之后的 1819 年 6 月到 8 月期间在读它。

56 “哦，我挚爱的父亲……”：Matilda in Mary Maria Matilda, ed. *Janet Todd* (London: Penguin Classics, 1992), 149–210.

57 “他的迟钝”：MWS, ‘Life of William Godwin’, 97. A collection of preliminary fragments (1836–40) amongst the Abinger Papers, Bodleian Library. In Pamela Clemit et al, *Lives of the Great Romantics*, iii, i: Godwin, 95–115.

57 “孤单！”：(2 Oct 1822), MWSJ, 429. MWS’s first entry in a new volume of her Journal after PBS’s death in July.

57 “生存之链”：MWS/*F*, ch. 14.

57 “越来越憎恨”：To Jane Williams (19–20 Feb 1823), *MWSL*, i, 311.

58 “作为女性被鄙视……”：(2 Dec 1824), *MWSJ*, 487.

58 “为什么雪莱的伴侣……”：(Sept 1824), *MWSJ*, 484–5.

59 “没有恐惧……”：Quoted (3 Dec 1824), *MWSJ*, 486. From De Finibus Bonarum et Malorum.

59 “男人们观察的主题”：To Trelawny (Apr 1829), who wished to write a biography of Shelley, which would bring MWS into notice. *MWSL*, ii, 72.

60 “感到嫉妒”：CC in Marlow to Byron (12 Jan 1818, a few days after the publication of *Frankenstein*), *ClCor*, i 111.

60 “从不敢冒昧言说”：‘Miscellanea: Second Leaflet’, *CCJ*, 437. 其中一些丢失的部分是被雪莱的第一位官方立传者 Dowden 撕毁了。

60–1 “血肉和生命”“你的声音”“在边缘”：《给歌唱的康斯坦提亚》, PBS/*SPP*, 107–9。于 1817 年下半年到 1818 年 1 月创作于玛洛。“夏夜的呼吸”与拜伦在《给音乐的诗篇》中的语句相似，他说有一个声音好像是当海洋的酥胸“正在温柔的起伏”时在“夏日大洋中的波涛”。

61 克莱尔说……：Silsbee Papers, box 8, folder 4.

62 克莱尔关于阿莱格拉对拜伦的请求：Silsbee Papers, box 8, folder 4. 雪莱去拜访过她一次，但并没有发现任何让他警觉的事。但是，想要去估摸一个这么小的孩子的感受是不可能的，尤其是当着她抚养人的面。我想到了夏洛蒂·勃朗特后来对她父亲的一个文静的朋友的气愤，这个朋友曾在考文桥学校看望了勃朗特家几个饥饿、被虐待、病怏怏的女儿们，却没有注意到任何困扰她的迹象。

62 阿莱格拉的死亡：据说是伤寒或者是“由于粘膜炎发作”。

62 “自由女性的数量”: (16 Sept 1834), *ClCor*, i, 314–15.

63 “我相信……”: (21 Oct 1838), *MWSJ*, 554.

63 “创作……”: (17 Nov [1822?]). Bodleian Library, Abinger Papers: Dep.c.517.

64 玛丽构想出一种女性的历史：给穆雷的私家出版社提出（1830 年 9 月 8 日）：“杰出女性的人生——或者是一种女性的历史——她在社会中的地位以及对社会的影响。” Murray archive.

65 “最可鄙的人生”: (25 Feb 1822), *MWSJ*, 399–400.

65 “一种温柔”: (8 Feb 1822), *MWSJ*, 396.

第二章　灵视者

68 “最可爱的女性”: ‘*Jane Eyre* and *Wuthering Heights*’ (1925), *VWE*, iv, 170.

68 “异旅人”: Letter to the Revd John Buckworth (17 Nov 1821), *The Letters of the Reverend Patrick Brontë*, ed. Dudley Green (Stroud: Nonsuch Publishing, 2005), 43.

68 “没有一个家族受过良好的教育“ : CB to her editor, William Smith Williams (3 July 1849). *CBL*, ii, 227. 她是在哥哥和两个姐妹死后写下这句的，因此此时她尤有孤独之感。

70 “我可怜的孩子们”: 伊丽莎白 · 盖斯凯尔夫人从护工那里听到了这些话。To Catherine Winkworth (25 Aug 1850). J. A. V. Chapple, assisted by John Geoffrey Sharps, *Elizabeth Gaskell: A Portrait in Letters* (Manchester University Press, 2012), 138.

70 “叽叽喳喳”: To the Revd John Buckworth, *The Letters of Patrick Brontë*, 44.

73 “她表现出了……”: Note by Dudley Green, *The Letters of Patrick Brontë*, 55.

73 “心自幼龄死”: ‘Castle Wood’ (2 Feb 1844), *EBP*(H), 194. 这是一首贡代尔诗，也是在贡代尔的戏剧表面之下许多唤起私密情感的诗句之一。

73 “一种 / 我们知道再也听不见的声音”: ‘Written on Returning to the P[alace] of I[nstruction] on the 10th of January 1827’, i.e., 她把日期设回了玛丽亚和伊丽莎白夭亡后的一年半。*EBP*(H), 110–12; *EBP*(R), 83–4.

74 “外面的世界如此绝望” : ‘To Imagination’ (3 Sept 1844), published *Poems* (1846). EBP(R), 25.

75 与庞登府的交往没有证据：艾伦 · 努西的日记记录了 1844 年在庞登府的

一些”欢乐”，但这一提及过于简略，无法让我们得出任何结论。

75–6 本杰明·威金斯与姐妹 : 'My Angria and the Angrians', dated 1834.

76 她们无拘无束地快走 : Ellen Nussey, holograph ms relating to the Brontës. Berg Collection, New York Public Library.

77 “状态”:EB's and AB's manuscript diary paper (26 June 1837). Brontë Parsonage Museum.

77 “那令人迷失……”“这逆旅之地” : The Revd Patrick Brontë to Mrs Franks, about daughters going away to school (6 July 1835). *The Letters of Patrick Brontë*, 100.

78 艾米莉·勃朗特无法上学 : CB, 'Prefatory Note to 'Selections from Poems by Ellis Bell' (1850). Appendix to *CBL*, ii, 753.

78 “那些我与生俱来的最初的感受” : 'Often Rebuked, yet always back returning', *EBP*(G), 198 (in section of *Poems of Doubtful Authorship*) and 220 (in section of poems edited by CB in 1850, entitled 'Stanzas'). 众所周知，夏洛特·勃朗特在 1850 年印制的大部分诗作都经过大幅修改，由于这首诗没有手稿存世，其作者身份一直存在争议。在我看来，这首诗的确具有艾米莉·勃朗特诗作的力量，不像夏洛特·勃朗特许多诗作的低回感伤。

79 “我从不稀罕财富“ : Dated 1 Mar 1841. Published *Poems* (1846). *EBP*(H), 163; *EBP*(R), 120–1.

79 呼吸着自由 : 'Liberty was the breath of Emily's nostrils', CB explained in her Preface of 1850. Appendix to *CBL*, ii, 753.

80 暴风雨带来“神圣的声音” : 'Aye, there it is . . . ' (dated 6 July 1841), *EBP* (H), 165.

80 罗伯特·希顿葬礼的宾客名单，1846: Heaton Papers, Bradford City Archives: HEA/B/13.

81 奴仆和同伴: 'Plead for Me' (14 Oct 1844), published *Poems* (1846). *EBP*(H), 208–9; *EBP*(R), 155–6.

82 《圣经》中的雅各: Genesis: xxxiii, 24–32.

82 “击败了上帝” : 'A little East of Jordan' (*c.* early 1860). *Complete Poems*, ed. Thomas H. Johnson, no. 59; *Poems: Variorum Edition*, ed. F. H. Franklin (Cambridge, MA: Belknap Press of Harvard University, 1998), no. 145.

82 “每一次都不相同，每一次 都是别个——那另一个更神圣之物” : Dickinson confided this in a letter (30 Apr 1882) to her suitor, Judge Lord. Letter 750

in *The Letters of Emily Dickinson*, ed. Thomas H. Johnson (Cambridge, MA: Belknap Press of Harvard University, 1958, 1986).

84 **“正直品格和离经叛道的英国精神”**: CB, ‘Prefatory note to “Selections from Poems by Ellis Bell”’ (1850). Appendix to *The Letters of Charlotte Brontë*, ii, 753. Stevie Davies rightly entitles one of her profound and intellectually searching books on EB *Emily Brontë: Heretic*.

84 **路易丝 · 德 · 巴松皮埃尔评价艾米莉 · 勃朗特**: Letter to W. T. Field, *Brontë Society Transactions*, v, 23, 26. Cited by Rebecca Fraser, *Charlotte Brontë* (London: Methuen, 1988), 171.

84 **“无意识的专制”**: Mrs Gaskell, after interviewing M. Heger, *Life*, ch. 11. A fellow pupil, Laetitia Wheelwright, confirmed this according to Fraser, 171.

86–7 **布鲁塞尔期间的创作**: *The Belgian Essays*, ed. and transl. Sue Lonoff (New Haven: Yale University Press, 1996).

87 **“最神圣的痛苦”和“沉溺于记忆的狂喜之痛”**: ‘R. Alcona to J. Brenzaida’ (3 March 1845), *EBP*(H), 223. 87 *‘Dear childhood's Innocence……’*: ‘H.A. and A.S.’, *EBP*(H), 175.

87 **艾米莉感到非教点音乐不可**: Plausible suggestion by Sue Lonoff, *Belgian Essays*.

88 **“怪癖”**: To Ellen Nussey (July? 1842), *CBL*, i, 289. Cited by Mrs Gaskell, *Life*, ch. 11.

88 **埃热先生给勃朗特爸爸的信件**: (5 Nov 1842), *CBL*, i, 298–302.

88 **艾米莉 · 勃朗特与贝多芬**: 斯蒂薇 · 戴维斯关于德国文化——尤其音乐——对艾米莉影响的研究十分精彩。见 *Emily Brontë: Heretic*, 52. 艾米莉也弹奏贝多芬第四和第六交响曲的钢琴改编版本，同时也演奏莫扎特和海顿的作品。

88 **安妮的“内心世界”**: *Agnes Grey*, ch. 22.

88 **“一个个体的人生道路”**: Anne Brontë's diary paper for July 1845 indicates that she was starting what she calls the third volume. Not known exactly when she began this novel at Thorp Green.

89 **罗伯特 · 希顿的婚姻**: 希顿家族档案于 1993 年首见于基利（Keighley），后来被移至布拉德福德（Bradford）市档案馆。这对夫妇在宾利教区的十字街结婚，并在那里继续生活，他们的三个女儿都是受洗于勃朗特先生（这些女儿的出生各自都间隔几年，这表明这对不太活跃的夫妇曾尝试生儿子，但最终没能如愿）。

89 没有确切日期的记录：我在《夏洛特·勃朗特：热情的一生》中提到，这一记录存于他们的家庭圣经中。Heaton Papers: HEA/B/166. 在 2016 年再次查阅时，我发现虽然家庭圣经中确实有记录，但只有前几代的记录了，还有一张插入的纸条上记载了后来的数据。不知道是否另有一张纸条莫名消失了。这一记录是我 1993 年在基利档案馆看到的。

89 恩萧：艾米莉·勃朗特似乎是使用了一个当地姓氏命名小说中的核心家族。玛丽·恩萧的名字出现在 1846 年 4 月罗伯特·希顿葬礼的宾客名单上，那一年艾米莉完成了《呼啸山庄》。Heaton Papers: HEA/B/13.

89 "你的爱不是、也不会是我的" : from 'How clear she shines!' (13 Apr 1843), published *Poems* (1846). *EBP*(H), 184–5.

89 "怨恨情绪""恶魔的呻吟" : 'My Comforter' (10 Feb 1844), published *Poems* (1846). *EBP*(H), 195–7. 1844 年 2 月的此时，艾米莉·勃朗特开始把她的诗（不含解释性文字）誊写在两个笔记本上。1844 年，她写下的是亲人的分别，这其中既包含死别，也包含置身战争中的两国的生离。见 Barker, *The Brontës*, 512。

90 姨母的遗产 : See Samantha Ellis, *Take Courage*, ch. 2, for a fresh view of Elizabeth Branwell. She notes that their aunt's bequest paid for the publication of *Poems*, *Wuthering Heights* and *Agnes Grey*.

90 道奇森的《诗选》: Claire Harman, *Charlotte Brontë* (London: Viking, 2015), 234n.

90 南丁格尔抄写诗句 : Early 1860s. Mark Bostridge, *Florence Nightingale: The Woman and Her Legend* (London: Viking, 2008), 106, 415–16.

92 妹妹的角色 : 卢卡斯塔·米勒指出，这有点像雪莱、拜伦、德·昆西和华兹华斯等人代表的那种理想化的兄妹配对方式。见 *The Brontë Myth*, 242.

92 "如果别的一切都毁灭了……" : EB/*WH*, i, 9. Link with 'No coward soul' quoted by Lucasta Miller and others.

93 "虽然地球与月亮已消失" : Sixth stanza of 'No coward soul'. *EBP*(G), 182; *EBP*(H), 243; *EBP*(R), 183–4.

94 "这本书即便对男性来说也过分粗俗" : 28 Dec 1850. *The Brontës: The Critical Heritage*, ed. Miriam Allott (Abingdon: Routledge, 1995), 292. 乔治·亨利·刘易斯对勃朗特姐妹的刻薄和他对乔治·艾略特的大度差别巨大，这可能由两个原因导致，一是夏洛特拒绝接受他反浪漫主义式的指导，二是他本人的反浪漫主义性情。他与乔治·艾略特的科学式性情、她的理性和现实主义是一致的。

94 艾米莉写信给刘易斯：Mrs Gaskell to George Smith, while writing her *Life* in 1856. 'I *know*', she said, that EB corresponded with Lewes.

95 "我感到今后有一种无止境、无阴影的信心……"：EB/*WH*, ii, ch. 11.

96 来自英国白厅的命令：letter from H. Waddington, as directed by the Secretary of State, to Messrs Heaton of Cross Road, near Haworth (the address of Robert Heaton). Heaton Papers: HEA/A/548.

99 "下毒的医生"：CB to Ellen Nussey (10 Dec 1848), *CBL*, ii, 152.

99 "无休无止的搏斗"：CB to William Smith Williams (25 Dec 1848), *CBL*, ii, 159.

99 "他说他这样做是被逼的……"：*The Tenant of Wildfell Hall*, ch. 35.

100 "最令我忧心的是我的孩子……"：Ibid., ch. 39.

101 "因为艾利斯的诗简短抽象"：To William Smith Williams (16 Nov 1848), *CBL*, ii, 140. CB writes after reading an adverse review in the *Spectator* of Smith, Elder's recent reprint of the Bells' *Poems*.

101 "她强大……"：Currer Bell's 'Biographical Notice of Ellis and Acton Bell'. Appendix to *CBL*, ii, 746. Smith, Elder published a one-volume edition of *WH*, *Agnes Grey* and a selection of their poems in Dec 1850.

102 "我一边展示我的财富……"：*Shirley*, ch. 26.

102 "不死的生命"：From 'No coward soul', op. cit.

103 艾米莉·狄金森称"庞然的勃朗特"：Letter 742 to Mrs Holland, *The Letters of Emily Dickinson*. In *c*. 1884 she spoke again of 'marvellous' Emily Brontë to Smith College teacher Maria Whitney (letter 948).

103 伍尔夫称勃朗特为"庞然的"；"她朝着庞然的、四分五裂的世界望去"：'*Jane Eyre* and *Wuthering Heights*' (1925), *VWE*, iv, 169.

103 "何必问何时何地？"：*EBP*(H), 252–3. 这首诗是对1846年9月14日一首未完成长诗的重写：诗作是一个士兵的戏剧性独白，他述说自己如何"变得坚强"，如何"学会为恐怖的祈祷穿上 / 一条铁的防线"。

104 "情境之诗"：'Phases of Fiction' (1929), *VWE*, v, 78–9. Intended as a critical book on the craft of fiction for a Hogarth series but came out in *The Bookman* (NY).

第三章　法外之徒

107 "唯一奇观""解惑天使"：To father, Henry James Sr (10 May 1869), *The Complete Letters of Henry James*, i (1855–72), ed. Pierre A. Walker and

Greg W. Zacharias (Lincoln: University of Nebraska Press, 2006–), 311.

107 “就像一群烧到发狂、无可救药的羸弱之人”:To mother, Mary James (13 Oct 1869), *The Complete Letters of Henry James*, ii (1855–72), 145.

107 小修道院：诺斯班克街 21 号，乔治 · 艾略特和刘易斯在 1863 年到 1878 年间居住于此。她在这里完成了《米德尔马契》和《丹尼尔 · 德隆达》。

108 “渡过了自己的挣扎……”：‘George Eliot’ (1919), written for *TLS*, celebrating the centenary of GE’s birth; published in *The Common Reader* (1925); repr. *VWE*, iv, 170–80.

108 威廉 · 黑尔 · 怀特的抗议：A. S. Byatt, Introduction, *GESE*, ix.

108 “边缘人”学校：VW/*TG*, ch. 3.

110 “没前途的女孩”：To Sara Hennell (3? Oct 1859), *GESL*, 226.

110 “自然的失败”：To Sara Hennell (3 June 1854), *GESL*, 134.

110 女人的天性：John Stuart Mill, *The Subjection of Women* (1869), ch. 1.

111 “有教养男士的女儿们”：VW/*TG*. See ch. 5, below.

112–13 关于伊丽莎白 · 埃文斯：To Sara Hennell (7 Oct 1859), *GESL*, 226–8.

113 “友爱精神”与“真正虔诚的灵魂”：Ibid.

113 “我在做最谦卑的忏悔时……”：(5 Mar 1839), *GESL*, 18–19.

113 “无法满足的欲望”及引文：Genesis 49:4. (6 Feb 1839), *GESL*, 14.

117 “自由思考的原始阶段”：1857 年 10 月 7 日致莎拉 · 亨内尔的信，其中包含艾略特对自己婶婶的回忆。

118 “布拉邦特博士就是那里的大天使”：To Cara Bray (20 Nov [1843]), *GEL*, i, 165.

119 “我很确定……会紧张得发慌”：(18 June 1844), *GESL*, 30.

120 “令灵魂麻木的”：To Sara ([6 Apr 1845]), *GEL*, i, 185.

121 “我决心要卖掉我拥有的一切”：(1 Apr 1850), *GESL*, 71.

121 “我想起了所有关于火车上疯子的故事……”：To Cara Bray (12 Jan 1852), *GEL*, ii, 3.

123 “看望了母牛”：To Sara Hennell (27 May 1845), *GESL*, 33.

123 “所有的牺牲都是好的……”：To Charles Bray (11 June 1848), *GESL*, 51.

123 个性强，尖锐且坚决：Words of Isobel Dixon.

123 玛丽 · 安要求查普曼转告他的妻子……: (4 Apr [1851]), *GEL*, i, 348.

124 “请你坦诚一点”：(9 May [1851]), *GESL*, 79.

126 玛丽安对欧洲起义的态度；“慢慢爬的人”：To John Sibtree Jr (8 Mar 1848), *GESL*, 46–8.

126 “我在训练自己向所有的享乐说再见……”: (3 Oct 1851), *GESL*, 83.

126 在“书籍的重压下呻吟”: (2 Nov 1851), *GESL*, 86.

128 神圣的丑陋：当艾略特 1854 年在魏玛见到刘易斯的时候。

128 “搜寻证据”: To Sara Hennell (29 June 1852), *GESL*, 99.

129 “保全生命的人”: To Mrs Peter Taylor (27 Mar 1852), *GEL*, ii, 15.

130 富勒日记里的一条深深地刺中了她：同上。《威斯敏斯特评论》里关于《玛格丽特 · 富勒回忆录》的书评可能就是艾略特写的。《艾略特书信集》的主编戈登 · 海特注意到她在书评里引用有点不太准确。

130 “令人愉快的人”: To the Brays (27 Apr 1852), *GESL*, 95.

131 看起来很憔悴: (5 and 27 May 1852), *GESL*, 96, 97.

131 如果斯宾塞结婚了，她将再次被冷处理：谢谢伊索贝尔 · 迪克森。

131 “大块大块的冰”: To Herbert Spencer (8 July 1852), *GESL*, 100.

132 “我知道这封信会让你对我非常生气……”: (14? July 1852), *GESL*, 102.

133 斯宾塞向友人坦白: To E. L. Youmans, *GESL*, 101–2.

133 “亲爱的斯宾塞先生……”: (29? July [1852]), *GESL*, 105.

135 “我生活在一个……”: (22 Aug 1852), *GEL*, ii, 52.

135 刘易斯设计的人物造型表演: To Herbert Spencer (8 July 1852), *GESL*, 100–1.

135 “有缺陷”: To John Chapman (24–25 July 1852), *GESL*, 105.

137 刘易斯未署名的关于《维莱特》的书评: *Leader* (12 Feb 1853). *The Brontës: The Critical Heritage*, ed. Miriam Allott, 181–3.

137 刘易斯“神奇地”像她去世的妹妹艾米莉: CB to Ellen Nussey (12 June 1850), *CBL*, ii, 414, and quoted in Mrs Gaskell, *Life*, ch. 20.

137 刘易斯形容夏洛蒂 · 勃朗特像老处女: To the Brays (5 Mar 1853), *GESL*, 118.

137 乔治 · 艾略特对《维莱特》的评价: To Cara Bray (15 Feb 1853), *GESL*, 116. *GEL*, ii, 87.“维莱特——维莱特——”艾略特在 1853 年 3 月 12 日的信里向布雷夫妻感叹。

138 “令人不满”: To Charles Bray (18 Mar 1853), *GESL*, 120.

138 “中间色”: To Mrs Peter Taylor (1 Feb 1853), *GESL*, 115.

138 玛丽安与艾萨克争吵: To the Brays (31 Jan 1853), *GESL*, 113.

140 刘易斯“温柔又有趣”: To Sara Hennell (28 Mar 1853), *GESL*, 120.

141 也带着她去了他生活的幕后：谢谢伊索贝尔 · 迪克森。

141 乔治 · 艾略特观看拉谢尔的戏剧: To Cara Bray and Sara Hennell (17 June

1853), *GESL*, 122.

142 “异教徒和法外之徒”: (29 June 1853), *GEL*, ii, 107.

144 “家”“晚霞”: (20 July 1854), *GEJ*, 15.

144 “躺着融化”: (25 and 26 July 1854), *GEJ*, 16.

145 “施特劳斯看起来是如此奇怪”: (16 Aug 1854), *GEL*, ii, 171.

145 “混帐刘易斯”: (4 Oct 1854), *GEL*, ii, 175–6. 伍尔纳后来会多次拜访小修道院。

147–8 乔治·艾略特聆听李斯特: (10 Sept 1854), *GEL*, ii, 173. 艾略特在魏玛也听了克拉拉·舒曼的演奏。

149 《法国的女性：萨布莱夫人》: *GESE*, 8–37.

149 “同情心”: *GESE*, 8–9.

149–50 翻译斯宾诺莎的《伦理学》：这个翻译是给“博恩书系”准备的。最后出版商亨利·博恩似乎反悔了，没有出版这个翻译。译稿一直存放在耶鲁大学的档案室里，直到 1981 年才出版，此时艾略特已经去世一个世纪了。

152 “一个书里的人”: (15 Nov 1854), *GEL*, ii, 186.

153 “它是远远超越我们生活的长梯上的第一级。”: (28 Jan 1856), *GEL*, ii, 227.

153 艾略特关于玛格丽特·富勒的文章:《玛格丽特·富勒和玛丽·沃斯通克拉夫特》发表在 1855 年 10 月 13 号的《领导者》上。见 GESE 332-338 页。

153–4 “‘赋予女性选举权’只是很小的一点进步”: To Mrs Peter Taylor (1 February 1853), *GESL*, 116.

155 “我们似乎学到了大量的新知识”: To Charles Bray from Ilfracombe (6 June 1856), *GEL*, ii, 252.

155 毛虫: ‘Recollections of Ilfracombe’ (8 May–26 June 1856), *GEJ*, 269.

155 动物学干扰了她的工作: (13 June 1856), *GESL*, 157.

156 “寂静背后的咆哮”: *Middlemarch*, ch. 20.

157 “异常敏感”: GHL to John Blackwood (22 Nov 1856), *GEL*, ii, 276.

162 艾略特对狂野的态度: To Mrs Gaskell (15 Apr 1857), *GEL*, ii, 315.

163 “我心头的一道阴影”: To Cara Bray (5 Apr 1857), *GEL*, ii, 314.

163 “认可”: To Sara Hennell (5 June 1857), *GESL*, 172.

164 “更老也更丑”: To Cara Bray (5 June 1857), *GESL*, 171.

164 “痛哭流涕”: John Blackwood to GE (10 Feb 1857), *GEL*, ii, 293n.

164 “滚烫的眼泪”: To Sara Hennell (7 Oct 1859), *GESL*, 228.

164 “我婶婶的故事”: *GEJ* (30 Nov 1858). *GEL*, ii, 502. *GESL*, 197–9.

165 黛娜布道 : *Adam Bede*, Book I, ch. 2.

166 “诚挚”“对整个人类充满了同情” : To John Blackwood (24 Feb 1859), *GESL*, 204.

166–7 迪克逊的攻击 : Quoted in *GESL*, 217.

167 “志业” : To John Blackwood (24 Feb 1859), *GESL*, 204.

167 《圣母颂》: To John Blackwood (10 Apr 1859), *GESL*, 209.

167 “犁碎” : To Cara Bray (24 Feb 1859), *GESL*, 203.

167 “离开家是个可怕的牺牲” : To Charles Bray (28 Feb 1859), *GESL*, 206.

168 艾略特和她的继子: 罗斯玛丽·博登海姆尔的《玛丽·安·埃文斯的真实生活》根据耶鲁大学贝尼克图书馆里所藏的资料专门就此问题写了一章，讲述了这两个小儿子的悲惨故事里许多令人难忘的细节。

168 “完美的爱” : To Mrs John Cash (6 June 1857), *GESL*, 173.

169 “可怕痛苦” : To Mrs John Cash (6 June 1857), *GESL*, 173.

169 “被……绑在” : *The Mill on the Floss*, Book IV, ch. 1.

169 “不，她还是个孩子的时候就不是好事了……” : Ibid., Book I, ch. 1.

170 “让我们无畏地相信自己全部的内心”: 见亨利·詹姆斯致约翰·奇普曼·格雷的信。见亨利·詹姆斯 1869 到 70 年间的 23 封信件的誊写本，手稿已被亨利·詹姆斯本人毁去，誊写本藏于哈佛大学霍顿图书馆，索引号 bMS Am 1092.12。我在《亨利·詹姆斯：他的女性和他的艺术》一书的第五章《明尼的梦》里有大量引用（修订版由伦敦维拉格出版社出版于 2012 年）。

170 “一场自然的实验” : Henry James to William James (29 Mar 1870), *Correspondence of William James*, i, ed. Ignas K. Skrupskelis and Elizabeth M. Berkeley (Charlottesville: University of Virginia Press, 1993–4), 153.

170 “侮辱” : Henry James, Preface to *The Portrait of a Lady* (1881).

170 “一种伟大天性” : Henry James to William Dean Howells (2 Feb 1877), *The Complete Letters of Henry James*, ii (1876–8), 50.

170 对艾略特有了“一种不可抑制的钦佩” : 明尼·坦普尔 1869 年 3 月 4 日致约翰奇·普曼·格雷的信，原件藏于哈佛大学霍顿图书馆，索引号 bMS Am 1092.12. 亨利·詹姆斯在《自传》第二卷 513 页对此的引用有误。《自传》由 F.W. 杜匹编辑，首版于 1956 年出版，1983 年由普林斯顿大学出版社重印。

170 “宏大灵魂” : Minny Temple to John Chipman Grey (2 Apr 1869), mss in

Houghton Library, Harvard: bMS Am 1092.12.

171 女性驱逐自己的同性的时候：关于这一主题最精彩的一幕是伊迪斯·华顿 1920 年的《纯真年代》里记录的纽约上流社会驱逐埃伦·奥兰斯卡的过程。

171 “圣奥格人民做出裁决”：*The Mill on the Floss*, Book VII, ch. 2.

171 “在死亡里他们没有分离”：Ibid., Book VII, ‘Conclusion’.

173 抵抗“警句人”的威胁：*The Mill on the Floss*, Book VII, ch. 2.

174 “他能够得到的唯一美好前途”：*GEL*, vi, 165.

175 嫁给克罗斯：凯瑟琳·修斯仔细分析过结婚双方的复杂动机，非常正确地谴责了将这次婚姻丑化成一个性欲高涨的老女人追逐年轻男人的厌女叙事。海特坚持了乔治·艾略特不适合独自生活这一正确的观点，而博登海姆尔则强调这次婚姻的实用意义从而强化了艾略特需要依靠别人这一点，对婚姻的实际考量肯定是艾略特的动机之一。菲丽丝·罗斯则着重指出了双方在生理和情感上的吸引。罗比·雷丁杰则认为艾略特是担心失去自己爱别人的能力。艾略特当时的确认为自己离死不远了，事实上当这个在她看来宛如神迹、几乎就是童话里才会出现的令人重生的求婚从天而降的时候她的棺材就停在隔壁房间里。

175 《回忆》：*EBP*(H), 222–3, first published in *Poems* (1846). *GEJ*, 188–9.

177 “满是不满足的热情”：*The Mill on the Floss*, Book II, ch. 5.

177 “家一般的感觉”：Ibid, Book III, ch. 5.

第四章　演说家

179 “摧毁”：OS/W&L, Introduction, xv.

179 被士兵烧毁：Preamble to OS/W&L, which gives the history of the ms.

179 “从灰烬中解救”：感谢 Isobel Dixon 对这个短语的使用，以及她重新修改了这一章，同样感谢的还有 Lennie Goodings。

180 《梦》：这本书对 2015 年的电影《妇女参政论者》中的女主人公是一部圣书，她在其中看到了女人未来的样子。

180 “新女性”：这个短语在 1894 年由小说家 Ouida 和 Sarah Grande 提出。

181 “丽贝卡”：OS’s spelling of her mother’s name in ‘Early Remembrances’, written in London 1883–4, *Words in Season*, 1.

181–2 “丽贝卡和戈特劳布”：OS, ‘Early Remembrances’, *Words in Season*, 1–11.

182 传教士的妻子：伦敦教会传教社的菲利普博士雇用了夫妻两人，他其中的一个皈依者是一个巴索托部落首领，被带到伦敦并见证了施赖纳夫妇的婚礼。夫妇二人的第一个职位是在巴索托兰边境的一个叫菲利波里斯的地方。这个地方正坐落在当年满心愤恨的布尔人徒步迁徙离开英国在开普殖民地的路上。这次迁徙强迫英国在 1833 年的议会法案里废除奴隶制（参见下文第五章，弗吉尼亚·伍尔夫的祖父起草了这个法案）。菲利普博士积极赞同这个法案，他希望被殖民者和前奴隶们能够依照基督教的文明论而接受教育。迁徙者们把菲利普博士视为敌人，他在种族隔离时期南非学校用的课本里仍然是被诋毁的对象。

184 **被出生……:** From 'Title divine—is mine' (c. 1861), *Complete Poems*: no. 1072, ed. Thomas H. Johnson (London: Faber, 1976; repr. 2003); *Poems*: Variorum Edition: no. 194, ed. F. H. Franklin (Cambridge, MA: Belknap Press of Harvard University, 1998).

184 **巴索托女人和上帝** : OS's Introduction to *A Vindication of the Rights of Woman*, in *Words in Season*, 27.

185 **"化身"**: To Betty Molteno and Alice Greene (31 Jan 1901), writing from Hanover. University of Cape Town: Manuscripts and Archives: OS BC16/Box 2/Fold 4/1901/5. OS/OLP transcription.

186 **在克拉多克的房子:** 9 Cross Street is now a museum, the Schreiner House, and linked with the National English Literary Museum in Grahamstown.

186 **"天才不发明"**: She is recalling Shelley's letter to Leigh Hunt (27 Sept 1819), where he quotes a comment by a friend of Coleridge: 'Mind cannot create, it can only perceive.' OS repeats the phrase 'Mind cannot create' to Havelock Ellis (18 July 1884), OSL, i, 47. OS sent a copy of Shelley's letters to her mother: now in the Schreiner House, Cradock.

187 **"我爱《弗洛斯河上的磨坊》"** : To J. X. Merriman, looking back on her reading (29 June 1896), OSL, i, 284.

187 **"充满爱意的人类灵魂"**: To Havelock Ellis (8 Apr 1884), OSL, i, 37.

187 **"我一直以为"**: To Havelock Ellis (28 Mar 1884), OSL, i, 36.

188 **玛丽·金斯利** : *Travels in West Africa* (1897; London: Virago, 1982).

188 **去美国学习** : To Catherine Findlay (30 Apr 1873), OSL, i, 10.

188–9 **"他们希望"**: To Catherine Findlay (12 Oct 1871), OSL, i, 4.

189 **沃斯通克拉夫特的四十镑** : 沃斯通克拉夫特为有地产的贵族工作。但是值得注意的是，夏洛蒂·勃朗特在 1841 年当家庭教师时一年只挣可怜的十四镑。她的弟弟作为一个男性做助理铁路职员一年挣七十五镑，比她多四倍有余。

189–90 “一个男人的爱”：OS/AF, Part 2, ch. 4.

190 “她是一个……的女人”：OS/W&L, Introduction, x.

190 施赖纳谈论《论自立》: Havelock Ellis's Notes he took from OS, 1884–5, OSL, i, 40n. See also letter to Ellis (28 Aug 1884), OSL, i, 50.

192 “没有什么比……更让人休闲”：To Betty Molteno (1 Nov 1898), OSL, i, 338.

194 “我将会憎恨……”：OS/AF, Part 1, ch. 8.

194 “男人们好像地球……”：Ibid., Part 2, ch. 4.

194 结束学校教育 : Ibid.

194 密尔 : *The Subjection of Women* (1869), ch. 1.

194 “如果你确实爱我”：OS/AF, Part 2, ch. 9.

195 “交织的情歌”：施赖纳曾在《女性与劳动》和《从人到人》中数次提到这个记忆。

196 “友善的反应”“道德教化”“共情”：To Havelock Ellis (25 Feb 1884), OSL, i, 35.

197 对霭理士外表的失望 : OSL, i, 41n.

197 “另一个自我”：To Havelock Ellis (15 Nov and 1 Dec 1884), OSL, i, 52, 55.

197 “你巨大的成就”：First and Scott, *Olive Schreiner: A Biography*, 133.

198 对艾威林的“恐慌”：To Havelock Ellis (2 Aug 1884), OSL, i, 49.

198 施赖纳和霭理士之间的纽带：她把他们之间的友谊比作成她最喜爱的蒙田的散文《论友谊》。

198 施赖纳天性中的性欲 : Havelock Ellis, 'Notes on Olive Schreiner' (1885). Correspondence between OS and Ellis with related material, Humanities Research Center, The University of Texas at Austin.

200 “那个死去的东西”“更多地代表他的存在”：To Karl Pearson (23 May 1886), about the sculpture (1853–4) by Henry Weekes, admired by critics of the day. OSL, i, 74.

200 “我会改变但不会死亡”：'The Cloud', PBS/SPP, 301–4.

200 “最大的兴趣点……”：To Karl Pearson (26 Oct 1886), OSL, i, 111.

200 “思考的要义”：To Mrs J. H. Philpot (18 Feb 1888), OSL, i, 136.

200 唐金；“我必须自由”：To Havelock Ellis, OSL, i, 72n.

200 伊莎贝尔·阿切和沃伯顿 : *The Portrait of a Lady* (1881), ch. 12.

201 “如果他能来……”：To Havelock Ellis (1 Dec 1884), OSL, i, 55.

201 兄长们对妹妹们的抹除行为 : Comment by Isobel Dixon.

203 从马奇斯方丹给霭理士的信 : (25 Mar 1890), OSL, i, 167.

204 “灵魂选择……” : (c.1862), *Poems*, op. cit.: Johnson 303; Franklin 409.

204 “对一种更加深入内心的生活的欲望” : Gwen John to Ursula Tyrwhitt (4 Sept 1912?). Cited by Cecily Langdale and David Fraser Jenkins, *Gwen John: An Interior Life* (Oxford: Phaidon, 1985), 12.

204 “这风景的作用” : To Havelock Ellis (5 Apr 1890), OSL, i, 168.

204 《僧侣之妻》: 施赖纳把它看成是一部重要的作品并很珍惜它，尽管它没有在她生前发表 . 它收录在《一个女人的玫瑰》中。

207 “闪烁的侧光” : To Edward Carpenter (8 Oct 1894), OSL, ii, 51.

207 克朗侄子的观点 : G. M. C. Cronwright, a biographical essay.

208 给艾蒂的信 : (16 May 1895), OSL, i, 252.

209 “宝贝”的棺材 : 宝贝起初被葬在金伯利离家宅很近的地方，但是奥利芙搬走后棺材被掘了出来。在给德阿尔的克朗的信中建议，如果她“不回来了”，他要处理她的东西。她这样告诉克朗，好像他不知道孩子的存在，这是很奇怪的。OS/OLP.

210 “在所有的谎言中” : (24 Jan 1899), OSL, ii, 114.

210 “吸饱了血的资本家们” : To Jan Smuts (23 Jan 1899), OSL, ii, 115.

210 “追金子的野狗” : To Will Schreiner (26 July 1899), OSL, ii, 127.

211 施赖纳给米尔纳的信 : (10 July 1899), OSL, ii, 127.

211 “可怕的地狱” : To Edward Carpenter (13 Nov 1898), OSL, i, 340.

212 美国出版商的威胁 : To sister-in-law Fan Schreiner (16 May 1902), OSL, ii, 156. 她感到作为一个女性被欺压。

212 “认识到…… 全家人” : (7 June 1899), OSL, i, 359.

212 “奇怪的孤独生活” : (25 July 1899), OSL, i, 370. 在这封信里她没提到她的怀孕，但在 6 月 19 日给 Betty Molteno 的信里提到了，并预测会在 1900 年 1 月或 2 月生产。

213 “将十分荣幸” : (23 Jan 1899), OSL, i, 344–5. 她已经在写支持布尔人的文章里，如 ‘The Boer’ and ‘The Wanderings of the Boer’ for the *Fortnightly Review*; ‘The Boer Woman and the Modern Woman’s Question’ for *the New York Cosmopolitan*; and a recent one on the Boer’s domestic life.

213 施赖纳评论埃西 · 史末资 : To W.P. Schreiner (17 May 1899), OSL, i, 351.

213–4 施赖纳给埃西 · 史末资的信 : (22 Aug 1899), OSL, i, 375.

214 施赖纳对史末资的提问 : (24 Sept 1899), OSL, i, 380–1.

214 “我不会介意……”：To W.P. Schreiner (24 Sept 1899), OSL, i, 381.

214 史末资给施赖纳发电报 : To W. P. Schreiner (12 Oct 1899), OSL, i, 386.

215 “一个作家而并非演说者”：Words in Season, 112–13.

215 “女人们必须要行动”：To Mary Sauer (15–30 June 1900), OSL, ii, 144.

216 战争通讯员：Henry W. Nevinson.

216 在伯格街的演讲 : *Words in Season*, 118–21.

217–18 在东萨默塞特的书信演讲 : Ibid, 123–32.

218 约瑟夫·张伯伦 : 在索尔兹伯里爵士作为首相的联合政府。张伯伦在1900年被称作是“卡其选举”中是首要的积极分子。

218 “现在英国已经死了”: ‘Letter’ to the peace meeting at Somerset East. *Words in Season*. 在其他地方她又和这个戏剧性的宣告自相矛盾，她曾说英国的国民性格在最优异的时候是无与伦比的。

219 罗兹朗读丽贝卡·施赖纳给他的电报 : To Will Schreiner (26 July 1899), OSL, ii, 128.

219 演讲术 : 在中世纪的大学里，和逻辑与语法同是三大学科的基石。

219 《我控诉》: By Émile Zola, published on front page of L’Aurore in January 1898. 这封公开的书信指责法国军队、司法系统和天主教会的腐败和反犹主义，他们杜撰出了一个案子来指控被送去魔岛的德雷夫斯。法国的乌合之众们被这封信激怒，勇敢而直言不讳的左拉必须要逃到英格兰寻求庇护。施赖纳签署了一份请愿书，要求释放被监禁的左拉的英文译者。

220 克朗的亲戚们因施赖纳而愤怒：To Frances Schreiner (14 Dec 1900) from Hanover. OS/OLP.

220 最早的两个布尔突击队：Led by Herzog and Kritzinger.

220 “战争还没有结束”：To Edward Carpenter (2 Nov 1900), OSL, ii, 147.

220 “叛国罪”：Ibid.

220–1 德莱尔的审讯 : To Cron (Dec 1900–Jan 1901), cited in Karel Schoeman, *Only an Anguish to Live Here: Olive Schreiner and the Anglo-Boer War 1899–1902* (Cape Town: Human & Rousseau, 1992), 139. Not in OSL, nor in OS/OLP.

221 关于反对施赖纳的相关公告：To Cron (Dec 1900–Jan 1901), cited in Schoeman, *Anguish*, 146. Not in OSL, nor in OS/OLP.

221 被排斥的境遇让她几近落泪 : To Alice Greene (29 Jan 1901). University of Cape Town: Manuscripts and Archives: OS BC16/Box 2/Fold 4/1901/6.

223 施赖纳对基齐纳的要求 : (9 Jan 1901), OSL, ii, 149. 没有证据说明基齐纳回复了。

223 “棋高一招”：To Betty Molteno (27 July 1902), OSL, ii, 167. 英军最终抓捕了受伤的马兰，但是就在 1902 年 5 月战争结束的前几天。他的会议被记录在 H. J. C. Pieterse, *Oorlogsavonture van Genl. Wynand Malan* (Cape Town: Nationale Pers, 1941)。

224 维南 · 马兰和民兵 : To Betty Molteno (27 July 1902), OSL, ii, 167. 施赖纳谈到过“我们的”民兵。由于没有军队许可任何人都不能离开汉诺威，这些民兵有可能是英国人或者是英国人能信任的在汉诺威的志愿者，有可能是城镇护卫的成员。对于一个突击队首领来说，用出人意料的殷勤与体谅——几乎是某种放松的态度——来对待民兵是是高人一等的勇敢行为。

224 “这是一群奇怪的人”：To Betty Molteno (Jan 1901), OSL, ii, 148–9.

224 史末资与施赖纳 : Smuts's Introduction to Vera Buchanan-Gould, *Not Without Honour: The Life and Writings of Olive Schreiner* (London/Cape Town: Hutchinson, 1948).

225 “在主人的花园里啄食”：Cited by Schoeman, Anguish, 162.

226 “发放生命的权力”：OS/W&L, Introduction, xvi.

226 “问题……”：To Havelock Ellis (2 May 1884), OSL, i, 40.

226 关于鸟的寓言 : OS/W&L, ch. 6, 89.

226 密尔有关“结合”的罕见 : *The Subjection of Women*, ch. 1.

227 “寄生”：OS/W&L, ch. 2, 21.

228 “一切我渴望成为的……”: OS/W&L, Introduction, xvii.

228 “我想对……说”：Ibid.

228 “战争的兽性”：‘Woman and War’, OS/W&L, ch. 4, 68.

228 “战争横行”：To English friend Alf Mattison, OSL, ii, 150–1.

229 “光亮”：‘Woman and War’, OS/W&L, ch. 4, 65.

229 “男人们的身体”：‘Woman and War’, Ibid., 67.

229 “这一切只是个梦?”：Ibid., ch. 6, 117.

230 “教养”：cited in Anguish, 148–9. Not in OSL, nor amongst the wartime letters in OS/OLP.

230 施赖纳对英国人的看法 : (30 Sept 1899), OSL, i, 384.

230 “当一个人的希望……”：To Betty Molteno (5 May 1902), cited by eds of OSL, ii, as instance of her increasing use of the impersonal ‘one’ as cover for the personal, p. 132.

231 《关于犹太人的一封信》：published in the Cape Times (2 July 1906), 8. Repr. *Words in Season*, 144–53.

231 被剥夺了权利的大多数黑人：施赖纳的兄弟们支持黑人平权。威尔·施赖纳在 1908 年重回议会。提奥也同样支持黑人平权，在 1910 年的第一次联合执政大会上他代表了坦布兰，这是一个以黑人为主的选区。

231 维拉·布瑞坦对施赖纳和《女性与劳动》的评价：*Testament of Youth* (London: Gollancz, 1933, repr. Virago), 28. "《女性与劳动》这本'妇女运动的圣经'在 1911 年像一声持续的鼓舞人心的号角对世界响起，召唤着那些虔诚的人们来到了这欢欣鼓舞的斗争中来。我对女权主义的最终接纳全部归因于这本书。"又参见 Mark Bostridge, *Vera Brittain*, 55–6: "奥利芙·施赖纳代替了乔治·艾略特成为了维拉的文学导师与偶像；而《非洲农场》（当罗兰·雷顿将这本书送给她时，说她和林德尔很像）也代替了《女性与劳动》成为了她的私人《圣经》。"

231 从妇女参政联合会中辞职：施赖纳的价值观念其实和反妇女投票权运动组织的创始人们很相近，她们是更有远见的女性主义者。参见 Christopher Beauman, 'Women Against the Vote', a masterly piece in the *Persephone Quarterly* (winter 2016)。这篇文章用绝佳的文笔解释了这次复杂的运动。参见下文第五章有关弗吉尼亚·伍尔夫和这个事件的关联。

232 为谨慎的反抗者讲话：'On Conscientious Objectors, 1916', *Words in Season*, 198–200.

232 对甘地的指责：'You know I hate war', she said to Gandhi's associate Hermann Kallenbach, declining Gandhi's invitation to a meeting. (2 Oct 1914), OSL, ii, 335.

232 "我反对这场战争……"：'Letter to a Peace Meeting', Words in Season, 201–3.

233 艾米丽·霍布豪斯评价施赖纳：她的回忆录记录了她们于 1903 年西博福特车站和 1907 年德阿尔的两次会面。

第五章　探索者

236-237 凯瑟琳·斯蒂芬的日记：(15 Feb 1923), *VWD*, ii, 234–5. *'harsh & splendid'*: (19 Aug 1918), *VWD*, i, 184.

237 "不是我欣赏的那类年轻姑娘"：Letter to Julia Stephen, his wife. Berg Collection, New York Public Library.

238 对女性的荒唐定义：*Women & Fiction: The Manuscript Versions of* A Room of One's Own, ed. S. P. Rosenbaum (Oxford: Blackwell, 1992).

239 女性的“不定性”：Prelude, *Middlemarch*.

239 “世代缄默的……古老的女性意识”：'George Eliot', *VWE*, iv, 178. First published in *TLS* (20 Nov 1919), then revised for *The Common Reader* (1925). 239 not *failures, etc*: 'Geraldine and Jane', *VWE*, v, 505–19.

239 “我是那么奇怪”：(27 Feb 1926), *VWD*, ii, 62.

240 “逼人缄默的压力”：*Women & Fiction*, op. cit., 130.

240 伍尔夫走过之处，旁人盯着她看：LW, *Beginning Again: An Autobiography of the Years 1911 to 1918* (London: Hogarth; NY: Harcourt, 1963), Part I, 29.

240 “躁动的寻觅者”*; 'Why is there not a discovery in life?'*: (27 Feb 1926), *VWD*, ii, 62. 240 *'hardly syllabled yet'*: VW/*AROO*, ch. 5.

240 一个一到水面就会爆炸的“深水怪物”：艾米莉·狄金森也有类似的表述，”我的生命——一杆上膛的枪”。她也谈到了一个对"无遮蔽"的双眼而言强大得不可思议的隐秘存在，”模仿——是刺痛的工作——/用以掩饰我们自身”。*Collected Poems*, ed. Thomas H. Johnson (London: Faber, 1976; repr. 2003), 754 and 443; in the Franklin edition from Harvard University Press, 764 and 522 (the latter eliminates the penultimate stanza).

241 “弗吉尼亚还是个孩子时，在跨过小水洼时就会不住地想……”：(30 Sept 1926), *VWD*, ii, 113.

241 “一般来说，崩溃之后我都会突然迸发……”：To Ethel Smyth (4 Sept 1936), *VWL*, vi, 70.

244 “痴狂”“精神失常”：To Jane Venn Stephen (July 1816), quoted in Caroline Emilia Stephen's portrait of her father, *Sir James Stephen*. London Metropolitan Archives. 244 *Mill on nervous sensibility*: *The Subjection of Women* (1869), ch. 3.

244 “丰富的词藻”：Caroline Emelia Stephen, quoting a letter from her father to his wife Jane Venn. *Sir James Stephen*, op. cit.

244 “黑色忧郁”“变成了疯癫”：To Vanessa Bell (28 June 1938), *VWL*, vi, 248–9.

244 “他太敏锐了……”：她向斯黛拉的朋友维奥莱特·迪金森吐露了心声，而维奥莱特有一本空白的食谱书，里面记录了她与弗吉尼亚的交谈。Berg Collection, New York Public Library.

245 “折磨”：Appendix III: 'The Intellectual Status of Women', *VWD*, ii, 339–42. 这是伍尔夫与“和蔼鹰”（她的朋友德斯蒙德·麦卡锡）在麦卡锡任

编者的《新政治家》上的对话。1920年，麦卡锡曾经支持过阿诺德·贝内特一本题为《我们的女性》的著作，这本书称妇女在艺术和智力上的劣势不能用她们所处的不利地位来解释。

245 **“我必须保持私密”**: (17 Sept 1938), *VWL*, vi, 272.

245 **《论患病》**: (1926年1月，为T. S. 艾略特的《新标准》所作，后来霍加斯出版社于1938年11月将其印成单行册。这是伍尔夫夫妇手工印制的最后几批书之一，同年，霍加斯出版社置办了一台新的打印机器。) *VWE*, iv, 317–29, and v, 195.

245 **“温柔地忆起……”**: (March 1903), *VWL*, i, 71.

245 **“我将温柔地舔舐你”**: (summer 1903), *VWL*, i, 84.

245 **沙袋鼠抽抽嗒嗒**: (late Sept 1903), *VWL*, i, 96.

246 **“从生活表面向深处的撤退……”**: Caroline Emelia Stephen, *Quaker Strongholds* (1890), ch. 2: ‘The Inner Light’.

246 **“别拔高了”**: Caroline Emelia Stephen to Albert Dicey (13 Mar 1893). London Metropolitan Archives: A/NFC109/26.

246 **“差不多九个小时”**: (15 Feb 1919), VWD, i, 240.

246 **“精神失常”**: To Gerald Brenan in Spain (21 Jan 1922), VWL, ii, 499.

246 **“癫狂之际”**: (7 Feb 1931), VWD, iv, 10.

246 **“洗礼”**: Stephen, Quaker Strongholds.

246-247 **斯蒂芬的死亡倾向**: Ibid.

247 **一些删去的片段**: Ms of Mrs Dalloway, British Library.

247 **前往霍沃思的勃朗特一家的朝圣之旅**: ‘Haworth, November 1904’, published Dec 1904, VWE, i, 5–9.

247 **“他躺在椅子里……”**: Frederick Maitland, Life and Letters of Leslie Stephen (1906), 476.

248 **斯蒂芬与异见者**: 关于这一复杂运动的新理解，见 Christopher Beauman, ‘Women Against the Vote’, *Persephone Quarterly* (winter 2016)。关于奥利芙·施赖纳的价值信仰和“女性反投票权运动”的创始成员深谋远虑的女性主义之间的关系，见第四章。

249 **“探索者、改革者、革命者”**: ‘A Sketch of the Past’, Moments of Being: Autobiographical Writings (University of Sussex Press, 1976), 126–7.

249 **卡罗琳·斯蒂芬的政治主张**: *Nineteenth Century and After*, 61 (1907), 230–1, and *Anti- Suffrage Review*, 2 (Jan 1909), 7. 这里引自 Julia Bush, *Women Against the Vote* (2007), ch. 9, 朱莉亚·布什指出温和投票权人士

和“前进派”反投票权人士之间有所重合。

249 **由女性选举**：Lovenduski, Feminizing Politics (2005), 164.

251 **《V 小姐谜案》；菲利丝和罗莎蒙德的对话；《小说家回忆录》**：VW/ CSF.

251 **对着鬼魂说话**：在关于传记作家及其写作对象的鬼故事《真正正确的事》中，亨利 · 詹姆斯就深刻地体认到这一冲动。

252 **“29 岁，没结婚，是个失败者……”**：VWL, i, 466.

253 **鹰**：Observed by VW's niece, *Angelica Bell. Deceived With Kindness: A Bloomsbury Childhood* (London: Pimlico, 1995).

254 **“占据了伦敦时尚圈和知识界的中心”**：LW, Beginning Again, 37, 49.

254 **伦纳德 · 伍尔夫看《天鹅湖》**：Pocket diary (1911), The Keep, Brighton.

255 **“机敏又勇敢的獴獴”**：(31 Oct 1917), VWL, ii, 193.

256 **保养良好的腹部和后臀**：To LW from Asheham (Dec 1913), VWL, ii, 35.

256 **法律合约**：Monks House Papers, The Keep, Brighton. Described in Quentin Bell's biography of VW, ii, 19. Photo in Letters of Leonard Woolf, ed. Frederic Spotts (London: Weidenfeld & Nicolson, 1990).

256 **“没有你，一切都无聊得吓人”**：To LW (30 Oct 1917), VWL, ii, 193.

257 **“一只勇敢的动物”**：(27 July 1913), Letters of Leonard Woolf, 185.

258 **卿卿我我**：(15 Feb 1919), VWD, i, 240. 我在这里参考了关于他们后来在摄政街维瑞餐厅一同进餐的记述，因为这一记述生动地展现出她对他们调情的喜悦之情。

259 **“你是第一个觉得我会写得好的人”**：To Clive Bell (24 July 1917), VWL, ii, 167.

260 **“一切有识之士的信仰和原则”**：LW, Beginning Again, Part II, 101.

262 **“送下地狱”的精神医生**：James to Edith Wharton (4 Dec 1912), Letters, ed. Leon Edel, iv (Cambridge, MA: Belknap Press of Harvard University, 1974–84), 643.

264 **“库勒 · 贝尔……也是他们纵容和鼓励的”**：VW/AROO, ch. 3.

265 **“我拥有康复的能力”**：(27 Feb 1926), VWD, ii, 62.

265 **渔妇**：Speech before the London/National Society for Women's Service (21 Jan 1931), included in The Pargiters, ed. Mitchell Leaska (London: Hogarth, 1977), xxxvii.

265 **“每一根羽毛”**：(31 Oct 1917), Letters of LW, 218.

265 **“幻觉”**：(10 Nov 1917), VWD, i, 73.Outsiders

265 **“快乐极了”**: (16 Jan 1916), *VWL*, ii, 136. She's referring to their time over

Christmas 1915 at their country place they rented, Asheham, under the South Downs in Sussex.

266 “宝贝獴”：*VWL*, ii, 89–90.

267 早早就边界分明的人生：See Henry James, *The Portrait of a Lady* (1881), ch. 12. The context is a traditional marriage plot.

267 “扮演”：VW/*ND*, ch. 17.

268 “一个行走在我们这个世界之外的人”：Ibid., ch. 33.

269 “无穷地探索着”：Ibid.

270 “让她灵魂的一整片大陆都沉没在黑暗之中”：Ibid., ch. 27.

270 “我喜欢……”：(11 May 1920), *VWD*, ii, 36.

271 “我正渐渐变得越来越女权”：*VWL*, ii, 76.

272 “他和阿德里安应该在相互厮杀”：(27 Aug 1918), *VWD*, i, 186.

272 《琼·马丁小姐的日记》：VW/*CSF*, 33–62. Unpublished in her lifetime.

273 梅纳德·凯恩斯：On the Versailles Conference (July 1919), *VWD*, i, 288.

274 出离，出离，孤身一人，远远地出离在海上：*Mrs Dalloway* (1925). 伍尔夫曾表示，在一定程度上说，达洛卫夫人是她不太喜欢的那种女人。日记显示她有意识地用自己的一些感受来深化这个社交圈女主人的形象。“远远地出离”就明显是伍尔夫自己。

277 “那几乎未被归类”：VW/*AROO*, ch. 5.

277 “用法外之徒的语言刻写的”：James Joyce, *Ulysses*, part II, headed ‘FROM THE FATHERS’.

278 “她们的声音……”：‘Memories [after seventeen years] of a Working Women’s Guild’, VW’s preface to collection of writings by the Women’s Co-operative Guild (1930). *VWE*, v, 176–94.

278 “改变和成长的力量……”：VW/*TG*, ch. 3.

279 破局者：(7 Feb 1938), *VWD*, v, 128. 她走在草坡上，考虑创作一个题为“破局者”的插画谱曲作品：手摇风琴小调配上押韵的滑稽歌词。这可以让破局者协会变得更具政治性、更为人所知。

280 “我的灵魂绝不怯懦”：This poem is dated 2 Jan 1846. *EBP*(H), 243.

280 “这些都给了我新的动力”：(12 July 1937), *VWD*, v, 102.

280 “生病能够连根拔起我们心中古老的、根深蒂固的橡树”：*On Being Ill*, op. cit.

281 “轩然大波”：To Ethel Smyth (11 July 1938), *VWL*, vi, 253.

281 扬评论《三个基尼金币》Note by Nigel Nicolson, *VWL*, vi, 247.

281 “心怀感激的外来者”: (24 May 1938), *VWD*, v, 141.

281 奎妮 · 利维斯 : To Ethel Smyth (11 Sept 1938), *VWL*, vi, 271 and n.

281 “我觉得人们的怒火让销售量碰壁了……”: To Ethel Smyth (15 July 1938), *VWL*, vi, 255.

281 “冷静得像只蛤蟆”: (30 May 1938), *VWD*, v, 146.

281 “不可救药的局外人”: To John Lehmann (early July 1938), 信中拒绝了为他的刊物写作的要求，称她想留在霍加斯出版社。*VWL*, vi, 252.

283 她在五十九岁结束生命的时候并没有疯 : Nigel Nicolson, Introduction, *VWL*, vi, xvii.

283–5 此后三十年，伍尔夫声誉扫地 : 这里参照了我自己在伍尔夫逝世 70 周年时的文章: ‘Too Much Suicide’, *Canvas: The Charleston Magazine* (Feb 2011). 后为大英图书馆修改后的版本见: https://www. bl.uk/20th-century-literature/articles/too-much-suicide#

284 名为《时时刻刻》的电影 : Closely based on a novel *The Hours* (1998) by Michael Cunningham.

284 “能带给我们的要多得多”: *VWE*, vi, 187. Published in *Atlantic Monthly* (Apr 1939).

284 伍尔夫谈雪莱和“快乐的精灵”: *VWD*, iii, 113, 153.

285 《斜塔》: *VWE*, vi, 259–83. A paper read to the WEA, Brighton (27 Apr 1940).

285 昆丁 · 贝尔关于《三个基尼金币》: 1984 年 10 月 22 号，在给我的一封来信中，他表达了自己的不同意见:“我亲爱的姨母想要做什么?”

286 “划时代的”: (3 June 1938), *VWD*, vi, 148.

286 “自由围绕着她”: (Recalled 12 Mar 1938), *VWD*, vi, 130. See also ‘a motor in the head’, *VWD*, vi, 111.

286 “到死都拥有投票的权利”: (28 Apr 1938), *VWD*, v, 137.

破局者协会

287 “泡影”: VW/*TG*, 171.

287 “因为,”这些局外人要说,“实际上，作为一个女性，我没有国家。”: VW/*TG*, ch. 3, 125.

289 “自然的每一条纤维”: ‘Woman in France: Madame de Sablé’, *GESE*, 8–9.

290 “女性真实的本质”: VW/*AROO*, ch. 1.

290 “从沉默的另一侧传来的轰鸣”: *Middlemarch*, ch. 20.

扩展阅读

Further Reading

Appignanesi, Lisa, *Mad, Bad and Sad: A History of Women and the Mind Doctors from 1800 to the Present* (London: Virago, 2008)

——, Rachel Holmes and Susie Orbach (eds), *Fifty Shades of Feminism* (London: Virago, 2013)

Beauman, Nicola, *A Very Great Profession: The Woman's Novel 1914–1939* (London: Virago, 1983; revised Persephone Books, 2008)

Dinnage, Rosemary, *Alone! Alone! Lives of Some Outsider Women* (New York: New York Review of Books, 2004)

Gordon, Linda, *Heroes of their Own Lives: The Politics and History of Family Violence: Boston, 1880–1960* (New York: Viking, 1988; London: Virago, 1989)

Mendelson, Edward, *The Things That Matter: What Seven Classic Novels Have to Say About the Stages of Life* (New York: Pantheon, 2006)

Mill, John Stuart, in discussion with Harriet Taylor Mill, *The Subjection of Women* (1869)

Moers, Ellen, *Literary Women* (London: The Women's Press, 1978)

Nightingale, Florence, 'Cassandra' (1859). Appendix to Ray Strachey, below.

Norris, Pamela, *Words of Love: Passionate Women from Heloise to Sylvia Plath* (London: HarperCollins, 2006)

Rose, Jacqueline, *Women in Dark Times* (London: Bloomsbury, 2014)

Showalter, Elaine, *A Literature of Their Own: British Women Novelists from Brontë to Lessing* (Princeton: Princeton University Press, 1977; revised Virago and Princeton University Press, 1997–8)

——, *The Female Malady: Women, Madness, and English Culture, 1830–1980* (London: Virago, 1987)

——, *Inventing Herself: Claiming a Feminist Intellectual Heritage* (London: Picador, 2001)

——, *A Jury of Her Peers: American Women Writers from Anne Bradstreet to Annie Proulx* (London: Virago, 2010)

Smith, Joan, *Misogynies* (London: Faber, 1989)

——, *Moralities: How to End the Abuse of Money and Power in the 21st Century* (London: Penguin, 2002)

——, *The Public Woman* (London: The Westbourne Press, 2013)
——, *Domestic: A Memoir* (unpublished)
Strachey, Ray, *The Cause: A Short History of the Women's Movement in Great Britain* (1926; repr. London: Virago, 1979), with Appendix by Florence Nightingale
Warner, Marina, *Fantastic Metamorphoses, Other Worlds: Ways of Telling the Self* (Oxford: Oxford University Press, 2004)

MARY SHELLEY

Bennett, Betty T., 'Mary Shelley's letters: the public/private self', in Esther Schor (ed.), *The Cambridge Companion to Mary Shelley* (Cambridge: Cambridge University Press, 2003), 211–25
Byron, George Gordon, Lord, *Letters and Journals*, ed. Leslie A. Marchand, 12 vols (Cambridge: Belknap Press of Harvard University, 1973–83)
Clairmont, Claire, *The Journals of Claire Clairmont*, ed. Marion Kingston Stocking (Cambridge, MA: Harvard University Press, 1968)
——, *The Clairmont Correspondence: Letters of Claire Clairmont, Charles Clairmont, and Fanny Imlay Godwin*, ed. Marion Kingston Stocking, 2 vols (Baltimore: Johns Hopkins University Press, 1995)
Clemit, Pamela, '*Frankenstein, Matilda*, and the legacies of Godwin and Wollstonecraft', in Esther Schor (ed.), *The Cambridge Companion to Mary Shelley* (Cambridge: Cambridge University Press, 2003), 26–44
Dunn, Jane, *Moon in Eclipse: A Life of Mary Shelley* (London: Weidenfeld & Nicolson, 1978)
Gittings, Robert and Jo Manton, *Claire Clairmont and the Shelleys 1798–1879* (Oxford and NY: Oxford University Press, 1992)
Godwin, Fanny Imlay, letters in *The Clairmont Correspondence*, op. cit.
Godwin, William, Diaries. Bodleian Library: Dep.e.196-227
——, *The Letters of William Godwin*, ed. Pamela Clemit, i–ii (Oxford: Oxford University Press, 2011–14)
——, *Political Justice* (1793)
Gordon, Charlotte, *Romantic Outlaws: The Extraordinary Lives of Mary Wollstonecraft & Mary Shelley* (London: Hutchinson, 2015; London: Windmill Books, 2016)
Hardyment, Christina, *Writing the Thames* (Oxford: Bodleian Library, 2016). Includes the Shelleys' Thames journey and time in Marlow.
Hay, Daisy, *Young Romantics: The Shelleys, Byron and Other Tangled Lives* (London: Bloomsbury, 2010)
Hogg, Thomas Jefferson, *The Life of Percy Bysshe Shelley*, 2 vols (London: E. Moxon, 1858)
Holmes, Richard, *Shelley: The Pursuit* (1974; repr. London: Harper Perennial, 2005)
Imlay, Fanny: see above, Fanny Imlay Godwin
Kucich, Greg, 'Biographer', in Esther Schor (ed.), *The Cambridge Companion to Mary Shelley* (Cambridge: Cambridge University Press, 2003), 226–41
Leader, Zachary, 'Parenting *Frankenstein*', chapter 4 of his *Revision and Romantic Authorship* (Oxford: Oxford University Press, 1996)

Mellor, Anne K., *Mary Shelley: Her Life, Her Fiction, Her Monsters* (New York: Routledge, 1988). Appendix on PBS's revisions of *Frankenstein*.

Sanger, Carol, *About Abortion: Terminating Pregnancy in Twenty-First-Century America* (Cambridge, MA: Belknap Press of Harvard University Press, 2017)

St Clair, William, *The Godwins and the Shelleys: The Biography of a Family* (London: Faber, 1989; Baltimore: Johns Hopkins University Press, 1991)

Seymour, Miranda, *Mary Shelley* (London: John Murray, 2000)

Shelley, Mary Wollstonecraft, *The Frankenstein Notebooks*, 2 vols, ed. Charles E. Robinson (New York and London: Garland Publishing, 1996). MS 1816–17, with alterations in the hand of Percy Bysshe Shelley, as it survives in draft and fair copy in the Bodleian Library, Oxford. This consists of Notebook A (77 leaves) of Continental paper with a light blue tint, probably bought in Geneva, used for draft, August–December 1816. Notebook B has thickish British paper, cream coloured, and was used for revision and copying a fair text for publication, December? 1816–April 1817. The editor assumes there was originally an 'ur-text', begun on 17 June 1816, the morning after MWS's waking dream and including the recognition scene, i.e. the substance of the dream. The ur-text has not survived, and as the editor says, may have been minimal.

——, *Frankenstein, or, The Modern Prometheus: The 1818 Text*, ed. Marilyn Butler (Oxford: Oxford University Press, 1994) with Appendix: 'The Third Edition (1831): Substantive Changes'.

——, *Frankenstein, or, The Modern Prometheus*, ed. Charles E. Robinson (Oxford: Bodleian Library, 2008)

——, *Frankenstein*, ed. Nora Crook, vol i of *The Novels and Selected Works of Mary Shelley*. 8 vols, ed. Nora Crook with Pamela Clemit (London: Pickering, 1996). Crook provides also 'Endnotes: Textual Variants', pp. 182–227.

——, *Matilda*. This novella was unpublished until 1959. Collected with *Mary* and *Maria* in *Mary; Maria*, ed. Janet Todd (London: Penguin, 1992)

——and Percy Bysshe Shelley, *A History of a Six Weeks Tour* (London: Ollier, 1817). Copy in the Bodleian Library; available online.

——, *The Journals of Mary Shelley, 1814–1844*, ed. Paula R. Feldman and Diana Scott-Kilvert, i–ii, (Baltimore: Johns Hopkins University Press, 1980–88). Shelley was her co-diarist in the early entries.

——, *The Letters of Mary Wollstonecraft Shelley*, ed. Betty T. Bennett, i–iii (Baltimore: Johns Hopkins University Press, 1995)

——*Notes to the Complete Poetical Works of Percy Bysshe Shelley*, <http://www.gutenberg.org/etext/4695>

——, *The Mary Shelley Reader*, ed. Betty T. Bennett and Charles E. Robinson (New York and Oxford: Oxford University Press, 1990). Includes a selection of tales and reviews.

Shelley, Percy Bysshe, *Shelley's Poetry and Prose: Authoritative Texts, Criticism*, ed. Donald H. Reiman and Neil Fraistat (2nd edition; New York, London: Norton, 2002)

——, *The Letters of Percy Bysshe Shelley*, 2 vols, ed. Frederick L. Jones (Oxford: Clarendon Press, 1964)

Shelley and His Circle, 1773–1822, 10 vols, ed. Kenneth Neill Cameron, Donald H. Reiman and Doucet Devin Fischer (Cambridge, MA: Harvard University Press, 1961–2002)

——Review of *Frankenstein*, appendix to *SPP*, 434–6. Published posthumously in 1832. He argues that the novel is founded on 'nature' and praises the narrative momentum like a rock rolled down a mountain.

Schor, Esther (ed.), *The Cambridge Companion to Mary Shelley* (Cambridge: Cambridge University Press, 2003)

Silsbee Family Papers, The Phillips Library at the Peabody Essex Museum, Salem, Massachusetts

Smith, Andrew (ed.), *The Cambridge Companion to* Frankenstein (Cambridge: Cambridge University Press, 2016)

Sunstein, Emily W., *Mary Shelley: Romance and Reality* (Boston: Little, Brown, 1989; repr. Baltimore: Johns Hopkins University Press, 1991)

Tomalin, Claire, *Shelley and his World* (1980; London: Penguin, 2005)

Wollstonecraft, Mary, *Mary; and, The Wrongs of Woman*, ed. Gary Kelly (Oxford: Oxford University Press, 1980)

——, *The Works of Mary Wollstonecraft*, ed. Janet Todd and Marilyn Butler (London: Pickering, 1989). Includes *Thoughts on the Education of Daughters*.

——, *The Collected Letters of Mary Wollstonecraft*, ed. Janet Todd (London: Allen Lane, 2003). Questionable re-ordering of undated letters implies that MW soon fell into bed with Gilbert Imlay. A different order in the edition below allows for her seriousness in this tie, as in all she did.

——, *Collected Letters of Mary Wollstonecraft*, ed. Ralph M. Wardle (Ithaca: Cornell University Press, 1979)

Wroe, Ann, *Being Shelley: The Poet's Search for Himself* (London: Jonathan Cape, 2007)

EMILY BRONTË

Alexander, Christine and Margaret Smith (eds), *The Oxford Companion to the Brontës* (Oxford: Oxford University Press, 2006)

Barker, Juliet R. V. *The Brontës* (1994; revised edn London: Abacus, 2010)

Brontë, Anne, *Poems* (1846)

——, *Agnes Grey* (1847)

——, *The Tenant of Wildfell Hall* (1848)

Brontë, Charlotte, *Poems* (1846)

——, *Jane Eyre* (1847)

——, *Shirley* (1849)

——, *Villette* (1853)

——, *The Letters of Charlotte Brontë*, i–3, ed. Margaret Smith (Oxford: Clarendon Press, 1995–2004)

Brontë, Emily, *The Complete Poems of Emily Jane Brontë from the manuscripts*, ed. C. W. Hatfield (New York: Columbia University Press; London: Oxford University Press, 1941)

——, *The Complete Poems*, ed. Janet Gezari (Harmondsworth: Penguin Classics, 1992)
——, *The Poems of Emily Bronte*, ed. Derek Roper with Edward Chitham (Oxford: Clarendon Press, 1995)
——, *Wuthering Heights* (1847)
——, and Charlotte *Brontë*, *The Belgian Essays*, ed. and translated by Sue Lonoff (New Haven: Yale University Press, 1996)
Brontë, Patrick, *The Letters of the Reverend Patrick Brontë*, ed. Dudley Green (Stroud: Nonsuch Publishing, 2005)
Brontë, Branwell, *The Works of Patrick Branwell Brontë*, i–iii, ed. Victor A. Neufeldt (New York and London: Garland, 1999)
Chitham, Edward, *A Life of Emily Brontë* (1987; revised edn Stroud: Amberley Publishing, 2010)
Davies, Stevie, *Emily Brontë* (London: Harvester Wheatsheaf, 1988)
——, *Emily Brontë: Heretic* (London: The Women's Press, 1994)
——, *Four Dreamers and Emily* (London: The Women's Press, 1996). A novel
——, *Emily Brontë* (Plymouth: Northcote House/ British Council, 1998)
de Bassompierre, Louise (music pupil of EB in Brussels), Letter about EB to W. T. Field, *Brontë Society Transactions*, v (1913), 23, 26.
Ellis, Samantha, *Take Courage: Anne Brontë and the Art of Life* (London: Chatto & Windus, 2017)
Fermi, Sarah, *Emily's Journal* (Cambridge: Pegasus, 2006). Fiction about a forbidden love affair with a working-class boy called Clayton, an imaginary backdrop to *Wuthering Heights*, with her sisters' responses. Underpinned with facts about Haworth families.
Frank, Katherine, *Emily Brontë: A Chainless Soul* (London: Hamish Hamilton, 1990)
Fraser, Rebecca, *Charlotte Brontë* (London: Vintage, 2003)
Gaskell, Elizabeth, *The Life of Charlotte Brontë* (London: Smith, Elder, 1857). Numerous reprints.
——, *Elizabeth Gaskell: A Portrait in Letters*, ed. J. A. V. Chapple and John Geoffrey Sharps (Manchester: Manchester University Press, 2012)
Green, Dudley, *Patrick Brontë: Father of Genius* (Stroud: History Press, 2010)
Heaton Family Papers, Bradford City Archives, West Yorkshire
Heaton history: Mary A Butterfield, *The Heatons of Ponden Hall and the Legendary Link with Thrushcross Grange in Emily Brontë's* Wuthering Heights (Keighley: Roderick and Brenda Taylor, 1976); Edward Chitham, *A Life of Patrick Branwell Brontë* (London: Nelson, 1961), 43; *Brother in Shadow*, research by Mary Butterfield, ed. R. J. Duckett (Bradford Information Service, 1988), 70, 139–45. The last quotes from Mrs Percival Hayman, 'The Heatons and the Brontës', typescript (1982).
MacEwan, Helen, *Down the Belliard Steps: Discovering the Brontës in Brussels* (Hythe: Brussels Brontë Editions, 2012)
——, *The Brontës in Brussels* (London: Peter Owen, 2014)
——, *Winifred Gérin: Biographer of the Brontës* (London: Sussex Academic Press, 2015)

——, 'Through Belgian Eyes: Charlotte Brontë's Troubled Brussels Legacy' (draft, 2017)

Miller, Lucasta, *The Brontë Myth* (London: Jonathan Cape, 2001)

Mullen, Alexandra, 'Charlotte Brontë: Insurrection and Resurrection', *The Hudson Review*, LXIX:3 (autumn 2016), 432–43

Nussey, Ellen, 'Reminiscences of Charlotte Brontë by a "Schoolfellow"', repr. Appendix to *CBL*, i, 589–610. Texts from *Scribner's Monthly* (1871) and from mss in the King's School, Canterbury. It has long been common to denigrate Nussey, who really did know the Brontës and here writes eloquently about them.

Ruijssenaars, Eric, *Charlotte Brontë's Promised Land: The Pensionnat Heger and other Brontë Places in Brussels* (Keighley: Brontë Society, 2000)

Sanger, Charles Percy, *The Structure of Wuthering Heights* (London: Hogarth Press, 1926). Repr. various collections.

Shackleton, William, 'Four Hundred Years of a West Yorkshire Moorland Family' (1921), typescript, Heaton Papers: HEA/B/164-5.

GEORGE ELIOT

Ashton, Rosemary *G. H. Lewes: An Unconventional Victorian* (1991; Pimlico, 2000)

——, *142 Strand: A Radical Address in Victorian London* (London: Vintage, 2008)

——, *George Eliot: A Life* (1996; London: Faber, 2013)

Bodenheimer, Rosemarie, *The Real Life of Mary Ann Evans: George Eliot, Her Letters and Fiction* (Ithaca: Cornell University Press, 1994)

Byatt, A. S., Introduction to *Selected Essays of George Eliot* (Harmondsworth: Penguin Classics, 1990)

Chapman, John, Diaries in *George Eliot & John Chapman*. See Haight, below.

Cross, John Walter (ed.), *George Eliot's Life as related in her Letters and Journals*, 3 vols (Edinburgh: Blackwood, 1885)

Eliot, George, *Scenes of Clerical Life* (1857)

——, *Adam Bede* (1859)

——, *The Mill on the Floss* (1860)

——, *Silas Marner* (1861)

——, *Middlemarch* (1871–2)

——, *Daniel Deronda* (1876)

——, *The George Eliot Letters 1819–1881*, 9 vols, ed. Gordon S. Haight (New Haven: Yale University Press, 1954ff)

——, *Selections from George Eliot's Letters*, ed. Gordon S. Haight (New Haven: Yale University Press, 1985)

——, *Selected Essays* (Harmondsworth: Penguin, 1990)

——, *The Journals of George Eliot*, ed. Margaret Harris and Judith Johnston (Cambridge: Cambridge University Press, 1998)

Haight, Gordon S., *George Eliot: A Biography* (London: Clarendon Press, 1968)

——(ed.), *A Century of George Eliot Criticism* (Boston: Houghton Mifflin, 1965)
——, George Eliot & John Chapman: with Chapman's Diaries (New Haven: Yale University Press; London: Oxford University Press, 1940)
Hardy, Barbara, *George Eliot: A Critic's Biography* (London: Continuum, 2006)
Henry, Nancy, *George Eliot and the British Empire* (Cambridge: Cambridge University Press, 2006)
——, *The Life of George Eliot: A Critical Biography* (Malden, MA: Wiley-Blackwell, 2015)
Hirsh, Pam, *Barbara Leigh Smith Bodichon, 1827–1891: Feminist, Artist and Rebel* (London: Pimlico, 1999)
Hughes, Kathryn, *George Eliot: The Last Victorian* (London: Fourth Estate, 1998)
James, Henry, *The Complete Letters*, ed. Pierre A. Walker and Greg W. Zacharias (Lincoln, NE: University of Nebraska Press, 2008–)
Lodge, David, Introduction to *Scenes of Clerical Life* (Harmondsworth: Penguin, 1973). Best short introduction to GE.
Redinger, Ruby V., *George Eliot: The Emergent Self* (New York: Knopf, 1975)
Rose, Phyllis, *Parallel Lives: Five Victorian Marriages* (New York: Knopf, 1983; London: Vintage, 1984)
Willey, Basil, *Nineteenth Century Studies: Coleridge to Matthew Arnold* (1949; New York: Harper, 1966). Chapter 8, on GE's translations.

OLIVE SCHREINER

Bostridge, Mark and Paul Berry, *Vera Brittain: A Life* (London: Chatto & Windus, 1995)
Bostridge, Mark and Alan Bishop (eds), *Letters from a Lost Generation: First World War Letters of Vera Brittain and Four Friends* (London: Little, Brown, 1998)
Brittain, Vera, *Testament of Youth*, ed. Mark Bostridge (1933; repr. London: Virago, 2014)
Cronwright-Schreiner, S. C., *The Life of Olive Schreiner* (London: T. Fisher Unwin, 1924)
Driver, Dorothy, 'Reclaiming Olive Schreiner: A Re-reading of *From Man to Man*', *South African Literary History: Totality and/or Fragment*, ed. Edward Reckwitz, Karin Reitner and Lucia Vennarini (Essen: Die Blaue Eule, 1997), 111–120
——, 'Olive Schreiner's *From Man to Man* and "the copy within"', in *Changing the Victorian Subject* (Adelaide: University of Adelaide Press, 2014). Online.
——, Introduction to her edition of *From Man to Man* (Cape Town: University of Cape Town Press, 2016). See Schreiner, below.
First, Ruth and Ann Scott. *Olive Schreiner: A Biography* (London: André Deutsch, 1980; New Brunswick: Rutgers University Press, 1990)
Hobhouse, Emily, *Boer War Letters*, ed. Rykie van Reenen (Cape Town: Human& Rousseau, 1984)
Holmes, Rachel, *Eleanor Marx: A Life* (London: Bloomsbury 2014)
——, *Sylvia Pankhurst* (forthcoming)
Jenkins, Lyndsey, *Lady Constance Lytton: Aristocrat, Suffragette, Martyr* (London: Biteback, 2015)
Kingsley, Mary, *Travels in West Africa* (1897; repr. London: Virago, 1982)

McClintock, Anne, *Imperial Leather: Race, Gender, and Sexuality in Colonial Contest* (London: Routledge, 2015)

Pieterse, H. J. C., *General Wynand Malan's Boer War Adventures* (1941). In Afrikaans.

Pretorius, Fransjohan, *The Anglo-Boer War, 1899–1902* (Cape Town: Struik, 1998)

Schoeman, Karel, *Olive Schreiner: A Woman in South Africa 1855–1881* (Johannesburg: Jonathan Ball, 1991)

——, *Only an Anguish to Live Here: Olive Schreiner and the Anglo-Boer War, 1899–1902* (Cape Town: Human & Rousseau, 1992)

——(ed.), *Witnesses to War: Personal Documents of the Anglo-Boer War from the Collections of the South African Library* (Cape Town: Human & Rousseau, 1998)

Olive Schreiner Letters Online (OSLO), http://www.oliveschreiner.org. There are about five thousand extant letters, transcribed by Liz Stanley and Anthea Salter for this prize-winning internet site. Sadly, S. C. Cronwright-Schreiner destroyed some of his wife's letters after selecting extracts for his edition of her *Letters* and his self-interested biography. The two print volumes are well-judged selections.

——, *Letters, 1871–99*, ed. Richard Rive with historical research by Russell Martin (Oxford: Oxford University Press, 1988)

——, *The World's Great Question: Olive Schreiner's South African Letters 1889–1920*, ed. and introduced by Liz Stanley and Andrea Salter (Cape Town: Van Riebeeck Society, 2014)

——, forthcoming: complete works from the University of Edinburgh

——, *From Man to Man or Perhaps Only*, with introduction by Paul Foot (London: Virago, 1982)

——, *From Man To Man, or Perhaps Only . . .*, ed. Dorothy Driver (Cape Town: University of Cape Town Press, 2015; Edinburgh: Edinburgh University Press, 2018). First published posthumously in London by T. Fisher Unwin, 1926, with an introduction by S. C. Cronwright-Schreiner. His report of the intended conclusion to this unfinished novel is not authoritative, as Dorothy Driver's scholarly edition explains.

——, *Dreams*, illustrated, designed by Elbert Hubbard (East Aurora: The Roycroft Shop, 1901)

——, *The Story of an African Farm* (Oxford: Oxford University Press, 2008)

——, *Woman and Labour* (New York: Frederick A. Stokes; London: Constable, 1911; repr. London: Virago, 1978; repr. Mineola: Dover Publications, 1998)

——, *The Woman's Rose: Stories and Allegories*, introduced and ed. Cherry Clayton (Johannesburg: Ad Donker, 1986)

——, *Words in Season*, ed. Stephen Grey (Johannesburg: Penguin, 2005). Includes speeches, political 'letters' and reminiscences.

Smuts, Jan Christiaan, Introduction (linking Schreiner and *Wuthering Heights*) to Vera Buchanan-Gould, *Not Without Honour: The Life and Writings of Olive Schreiner* (London/Cape Town: Hutchinson, 1948)

Stanley, Liz, *Imperialism, Labour and the New Woman: Olive Schreiner's Social Theory* (Durham: Sociologypress, 2002)

——, and Anthea Salter, editors of online OS letters

VIRGINIA WOOLF

Barkaway, Stephen, '"It's the personal touch": The Hogarth Press in Richmond, 1917–1924', *Virginia Woolf Bulletin*, 55 (May 2017)

Beauman, Christopher, 'Women Against the Vote', *The Persephone Biannually*, 18 (autumn/winter 2015–16), 7–8

Beaumont, Matthew, *Nightwalking: A Nocturnal History of London, Chaucer to Dickens* (London: Verso, 2015). Refers to VW's 1930 essay, 'Street Haunting'.

Bell, Quentin, *Virginia Woolf: A Biography*, 2 vols (London: Hogarth, 1972)

Bell, Vanessa, *Selected Letters*, ed. Regina Marler (London: Bloomsbury, 1993)

Black, Naomi, *Virginia Woolf as Feminist* (Ithaca: Cornell University Press, 2004)

Briggs, Julia, *Virginia Woolf: An Inner Life* (London: Allen Lane, 2005)

Bush, Julia, *Women against the Vote: Female Anti-Suffragism in Britain* (Oxford: Oxford University Press, 2007)

Crawford, Elizabeth, *The Women's Suffrage Movement: A Reference Guide, 1866–1928* (London: University College Press, 1999)

Davies, Margaret Llewelyn, *Life As We Have Known It* (1931; London: Virago, 1977)

The Death of Virginia Woolf, The History Hour, BBC World Service, 4 April 2016, <www.bbc.co.uk/programmes/p03p31g6>

Dell, Marion, *Virginia Woolf's Influential Forebears: Julia Margaret Cameron, Anny Thackeray Ritchie and Julia Prinsep Stephen* (Basingstoke: Palgrave Macmillan, 2015)

Dunn, Jane, *Virginia Woolf and Vanessa Bell: A Very Close Conspiracy* (1990; repr. London: Virago, 2001)

Gill, Stephen and Solomon Benatar, 'Global Health Governance and Global Power: A Critical Commentary on the Lancet-University of Oslo Commission Report', *International Journal of Health Services*, 46:2 (2016), 346–65. Ethically enlightened proposal of how our world might be changed through good governance, unlike that of self-interested politicians.

Goldsworthy, Vesna, 'The Bloomsbury Narcissus' (on Bloomsbury life writing), in Victoria Rosner (ed.), *The Cambridge Companion to the Bloomsbury Group* (Cambridge: Cambridge University Press, 2014), 183–197

Harris, Alexandra, *Romantic Moderns: English Writers, Artists and the Imagination from Virginia Woolf to John Piper* (London: Thames & Hudson, 2010)

——, *Virginia Woolf* (London: Thames & Hudson, 2011)

Harrison, Brian, *Separate Spheres: The Opposition to Women's Suffrage in Britain* (London: Croom Helm, 1978). Online via Bodleian Library

Holton, Amanda, 'Resistance, Regard and Rewriting: Virginia Woolf and Anne Thackeray Ritchie', *English*, 57:217 (2008), 42–64

Humm, Maggie, *Snapshots of Bloomsbury: The Private Lives of Virginia Woolf and Vanessa Bell* (London: Tate, 2006)

Kennedy, Richard, *A Boy at the Hogarth Press* (London: Heinemann, 1972)

Lee, Hermione, *Virginia Woolf* (London: Chatto & Windus, 1996)

Lewis, Alison M., 'A Quaker Influence on Modern English Literature: Caroline

Stephen and her niece, Virginia Woolf', *Types & Shadows: Journal of the Fellowship of Quakers in the Arts*, 21 (spring 2001)
Lovenduski, Joni, *Feminizing Politics* (Cambridge: Polity Press, 2005)
Mackrell, Judith, *Bloomsbury Ballerina: Lydia Lopokova, Imperial Dancer and Mrs John Maynard Keynes* (London: Weidenfeld & Nicolson, 2008)
Marcus, Laura, *Virginia Woolf* (revised edn; Tavistock: Northcote House in association with the British Council, 2004)
Nicholson, Virginia, *Among the Bohemians: Experiments in Living 1900–1939* (London: Viking, 2002)
Park, Sowon S., 'Suffrage and Virginia Woolf: "The Mass behind the Single Voice"', *Review of English Studies*, 56:223 (February 2005), 119–34
——, work in progress on Memory and the Unconscious
Santel, James, 'Antonio Muñoz Molina: Narrative Across Time', *The Hudson Review* (autumn 2014)
Sellers, Susan (ed.), *The Cambridge Companion to Virginia Woolf* (2nd edn; Cambridge: Cambridge University Press, 2010)
Smith, Harold L., *The British Women's Suffrage Campaign, 1866–1928* (revised 2nd edn; Harlow: Longman, 2010)
Spalding, Frances, *Vanessa Bell* (London: Weidenfeld & Nicolson, 1983)
——, *Virginia Woolf: Art, Life and Vision* (London: National Portrait Gallery, 2014)
——, *Vanessa Bell: Portrait of the Bloomsbury Artist* (London: Tauris Parke, 2016)
Stephen, Caroline Emilia, Papers in the London Metropolitan Archives, City of London
——, *Quaker Strongholds* (3rd edn; London: Edward Hicks, 1891). Accessed online via Bodleian Library.
Woolf, Leonard, *Beginning Again: An Autobiography of the Years 1911 to 1918* (London: Hogarth Press, 1964)
——, *Downhill All the Way: An Autobiography of the Years 1919–1939* (London: Hogarth Press, 1967)
Woolf, Virginia, *The Diary of Virginia Woolf*, i–v, ed. Anne Olivier Bell (London: Hogarth Press; New York: Harcourt, 1977–84)
——, *A Writer's Diary*, ed. Leonard Woolf (London: Hogarth Press, 1953; repr. London: Persephone Books, 2012)
——, *The Letters of Virginia Woolf*, i–vi, ed. Nigel Nicolson and Joanne Trautmann (London: Hogarth Press, 1975–80)
——, *The Essays of Virginia Woolf*, ed. Andrew McNeillie (vols i–iv) and Stuart N. Clarke (vols v–vi) (London: Hogarth Press, 1986–2011)
——, *Women & Fiction: The Manuscript Versions of* A Room of One's Own, ed. S. P. Rosenbaum (Oxford: Blackwell, 1992)
——, *Essays on the Self*, introduced by Joanna Kavenna (Widworthy: Notting Hill Editions, 2016)
——, *Carlyle's House and Other Sketches*, ed. David Bradshaw (London: Hesperus, 2003)

致谢

Acknowledgements

能够与书中这些拥有冒险的勇气和超越时代的洞见的女性 323
一同生活，这是我的荣幸。我必须首先感谢谢蒙·戈登（Siamon Gordon），他能看到那围绕着事实的幽深的黑暗，作为一名免疫学家，他也愿借用每一代人所能使用的有限几种方法向后推移那黑暗的边界。他对于由防御细胞构成的分散型器官的寻找让我想到了《米德尔马契》：书中的里盖特博士思考一类事物相互联系的网络，而这个想法则是指引乔治·艾略特自身的重要隐喻——她以一张广阔的网探查那些听从内心召唤的人如何开展亲密关系。在我分散的传记实验背后，就存在这样一张网的可能性。谢蒙始终是我书稿的读者，我也想感谢安娜和奥利维亚·戈登，以及我的代理人伊索贝尔·迪克森（Isobel Dixon）：她们都是拥有“洞见”的读者。我母亲局外人的目光则驱策着我去说话。

如果没有 Virago 出版社的列妮·古丁斯（Lennie Goodings），这一切都不可能。她对一本书应有形态的理解让她几乎成为了一位合作作者，并且她还有一位很棒的编校者祖伊·格伦（Zoe Gullen）。

言语难以表达的还有我对以下各位的谢意，感谢他们总能立刻理解我：葆拉·迪茨，罗宾·拜尔德·史密斯（Robin Baird-Smith），玛丽·菲利浦（Marie Philip），帕米拉·诺里斯（Pamela Norris），蕾切尔·霍尔姆斯（Rachel Holmes），罗威尔·弗里德曼（Lovell Friedman），奥德丽·鲁塞尔（Audrey Russell），菲努埃拉·道林（Fenuala Dowling）和麦格·万·德梅韦（Meg van der Merwe）。希望"改变世界"的小说家、也是热切的女性主义者辛迪韦·玛格纳（Sindiwe Magona）在我们坐在她屋外的凉台沐浴阳光时，仿佛一束心心相印的光。

我要特别感谢朋友们和他们重要的作品：我感谢卢卡斯塔·米勒和她围绕勃朗特家族神话撰写的富有启迪的风趣历史；马克·博斯特里奇（Mark Bostridge）和他撰写的传记；米兰达·西摩和她笔
324 下的玛丽·雪莱；斯蒂薇·戴维斯和她对艾米莉·勃朗特的喜爱；多萝西·德莱弗（Dorothy Driver）笔下的奥利芙·施赖纳；尼克拉·伯曼（Nicola Beauman）提出的"家庭女性主义"。

我感谢斯泰伦博什高等研究院（Stellenbosch Institute for Advanced Study），在这里我写成了第一章的草稿；我感谢加纳港的梅尔·卡伍德（Mel Cawood）——她和儿子乔什带我们穿过严峻的地形，来到克莱因加纳*；感谢克拉多克的奥利芙·施赖纳之家的布莱恩·韦尔默（Brian Wilmot）；感谢展示克兰茨农舍旧址的威尔比·穆雷（Wilby Murrey）；感谢开普敦大学贾格尔图书馆的雷纳塔·梅耶（Renata Meyer）和克莱夫·柯克伍德（Clive Kirkwood）；感谢格雷厄姆斯敦的国家英语文学博物馆的琳恩·格兰特（Lynne Grant）；感

* 施赖纳写作《非洲农场的故事》的地方。——译注

谢布拉德福德的西约克郡档案馆的菲欧娜·马歇尔（Fiona Marshall）和莎拉·鲍威尔（Sarah Powell）；感谢纽约公立图书馆伯格资料室的档案管理员们；感谢勃朗特教区牧师宿舍博物馆；感谢布莱顿的西萨塞克斯郡珍稀文献档案室（The Keep）；感谢哈佛的霍顿善本馆藏；感谢大英图书馆的手稿部；感谢伦敦大都会档案馆；感谢麻省萨勒姆的碧波地博物馆档案室。《呼啸山庄》对我的影响要追溯到希尔玛·迪菲尔德（Thelma Tyfield）在开普敦好望神学院的课堂，以及在牛津大学基督学院与科林·威廉姆逊（Colin Williamson）的对话。在过去的一些年中，牛津大学基督学院和圣希尔达学院的学生也让我对《破局者》中提到的书籍有了更加生动的读解。

索引

Index

A

abortion debate “流产” 议题 48

Amiens, Peace of (1802-3)《亚眠和约》11

anti-Semitism 反犹主义 219, 231, 232

Arbury Hall, Warwickshire 阿伯里庄园，沃里克郡 110, 159

Arctic explorations of Ross and Parry 罗斯和佩里的北极探险 70

Aristotle 亚里士多德 172

Arminian Methodists 阿明尼乌卫理公会派 112

Arnold, Edwin 埃德温 · 阿诺德 262

Asheham, Sussex 萨塞克斯郡的阿什汉姆 256

Astor, Lady 阿斯特子爵夫人 282

Austen, Jane 简 · 奥斯丁 120, 264; *Northanger Abbey*《诺桑觉寺》12; *Pride and Prejudice*《傲慢与偏见》20, 111; *Sense and Sensibility*《理智与情感》102

Aveling, Edward 爱德华 · 艾威林 197-8

Aykroyd, Tabitha (Tabby) 塔比莎 · 阿克罗伊（塔比）74, 82, 83-4

B

Bailey, Mary Ann 玛丽 · 安 · 贝利 89

Ballets Russes 俄罗斯芭蕾舞 253-4, 269

Bassompierre, Louise de 路易丝 · 德 · 巴松皮埃尔 84

Baxter, Isabel and Christy 伊莎贝尔和克里斯蒂·巴克斯特 27
Bell, Clive 克莱夫·贝尔 250, 252-3, 258, 259, 288
Bell, Quentin 昆丁·贝尔 285
Bell, Vanessa (née Stephen) 瓦妮莎·贝尔（原名斯蒂芬）238, 242, 258-9, 269*; at 46 Gordon Square, Bloomsbury 在布卢姆斯伯里的戈登广场 4, 250, 252-3; faceless portraits of Virginia Stephen 弗吉尼亚·斯蒂芬没有面目的肖像 259; marries Clive Bell 嫁给克莱夫·贝尔 250
Bertram, Willie 威利·伯特拉姆 187
Blackwell, Elizabeth 伊丽莎白·布莱克威尔 196
Blackwood, John 约翰·布莱克伍德 157-8, 159, 160, 161, 164, 167
Blackwood's Magazine《布莱克伍德杂志》52, 71, 157-8
Blood, George 乔治·布拉德 40
Bloomsbury Group 布卢姆斯伯里团体 4, 250-1, 252-3, 271
Boer War 布尔战争 (1899-1902): Britain annexes the Transvaal 英国强占德兰士瓦 216-17; British burning of farms 烧毁农场 216, 218; 'concentration camps' during "集中营" 216, 218, 223; Cron's anti-war mission in England 克朗在英国执行反战任务 216; executions of 'Cape rebels' 处决"开普叛徒" 217; guerrilla phase 游击战阶段 215, 223–5, 228; Schreiner and Smuts 施赖纳与史末资 213–15, 217, 224; Schreiner confined under martial law 戒严令限制下的施赖纳 179, 180, 221–5, 228, 229–30, 241; Schreiner interrogated in Hanover 施赖纳在汉诺威被拷问 220–1; Schreiner's protests against 施赖纳对战争的抗议 215–16, 217–20, 229; Herbert Spencer opposes 赫伯特·斯宾塞的反对 130
Bowles, Sam 萨姆·鲍尔斯 124, 170
Brabant, Dr Robert 布拉邦特博士 118–19, 134, 145
Branwell, Aunt (at Haworth) 布兰韦尔姨母 71, 83, 88
Bray, Cara 卡拉·布雷 115, 118, 119, 123, 129, 130–1, 135, 136, 151–2, 164
Bray, Charles 查尔斯·布雷 115, 118, 119, 123, 129, 130–1, 136, 143, 151, 177
Brenan, Gerald 杰拉德·布勒南 246, 260
Brittain, Vera 维拉·布瑞坦 231
Brontë, Anne 安妮·勃朗特 70, 75, 76–7, 78, 85, 90; Gondal saga 贡代尔史诗传奇 74–5, 90; at Thorp Green 在索普格林公馆 85, 88, 91; *Agnes Grey*《爱格尼斯·格雷》85, 88, 94; *Poems by Currer, Ellis and Acton Bell*《库勒、艾利斯、阿克顿·贝尔诗选》90–1, 93–4; *The Tenant of Wildfell Hall*《维尔德

费尔庄园的房客》94, 99–100

Brontë, Branwell 布兰韦尔 · 勃朗特 67, 74–6, 77, 91

Brontë, Charlotte 夏洛蒂 · 勃朗特 : Angrian saga 安格里安史诗传奇 77; on Branwell 对布兰韦尔的看法 75–6; Branwell's portrait 布兰韦尔的肖像画 76; childhood plays and stories 儿童时期的剧本和故事 74–5; at Clergy Daughters' School 在为教士女儿开设的学校 71, 72, 73; and domesticity 做家务 82; gender revealed to publisher 向出版商暴露女性身份 94; as a governess 做家庭教师 193; at Haworth 霍沃恩时期 (1832–5) 75–7; and hidden nature in secret script 用秘文写成的隐秘的天性 102, 277; hostility to Catholicism 对天主教的敌对情绪 84; and Lewes 与刘易斯 94, 137; looks at Emily's poems 翻看艾米莉的诗 90; manages sisters' posthumous reputation 掌管妹妹死后的声誉 99, 100–1, 108; and Harriet Martineau 与哈丽雅特 · 马蒂诺 126, 136, 154; Mrs Gaskell's *Life of Charlotte Brontë*, 盖斯凯尔夫人《夏洛蒂 · 勃朗特的一生》94, 137, 162; passion for M. Heger 对埃热先生的渴望 89, 122, 159, 226–7; at Pensionnat Heger in Brussels 在布鲁塞尔的埃热寄宿学校 68, 83–5, 86–8; at Roe Head School 在罗黑德学校 74, 77–8; scheme to open a school 开办学校的方案 83, 89–90; *Jane Eyre*《简 · 爱》72, 88, 94, 123, 133, 137, 144, 166, 194, 226–7; *Poems by Currer, Ellis and Acton Bell*《库勒、艾利斯、阿克顿 · 贝尔诗选》90–1, 93–4; *The Professor*《教授》166*; *Shirley*《雪莉》94, 101–2, 137, 159, 166, 277; *Villette*《维莱特》137–8, 140, 141, 143*, 154

Brontë, Elizabeth 伊丽莎白 · 勃朗特 71, 72, 73, 78

Brontë, Emily 艾米莉 · 勃朗特 : apparitions of the dead 为死者招魂 73–4, 94–5, 98, 102–3, 104; Branwell's portrait 布兰韦尔的肖像画 66, 76; briefly a pupil at Roe Head 在罗黑德短暂的学生经历 77–8; character of 性格 3, 68, 78, 84, 87–8, 90, 94, 101, 288–9; Charlotte manages posthumous reputation of 夏洛蒂掌管艾米莉身后的声誉 99, 100–1, 108; Charlotte's *Shirley* modelled on《雪莉》基于艾米莉的形象 101–2, 277; childhood 童年时期 68, 69–70, 71–5, 76–7; childhood plays and stories 童年时期的剧本创作 74–5; contempt for 'the world without' 对"外在世界"的轻视 1, 74, 78, 80–1, 82–3, 85, 103, 285; Cowan Bridge trauma 柯文桥的痛苦经历 72, 73, 74, 77, 78; death of (1848) 死亡 99; as determinedly private 决意保持私密 67, 79, 90, 103; and domesticity 做家务 82, 88; and 'Fall' of Branwell 布兰韦尔的"堕落"91; freedom and prison 受限和自由之间的切换 70, 75, 79–80; Gondal saga 贡代尔史诗传奇 74–5, 87, 90; homesickness and fear 想家和恐惧 78–9, 83, 85; hostility to Catholicism 对天主教的敌对情绪 84, 289; and the moors 高沼地 70, 71, 77, 79, 92–3, 103, 104, 204, 247; in Mrs Gaskell's *Life of Charlotte Brontë* 盖斯凯尔夫人《夏洛蒂 · 勃朗特的一生》162; musical achievement 音乐上的成就 75, 77, 86, 87–8; at Pensionnat Heger in Brussels 在布鲁塞尔的埃热寄宿学校 3, 83–5, 86–8, 288–9; physical appearance 外表特征 71, 76, 84–5, 137; poetry 诗歌 2, 73, 74, 75, 78, 79–80, 81–2, 87, 89, 90, 93, 103, 279–80; resistance to gendered norms 不强迫自己适应社会施加给女性的要求 84–5, 94, 288; Smuts likens Schreiner to 史末资将施赖纳比作艾米莉 · 勃朗特 224; spirituality "灵" 81, 82, 102–3, 279–80; 'strangeness' of 与众不同 78, 84–5, 87–8, 101, 288–9; teaching post at Law Hill 在劳山的学校任教 78–9, 97†; Woolf compares to Electra 伍尔夫认为艾米莉是英国的厄勒克特拉 237; 'world within' "内在世界" 1, 74, 80–1, 88

Brontë, Emily, WORKS 艾米莉 · 勃朗特的作品 : 'No coward soul is mine' "我的灵魂绝不怯懦" 2, 93, 280; *Poems by Currer, Ellis and Acton Bell*《库勒、艾利斯、阿克顿 · 贝尔诗选》90–1, 93–4; 'Remembrance'《回忆》175; 'To Imagination'《致想象》1, 74, 80–1, 88; 另见艾米莉 · 勃朗特《呼啸山庄》

Brontë, Maria (eldest Brontë daughter) 玛丽亚 · 勃朗特（大姐）71, 72–3, 78

Brontë, Maria (née Branwell) 玛丽亚 · 勃朗特（布兰韦尔姨母）68, 69, 70

Brontë, Revd Patrick 帕特里克 · 勃朗特 68–71, 72–3, 75, 76, 77–8, 96, 98

Brookner, Anita 安妮塔 · 布鲁克纳 205*

Browning, Elizabeth Barrett 伊丽莎白 · 巴雷特 · 勃朗宁 170

Browning, Robert 罗伯特 · 勃朗宁 127, 250

Brussels, Pensionnat Heger in 布鲁塞尔的埃热寄宿学校 3, 83–5, 86–8, 288–9

Byron, Lord 拜伦勋爵 3, 11, 21, 35–6, 60, 75; and baby Allegra 与阿莱格拉 52, 53, 54, 61–2; bisexuality of 双性恋 37; Claire's pursuit of 克莱尔对拜伦的追求 34–6, 59–60; derision for Claire's novel 嘲笑克莱尔的小说 43, 60; at Lake Geneva (1816) 在日内瓦湖 36–8; *Childe Harold*《恰尔德 · 哈洛尔德游记》37

C

Calvinism 加尔文主义 111–12, 181

Cambridge University 剑桥大学 101, 109, 235, 236–7, 238, 240, 249, 264, 273,

276, 278

Cameron, Julia Margaret 朱丽亚·玛格丽特·卡梅隆 250

Carlyle, Jane 简·卡莱尔 128, 166, 239

Carlyle, Thomas 托马斯·卡莱尔 127, 142, 145

Carpenter, Edward 爱德华·卡彭特 197, 198

Carroll, Lewis 刘易斯·卡罗尔 90

Case, Janet 简妮特·凯斯 237, 268

Cashell, Margaret Mount 玛格丽特·蒙特·卡谢尔 59, 62, 63

Casson, Henry 亨利·卡森 97

Cawood, Mrs Elrida 埃尔利达·卡伍德夫人 192*, 205

Chamberlain, Joseph 约瑟夫·张伯伦 209, 218

Chamonix, glacier at 夏蒙尼的冰川 39

Chapman & Hall 查普曼与霍尔 179–80, 196, 211

Chapman, John 约翰·查普曼 120–5, 135, 138, 141–2, 143, 144, 148, 149, 151, 166

Church Missionary Society, London 伦敦传教社 181, 183

Clairmont, Charles 查尔斯·克莱蒙 45, 62

Clairmont, Jane/Claire (Clara Mary Jane Godwin) 克莱尔·克莱蒙 : baby Allegra 孩子阿莱格拉 52, 53, 61–2; becomes Claire Clairmont 成为克莱尔·克莱蒙 30; and cover-up of pregnancy 掩饰身孕 37–8, 43, 52, 53; Godwin advises to lie low 戈德温建议她低调 33–4; as governess in Russia 在俄罗斯做家庭教师 62; 'horrors' " 惊悚症发作 " 11, 25, 28–9, 30; in Italy (from 1818) 在意大利 52–7, 60; journal 日记 23, 24, 26; at Lake Geneva (1816) 在日内瓦湖 36–8; letters 信件 34–5, 59–60, 62, 63; at Margaret Street 在玛格丽特街 26, 28–30; and Mary Shelley's achievement 玛丽·雪莱的成就 60, 177; as Mary's chaperone 作为玛丽的监护人 16, 17; and Mary's elopement 陪同玛丽私奔 7, 9, 19, 20–1, 22–5; musical achievement 音乐成就 60; physical appearance 外表 37; pursuit of Byron 追求拜伦 34–6, 59–60, 134; sex with Byron 与拜伦的性关系 36, 37; and Shelley 与雪莱 17–18, 28–9, 30, 31, 33, 36, 53, 60–1, 62; and Shelley's 'To Constantia, Singing' 与雪莱的《给歌唱的康斯坦堤亚》60–1; subterraneous community of women idea 关于"女性地下社群"的想法 28, 29, 59, 62, 64; and Mary Wollstonecraft 与玛丽·沃斯通克拉夫特 28, 35, 59–60, 111; writing of fiction 小说创作 17, 25–6, 34–6, 43, 51, 60, 158

Clapham Sect 克拉珀姆教派 248
Clark, Charles 查尔斯 · 克拉克 138–9
Clough, Anne Jemima 安 · 杰迈玛 · 克劳 236
Clough, Athena 阿斯娜 · 克劳 236
Coleridge, Samuel Taylor 柯勒律治 3, 11
Combe, George 乔治 · 库姆 145, 151
contraception 避孕 36, 144–5
Cowan Bridge, Clergy Daughters' School at 柯文桥为教士女儿开设的学校 71–3, 74
Cradock, South Africa 南非的克拉多克 186
Croker, John Wilson 约翰 · 威尔逊 52
Cronwright, Samuel ('Cron') 塞缪尔 · 克朗怀特（"克朗"）205–8, 210, 211, 212–13, 214, 216, 220, 229, 230–1, 232
Cross, John 约翰 · 克罗斯 108, 175–6, 239
Curran, Amelia 阿梅利亚 · 库兰 58

D

Darwin, Charles 达尔文 93†, 172, 187
Darwin, Erasmus 伊拉斯谟 · 达尔文 172
Davies, Margaret Llewelyn 玛格丽特 · 卢埃林 · 戴维斯 271
De Aar, British encampment at 德阿尔的英国营地 213, 217, 220, 231; Cron and Olive move to 克朗和奥利芙搬到德阿尔 231; Pethick-Lawrences and Emily Hobhouse visit 佩蒂克 · 劳伦斯和霍布豪斯前来拜访 233
Diaghilev, Sergei 佳吉列夫 253
Dickens, Charles 查尔斯 · 狄更斯 141, 166; *Little Dorrit*《小杜丽》160, 184
Dickinson, Emily 艾米莉 · 狄金森 2, 77, 82, 111, 184, 204, 212*, 277; and Emily Brontë 与艾米莉 · 勃朗特 81–2, 103; Maggie Tulliver as cult figure for 玛吉 · 塔利弗成为狄金森的偶像 170; 'Master letters' " 主人信件 " 82, 124
Dickinson, Susan 苏珊 · 狄金森 170
Dickinson, Violet 维奥莱特 · 狄金森 245, 259, 268
Dixon, William Hepworth 威廉 · 赫普沃斯 · 迪克逊 166–7
domestic violence 家暴 3, 42, 49; beating of children 体罚儿童 181–2, 184; in South Africa 南非的习俗 184–5; in *The Tenant of Wildfell Hall*《维尔德费尔庄园的房客》中的描写 99–100; in *Wuthering Heights*《呼啸山庄》中的

描写 3, 67, 72, 91–2, 93, 99, 100, 177, 287
Donkin, Horatio Bryan 赫雷肖 · 布莱恩 · 唐金 200
Dryden, John 德莱顿 243
Duckworth, George 乔治 · 达科沃斯 241, 243, 259, 264
Duckworth, Gerald 杰拉德 · 达科沃斯 241, 243, 274
Duvillard, Elise 爱丽丝 · 迪维拉尔 52, 53, 54*

E

Ebdell, Revd Bernard Gilpin 伯纳德 · 吉尔平 · 埃布德尔牧师 158
Eliot, George 乔治 · 艾略特 : as 'a failure of Nature' "自然造物的失败" 110, 288; ambition of 野心 111, 113, 117–18, 138; 'at home' to leading lights of London 在家接待伦敦文化名流 107–8; bequests 遗产 238*; character of 性格 123–5, 138–40, 173–5; childhood 童年 109–12, 169; classical learning 古典研究 27, 114, 118, 122; counter-conversion of 逆向皈依 113, 115, 116–17; Cross biography of 克罗斯的传记 108, 239; death of (December 1880) 去世 176; depression 抑郁 124–5, 129, 168; on Emily Brontë, 对艾米莉 · 勃朗特的看法 162; empathic mind 同情 134, 158–9, 160, 287, 289; evangelical schooling 福音派教育 109, 110–12; and Elizabeth Evans 伊丽莎白 · 埃文斯 112, 113, 117, 164, 171, 173, 181, 197; as father's housekeeper 替父亲管家 114, 117–18; female identity revealed 女性身份揭露 166–7; and feminism 与女性主义 149, 153, 154, 156; forward looking and backward yearning 对未来的展望与对过去的呼唤 203; in Geneva 在日内瓦 120, 124–5; George Eliot pseudonym chosen 选择"乔治 · 艾略特"的假名 158; honeymoon in Venice (1880) 威尼斯的蜜月 176; indefiniteness of women's potential 女性未知的潜力 108, 110, 153, 158, 172–3, 238–9, 289; and Franz Liszt 与李斯特 147–8; lodges with Chapman in London 寄宿在查普曼的伦敦家中 121–3, 126–7, 141–2; longing for 'approbation' 渴求认同和表扬 113, 163–4, 172; low voice of 低沉的声音 107, 124; Maggie Tulliver comparisons 与玛吉 · 塔利弗的对照 1, 169; male identity to titles 将男性身份拓展到小说标题里 166; marries John Cross 嫁给约翰 · 克罗斯 175–6; new friendships in Coventry 考文垂的新朋友 115–16, 118; orphan nieces of 照养孤儿 167–8, 173; Bessie Parkes on 贝西 · 帕克斯对艾略特的看法 108–9; physical appearance 外表 106, 114–15, 124–5, 125, 131; posthumous myths about 死后的谜团 4, 108; reading 阅读 108, 118, 145, 155; 'realism' in the

novel 小说中的现实主义 114, 141, 148, 156, 157; refuses to go to church 拒绝去教堂 116, 175, 186; relationship with George Henry Lewes *see under* Lewes, George Henry 与刘易斯的关系见刘易斯词条；and science 与科学 122, 148–9, 155, 163; sexuality 性 2, 134, 141, 176; and sister Chrissey's crises 姐姐克里斯的不幸 138–40, 147, 162–4, 167, 173, 288; as social outcast 身为局外人 3–4, 108, 145–6, 148, 150–3, 155, 162–4, 171, 241; and Herbert Spencer 与赫伯特·斯宾塞 127, 128, 130–4, 136, 138, 140, 161, 166, 202; study of scriptural myths with Brabant 与布拉邦特研究《圣经》神话 118–19; and 'sympathy' "同情" 113, 149, 172, 185, 227, 288, 289; sympathy and demands of art 富有同情和艺术的要求 139–40, 162–4, 167–8, 173–5, 288; tension with brother Isaac 与哥哥艾萨克的矛盾 120–1, 138–9, 152, 162–4, 173, 176, 201; 'the roar from the other side of silence' "从沉默的另一侧传来的轰鸣" 156, 290; transformation 转变 109, 113, 148, 162; translates Feuerbach's *The Essence of Christianity* 翻译费尔巴哈《基督教的本质》142, 143; translates Spinoza's *Ethics* 翻译斯宾诺莎《伦理学》118, 149–50, 155; translates Strauss's *The Life of Jesus* 翻译施特劳斯《耶稣传》119–20, 187; an 'unpromising woman-child' "没希望的女孩" 109–10, 168–9; use of man's name to publish 使用男性名字发表作品 158, 264; in Weimar (1854) 在魏玛 147–8, 149, 162–3; at *Westminster Review* 在《威斯敏斯特评论》125, 126, 127, 135–6, 138, 141–2, 148–9; and Mary Wollstonecraft 与玛丽·沃斯通克拉夫特 153–4, 177

Eliot, George, WORKS 乔治·艾略特的作品 : *Adam Bede*《亚当·比德》3, 112, 113, 164–7, 168, 170, 197, 203; *Daniel Deronda*《丹尼尔·德隆达》148, 154, 166, 177; *Journal* 日记 148; *Letters* 书信 124, 148; 'Margaret Fuller and Mary Wollstonecraft' (essay)《玛格丽特·富勒与玛丽·沃斯通克拉夫特》154; *Middlemarch*《米德尔马契》111, 119, 120, 139, 154, 172–3, 176, 177, 185, 267–8; 'Mr Gilfil's Love Story'《吉尔福尔先生的爱情故事》158–62, 163, 166, 177, 242, 289; review of Mackay's *The Progress of the Intellect* 评论 R.W. 麦凯《智力的进步》121; *Romola*《萝莫拉》173; *Scenes of Clerical Life*《牧师生活图景》156–62, 163, 164, 166, 180, 203; *Silas Marner*《织工马南》171–2; 'Silly Novels by Lady Novelists' (essay)《女作家的傻小说》112, 149; 'The Sad Fortunes of the Revd Amos Barton'《阿莫斯·巴顿牧师的悲惨命运》155–8, 164, 166; 'Woman in France: Mme de Sablé' (essay)《法国的女性：萨布莱夫人》149; *see also The Mill on the*

Floss (George Eliot) 另见《弗洛斯河上的磨坊》词条
Eliot, T. S. T.S. 艾略特 279*, 284; *Poems* (1919)《诗》274
Ellis, Henry Havelock 霭理士 2, 196, 197–8
Emerson, Ralph Waldo 爱默生 129, 161*, 190
Equal Franchise Act (1928)《平等选举法案》236
Evans, Christiana (Chrissey) 克里斯 110, 114, 138–40, 147, 152, 162–4, 167–8, 201, 288
Evans, Elizabeth 伊丽莎白 · 埃文斯 112–13, 117, 164, 171, 173, 181, 197
Evans, Isaac 艾萨克 · 埃文斯 110, 114, 116–17, 138–9, 147, 152, 162–4, 175, 176, 201
Evans, Robert 罗伯特 · 埃文斯 110, 113, 114, 116, 117, 120, 169, 201
Evans, Samuel 塞缪尔 · 埃文斯 110, 112, 120–1
evolutionary science 进化科学 93†, 148–9, 172, 187–8

F

Fabian Society 费边社 197
Faraday, Michael 迈克尔 · 法拉第 122
Fellowship of the New Life 新生命协会改革小组 197
Feminism 女性主义: in 1840s and 1850s 十九世纪四五十年代 101–2, 108–9; 后-沃斯通克拉夫特时代对女性权利的反对 backlash after Wollstonecraft 59, 109, 117; Charlotte Brontë's *Shirley* 夏洛蒂 · 勃朗特《雪莉》94, 101–2, 137, 159, 166, 277; Charlotte Brontë's *Villette* 夏洛蒂 · 勃朗特《维莱特》137–8, 141, 154; and George Eliot 与乔治 · 艾略特 149, 153, 154, 156; respectability as crucial in nineteenth century 十九世纪体面生活的重要性 154; and Olive Schreiner 与奥利芙 · 施赖纳 86, 204–5, 231–2, 233; Leonard Woolf on 伦纳德 · 伍尔夫的观点 260; and Virginia Woolf 与弗吉尼亚 · 伍尔夫 235, 267–8, 271, 278–82, 284
Feuerbach, Ludwig, *The Essence of Christianity* 费尔巴哈《基督教的本质》142
Findlay, Catherine 凯瑟琳 · 芬德雷 186–7, 189, 191
Forster, E. M. 福斯特 4, 274, 284
Forster, John 约翰 · 福斯特 126
Fouché, Christiaan Christoffel 克里斯蒂安 · 克里斯多费尔 · 福切 191–3
Frankenstein (Mary Shelley)《弗兰肯斯坦》(玛丽 · 雪莱) 2–3; emotional core of 情感核心 31, 33, 41, 45, 47, 59, 287, 289; Heathcliff–monster comparisons

将希刺克厉夫视作怪物 92, 99, 104; language and voice 语言与声音 41, 46–7; manuscript of 手稿 46; Mary's waking dream 玛丽的白日梦 11, 31, 38–9; myth of inception of 小说的诱因 10–11, 38; plot and themes 情节和主题 10, 33, 38–40, 41–2, 48–50, 57, 185, 287, 289; preface to revised edition 修订版前言 (1831) 59; publication of 出版 (1818 年 1 月 1 日) 52; and science 与科学 31–2, 33; Shelley's fair copy 雪莱的誊写版本 46, 49; Shelley's preface 雪莱的序言 11, 51; writing and revision of 写作与修改 43, 46

Fraserburg, South Africa 南非，弗雷泽堡 186–7, 190

French Revolution 法国大革命 15

Froude, James Anthony 詹姆斯 · 安东尼 · 弗劳德 126

Fuller, Margaret 玛格丽特 · 富勒 111, 129–30, 135, 153, 154, 196

G

Garnerin, André-Jacques 安德烈 - 雅克 · 加纳林 31–2

Garnett, Edward 爱德华 · 加奈特 219*

Garrett Anderson, Elizabeth 伊丽莎白 · 加瑞特 · 安德森 196, 242

Gaskell, Mrs 盖斯凯尔夫人 94, 137, 138, 162

Gau, Julius 尤里乌斯 · 高 189, 191, 194–5

Gedye, Colonel 戈戴上校 229

genetics 遗传学 8*

Gérin, Winifred 威尼弗里德 · 热兰 75

Gibbon, Edward, *Decline and Fall of the Roman Empire* 爱德华 · 吉本《罗马帝国衰亡史》36, 223

Girton College, Cambridge 剑桥的格顿学院 109, 236, 240, 273

Gladstone, William 格莱斯顿 107, 108, 180

Godwin, Fanny 芳妮 · 戈德温 13, 15–16, 26, 27, 33, 40–1, 201, 288; attempts to retrieve Jane from Margaret Street 在玛格丽特姐企图挽回简 29–30; poets as unacknowledged legislators 诗人是未被认可的立法者 15, 172; Second Mamma's cruelty to "第二个妈妈" 对芳妮的打击 12–13, 16, 32, 41; suicide of 自杀 (1816 年) 43–4

Godwin, Mary Jane (née Vial) 玛丽 · 简 · 戈德温（原名维尔）12–13, 18–19, 20–1, 26, 29–30; cruelty to Fanny 对芳妮的打击 12–13, 16, 32, 41

Godwin, William 威廉 · 戈德温 : buried at St Peter's church, Bournemouth 葬在圣 · 潘克拉斯的教堂 64, 199; celebrity as political philosopher 以政治哲学

家闻名 3, 11, 14; conjunction with Wollstonecraft 与沃夫斯通克拉夫特的结合 12, 24, 154, 199, 226, 257, 279; death of 去世 64; estrangement from Mary 与玛丽断绝关系 20–1, 26–7, 30, 31, 33, 41, 47, 201; and Fanny's suicide 与芳妮的自杀 44; financial difficulties 经济困难 12, 18, 20, 33, 41, 63; on *Frankenstein* 对《弗兰肯斯坦》的看法 52; and Jane/Claire Clairmont 与简 / 克莱尔 · 克莱蒙 29–30, 33–4; and Mary's elopement 与玛丽的私奔 20–1; and Mary's *Matilda* 与玛丽的《玛蒂尔德》56–7; opposes Shelley's plan to be with Mary 反对玛丽与雪莱的婚事 17–18, 19; philosophy of innate benevolence 天生的仁慈 41–2; publishing of children's books 出版童书 9, 11, 20, 63, 243*; reconciliation with Mary 与玛丽和好 45; relationship with Mary 和玛丽的关系 7, 8, 11–12, 21, 24, 31, 56–7, 63; remarriage of 再婚 12–13; Shelley withdraws financial help 雪莱不再提供资助 41, 43; Shelley's admiration for 来自雪莱的崇拜 3, 13–15, 19; youth as a Dissenting clergyman 青年时代作为宗教异见者的牧师 47; *Caleb Williams*《凯莱布 · 威廉斯传奇》27; *Political Justice*《政治正义》11, 15, 18, 22, 26–7; *St Leon*《圣 · 里昂》36

Gosse, Edmund 埃德蒙 · 戈斯 107

Gothic novels 哥特小说 12

Great War 第一次世界大战 232, 269, 271–2, 275

Grey, Sir George 乔治 · 格雷爵士 211

Gwyther, Revd John 约翰 · 格威瑟牧师 156

H

Hakluyt, Richard 理查德 · 哈克卢特 251, 259

Hardie, Keir 凯尔 · 哈迪 233

Hardy, Thomas 托马斯 · 哈代 237

Harmon, Claire 克莱尔 · 哈曼 166*

Haworth Parsonage 霍沃思牧师住宅 68, 70, 74, 247

Hawthorne, Nathaniel, *The Scarlet Letter* (1851) 霍桑《红字》165

Head, Sir Henry 亨利 · 黑德爵士 262

Heaton family 希顿家族 68, 75, 80, 89, 96–8, 97†

Heger, Monsieur Constantin 康斯坦丁 · 埃热先生 83, 84, 86–7, 88, 89, 122, 159, 226–7

Hemming, Alice 爱丽丝 · 海明 187, 190

Hemming, Robert 罗伯特 · 海明 187, 212*
Hennell, Charles Christian 查尔斯 · 克里斯琴 · 亨内尔 115, 118
Hennell, Rufa (née Brabant) 鲁法 · 亨内尔（原名布拉邦特）118, 119, 152, 164
Hennell, Sara 卡拉 · 亨内尔 115, 119, 120, 135, 151–2, 164, 172
Heretics (Cambridge society) 剑桥异教徒社团 101
Hill, Octavia 奥克塔维娅 · 希尔 249
Hills, Stella (née Duckworth) 斯黛拉（原名达科沃斯）241–2
Hobhouse, Emily 艾米丽 · 霍布豪斯 216, 223, 233
Hogarth Press 霍加斯出版社 101, 273–4, 281, 283
Hogg, Thomas Jefferson 托马斯 · 杰佛森 · 霍格 8, 13–14, 16, 29
Holmes, Richard 理查德 · 福尔摩斯 32*, 54*
homosexuality 同性恋 4, 198, 250
Houghton, Mrs Henry 亨利 · 霍顿夫人 135
The Hours (film, 2002)《时时刻刻》（2002 年电影）284
humanism 人文主义 172
Hunt, Thornton 桑顿 · 亨特 136–7, 140, 142, 146, 150
Huxley, Thomas 托马斯 · 赫胥黎 107, 148–9, 155, 196

I

Imlay, Gilbert 吉尔伯特 · 伊姆雷 13, 24, 154
Inchbald, Mrs 英奇博尔德夫人 37

J

James, Henry 亨利 · 詹姆斯 107, 159, 170, 174, 200, 262, 266, 267
James, William 威廉 · 詹姆斯 170
Jervis, Agnes 阿格尼丝 · 杰维斯 136–7, 140, 142, 146, 148, 150
Jervis, Swynfen 斯温芬 · 杰维斯 142
Jewsbury, Geraldine 杰拉尔丁 · 朱斯伯里 239
Jex-Blake, Sophia 索菲亚 · 杰克斯布雷克 196
John, Gwen 格温 · 约翰 204
Johnson, Joseph 约瑟夫 · 约翰逊 120
Johnson, Dr Samuel 塞缪尔 · 约翰逊博士 154
Joyce, James, *Ulysses* 乔伊斯《尤利西斯》277

K

Keynes, John Maynard 梅纳德 · 凯恩斯 4, 253, 273, 285

Kimberley (New Rush), South Africa 金伯利（纽拉实），南非 188, 190, 207

Kingsley, Mary 玛丽 · 金斯利 188

Kitchener, Lord 基齐纳爵士 216, 218, 223, 271

Klein Ganna Hoek farmhouse 克莱因加纳港的农场 191–2

Koopmans-de Wet, Marie 玛丽 · 库普曼 · 德威茨 225

Krantz Plaats farm 克兰茨农场 205, 206–7

L

Lackington, John 约翰 · 拉金顿 51

Lady Margaret Hall, Oxford 牛津玛格丽特夫人学堂 249

Lamb, Charles 查尔斯 · 兰姆 3, 11, 12, 243

Lamb, Lady Caroline 卡罗琳 · 兰姆小姐 37

Lamb, Mary 玛丽 · 兰姆 243*

Leavis, Queenie 奎妮 · 利维斯 281

Leigh, Augusta 奥古斯塔 · 丽 36

Lewes, George Henry 乔治 · 亨利 · 刘易斯 : biography of Goethe 歌德传记 143, 148, 155; and the Brontës 与勃朗特姐妹 94, 137; as considerate lover 作为体贴的恋人 144–5, 153, 176; death of (1878) 去世 174–5; domestic problems 家庭问题 136–7, 140–1, 142, 146, 148, 150; Eliot and sons of 艾略特与他的儿子们 168, 173–4, 175, 212, 259; with Eliot in Weimar (1854) 和艾略特在魏玛 147–8, 162–3; Eliot initially dismissive of 艾略特最初对刘易斯的不屑 130–1, 135; Eliot travels to Weimar with 同艾略特一起的魏玛旅行 143, 144, 145–7; Eliot won over by 艾略特为刘易斯倾心 140–1, 142; as Eliot's agent 作为艾略特的经纪人 157, 167, 168, 180; Eliot's first meeting with 与艾略特的第一次会面 127–8; as Eliot's mentor 作为艾略特的导师 150, 155, 156, 162, 164–5, 168, 227, 256, 259; Eliot's reciprocity with 与艾略特互相扶持 147, 155, 156, 168, 256; Eliot's relationship with 与艾略特的关系 143, 144–8, 149–53, 155–7, 167–8, 173–5, 202, 212; and *The Leader*《领导者》周报 127, 136, 137, 147; physical appearance 外形 127, 128, 137; review of *Villette* 对《维莱特》的评论 137, 138, 140; scientific acumen 科学研究 155, 156, 163; weeps over Milly Barton 为《米利 · 巴顿》流泪 156, 164; *A Biographical History of Philosophy*《传记体哲学史》142

Lewis, Maria 玛丽亚 · 刘易斯 110, 111, 113, 114, 116
Liszt, Franz 李斯特 147–8
Little, Brown 利特尔布朗公司 211–12
London School of Medicine for Women 伦敦女子医学院 196
Lopokova, Lydia 莉迪亚 · 罗珀科娃 269
Lyndall, Revd Samuel 塞缪尔 · 林德尔神父 181–2
Lynmouth, north Devon 北德文郡的林茅斯 15, 34
Lytton, Constance 康斯坦斯 · 利顿 204, 227, 289

M

Maitland, F. W. 麦特兰 247
Malan, Wynand 维南 · 马兰 217, 223–4, 225
Mansfield, Katherine, *Prelude* 凯瑟琳 · 曼斯菲尔德《序曲》274
marine biology 海洋生物学 155, 163
Martineau, Harriet 哈莉耶特 · 马丁诺 102, 126, 135, 136, 154
Marx, Eleanor 艾琳娜 · 马克思 197–8
Marx, Karl 卡尔 · 马克思 127
Matjesfontein, the Karoo 卡鲁地区的马奇斯方丹 202–4, 209
Maudsley, Dr 莫兹利医生 244
Mazzini, Giuseppe 朱塞佩 · 马志尼 127
Mecklenburgh Square, Bloomsbury 布卢姆斯伯里的麦克伦堡广场 283
Melville, Hermann, *Moby-Dick* 梅尔维尔《白鲸》104*
Men and Women's Club " 男人和女人社团 " 198–9, 202
Meredith, George 乔治 · 梅瑞迪斯 180
Mérimée, Prosper 梅里美 59
Metternich, Klemens von 克莱门斯 · 梅特涅 62
Milbanke, Annabella 安娜贝拉 · 米尔班克 36
Mill, John Stuart 约翰 · 斯图尔特 · 密尔 110, 126, 127, 136, 187, 194, 226, 244
The Mill on the Floss (George Eliot)《弗洛斯河上的磨坊》(乔治 · 艾略特) 169–71, 185, 187, 203; Maggie Tulliver in 玛吉 · 塔利弗 1, 114–15, 162, 169–71, 177, 189, 239; real life sources for 真实生活的取材 110, 162, 169; sister–brother relations in 兄妹关系 162, 171, 176, 177; 'Sister Maggie' as working title 写作时题目为《玛吉妹妹》166
Miller, Lucasta, *The Brontë Myth* 卢卡斯塔 · 米勒《勃朗特迷思》100

Milner, Sir Alfred 阿尔弗莱德 · 米尔纳爵士 210–11, 218
Milton, John, *Comus* 约翰 · 弥尔顿《科马斯》32†
Milton, John, *Paradise Lost* 约翰 · 弥尔顿《失乐园》46
Mirabeau, comte de 米拉波伯爵 128*
Molteno, Betty 贝蒂 · 莫泰诺 212
Monk's House, Rodmell, Sussex 萨塞克斯的罗德麦尔村度假屋 282, 283, 283
Mott, Lucretia 柳克丽霞 · 莫特 117, 196
Murray, John 约翰 · 穆雷 51, 64

N

National Union for Women's Service 全国女性服务联盟 265
New Women "新女性" 100, 180, 227
Newdigate, Francis Paget 弗朗西斯 · 佩吉特 · 纽迪盖特 110, 159
Newdigate, Sir Roger and Lady 罗杰 · 纽迪盖特爵士和夫人 158, 159
Newman, Francis William 弗朗西斯 · 威廉 · 纽曼 122
Newnham College, Cambridge 剑桥纽纳姆女子学院 236–7, 240, 273
Nichols, Arthur Bell 亚瑟 · 贝尔 · 尼科尔斯 96
Nightingale, Florence 南丁格尔 90–1, 128–9, 168, 196, 248
Nijinsky, Vaslav 瓦斯拉夫 · 尼金斯基 253
nurture or nature debates 抚育与人性的讨论 41–2, 49, 93, 185
Nussey, Ellen 艾伦 · 努西 71, 76–7

O

Oberon, Merle 梅尔 · 奥勃朗 95
Olivier, Laurence 劳伦斯 · 奥利弗 95
outcasts and outsiders, female 法外之徒与局外人 : and books 与书籍 27–8; Brontë family in Haworth 霍沃思的勃朗特一家 68–9, 77, 80, 96, 98; Emily Brontë's strangeness 艾米莉 · 勃朗特的怪异 78, 84–5, 87–8, 101, 288–9; Claire Clairmont 克莱尔 · 克莱蒙 29–30, 33–4; George Eliot as social outcast 乔治 · 艾略特作为社交局外人 3–4, 108, 145–6, 148, 150–3, 155, 162–4, 171, 241; Mary Godwin as outcast/ unacceptable woman 玛丽 · 戈德温不被接受 3, 10, 24, 26–31, 40, 52, 57–9, 108, 171, 241; release of creativity 创造力的释放 1, 3–4, 63–4, 80–1, 193, 241, 284; Olive Schreiner 奥利芙 · 施赖纳 179, 180, 189–90, 194–5, 201–5, 220–30, 231, 232, 288; solitude of 独

处 34, 58, 151, 155, 179, 202–4, 221–5, 241, 288; Virginia Woolf's strangeness 弗吉尼亚 · 伍尔夫的怪异 239–40, 241, 288; women's attitudes to 女性对其看法 171; Woolf and role of Outsider 伍尔夫与破局者协会 279–82, 286, 287
Oxford University 牛津大学 13–14, 45, 210, 242, 249, 279*

P

Palmerston, Lord 帕默斯顿勋爵 69
Pankhurst, Emmeline 潘克赫斯特夫人 232, 271
Pankhurst, Sylvia 希尔维亚 · 潘克赫斯特 232
Parkes, Bessie 贝西 · 帕克斯 108–9, 131, 138, 144, 152
Parkes, Joseph 约瑟夫 · 帕克斯 120
Payne, John Howard 约翰 · 霍华德 · 佩恩 59
Peacock, Thomas Love 托马斯 · 拉夫 · 皮科克 28, 30
Pearson, Karl 卡尔 · 皮尔森 198, 199, 200–1, 202
Penistone Crags 佩尼斯通峭壁 70
Pericles 伯里克利 264
Pethick-Lawrence, Fred and Emmeline 弗莱德和艾米琳（佩蒂克 · 劳伦斯）233
Philpot, Mrs 菲尔波特夫人 200, 232
Pitt the Younger, William 小威廉 · 皮特 154
Polidori, John William 约翰 · 威廉 · 波里道利 37, 38
Ponden House 庞登府 68, 75, 96–7
Potter, Beatrice (later Beatrice Webb) 比翠丝 · 波特（后来的比翠丝 · 韦伯）197, 249
The Priory (opposite Lord's cricket ground) 小修道院 107
Progressive Association 激进协会 197
Pugh, Sarah 莎拉 · 皮尤 117

Q

Quakers 贵格派教徒 196, 237–8, 245–6, 248, 281, 285

R

Rachel, Mademoiselle 拉谢尔小姐 141
revolutionary period (1848) 欧洲动荡时期 103, 126

Rhodes, Cecil 罗兹 188, 209–11, 216, 218, 219, 220
Rhondda, Lady 隆达子爵夫人 281
Roberts Brothers 罗伯特兄弟 212
Roberts, Lord Frederick 罗伯茨爵士 229
Rodmell, Sussex 罗德麦尔，萨塞克斯 282, 283, 283
Roe Head School 罗黑德学校 74, 77–8, 79
Rousseau, Jean-Jacques 让 - 雅克 · 卢梭 22, 25–6, 41–2, 108, 118, 120

S

Sablé, Mme de 萨布莱夫人 149
Sackville-West, Vita 薇塔 · 萨克维尔 - 韦斯特 260, 285
Sand, George 乔治 · 桑 264
Sanger, Charles Percy 查尔斯 · 珀西 · 桑戈 101
Savage, Dr 萨维奇医生 244
Sayn-Wittgenstein, Carolyne zu 卡罗琳 · 楚塞恩 - 维特根斯坦 147
Schöll, Gustav 古斯塔夫 · 舍尔 148
Schreiner, Ettie (Henrietta) 艾蒂（亨利埃塔）· 施赖纳 186, 188, 208, 219
Schreiner, Fred 弗莱德 · 施赖纳 186, 196, 201, 202, 211, 229
Schreiner, Gottlob 戈特劳布 · 施赖纳 181, 182–3, 190
Schreiner, Olive 奥利芙 · 施赖纳 : at Alassio, Italian Riviera 在意大利海滨的阿莱索 202; aligns the prostitute with the wife 将卖淫与婚姻中的卖淫联系起来 193–4, 201, 227; anti-war oratory of 反战演讲 215–16, 217–20, 229; asthma of 哮喘 190, 196, 197, 202, 207, 213, 215, 217, 229; as averse to marriage 对婚姻的厌恶 190, 194, 200, 201; begins writing 开始写作 188; birth of (24 March 1855) 出生 183; and Boer War 布尔战争 3, 179, 180, 213–25, 228–30; brother Fred breaks with 与哥哥弗莱德决裂 201; and Buffels Kop 巴菲尔山脚下的农场 207, 209, 232; childhood 童年 183–6; claim from Little, Brown in Boston 波士顿利特尔布朗公司的索款 211–12; confined under martial law 在戒严令下被拘留 179, 180, 220–5, 228, 229–30, 241; death of (1920) 去世 232; death of baby sister Ellie (Helen) 姐姐艾蒂去世 185; death of one-day-old baby (1895) 出生一天的孩子去世 207–9; dislike of Rhodes 对罗兹的厌恶 209–11, 216, 218; with Ellis at Bole Hill 与艾琳娜在波尔山上 197–8; on the English 对英国人的看法 218, 219, 230; estrangement from Cron 与克朗疏远 232; and evolutionary science 进化科

学 187–8; and feminism 女性主义 86, 198–9, 225–8, 231–2, 233; forward looking and backward yearning 对未来的展望与对过去的呼唤 203; Gau episode 与尤里乌斯·高 189, 191, 194–5; as a governess 作为女教师 2, 3, 85–6, 188–9, 191–4; at Hanover 在汉诺威 179, 216–17, 220–4, 228–31; health prevents war reporting job 因健康原因放弃战争报道 214–15; heart problems 心脏问题 213, 214–15, 220; and horrors of colonialism 对殖民主义的恐惧 209–10; interrogated by Colonel de Lisle 被德莱尔上校拷问 220–1; and landscape 永存的风景 192, 195, 203, 204, 233; leaves Women's Enfranchisement League (1912) 从妇女参政联合会辞职 231–2; lives in Colesburg 住在库尔斯堡 191; lives in England 住在英格兰 196–202, 232; lives with Cron in Johannesburg 和克朗住在约翰内斯堡 211, 212; lives with Cron in Kimberley 和克朗住在金伯利 207, 211; lives with various older siblings 和不同的兄弟姐妹生活 186–7, 188, 190; love for animals 对动物的喜爱 185; marries Cron (1894) 与克朗结婚 205–7; at Matjesfontein 在马奇斯方丹 202–4, 209; medical ambitions 医学抱负 188, 196; movement between two points 两点间的运动 187; moves to Britain (1880) 移居英国 196; pacifism 和平主义 221, 226, 228–9, 232; and Pearson 与皮尔森 198, 199, 200–1, 202; physical appearance 外形 178, 181†, 186, 191, 197; posthumous myths about 死后疑团 4; pregnancy and miscarriage 怀孕与流产 212–13; reading 阅读 186, 187, 190, 223; refusal to house Cron's family 拒绝为克朗家人提供住所 212, 259, 288; and religion 宗教 184–5, 186, 187–8, 201; return to Africa (1889) 回到非洲 202; settles in England (1913) 定居英格兰 232; 'sex book' 性别之书 207, 213; sexuality 性 2, 194–5, 198, 201; shunned in Hanover 在汉诺威被排挤 221–2, 229–30, 231, 232, 288; and Jan Smuts 与史末资 210, 213–15, 217, 224; speaks to the future 将目标面向未来 225–6, 227–8, 233; Leslie Stephen on 莱斯利·斯蒂芬的态度 237; and 'sympathy' "同情心" 185, 190, 193, 231; turns down Donkin 拒绝唐金 200; use of man's name to publish 用男性名字出版作品 180; and Wollstonecraft 与沃斯通克拉夫特 198–9, 200, 226; women's history 女性的历史 64

Schreiner, Olive, WORKS 奥利芙·施赖纳的作品：'The Boer Woman and the Modern Woman's Question' (two-part essay)《布尔女性与现代女性之问题》（两部分短文）213; 'The Buddhist Priest's Wife'《僧侣之妻》204–5; *Dreams*《梦》180, 204, 231; 'The Hunter'《猎人》204; *From Man to Man* (unfinished novel)《从人到人》（未完成的小说）185, 193–4, 201, 202, 207, 209; ‘A Letter on the Jew’《关于犹太人的一封信》231; *Stray Thoughts on South Africa*《南非散记》212; ‘Three Dreams in a Desert’《沙漠中的三个梦》204; *Trooper Peter Halket of Mashonaland*《马肖纳兰的士兵彼得 · 豪基特》(1897) 210; *Undine*《乌迪内》192; *Woman and Labour*《女性与劳动》179, 225–9, 231, 291; *see also The Story of an African Farm* (Olive Schreiner) 另见《一个非洲农场的故事》词条

Schreiner, Rebekah Blom (née Lyndall) 丽贝卡 · 布罗姆 · 施赖纳（原名林德尔）181, 182–3, 184, 191, 219

Schreiner, Theo 西奥 · 施赖纳 186, 188, 201, 219

Schreiner, William Philip 威廉 · 菲利普 · 施赖纳 186, 214*, 215

Scott, Sir Walter 司各特 52, 63, 75

Second World War 第二次布尔战争 281–3

Seymour, Miranda 米兰达 · 西摩 34, 54*

Shakespeare, William 威廉 · 莎士比亚 10, 25, 58

Sharp, Jack 杰克 · 厦普 97†

Shaw, George Bernard 萧伯纳 180, 197

Shelley, Elena Adelaide 伊莱娜 · 阿德莱德 · 雪莱 53–4

Shelley, Harriet (née Westbrook) 哈丽雅特 · 雪莱 8, 15, 16, 18, 19–20, 26, 33, 34; drowns herself in the Serpentine (1816) 在九曲湖自溺 44–5; Shelley invites to join his party 雪莱邀请她加入 24–5, 29; Shelley’s treatment of 雪莱的态度 31, 47

Shelley, Mary 玛丽 · 雪莱 65; at Albion House, Marlow 阿尔比恩大宅 47–8, 136; birth of daughter Clara Everina 女儿克拉拉 · 埃弗丽娜出生 51; birth of son William 儿子威廉出生 36, 37; buried at St Peter’s church, Bournemouth 葬在圣彼得教堂 64, 199; and Byron 与拜伦的交往 60; childhood writing 童年时期的写作 7, 9, 11; and children of Shelley’s first marriage 雪莱第一任婚姻生下的小孩 259; and Claire’s ‘party of free women’ 克莱尔的“自由女性俱乐部”62; classical learning 古典教育 27, 31; death of (1851) 去世 64; death of daughter Clara Everina 女儿克拉拉的去世 53, 55; death of first baby (1815) 第一个孩子去世 33; death of son William 儿子威廉的去世 54, 55, 63; depression 抑郁 13, 33, 54, 56–7, 63; in Dundee 在邓迪 13, 16, 27; edition of Shelley’s poems (1839) 对雪莱诗歌的编辑 64; elopement with Shelley 和雪莱私奔 7, 9, 10, 19–21, 22–5, 42; estrangement from father 与

父亲断绝关系 20–1, 26–7, 30, 31, 33, 41, 47, 201; first meeting with Shelley 第一次见到雪莱 7, 16; friction with stepmother 与继母不和 12, 13, 16; at Garnerin lecture 参加加纳林的演讲 31–2; impact of war on civilians 战争对平民的影响 3, 22–3, 42; intellectual reciprocity with Shelley 智识上与雪莱互相扶持 9–10, 21, 31, 46, 47, 86, 226; in Italy (from 1818) 意大利时期 52–7, 61; at Lake Geneva (1816) 在日内瓦湖 36–9; love for Shelley 对雪莱的爱 2, 7–10, 16–17, 31, 46, 50–1; marries Shelley (December 1816) 与雪莱结婚 44–5; on men as source of difficulty 男人是一千种困难的源头 24, 29; as outcast/unacceptable woman 作为局外者 3, 10, 24, 26–31, 40, 52, 57–9, 108, 171, 241; physical appearance 外形 6, 7, 12, 17, 56; posthumous myths about 死后谜团 4, 10–11, 64, 108; pregnancy of 怀孕 19, 24, 29, 30, 31; pressure of muteness 沉默的压力 63; as prodigy 作为神童 7, 8–9, 46; proposed women's history 构想出一种女性的历史 64; put downs of sister Fanny 对芳妮的限制 32, 43, 288; reading 阅读 2, 12, 16, 21, 22, 26–8, 29, 31, 155; reconciliation with father 与父亲和解 45; relationship with father 和父亲的关系 8, 11–12, 21, 24, 31, 56–7, 63; return to England (1823) 返回英国 57–8, 63; return to London (September 1914) 返回伦敦 26–7; as sealed in darkness 用黑夜包裹自己 59, 264; secret self 秘密自我 9, 277; sexuality 性 2, 9, 289; upbringing of 成长 3, 8–9, 11, 13, 16, 177

Shelley, Mary, WORKS 玛丽·雪莱的作品 : 'Hate' (story)《憎恨》25–6, 39–40; *Journal* 日记 57, 63, 64–5; *Journal* (joint with Shelley) 与雪莱合写的日记 21, 23, 27, 28, 29, 30, 31, 41, 54; *The Last Man*《最后一个人》58; *Matilda*《玛蒂尔德》56–7; *Valperga*《瓦尔波加》63; *see also Frankenstein* (Mary Shelley) 另见《弗兰肯斯坦》词条

Shelley, Percy Bysshe 雪莱 : avoids creditors 躲债 28, 30–1, 32; and baby Elena Adelaide 女儿伊莱娜·阿德莱德 53–4; character of 性格 8, 9–10, 20–1, 44, 47–8, 49, 55; and Jane/Claire Clairmont 与简 / 克莱尔·克莱蒙 17–18, 28–9, 30, 31, 33, 36, 53, 60–1, 62; classical learning 古典研究 27, 31; death of (July 1822) 去世 57, 58, 62, 63; elopement with Mary 与玛丽私奔 7, 9, 10, 19–21, 22–5, 42, 144; expelled from Oxford 被牛津大学开除 13–14, 45; family background 家庭背景 9, 14, 19, 24, 28, 32, 32*; first meeting with Mary 第一次见到玛丽 7, 16; and Fanny Godwin 与芳妮·戈德温 15–16, 43, 44; and William Godwin 与威廉·戈德温 3, 7, 13–15, 17–19, 20, 33, 41, 43; granted annual income by father 每年收到父亲的资助 32–3; indifference

to his children with Harriet 对哈丽雅特所生的孩子不管不问 20, 31, 47–8; intellectual reciprocity with Mary 与玛丽在智识上互相扶持 9–10, 21, 31, 46, 47, 86, 226; in Italy (from 1818) 意大利时期 52–7, 60–1; at Lake Geneva (1816) 在日内瓦湖 36–8; marriage to Harriet 和哈丽雅特的婚姻 8, 16, 18, 19–20, 24–5, 26, 31, 47; marries Mary (December 1816) 与玛丽结婚 44–5; Mary's edition of his poems (1839) 玛丽编辑的诗歌 64; Mary's love for 玛丽的爱 2, 7–10, 16–17, 31, 46, 50–1, 59; as mentor to Mary 作为玛丽的导师 2, 7, 9, 21, 47, 49, 50, 86, 147, 150, 256, 259; mindset of entitlement 人人平等的思想 24; monument in Christchurch Priory 克赖斯特彻奇修道院的纪念碑 199, 199–200; Olive Schreiner's view of 奥利芙·施赖纳对他的看法 186, 199–200; overdose of laudanum 药物过量 18–19; physical appearance 外形 7, 14, 15–16; politics of 政治 8, 9, 13–15, 172, 219; posthumous image of 死后形象 64, 65; preface for *Frankenstein* 为《弗兰肯斯坦》所做的序言 11, 51; read by Brontës 被勃朗特姐妹阅读 75; return to London (September 1914) 返回伦敦 26; tendency to excess fantasy 过度的幻想 29, 45; view of women 对女性的看法 9, 17–18, 29, 47; 'Adonais: An Elegy on the Death of John Keats'《阿多尼：约翰·济慈的死亡挽歌》57–8; 'To Mary –'《致玛丽》9, 17; *The Cenci*《倩契》55–6; 'Misery: A Fragment'《痛苦：一个片段》54–5; *Prometheus Unbound*《被解放的普罗米修斯》55; *The Revolt of Islam*《伊斯兰的叛乱》50; 'Song: Rarely, rarely, comest thou'《歌：你来得太少，太少了》284; 'To Constantia, Singing'《给歌唱的康斯坦堤亚》60–1

Shelley, Percy Florence 珀西·弗洛伦斯·雪莱 57, 64

Shelley, Sir Timothy 提摩西·雪莱爵士 9, 14, 24, 28, 32–3, 57,64

Slavery 奴隶制 : abolitionists 主张废奴 117, 244, 248, 282; in South Africa 在南非 183, 184–5

Smith, Alfred 阿尔弗雷德·史密斯 164

Smith, Barbara Leigh (later, Bodichon) 芭芭拉·利·史密斯 109, 129, 144, 153, 248

Smith, George 乔治·史密斯 93–4, 173

Smith, Juliet 朱丽叶·史密斯 128–9

Smuts, Isie 埃西·史末资 213–14

Smuts, Jan 杨·史末资 210, 213–14, 215, 217, 224, 232

Smyth, Ethel 艾塞尔·史密斯 281

socialism 社会主义 196, 197, 249
South Africa 南非 179–81, 182–4, 186–93, 194–6, 202–9, 211–13; coloured (mixed-race) people 混血种 193–4; Jameson Raid (1895) 詹姆森突袭 209–10; Ndebele and Shona peoples 恩德贝莱人和绍纳人 210; racist regime in 种族主义政权 209, 210, 230, 231, 232; Rhodes's rule in 罗兹的法案 209–11; slavery in 奴隶制 183, 184–5, 195; tribal women 部落女性 183, 184–5, 190, 195; *see also Boer War* (1899–1902) 另见"布尔战争"词条
Spencer, Herbert 赫伯特 · 斯宾塞 107, 127, 128, 135, 137, 142, 161, 166; intimacy with George Eliot 与乔治 · 艾略特的亲密关系 130–4, 136, 138, 140, 149, 154, 161, 202; and Olive Schreiner 与奥利芙 · 施赖纳 187, 204, 222
Spinoza, Ethics 斯宾诺莎《伦理学》118, 149–50, 155
Stephen, Adrian 阿德里安 · 斯蒂芬 238, 246, 253, 271–2
Stephen, Caroline Emelia 卡罗琳 · 艾米莉亚 · 斯蒂芬 237–8, 245–7, 248; 'Women and Politics'《女性与政治》249
Stephen, James 詹姆斯 · 斯蒂芬 248, 280
Stephen, Sir James 詹姆斯爵士 244, 245*, 248
Stephen, Sir James Fitzjames 詹姆斯 · 菲兹詹姆斯 · 斯蒂芬 236
Stephen, Julia 朱莉亚 · 斯蒂芬 241, 242, 249, 257, 276, 277
Stephen, Katharine 凯瑟琳 · 斯蒂芬 236–7, 238
Stephen, Laura 劳拉 · 斯蒂芬 241, 270*
Stephen, Leslie 莱斯利 · 斯蒂芬 107, 237–8, 242–3, 244, 246, 247–8, 257
Stephen, Thoby 托比 · 斯蒂芬 246, 250, 252
The Story of an African Farm (Olive Schreiner)《一个非洲农场的故事》(奥利芙 · 施赖纳) 3; characters 角色 180, 183, 185, 188, 190, 194, 195; and the New Women "新女性" 180, 190, 194, 196, 201, 227; plot and themes 情节与主题 180, 189–90, 194–5; popularity of 流行 180, 196; publication of 出版 179–80, 196; Rhodes's admiration for 罗兹欣赏 209; royalties 版税 211; sexual betrayal in 性关系的背叛 189–90; writing and revising of 写作与修改 179, 194, 196, 224
Strachey, Lytton 利顿 · 斯特雷奇 4, 250, 274
Strachey, Philippa 菲利帕 · 斯特雷奇 281
Strauss, David Friedrich 大卫 · 弗雷德里克 · 施特劳斯 119–20, 145
suffragettes 妇女参政议者 204, 227, 231, 249, 260, 268, 281, 289; 'Appeal Against Female Suffrage' (1889)《反对妇女投票权的呼吁》248–9

Swan Lake (Tchaikovsky ballet)《天鹅湖》253–4, 269
Sydney-Turner, Saxon 撒克逊 · 西德尼 - 特纳 256

T

Taylor, Clementia 克莱门蒂娅 · 泰勒 129
Temple, Minny 明尼 · 坦普尔 170
Tennyson, Alfred 丁尼生 289; Cameron photograph of 卡梅隆镜头下的丁尼生 250; 'In Memoriam' (1850)《悼念集》93†; 'The Charge of the Light Brigade' " 他们善骑又勇敢 " 272–3; on women's potentialities 女性的潜力 291
Thackeray, W. M. 萨克雷 94
Tighe, Thomas 托马斯 · 泰伊 69
Tilley, Elisabeth 伊丽莎白 · 蒂利 122
Trelawny, Edward 爱德华 · 特里劳尼 57

V

Venn, John and Henry 亨利 · 韦恩 181*, 248
Versailles Conference (1919) 凡尔赛会议 273
Vietnam War 越南战争 285
Viljoen, Miss Aletta 阿莱塔 · 维尔荣小姐 222–3
Voce, Mary (source for *Adam Bede*) 玛丽 · 沃切 113, 164–5
Vogue magazine《时尚》杂志 276

W

Ward, Mrs Humphrey 汉弗莱 · 沃德夫人 248
Waterclough Hall 沃特克劳府 97†
Weimar 魏玛 147–8, 162–3
Wesleyan Missionary Society 卫斯理传教社 183
Westminster Review《威斯敏斯特评论》125, 126, 127, 135–6, 138, 141–2, 148–9
White, William Hale 威廉 · 黑尔 · 怀特 108
Wilberforce, William 威廉 · 威伯福斯 69, 248, 280
Wilde, Oscar 奥斯卡 · 王尔德 180
Williams, Dina 蒂娜 · 威廉斯 219*
Wilson, William Carus 威廉 · 卡鲁斯 · 威尔逊 72
Wollstonecraft, Mary 玛丽 · 沃斯通克拉夫特 : backlash against woman's rights

after 死后对女性权利的反对 59, 109, 117; body moved to St Peter's church, Bournemouth 迁墓到圣彼得教堂 64, 199; and breast-feeding 哺乳 51; brutal force and barbarous prejudice 粗野的偏见 23, 49; Claire Clairmont as disciple 克莱尔·克莱蒙作为信徒 59–60; conjunction with Godwin 与戈德温结合 24, 154, 199, 226, 257, 279; and daughter Fanny 女儿芳妮 13, 15, 40; and daughter Mary 女儿玛丽 3, 11, 12, 37; death of (1797) 去世 11, 56; domestic affections as necessary 必要的家庭影响 40, 156, 200, 225–6; educational ideas 教育理念 13, 22, 25–6, 28, 111; as a governess 作为家庭女教师 22, 49, 85, 189; grave in St Pancras churchyard 圣潘克拉斯墓园的坟冢 16, 27, 64; and growth of character in women 女性个性成长 22, 153–4, 177, 225–6, 288; and Gilbert Imlay 与吉尔伯特·伊姆雷 13, 24; impatience with silly women 对蠢女人失去耐心 153–4, 227; Mirabeau as hero of 米拉波作为楷模 128*; and Olive Schreiner 与奥利芙·施赖纳 198–9, 200, 202, 226; philosophy of innate benevolence 天生的仁慈 41–2, 49; portrait of in Godwin's study 戈德温书房的画像 17, 177; reading as vital for women 阅读对女性至关重要 17–18, 28, 288; Shelley as disciple of 雪莱作为信徒 9, 15, 17–18; speaks to the future 与未来对话 22; 'tenderness' 温柔 42, 227, 289; thinking woman of 对女性的观点 22, 35, 153–4; translating work 翻译作品 120; Victorian feminists' distancing from 维多利亚时代女性主义者的疏远 154, 278–9; Virginia Woolf's biographical essay on (1929) 弗吉尼亚·伍尔夫做的小传 278–9; *Mary: A Fiction* (1788)《玛丽：一部小说》 22, 85; *Thoughts on the Education of Daughters*《女教论》 28; *A Vindication of the Rights of Man*《人权辩护》 120; *A Vindication of the Rights of Woman* (1792)《女权辩护》9, 22, 23, 120, 153, 177, 199, 200, 225–6; *The Wrongs of Woman* (1798)《女人受罪》 22, 29, 40

Women 女性 : acts of erasure by male relatives 被男性抹除存在 21, 33, 201–2; anti-suffrage movement 反投票权运动 248–9; authentic woman of Schreiner 施赖纳关于真正女性的表述 194, 195, 200, 204–5, 226; brainy girls 有头脑的女孩 3, 35–6, 110, 129–30, 169–70; Brontë sisters' Bell pseudonyms 勃朗特姐妹用"贝尔"作为假名 90–1, 93–4, 166, 264; Brontë sisters' Gondal saga 勃朗特姐妹的"贡代尔"传奇史诗 75; Clairmont's dream of community of 克莱蒙对地下组织的梦想 28, 29, 62, 64; custom of self-silencing 自我沉默的习惯 102, 133; darkness/night 黑夜 1, 76–7, 80, 263, 267, 269–71, 274–5, 276–8; deep-sea creature in Woolf's *The Voyage Out* 伍

尔夫《远航》中的深海生物 240–1, 251; female challenge to language 对语言的挑战 82, 240, 277; French in seventeenth/eighteenth centuries 十七、十八世纪的法国女性 149; and further/higher education 高等教育 114, 115, 169–70, 244; image of inferiority in the arts 艺术中的"低等"形象 60, 90, 94, 137, 166–7, 244–5, 264; indefiniteness of potential 女性未知的潜力 108, 110, 153, 158, 172–3, 238–9, 264, 289, 290; Married Women's Property Act campaign (1856)《已婚妇女财产法案》153; and medical training 医学训练 196; Mill on 密尔的评价 110, 194, 226, 244; New Women "新女性" 100, 180, 227; 'nice women' as quiet in nineteenth century 十九世纪沉默的好女性 2, 117; question of a woman's desire 对女性欲望的质疑 141, 158–62, 201, 265, 267–8, 270–1; silence/the unspoken 沉默 / 不可言说 59, 60, 63–4, 117, 156, 158–60, 171, 277–8, 286, 287, 290; single woman living with a married man 与已婚男性生活的单身女性 4, 19–20, 59, 108, 144–6, 150–3, 162, 172, 197–8; Leslie Stephen's view of 莱斯利·斯蒂芬的观点 237–8; translating work 翻译作品 118, 119–20, 142, 143, 149–50, 155; unheard voices 未被听到的心声 88, 147, 239; unmarried sister/ daughter lending a hand 未婚姐妹 / 女儿的帮助 139, 147, 162–3, 167–8, 173, 246; unseen/ shadow lives 阴影下的生活 1, 4, 59, 80–1, 236–7, 251–2, 264, 267, 269–71, 274–8, 286; use of man's name to publish 使用男性名字出版作品 90–1, 93–4, 166, 180, 264; Woman Question "女性问题" 85, 102, 117, 154, 213, 248–9; women's history 女性历史 64, 235; *see also* feminism; outcasts and outsiders female; Wollstonecraft, Mary 另见女性主义、局外人、玛丽·沃斯通克拉夫特词条

Women's Cooperative Movement 女性合作化运动 271

Women's Enfranchisement League 妇女参政联合会 231–2

Women's Social and Political Union (WSPU) 妇女社会政治联盟 231, 233

Woolf, Bella 贝拉·伍尔夫 262

Woolf, Leonard 伦纳德·伍尔夫 101, 250, 252–3, 254–8, 270–1, 282, 288; character of 性格 258, 261, 263, 270–1; physical appearance 外形 253, 255; preface to *A Writer's Diary* 为《作家日记》作序 284; released from military service 豁免兵役 271; sexual disappointment 性方面的失望 258, 260; on *Three Guineas* 对《三个基尼金币》的评价 285; and Virginia's childlessness 弗吉尼亚没有孩子 259; and Virginia's mental health 弗吉尼亚的精神状态 256, 261, 262, 264, 265, 266, 271, 283; 'Three Jews'《三个犹太

人》274; *The Village in the Jungle*《丛林中的村庄》254–5, 257; *The Wise Virgins*《聪慧的处女们》258, 260–3, 266, 271

Woolf, Virginia 弗吉尼亚 · 伍尔夫 : at 46 Gordon Square, Bloomsbury 在布卢姆斯伯里的戈登广场 46 号 4, 250–1, 252–3; abused by Duckworth half-brothers 被同母异父的兄弟达科沃斯虐待 243, 259, 264; with aunt at Cambridge 和姨母在剑桥 245–8; beast language with Leonard 与伦纳德交流时使用的野兽意象 255–6, 257, 263, 265–7; Clive Bell as mentor 克莱夫 · 贝尔作为导师 259; bequests 遗产 238*; biographical essay on Wollstonecraft (1929) 为沃斯通克拉夫特作传 278–9; birth of (24 January 1882) 出生 235; breakdown (1915) 精神崩溃 2, 262, 263–4, 264; breakdown following father's death 父亲去世后的精神崩溃 238, 243–7; breakdown (summer 1913) 1913 年夏天精神崩溃 257, 261, 262, 262; and Emily Brontë 与艾米莉 · 勃朗特 2, 68, 93*, 101, 103, 237, 247; childlessness 没有子嗣 259; and Church Missionary Society 与伦敦传教社 181*; classical learning 古典学习 27, 237; considers Leonard's proposal 考虑伦纳德的求婚 253–6; and darkness/night 黑夜 1, 77, 263, 267, 269–71, 274–5, 276–8; on 'daughters of educated men' 对"受教育男性"的女儿的看法 111; and Violet Dickinson 与维奥莱特 · 狄金森 245, 259; dismissal of politics/public life 对政治和公共生活的轻视 269, 284–5, 286; drop in reputation 声名滑落 283–4; educated at home 在家教育 237; and George Eliot 与乔治 · 艾略特 107–8, 173, 203, 239; estranged from Leonard (summer 1915) 与伦纳德分手 262, 264, 269–70; exhorts workers and women to join forces 劝说工人和女性联合起来 285; fame in 1970s 七十年代闻名 235, 285; and feminism 与女性主义 235, 267–8, 271, 278–82, 284; fictional portraits based on Leonard 伦纳德对其虚构的描绘 263; first breakdown 第一次精神崩溃 241, 242; and First World War 第一次世界大战 3, 269, 271–3, 275; flirtation with Clive Bell 与克莱夫 · 贝尔调情 258, 288; fusion of madness and art 疯癫与艺术的融合 246; at Hogarth House, Richmond 在里士满的霍加斯公寓 265–7, 270, 273; Hogarth Press 霍加斯出版社 101, 273–4, 281, 283; indefiniteness of women's potential 女性未知的潜力 238, 290; looking back 回望 235, 236; looking to the future 展望 238, 240, 290; marries Leonard (10 August 1912) 与伦纳德结婚 256; mental health 精神状态 2, 3, 236, 241, 243–7, 252, 259, 261–3, 263–5, 265–6; on *Middlemarch* 对《米德尔马契》的评价 173; minimum income for woman writer 女性写作者的最低收入 121, 238;

in nursing home at Twickenham 在特威克纳姆疗养院 252, 257, 261, 262; overdose of veronal (1913) 服用过量佛罗娜 262; pacifism 和平主义 238, 272–3, 275, 280–1, 282, 284, 285; physical appearance 外形 234, 240, 255, 276; poetry of situation "情境之诗" 104; portrait of her father 父亲的肖像 247–8; privacy and secrecy 隐私与秘密 244–5; and role of Outsider 在破局者协会的角色 279–82, 286, 287; sexuality 性 245, 258, 260, 265; speech to National Union for Women's Service 面对全国女性服务联盟时的演讲 265; speech to women at Cambridge (1928) 在剑桥面向女性的演讲 235, 236, 238, 240, 249, 264, 273, 276, 278; spiritual retirement 精神层面的撤退 246; 'strangeness' of 怪异之处 239–40, 241, 288; suicide of (28 March 1941) 自杀 283; throws self out of window (1904) 把自己扔出窗户 243; unspoken lives 未经言明的生活 240, 275–6, 277, 278; women's history 女性历史 64, 235; women's submerged desires 女性潜藏的欲望 265, 267–8, 270–1; and women's unseen/shadow lives 女性阴影下的生活 1, 4, 81, 240–1, 251–2, 267, 275–8, 286; yields control over her health 交出自己对健康的控制 265–6

Woolf, Virginia, WORKS 弗吉尼亚·伍尔夫 作品 : *Between the Acts*《幕间》283; 'The Art of Biography' (1938)《传记的艺术》284; *On Being Ill* (essay)《论患病》245; *Diary* 日记 239, 240, 242, 262, 265, 267, 270, 282–3, 284; *Jacob's Room*《雅各的房间》251, 272; 'The Journal of Mistress Joan Martyn' (1906)《琼·马丁小姐的日记》272, 273; *Kew Gardens* (1919)《邱园》274; 'Lappin and Lapinova'《拉宾与拉宾诺娃》254, 255, 270, 278; 'The Leaning Tower' (talk, 1940)《斜塔》285; *To the Lighthouse*《到灯塔去》237, 239, 242, 256, 272, 276–7, 277, 278; 'A Mark on the Wall'《墙上的斑点》274; 'Memoirs of a Novelist' (1909)《小说家回忆录》252; *Mrs Dalloway*《达洛卫夫人》247, 272, 274–6, 278; 'The Mysterious Case of Miss V.' (1906)《V 小姐谜案》251, 278; *Night and Day*《夜与日》77, 263, 266–71, 274, 278; *Orlando*《奥兰多》235; *A Room of One's Own*《一间自己的房间》235, 238*, 278; 'Thoughts on Peace during an Air Raid' (August 1940)《空袭中思考和平》282; *Three Guineas*《三个基尼金币》93*, 235, 236, 279–82, 285, 286; *The Voyage Out*《远航》240–1, 251, 254, 261–2, 263–4, 266, 277–8; *The Waves*《海浪》80–1, 246, 263, 270, 284; *A Writer's Diary*《作家日记》284

Woolner, Thomas 托马斯·伍尔纳 145

Woolson, Constance Fenimore 康斯坦斯·费尼莫尔·伍尔森 205*

Wordsworth, Elizabeth 伊丽莎白 · 华兹华斯 249
Wordsworth, William 威廉 · 华兹华斯 42
Workers' Educational Association 工人教育协会 285
Wright, Sir Almroth 阿尔姆罗思 · 怀特爵士 279*
Wuthering Heights (Emily Brontë)《呼啸山庄》（艾米莉 · 勃朗特）：apparitions of the dead in 亡者的幻影 73–4, 94–5, 98, 102–3, 104; Charlotte's preface for new edition (1850) 夏洛蒂的新版序言 99; chronological and legal schema 时间大纲 101; digging up of coffin in 掘墓 96; domestic violence and misogyny in 家庭暴力 3, 67, 72, 91–2, 93, 99, 100, 177, 287; Heathcliff–Catherine in 希刺克厉夫 - 凯瑟琳 35, 67, 70, 74–5, 92, 93, 95, 96, 102–3, 104, 261; Heathcliff–Frankenstein's monster comparisons 将希刺克厉夫视作怪物 92, 99, 104; Heaton family links 希顿家族的联系 88–9, 96–8; marriage contract theme 婚姻合约的主题 88–9, 92; Nelly Dean's narration 丁耐莉的述说 67, 74, 95, 96, 98, 104, 195; plot and themes 情节和主题 88–9, 91–3, 94–6, 97, 102–4, 185, 261; possible real-life influences 对现实生活的影响 88–9, 91, 96–8; reviews 评价 94; and Olive Schreiner 与奥利芙 · 施赖纳 224; second generation as vital to 第二代的重要性 95–6; writing of 写作过程 2, 88
Wuthering Heights (William Wyler film, 1939)《呼啸山庄》（1939 年电影）95

Y

Young, G. M. 扬 281

Z

Zola, Émile, *J'Accuse* (1898) 左拉《我控诉》219

译后记

胡笑然

我们在黑暗中被彼此构想，并构想着彼此
我记得这黑暗仿佛浸透在光明里
我想把它称作，人生。

但我不能把它称作人生，直到我们开始跨越
这秘密的火焰之环
在那里我们的身体是被砸向墙面的巨大阴影
在那里夜晚成为我们内心的黑暗，并沉睡
在角落里，她的头倚在爪子上，像一只沉默的野兽。

——艾德丽安·里奇（Adrienne Rich），《意识的起源与历史》

弗吉尼亚·伍尔夫在一篇名为《传记的艺术》的文章中曾问道，“难道不是只要曾经生活过，并留下了人生纪录的人，都值得被立传吗？包括那些失败与成功，以及那些卑微与显赫？什么是伟大？什么是渺小？我们必须要改变我们的价值标准并树立新的英雄去敬仰。”林德尔·戈登的《破局者》或许是在巧妙地回应着伍尔夫在近百年前提出的这些问题。戈登笔下的五位女性作家：玛丽·雪莱，艾米莉·勃朗特，乔治·艾略特，奥利芙·施赖纳和伍尔夫本人，都无一不在践行着新的标准，关于写作的源头，关于生命的质量。她们各自栖居于自己的领地，却又相互分享着同样的命运。她们被所处的时代禁锢，却又跨过历史的局限给今天的我们以启示。而戈登为这五位女性所作的传记，与其说是旨在建立新的群体偶像，不如说是要去扭转伟大与渺小的坐标。这是她们各自和共同的成长小说。在这些闪光的名字和她们充满力量的作品背后，戈登的笔触重返她们每个人置身“局外”的时刻，如抽丝剥茧一般，将她们生命肌理之中的沉默、黑暗、孤独、危机和困境缓缓平铺开来。也正是这些让她们随时可能坠入无边深渊的时刻，带给了她们无限的潜能和无穷的创作能量。戈登用翔实的传记材料为读者打开了这条从默默无闻到将自我书写进历史的通道。她本人的评论声音也穿插在她笔下人物细琐的人生脉络里时隐时现，在平淡之中见得野心，温婉之中见得力量，冷静克制却让人动容。

一

在二十一世纪的今天，在西方文学的浩如烟海中再去触及女性写作这个话题已不再是一项容易的工程。首先，上个世纪七十年代末兴起于英美学界的女性主义批评学派已在这个经典议题上实现了难以跨越的高峰。奠基性的作品如伊莱恩·肖瓦尔特的《她们自己的文学》、吉尔伯特和古芭合著的《阁楼上的疯女人》已将女性写作，特别是十九世纪英美女性作家群体的兴起，作为独立的框架纳入了文学史的经典体系里，在学院和大众读者群中都同时享有广泛持久的影响力。另外，随着在西方社会一轮接一轮的身份政治运动的声浪愈发嘈杂，女性这一身份类别已无法再和阶级、种族、性向、国别等多重身份维度彻底割裂开来，女性写作这一话题，特别是专门以白人中产阶级女性为核心的作家群体，似乎已经开始丧失她们在七十年代所具有的绝对代表性和有效性。

在这样的话语情景下，戈登选取的五位作家所构成的，仍是一个相对传统的群体。但借助生命叙事这一特殊的体裁，戈登给了这五个已经家喻户晓的名字崭新的视角与更加宏大的视野。这五位作家的生活接连横跨了整个十九世纪的英帝国。作为生活在十九世纪的女性，她们的性别身份面临着双重的境况：一方面，女性在经济、法律、社会生活里被禁锢在种种局限之中；但另一方面，这又是一个接连不断地涌现着革命性思想的时代。从启蒙运动的余晖到约翰·斯图尔特·密尔的自由人文主义，再到赫伯特·斯宾塞的社会进化论，许多为激进的社会变革和人性解放所发出的勇敢声音都为戈登笔下女性们的"离经叛道"提供了思想的温床。在这样的背景之下，戈登不只是在聚焦几位杰出女性的个体生命，而是勾勒出一幅跨越百年的思想文化的图景和脉络。

但是，构成着她们在宏大的历史图景里耀眼的天赋与才华的，却是一段段再寻常不过的人生。肖瓦尔特曾在《她们自己的文学》中引用了伍尔夫的话，"只有在能够丈量普通女性可能有的生活方式和人生经历的前提下，我们才能够理解超凡的女性作为作家的成功或失败。"戈登的笔锋既在探寻她们的作品如何改变了世界，也一步步地在通往她们的普通与寻常。她们曾经是或许叛逆任性，或许内向古怪的少女，是想逃离偏僻乡镇的女学徒，是在异国他乡被没有回音的爱情挫败的旅者，是在信笺中碎语情话的恋人。同时，戈登也并没有过分颂扬她们的个体天才，反而是将她们的成就背后所存在的巨大支持网络用星星点点的细节展现在读者面前。这个社会网络之中有女性也有男性，有家人、朋友、爱人，也有导师，有情感伴侣，有灵感源泉。他们之间充满张力的碰撞既在现实生活的交集中发生，也在书籍与阅读的媒介里开花结果。

这五位作家在成长过程中都没有母亲的哺育、帮扶与教导，但家族中的其她女性长辈为羽翼未丰时的她们提供了宽厚的帮助，并为她们树立了最初的榜样。乔治·艾略特的婶婶伊丽莎白·埃文斯是卫理公会派的牧师，她在教会禁止女性传教的年月里仍然坚持布道。她本人变成了艾略特第一部长篇小说《亚当·彼得》中叙事者的原型。更重要的是，这位婶婶在面对不公习俗时的道德勇气与她宽厚的同情心给乔治·艾略特以指引，并成为了她多年后创作的精神内核。在伍尔夫的父亲去世后，是她的姑姑卡罗琳·斯蒂芬收留了精神崩溃的伍尔夫，并为她留下了2500镑的遗产。也正是这笔钱为她日后能拥有“一间自己的房间”并专心投入写作打下了坚实的经济基础。作为贵格会的信徒，卡罗琳终生对灵性的内心光芒的信仰与探索也照亮了伍尔夫内心的声音，医生们将这些声音称作是“疯癫”的病症，但它们却是伍尔夫创作真正的源泉。也正是在卡罗琳的庇护下，年轻的伍尔夫第一次提起笔开始进行职业的写作。

与她们共同分享智性成长的，是她们同样才华横溢的姊妹，尽管在她们坚定的互相支持陪伴中也时而混杂着嫉妒和冲突。玛丽·雪莱同父异母的妹妹克莱尔·克莱蒙是她游历欧陆时的旅伴，她们从小一同阅读，一同渴望着高等教育，一同在旅途中和诗人雪莱一起吸收着激进的思想，并一同用日记记录每日的经历，同时一同尝试创作。尽管她在写作上的才华不及玛丽，在歌唱方面却成就斐然。她对《弗兰肯斯坦》所取得的成功略怀嫉妒，却在玛丽受到所有人排挤的时刻坚定地与她为伍，多年和她保持通信。勃朗特姐妹们在位于约克郡高沼地上的家中玩耍的孩童游戏带她们来到了幻想中的贡代尔岛。十岁的艾米莉为这座岛屿书写的诗歌也变成了她成年后诗歌和小说创作的雏形。也正是她的姐姐夏洛蒂，在意外读到了艾米莉视为秘密的诗歌创作后不顾她的反对坚定地将它们出版。伍尔夫的姐姐，同样是布卢姆斯伯里团体成员的画家瓦妮莎·贝尔，从小同伍尔夫一道在阅读与学习中反抗着维多利亚时期有关女性教养的一切繁文缛节。她们共同继承了斯蒂芬家族谱系里那些在废除奴隶制运动中起到核心作用的先祖们的精神，同样都是“探索者、改革者、革命者”。

与这五位作家的生活轨迹相交的，还有许多怀有同样智识的女性，她们当中有一些在不同的领域有同样显赫的成就，也有一些没能冲破人生和社会的种种藩篱去充分发挥自己的潜能，但戈登在言语间都给予了她们的才能最真挚的肯定。现代护理和医疗改革的先驱弗洛伦斯·南丁格尔曾将艾米莉·勃朗特的诗歌视为珍宝。美国超验主义运动的奠基人和文学评论家玛格丽特·富勒曾为刚刚步入伦敦文人群体的乔治·艾略特树立了一种模范的人生。社会活动家艾米莉·霍布豪斯曾在第二次布尔战争期间在南非奔走反抗英国集中营内的非人道行为，她曾被奥利芙·施赖纳的反战演讲所深深震撼。

除了女性的支持之外，戈登也充分肯定了男性在她们的写作生涯中所起到的不可或缺的作用。在那样的年代里，“即使是最勇敢的女性也需要一位处在关键位置的男性的帮助”。他们的关系虽然在亲情或是情欲的掺杂之下变得曲折而复杂，但其中的挫败与挣扎也都变成了她们创作中最丰厚的养料。玛丽·雪莱的父亲是著名的政治思想家威廉·戈德温，他在著作中所推崇的自由恋爱却没能让他容忍自己的女儿与有妇之夫私奔的行为，并因此彻底切断了与她的任何往来。同样被女儿们有悖维多利亚时期女德传统的思想和行为惹恼的，还有勃朗特姐妹的牧师父亲和乔治·艾略特的商人父亲，以及伍尔夫的父亲，知名文人莱斯利·斯蒂芬。但不可否认的是，也正是她们父亲的书房，以及这些开明的父亲们在女性几乎没有太多正式教育机会的年代能给予女儿们的阅读自由，为她们打开了通向杰出作家道路的第一扇门。

1869 年，剑桥大学格顿学院的建立标志着高等教育的大门第一次向女性敞开，但直到近一百年后的 1948 年，格顿学院才开始正式官方授予学位。在此之前，戈登笔下的女性们需要为自己的继续教育寻找途径，而她们热切的求知欲也往往幸运地能在某些男性导师那里得以实现。是这些男性文人带给了她们在公共领域无法获取的知识，也是他们同样开放的天性为这些女性作家的自我成长与发现予以了真挚的鼓舞和广阔的空间。而这种影响和促进也是在双向发生着，她们灵魂中无法掩盖的光芒也在照亮她们的男性导师、友人或伴侣。诗人雪莱在两次游历欧洲的旅途中，教玛丽希腊语来阅读史诗，将他们共同的日记作为博览群书的记录，他随时认真阅读玛丽的创作并为她寻找出版机会。艾米莉·勃朗特在比利时学习时，是她的老师埃热先生在这个怪异的年轻女孩身上发现了一个“无所畏惧、执意前行的航海家”，并为她和夏洛蒂一起进行了严苛的文字训练。出版商约翰·查普曼为乔治·艾略特提供了让她进入了伦敦文人圈的职位，使她继约翰·斯图尔特·密尔后成为了著名的激进哲学杂志《威斯敏斯特评论》的编辑。施赖纳在她的终生挚友、性心理学家霭理士面前能够彻底地敞开心扉，他们在近四十年内不间断的信件书写着他们共同对自我与人性最隐秘之处的探索。乔治·艾略特和乔治·亨利·刘易斯的结合，以及伍尔夫夫妇的婚姻都见证了她们在创作上最高产的年月。与人生伴侣的关系也被编码进了她们最著名的作品中，这其中既有近乎无私的帮持，也有在调和情欲的复杂表达和个性差异的剧烈冲突之中所相互获得的启迪与升华。

戈登将这些作家称作是“破局者”，因为她们每个人都在人生的某个时段甚至是绝大多数时光由于违背了某些偏狭的绝对价值标准或政治站位而被排挤至孤立无援的境地。在雪莱和艾略特那里，是因为婚姻和性道德；在勃朗特和伍尔夫那里，是由于她们近乎在病态边缘游走的性情；在施赖纳那里，是缘起于她在战争中选择与“敌人”为伍。但和这种孤立的现实状况短兵相接的，是她们要与无数其他生命相互连结的渴望。戈登的叙述既让那些与她们局外的生命相交织的其她生命都缓缓浮现，也在她们的创作中解码这种将个体生命维系在一起的力量，或是由于这种力量的缺失而带来的灾难。《弗兰肯斯坦》中的怪物和《呼啸山庄》中的希刺克厉夫都通过暴力的方式来乞求或弥补能和他们赤裸狂野的灵魂对话的另一个声音；在《米德马尔契》里偏狭的英格兰中部乡镇，是一种“想象的同情心”让乔治·艾略特勾勒出了重重叠叠的人物关系中的幸福与不幸；《一个非洲农场的故事》里的孤儿林德尔与牧羊少年瓦尔多分享着平行的人生，殖民地的粗鄙将他们从儿时起被唤醒的心灵扭曲成了同一个悲剧的结局；在短篇小说《拉宾和拉宾诺娃》里，伍尔夫将婚姻中两性间的差异、沟通乃至劳燕分飞写进了两只兔子在树林里逃逸与追逐的隐喻。

在文字美学上的突破与创新让她们都各自站在一次次文艺思潮的风口浪尖，但涌动在这些文字之中的一股强大暗流，却是去书写可以相互连接的普通生命，去沟通伍尔夫笔下的“普通读者”，去实现美国当代著名诗人艾德丽安·里奇笔下的“一种普通语言的梦想”(the dream of a common language)。和“common”一词在英文中的多重涵义一样，这普通既代表和精英相对的寻常，又代表和孤立相对的共享。也正是在这禀异天赋和寻常人生的张力之中，生发出了她们源源不断的创造与思考的冲动。

二

“什么是女人的天性?”这是卢梭提出的有关“人的天性”的现代问题的变体，是戈登笔下五位女作家在前赴后继持续追问的核心问题。而她们探求答案的方式，是身处社会的边缘潜入人心的无人之境去揭开这谜题。伍尔夫第一部小说《远航》中的女主人公雷切尔·文雷斯在远航至南美的船上想象出一种只能在险恶的深水中存活的“深海生物”，她无形无声，却能够体察另一种无人知晓的生存方式带来的欣喜。乔治·艾略特同样犹如“深海生物”般的禀性让她拥有更加缓慢但却更具耐心的判断力以及“广博的思想”。戈登在巧妙地重构着她们各自作品中的种种隐喻来唤醒那些几乎无法用语言捕捉的、类似潜行的生活哲学。同时她也在揭示给读者的，是这种近乎遁世般的内心求索又如何以非凡的方式进入政治领域，并对公共事务进行批判性的介入。这种介入是反政党政治式的，甚至是反女权主义的，但却是这些灵动的头脑在透过“女性问题”的棱镜折射出的、面对多重社会不公的尖锐思考。

匿名，贝尔兄弟，乔治，拉尔夫：这些出现在她们首次出版作品封面上的作家姓名见证着十九世纪的英国女性在以文字示众时曾经需要戴上的假面。为了抗争女性这一身份符号中充斥着的种种偏见，隐姓埋名变成了她们的铠甲。“阴影”（shadow）是戈登喜爱使用的意象，她称她们生命的开端是“阴影中的存在”。但逃离暗处进入光明并非她们的人生叙事。恰恰相反，在黑暗之中的隐匿给予了她们特殊的优势，为她们打开了另一种力量的开关。玛丽·雪莱的创作来源一直被笼罩在雪莱和拜伦这般在公众视野中声名显赫的男性诗人的阴影之下，但和《弗兰肯斯坦》中那个同样没有姓名的怪物在巍峨山顶用雄辩的口才同他的造物者对峙一样，玛丽在她日记中的自我言说也是将一种被阻碍的存在方式进行了彻底的释放。艾米莉·勃朗特选择逃离一切公众生活而进入一个纯粹私人的领地。她的“阴翳中的一生”却构成“她全情投入想象与创作的前提”。戈登在评论她时说道：“黑暗是解放的掩护。隐身也是一种自由。”施赖纳在第二次布尔战争期间与她的英国家人们划清界限，独自抵制英军对布尔人的侵略。为此她被软禁在英军营地的一个狭小房间的阴影之中。也正是在百叶窗紧锁的白天和蜡烛都不被允许的黑夜里，她完成了女权主义巨著《女性与劳动》。

“阴影”这一隐喻的灵感来自伍尔夫，特别是她的第二部小说《夜与日》中白昼与暗夜之间的诗化辩证。黑暗使她们湮没无闻，但这是一种“深邃的湮没无闻”，“改变和成长的力量都只能封存在湮没无闻之中”。在黑暗中同样被抹去的，还有她们的声音。但她们将言语之间的沉默和不可言说的留白带入创作，并将其变成了另一种独特的声音。“当词汇阙如时，沉默必须铿然作响。”《到灯塔去》里的“家中天使”拉姆齐夫人与艺术家莉莉·布里斯科在“夜晚作响的沉默中”相遇，莉莉领悟了拉姆齐夫人在维多利亚时期传统主妇面具下那特别属于女性的生命内核，并在小说的结尾画出了在画布上最坚实的最后一笔，实现了艺术的无声圆满。

和莉莉一样去领悟一位传统女性在暗夜和沉默中隐秘的人生对于伍尔夫来讲几乎是要和死亡对话。她在拉姆齐夫人身上复活了她的母亲朱莉亚·斯蒂芬。同样在和自己早亡的母亲对话的，还有玛丽·雪莱。和伍尔夫一样，玛丽的母亲玛丽·沃斯通克拉夫特也曾是戈登笔下的传记人物之一。作为历史上第一位女性主义思想家，沃斯通克拉夫特开创性的理念也贯穿在《破局者》中五位作家的人生之中。玛丽·雪莱曾一次次在她母亲的墓前阅读她的作品《女权辩护》，并践行着她所预言的女性作为一个“新的种属”的诞生。艾略特、施赖纳和伍尔夫也都在以不同的方式对沃斯通克拉夫特所树立的思想传统表达敬意。跟随卢梭的脚步，沃斯通克拉夫特主张女性应当通过教育和阅读来进行自我发展，同时认为家庭哺育和人的情感成长是一个社会有效运行不可或缺的成分。她所推崇的女性独立不仅仅是一种在政治世界中简单粗暴地复制男性所拥有的法律权利，而是要去发挥女性天性中独有的特质和潜能，并实现意识和人格的真正独立。她更加微妙的政治主张被后人曲解，特别是她个人生活中对激情和婚姻的依赖让她被认为是在违背她在著作中对女性独立的宣扬，更有甚者，直接给她打上荡妇的烙印。但戈登的传记曾将沃斯通克拉夫特从这种历史的埋没和曲解中解救出来，她认为她的魅力恰恰就在于“她是会犯错的”。她是以一种近乎试验的方式在生活，去探索一种智性与激情并存的人生。“在她的声音和行动中有一种前所未有的真实，无法去顺从任何标准化的设想。”沃斯通克拉夫特代表着“一个新的种属在阅读，试验，成长，但仍然无法被归类”。

《破局者》中的五位作家也恰恰是这种传统的继承者，也是戈登早年作品的一种延续。她们真实的面目同样都经历了历史的曲解和改写。玛丽·雪莱变成了顺从的女儿和妻子。艾米莉·勃朗特变成了不谙世事的单纯少女。乔治·艾略特变成了智慧的解惑天使。施赖纳和伍尔夫的名声曾几乎被完全湮没。但戈登也将她们无法被归类的天性从历史的“驯服”中释放。她们的写作串联起来的，是一种和十九世纪女权主义运动相左的思想传统。开始于十九世纪中期的有关“女性问题”（the Woman Question）的公共讨论，以及被称作是“第一波女性主义”（first-wave feminism）的社会思潮和革命运动将铲除法律中的性别不平等作为核心目标。这一波运动在后期逐渐朝激进暴力的方向发展，尽管几乎是以流血为代价而获得的平权已被记入光荣史册，但对男性世界里政党政治的一味复制却是对沃斯通克拉夫特思想遗产的一种彻底偏离。施赖纳不齿于妇女参争论运动的领袖埃米琳·潘克赫斯特的政治表演，因为她曾经一度想通过支持战争作为达成自我政治目的的筹码。伍尔夫的姑姑卡罗琳·斯蒂芬反对妇女参争论运动和她们狭隘的将性别平等归结于投票权问题的主张，而伍尔夫的写作也一直是卡罗琳的社会思考的延续。乔治·艾略特同样对于将法律权利视为男女平等至高标尺的观点持有批判态度。作为沃斯通克拉夫特思想传统的忠实追随者，艾略特对于女性的愚蠢、轻浮、虚荣的自我批判也是同样尖锐的。她认为更重要的是女性应当接受教育而获得人格与智性的全面进步才能“值得”她在社会生活中应得的位置。

在不间断的自我教育中，戈登笔下的作家们都终生保持着对知识和世界饱满的好奇心，这种求知欲跨越多重边界。“作为一个女性，我没有国家。”她们都曾在欧陆其他的语言文化中寻找灵感来源。音乐、舞蹈以及科学的发展也都对她们的创作产生至关重要的影响。她们对于天性的探寻最终目的并非是要获得任何关于性别本质的区分和定义，而是在于通过更广阔的同情心去反对一切形式的暴力，并和更多被压迫的人结盟。玛丽·雪莱借她笔下的怪物之口将对贫穷的深切同情写进了小说。施赖纳辞去了妇女选举权联盟的副主席职务，因为她们的结社主张排挤了黑人女性的权利，同时她还在晚年持续为受到反犹主义迫害的南非犹太人发声。伍尔夫曾在面对工人教育联盟的一次演讲中呼吁工人与女性的结合，她所构想出的“破局者协会”一直在对所有抵抗偏狭和暴力的人敞开大门，包括生活在未来的我们。

施赖纳在给友人的信中，将创作的过程描述成了破茧成蝶：一只幼虫在拼命地进食后成茧，这时它进入了一个近乎死寂的状态，从外部无法察觉到它的任何变化，但这才是它内部质变真正发生的时刻，直到在一个瞬间它张开翅膀破茧而出。如同成蝶前的茧一般，这五位作家对世界的改变被戈登定格在了那些最安静的时刻，那是一种将自我包裹在暗夜之中，无限接近死亡却孕育着巨大潜能的时刻，她们都在倾听乔治·艾略特所言的“从沉默的另一侧传来的轰鸣”，她们是艾米莉·狄金森诗中那些“上膛的枪”，站在局外，面向永恒的未来，等待彻底的质变，等待振聋发聩的瞬间。

图书在版编目（CIP）数据

破局者：改变世界的五位女作家 /（英）林德尔·戈登著；胡笑然，肖一之，许小凡译. -- 上海：上海文艺出版社，2021
（艺文志. 人物）
ISBN 978-7-5321-7863-6

Ⅰ. ①破… Ⅱ. ①林… ②胡… ③肖… ④许… Ⅲ. ①传记文学－英国－现代 Ⅳ. ① I561.55

中国版本图书馆 CIP 数据核字 (2020) 第 250037 号

Outsiders: Five Women Writers Who Changed the World by Lyndall Gordon
Copyright © Lyndall Gordon 2017
Chinese simplified translation copyright © 2021 by Shanghai Literature & Art Publishing House
This edition arranged with Blake Friedmann Literary,
TV and Film Agency through Andrew Nurnberg Associates International Limited
ALL RIGHTS RESERVED.

著作权合同登记图字：09-2018-576

发 行 人：毕 胜
责任编辑：肖海鸥 邱宇同
书籍设计：索 迪
内文制作：常 亭

书　　名：破局者：改变世界的五位女作家
作　　者：［英］林德尔·戈登
译　　者：胡笑然 肖一之 许小凡
出　　版：上海世纪出版集团 上海文艺出版社
地　　址：上海绍兴路 7 号 200020
发　　行：上海文艺出版社发行中心发行
上海绍兴路 50 号 200020 www.ewen.co
印　　刷：苏州市越洋印刷有限公司印刷
开　　本：889 × 1194 1/32
印　　张：13.75
字　　数：319 千字
印　　次：2021 年 8 月第 1 版 2021 年 8 月第 1 次印刷
I S B N：978-7-5321-7863-6/K.0419
定　　价：78.00 元

告读者：如发现本书有质量问题请与印刷厂质量科联系 T：0512-68180628